全国文化名家
暨"四个一批"人才工程项目

多维出版时代

马永强 著

生活·讀書·新知 三联书店

图书在版编目（CIP）数据

多维出版时代 / 马永强著. —北京：生活·读书·
新知三联书店，2025.9. —ISBN 978-7-108-08124-7

Ⅰ. G23

中国国家版本馆CIP数据核字第2025PP7245号

责任编辑　成　华　苟娇娇
装帧设计　刘　俊
出版发行　生活·讀書·新知 三联书店
　　　　　（北京市东城区美术馆东街22号）
邮　　编　100010
印　　刷　上海雅昌艺术印刷有限公司
排　　版　南京私书坊文化传播有限公司
版　　次　2025年9月第1版
　　　　　2025年9月第1次印刷
开　　本　720毫米×1000毫米　1/16　印张　29.5
字　　数　326千字
定　　价　148.00元

目录

融合创新

品牌赋能

附录　演进的逻辑

序 《多维出版时代》

佘江涛

在数字文明奔涌的时代浪潮中，出版行业正经历着一场深刻的范式革命。传统的边界被打破，技术的裂变催生出无数新的形态，出版的本质也在虚实交融中被不断叩问——它究竟是文化的容器，还是价值的纽带？是知识的守门人，还是生活的参与者？这些问题的答案，或许就在这部《多维出版时代》的字里行间。

永强先生与我同是南京大学文学院的校友。他不仅是读者出版集团的领航者，更是一位以实践诠释理想的出版变革者。在传统出版与新兴媒体的碰撞中，他始终保持着清醒的洞察力：出版从未局限于纸张与油墨，它的生命力在于对人的精神需求的深刻回应。从"读者·新语文"融媒体教育平台的搭建，到"读者小站"公共文化空间的延伸，从"读者·中国阅读行动"全民阅读工程的实施，到全版权运营体系的战略重构，他的每一步探索都在重新定义出版的边界，而这些探索的核心逻辑，正是本书试图阐述的主题——当下的出版转型是从"一维出版"向"多维出版"的全方位跃迁。作为优质内容生产商和阅读服务提供商，要始终锚定一切从内容出发的多维传播，坚持多维度多领域的价值生产和创造。出版的多维重构，本质上就是一场以"人"为中心的价值革命。我多次讲过，人工智能和大数据解决的是：提高我们对内部和外部世界的体验、认识和探究的效率；加速知识树和知识图谱的形成，将碎片的知识系统化。但人工智能只解决了人格、感知、认知、想象力和创造力中感知、认知两个部分中的一部分问题，它并不在乎想象力和创造力，忘记了比感知、认知更重要的事情。人还是需要通过想象力、创造力，提升逻辑、形象、抽象三种思维能力，去从容面对线性结构和混沌结构的未来。出版的重构，最终需要在想象力和创造力的推动下，实现人的创新和迭代。

在书中，马永强提出"三个重构"的理念，这不仅是方法论，更是对出版本质的回归。重构图书出版的多维格局，意味着跳出单一媒介的局限，让知识以更灵活的方式渗透生活；重构期刊出版的多维生态，则打破了内容载体的固化思维，赋予传统期刊更强的场景适应力；重构全版权运营体系，则是从产业链末端反推内容生产的源头创新。这三重维度，恰恰对应了出版行业从"内容供应商"到"价值服务商"的转型路径。

令我尤为共鸣的是，他对"出版即平台"的敏锐阐释。在流量为王的时代，许多从业者迷失于数据的迷雾中，而马永强始终坚守出版的初心——平台化不是追逐规模的工具，而是连接用户、内容与服务的枢纽。这一点，我们的理解高度契合，出版的未来必然是构建平台，以平台凝聚优质出版资源，形成内容服务能力，开展文化交流和长期的专业合作，通过高水平的合作拓展出版视野、提升出版高度。他立足"读者"品牌，通过"读者+"的模式延伸产业链、价值链，推动阅读疗愈，实现跨领域的资源整合，都说明了一个道理，当出版真正成为开放、共享的生态系统时，它便拥有了重塑社会文化肌理的力量。

马永强关于书店转型的一些思考，我是深有同感的。他认为，书店是一个思想交互、创意汇聚、人际交往的平台。在书店，人们不仅是邂逅一本书、一个人，而且是邂逅一种未知的生活，一个全新的世界。所以，推动书店向平台化转型，就是将其打造成为文化交流、价值传递乃至情感连接的文化场域，给用户创造更大的价值。他提出，打破传统图书的陈列方式，按照人的成长和发展需要组合、陈列阅读产品，就是重新建构新的知识服务体系，实现"文化的再生产"和"再出版"。利用AI、AR/VR等新兴技术，打造可听、可视、可交互的沉浸式阅读新场景，可以实现书店场景的多重价值。这些观点不乏新见，而且也符合实践的逻辑。

这本书的价值，不仅在于总结了"读者"品牌一家企业的转型经验，更在于提出了整个行业面向未来的生存法则。在技术颠覆与价值重构的双重挑战下，出版人需要的不再是焦虑或抗拒，而是像马永强这样以"破界者"的勇气拥抱变革。正如他在谈到出版深度融合发展时提出的十个维度的出版+"跨界""破圈"一样，视野所及，不仅超越教育服务、公共文化服务、知识服务，而且把触角延伸向新兴的文化创意、阅读疗愈、城市创新等领域。他用实践探索在证明，出版的终极使命，是让知识成为照亮人类精神世界的灯火。

作为同行，我深知这场变革的艰难与壮美。但马永强的实践给了前行者以信心：当出版人敢于跳出传统思维的窠臼，将内容的深度、服务的温度与技术的广度相融合时，出版便能超越媒介的桎梏，成为连接过去与未来的桥梁。

是为序。

2025年3月3日

『读者』现象

尊敬的编辑同志：明天我就要考试了，今晚上我还是开夜车把你的表填了。你会认真看我的表吗？不然，可真伤透了我的心（上海，谢春平，15岁）。

——这是1987年《读者》杂志发放《读者调查表》后收到的一封读者来信

《读者》之路：一个时代的见证和参与 ①

    1981年创刊的《读者》（原刊名《读者文摘》，1993年7月更名《读者》）真可谓生逢其时，一方面是改革开放的时代机遇，另一方面恰逢百废待兴的民族复兴的迫切需要。因此，她虽身处西北一隅，却以高雅、清新、隽永的真善美的传播与人文关怀成为"中国人的心灵读本"，成为名副其实的中国期刊第一品牌。她不但见证了改革开放30年的社会变迁，同时还参与了这一时期国人文化价值观的建构、民族灵魂的重铸、和谐文化的创新传播。不仅如此，《读者》还记录了这一时代变革中千万读者的情感和社会风尚。所以说，《读者》之路就是改革开放之路、思想解放之路、多元文化的传播之路、和谐文化的创新之路、文化产业的发展之路等等。众说纷纭的"读者现象"，除公众惊异于《读者》这一文化品牌的办刊地身处西北兰州以外，最核心的仍然是她坚定的人文品质和独特的文化内涵所形成的魅力，以及她与读者之间心灵相系的依存关系。所以，《读者》所创造的传奇已远远超越了一本杂志本身的意义，成为一种特殊的文化现象、

————————————

① 此文原刊于《兰州学刊》2008年第11期，此处对原文有删改。

社会现象、经济学现象，具有很高的传播学、哲学、社会学、文化学阐释意义。因此，对《读者》发展历程的学术分析，旨在揭示这一知名文化品牌所包含的文化理念与深刻内涵，同时，通过对这一知名文化品牌突围和创新的关注，引发深层次的理性思考。

《读者》之路是改革开放之路

《读者》诞生在改革开放之初，伴随着改革开放的深化而不断壮大。她不但领受了改革开放的恩泽，而且参与了中华民族伟大复兴的建构历程，因此，她走过的每一步都深深地打上了这一民族复兴和强国之梦的时代烙印。

杂志创办之初正值十年"文革"结束，虽然中国的文化发展和文化传播在"文革"浩劫中遭遇严重摧残，但拨乱反正的历史剧变终于掀开了新时期的序幕。从此，被压抑、被遏制的文化反思和文化脉动就像解冻后破土而出的春芽一样不可阻拦。身处"文化断层"的大众对文化、对新知的渴求使得出版业开始复苏，一大批被停办的报刊纷纷复刊，同时又有一批新的报刊问世，而《读者》就在这一社会背景下诞生。在国门徐徐打开时，在读者渴望了解域外世界的期待中，以"博采中外，荟萃精华，启迪思想，开阔眼界"为宗旨的《读者》杂志，像一扇打开在中华大厦上的窗子一样，瞭望着陌生而又熟悉的外部世界，她认真地鉴别着、热情地传播着域外与中华的优秀文化、新知识、新理念、新事物、新的生活……并导引着读者瞭望世界的目光和心灵。无论是身处市场经济的潮涌还是在全球化的震荡中，她始终都清醒地坚守着这一文化传播的宗旨。可以说，《读者》为公众提供了立足世界的视域和思维方式，并为改革开放的逐步深化训练着具有世界眼光的民众基础。不仅如此，《读者》从甘肃人民出版社旗下的一个编辑室到读者出版集团的控股子公司——读者出版传媒股份有限公司的直属经营单位，其40多年的风雨岁月也是自身冲破困局和樊篱的蜕变历程，从风格的日臻完善到发行量突破千万，管理体制、运营机制等也进行着艰难的改革，比如冲破行业利益羁绊谋求发展的全国核心城市的同步"分印分发"、用人机制的多元化、杂志群的定位与产业化发展等，都在为文化体制改革和文化产业的创新发展探索着属于《读者》自己的新路。因此，作为改革开放时期的产物，《读者》自身也是改革开放的参与者、推动者和见证者。

《读者》之路是思想解放之路

没有思想解放的推动、助力与护佑，就没有《读者》的健康成长与当下的《读者》品牌，这绝不是危言耸听。从改革开放的探索、深化到落实科学发展观，作为打破不合时宜的观念、做法和体制束缚的解放思想过程，其核心一直是知行合一、实事求是。这在理论上说起来简单，但在实践中却非经历一番艰难的阵痛不可，因为主客观的认识存在差异并且具有时代的局限性。

在《读者》的成长过程中，一直就伴随着思想认识的解放和思想实践的纠葛。差点被夭折的创刊号是《读者》的第一次危机，而它的平稳过渡，诠释了这一历程的艰难。1981年3月，获准出版的杂志创刊号广告在《光明日报》刊登，其中拟发的三篇文章《共和国主席之死》（反映刘少奇蒙难经历）、《彭德怀的最后八年》《省委第一书记》引起了不同的质询声，尽管这些文章已经发表并引起巨大反响且《读者》只是文摘而已，但严冬过后的敏感题材、敏感领域依然引起了有关部门的过问和暂停出刊后的严格审读。甘肃省委宣传部调审了创刊号稿子，甘肃人民出版社总编辑曹克己和杂志创办者胡亚权、郑元绪立即商议，撤换了《末代皇妃李玉琴》等几篇有异议的稿子。抽换了几篇文章后的《读者文摘》杂志于1981年4月正式出版，页码48页，定价人民币3角。可以说，这本杂志的问世，时任总编辑曹克己的勇于担当功不可没。

中共甘肃省委宣传部文件《关于出版〈读者文摘〉的批复》
（杜雨霏摄自读者博物馆）

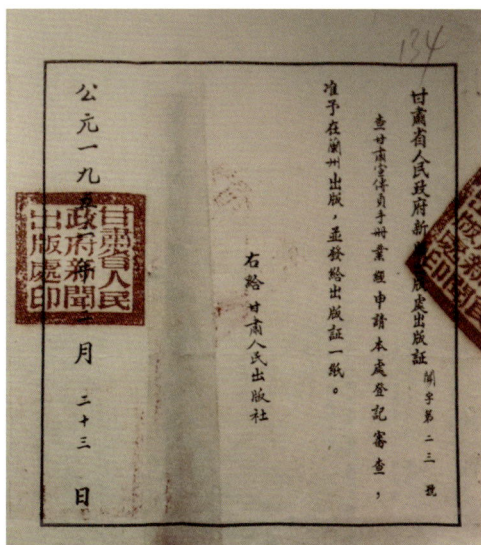

《甘肃宣传员手册》出版证
（1953年）
（金享煜摄自读者博物馆）

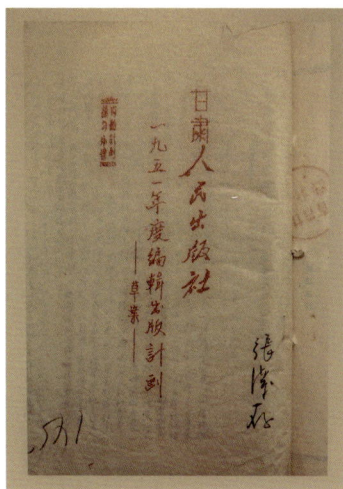

甘肃省计委对甘肃人民出版社十二年
规划的意见（1951年）
（金享煜摄自读者博物馆）

1981年4月，《读者文摘》正式出版

变故使新生的《读者》变得十分谨慎，从而确立了远离热点和不以"敏感题材"取胜的办刊宗旨。办刊思路调整到介绍优秀的域外文化、新知识、新生活，以及传播人性化和人类最本质的亲情这一永恒的主题，但之后的再次遭遇确实使杂志的创办者始料未及。杂志在1983年底全国报刊整顿和清除精神污染中陷入"精神污染"的风波，被勒令暂时停刊。一封题为《甘肃〈读者文摘〉以大量篇幅宣传资产阶级思想》的材料引起了中央高层的关注。在材料列举的杂志三大罪状中，最主要的一条是：杂志所宣扬的人性化与国外的东西有自由化思想倾向，是宣扬"资产阶级东西"的阵地，办刊方向存在偏差。三条罪状在当时的社会背景下，不消说正赶上清查"精神污染"，就是极左思潮的余脉也会使其面临灭顶之灾。一份发行100万份的杂志面临"生死存亡"，时任省委宣传部部长的聂大江和省委宣传部决定成立专家组对杂志进行全面审读、研判。在这一生死判决中，实事求是的原则起了核心作用，专家组组长、兰州大学教授柯杨和西北师范大学教授甘棠寿等一批专家的思想解放无疑非常关键。严肃、认真的审读和实事求是的调研报告，一方面澄清了告状材料的断章取义和上纲上线；另一方面也在总结杂志成绩的基础上提出了整改、提高的建议。专家的意见得到了尊重，一个文化精品的成长在中央、省委的护佑下得到公正对待，这不能不归功于思想解放的进步与实事求是原则的坚持。出版社总编辑曹克己又一次显示了他勇于担当的品格，其中饱含着经历风霜雪雨后的坚韧、对思想解放的执着、对传播人类先进文化的不悔。

风波之后的杂志又一次重申和强化了"远离敏感题材""不在风口浪尖上跳舞，不做弄潮儿"的办刊思路。1984年之后的杂志视角开始由外向内转，关注并积极参与新的文化视点：三毛、琼瑶、刘墉、汪国真"热"等。其实，这一转向遮掩不了办刊者的书生意气。作为传播媒介的"杂志"（magazine）本身就是观念、意见和信息的载体，"在复杂的社会中扮演着积极分子的角色，在许多时候引导着舆论"，同时，"杂志这一媒介最重要的影响之一可能就是它在重大政治事件上的声音"，在这一点上，"杂志是议程的设置者和倡导者"，其对社会变化的影响"常常是无意的，有时仅仅是通过引起公众对某一重大事件的关注而实现的"①。因此，无论《读者》对国内文化热点的关注，还是1993年刊载引发素质教育决策的《夏令营中的较量》、汶川地震后推出的两期抗震救灾特刊，都是影响社会生活、参与社会进程的议程设置和价值导向的引领。殊不知人性主题和人文理念的传播本身就是一种价值观的建构和思想文化的传播。因此，一个承载和传播观念、意见及信息的媒介，试图彻底远离政治、远离社会主潮的想法根本不现实。问题的根本在于，办刊人的思想如果没有整个社会的思想解放呼应，不能与国家意志契合，无论多么新锐、多么充满哲理的思想和人文精神传播都会缺少受众，那么这种文化传播无疑是失败而又孤独的；同样，没有国家政策的支持和思想解放的呵护，办刊人的理念再新也寸步难行。思想认识和思想实践是一个永远无法终结的过程，而媒介作为观念和意见的载体，往往是"春江水暖鸭先知"，它永远是时代的参与者而非旁观者。同时，思想解放也是杂志创新的灵魂，无论是过去为杂志发展进行的争论，还是当下期刊转型创新的实现、品牌的多元化开发，每一步都会有思想解放的交锋相伴随，这是办刊人和文化创新者无法拒绝的宿命。

---

① [美] 萨梅尔·约翰逊、帕特里夏·普里杰特尔《杂志产业》，王海主译，北京：中国人民大学出版社，2006 年，第 125–126 页。

《读者》之路是多元文化的传播之路

《读者》的胸怀始终是宽广开放而又兼容并包的，这首先体现在她多元化的文化视野、文化传播观念和文化立场上。《读者》的创始人胡亚权在杂志创刊20周年时曾撰文概括了"公民《读者》"的这一"多元文化共存"主张，他认为，《读者》始终坚持在世界文化的格局和框架中审视中华文化这一视域与立场，"她恪守了中国风格，同时对外来文化持包容和吸纳的态度，不妄自尊大"。同时，在多元文化传播中，《读者》还设法在人文科学和自然科学等多个领域，充分"体现文化的文明本质以及地域性、民族性、互补性、交叉性、传承性和永恒性"[1]。文化的本质是动态的、开放的，是不断流动、扩散、传递、化合、演变的有机过程。文化的交融不仅发生在同质文化之间，而且也存在于异质文化的碰撞之间，因而各种文化的融汇、传播才形成了人类不同的文明形态，以及不同文明之间存在交融、对话的可能。所以，胡亚权对《读者》文化立场和文化视野的这一概括是精准的，是符合文化的内在属性和规律的。这一文化立场的坚守在改革开放以来的中国是弥足珍贵的，它既克服了文化传播上的狭隘民族主义局限，又对国门洞开后崇洋媚外的文化意识的泛滥和文化传播中的民族虚无主义倾向给予了足够的警示。因为她始终立足世界视域传播人类优秀的文化，所以《读者》身体力行坚守的既是一种具有世界主义胸怀的多元文化传播策略，又是一种与时俱进的、开放的民族文化传播观和发展观。

---

[1] 胡亚权《解读〈读者〉》，载《甘肃出版科研论文集》，兰州：甘肃人民出版社，2001年，第307页。

其次,《读者》多元化的文化传播还体现在文化价值观的多元化上。文化价值观是民族、个体对于自身存在意义的探寻和对人与社会、自然关系的文化认知。20世纪末到新世纪初十多年,在文化价值观传播上,一些影视、报刊等大众媒介社会责任缺位,过分渲染财富、权力、地位并以此论英雄论成败,使得呈现在公众视野的精英形象大都成了别墅豪宅、豪车和前呼后拥的指代,从而使所谓的精英价值取向走向单一并扭曲化,社会的文化价值观出现了极端化倾向。社会精英本来是多方面的,有道德精英、劳动精英、平凡人中的精英等,但是,大众媒介的偏颇却使这一价值取向走入一元化误区。在众声喧嚣中,只有《读者》始终如一地倡导着人文、平和、诗意化的人生境界和追求,用多元化的精英形象和精英精神来弥合、纠正精英宣传的一元化价值取向。挖掘和弘扬优秀的民族文化、现代文化以及国外的先进文化,始终坚持以社会主义核心价值观来引领、建构和谐的文化价值观。尤为重视挖掘平凡人生的闪光点和人性美德,挖掘和弘扬小人物的真善美和普通人的精英精神,以此来影响、干预现实生活中存在的不良文化价值观,并为读者留驻了一瓣心香、一盏心灯、一份属于心灵的希冀,这是难能可贵的坚守。

《读者》之路是和谐文化的创新之路

2006年4月《读者》月发行量突破1000万册这一数字背后,潜藏的是广大读者对杂志营构、传播的和谐文化与和谐文化精神的认同。和谐文化是构建社会主义和谐社会的重要内容,和谐与安睦是人类共同的梦想。《读者》着力融汇中华文明传统和世界文明成果,传播和谐的文化精神并以此为价值体系参与建构中华文明。可以说，和谐文化的创新传播既是《读者》的灵魂，也是《读者》一以贯之的精髓，它决定了杂志的品质与品位。

首先，民族文化与世界文化在《读者》中"和谐共生"并得到了恰当的结合与融汇，这是她坚持二十多年如一日的"文化关怀的核心之所在"，杂志的负责人彭长城如是说。不仅如此，《读者》还协调、沟通了精英文化与大众文化，努力弥合二者之间的鸿沟与冲突。在精英文化传播占主流地位时，她始终不放弃对大众趣味的提升、对大众文化的关怀；在快餐文化、消费文化席卷之时，她又孤独地张扬起"儒雅性"和真善美的大旗，"使大众不再仅仅追求金钱和利益，不再仅仅满足于柴米油盐酱醋茶，还追求高雅的娱乐的高质的消费，追求人性化的思想和生活方式"[①]。这充分体现了《读者》对传播和谐文化的努力。其次，《读者》的每一篇美文、每一个故事都流淌着和谐的音符、和谐的情感，以及心灵的和谐和内心的安睦，尽管有种族的不同与风俗的殊异，但心灵和灵魂的安详、和谐是超越时空和种族的。而她就是这样"润物细无声"地用文字建构着人类自身心灵的和谐、内心的和谐。第三，她还努力和谐、协调人与外部世界的紧张感和隔膜感，用梦想建构希望，用温情稀释隔膜，用发自心灵的宽容解构敌视，遭遇挫折时给人以坚强，迷失自我时提醒保持真我……她协调人与人、人与社会的和谐。她博大的自然观和生命观唤醒了人们对自然、对每一个生命体的怜爱，实现着人与自然的和谐。

总之，对和谐文化的创新传播是追求和谐并以和谐文化为价值取向的责任媒体对于当今竞争激烈的中国社会的巨大贡献，也

[①] 彭长城《用人文关怀打造国人的心灵读本》，载《甘肃出版科研论文集》（第三辑），兰州：甘肃人民出版社，2007年，第274页。

是对人类文明史的贡献。这样评价《读者》对于和谐文化的创新传播并非言过其实。

《读者》之路是播撒精神甘露之路

尽管有读者不乏尖锐地指出，《读者》温情脉脉的情调麻醉了读者的神经，"那些温暖人心的小品再也感动不了伤痕累累、疲于奔命的现代人了"（网友傻根）。但是，这只是一种偏激的声音或者牢骚，大多数读者还是认同《读者》的"纯洁和高尚"的。一位叫夏夜芙蓉的网友这样写道："《读者》像一位受人尊重的长者，时刻指导我如何做人。如果你看过《读者》，就会轻易地感受到里面的氛围——至真、至善、至美……《读者》像位一尘不染的圣人，告诉你要坚强，要勇敢，要为爱你的人和你爱的人勇于承担；当你在纸醉金迷的世界中深陷难以自拔的时候，《读者》告诉你要保持真我，摒弃奢靡，为社会留住一抹馨香；当你开始变得冷漠，以你意识中所谓的理智拒绝一切来自陌生人的友善时，《读者》告诉你，敞开心扉，其实我们都是生长在冰冷城市中最需要爱和温暖的可怜人，打开一扇门，让阳光进来，晒干我们内心最深处的阴霾……"《北京青年报》专栏作家陈屹说："如果有任何一本杂志能改变你的生命轨迹，伴随你的一生，对我来说，它就是《读者》。80年代的《读者》是我的最爱，但是，留美之后就没有机会在海外继续读到它，直到近几年《读者》突然出现在美国市场。离别了快20年，《读者》再次点燃了我的感动、真情、泪水……"这样的感动不胜枚举，更多读者难以割舍的还是杂志带来的那份温润的人文关怀。

的确，《读者》一直走的是抚慰路线，她播撒甘露滋润人的心田，给人以心灵的盛宴。自20世纪80年代以来，社会剧烈转型，人心激动而浮躁。正如余秋雨说的，是一群书生"日日夜夜收集着海内外点点滴滴的精神甘露，月复一月、日复一日地广撒九州，洒向时代、社会和人心的干裂处"①。还有论者认为，《读者》"在庄严的布道之中带着难言的亲切感，它的旋律是纯正而又轻松的，人们在日常的现实生活中常常会使灵魂蒙上灰尘，而就在这个时候，《读者》向人们提供了精神沐浴"，"它的这种诗意的情调实际上代表着人生的正统。它小心翼翼地守护着人类对自身存在的绝对认可"②。无论是"精神甘露"还是"精神沐浴"，都非常准确地道出了《读者》的内涵、品质以及对人的抚慰功能，这也是文化的抚慰、疗救功能在《读者》中的充分展示和体现。中国在半个世纪的时间里经历了欧洲四百年才能经历的时代变革，尤其是20世纪90年代以降的城市化、日常生活紧张节奏的加剧等，带给人们巨大的心理裂变、情绪焦灼和伤痛，以及心灵、梦想的落差和不平衡等，而《读者》几十年来一直坚守用"精神甘露"来疗救历史和现实的巨大反差带给人的心灵创伤，抚慰着人的灵魂，她也因此成为人们的精神支柱和心灵伴侣。她和读者像知己、密友，互诉衷肠，一起携手走过人生的风风雨雨；她从来不正襟危坐或者居高临下地宣教，而是如缓缓流淌的小溪给人送去清凉和惬意，给人以顿悟和心灵的启迪。有一种声音常使读者泪流满面或者心灵安详而又温暖，那么这声音就是《读者》隽永、人性的文字所传达的温润的感情、丰沛的思想、睿智的哲理。《读者》矢志不渝地坚持对小人物的关注，用最容易接受的平民意识感动读者，"旗帜鲜明地倡导对人性本质

① 余秋雨《序二：十五年的开头和结尾》，载师永刚《读者传奇》，北京：中国社会科学出版社，2004年。
② 师永刚《读者传奇》，北京：中国社会科学出版社，2004年。

2021 年，读者博物馆正式对外开放，一位读者手抄 400 篇卷首语献给《读者》杂志创刊 40 周年
（金享煜摄自读者博物馆）

知名作家、艺术家们为《读者》杂志题字
（金享煜摄自读者博物馆）

的挖掘，用刻骨铭心的人性主题感染读者"，"一以贯之地追求阅读的轻松和愉快，用阳光和快乐感染读者"，从而使读者在这一"情感关怀"和抚慰中，"获得尊重和肯定、宽容和关爱、满足和宣泄"①。因此，正是这一充满人文情怀的"精神甘露"的沐浴和抚慰，才使得读者和《读者》之间形成了一种心灵上的默契和情感上的依赖。

————————

① 彭长城《用人文关怀打造国人的心灵读本》。

《读者》之路是文化品牌的成长之路

今天《读者》的品牌价值高达576.85亿元，但当年的《读者文摘》（《读者》的前身）并不是一个真正意义上的品牌，尽管在她更名的最后时刻——1993年6月其发行量曾高达350万份，并拥有了无数铁杆读者。因为她与真正意义上的品牌还有一段距离——这距离看似很近但实际上并非一步之遥。

"品牌"（brand）原意为"烧灼""打上烙印"，按《牛津大辞典》里的解释："用来证明所有权，作为质量的标志或其他用途"，用以区别和证明品质。因此，完整的品牌包含商标、质量标准、管理体系以及由此衍生的唯一性、高品质的品牌架构、美誉度和认知度等，是品质和文化的有机结合。而当时的《读者》不仅不具备商标权而且陷入了商标侵权的法律纠纷。毋庸讳言，中国的《读者》是借鉴了德威特·华莱士1922年创刊于美国的《读者文摘》的，平民化和人性化风格的借鉴成就了这份杂志，但其刊名直接借用美国《读者文摘》的中文版名却为日后一个知名文化品牌的建构带来了不小的挫折，尽管这种借鉴在没有版权概念的20世纪80年代中国带有普遍性。因此，中国版协和《读者》杂志才会在1982年初理直气壮地拒绝了美国《读者文摘》方面提出《读者》（当时的刊名为《读者文摘》）停止使用这一刊名的要求，因为此时的中国没有加入国际版权公约。但翌年3月生效的《中华人民共和国商标法》却使谙熟法律规则的美方占了先机，美国《读者文摘》乘着商标法刚刚颁行便在中国工商局抢先为其中文版注册了有效期十年的商标，而此时的中国期刊界还对商标法与自己的联系浑然不觉。随后十年的中美商标纠纷和争执使《读者》陷入了十分尴尬的境地，1992年中国加入《伯尔尼保护文学和艺术作品公约》及《世界版权条约》，进一步加剧了改换刊名的压力。作为责任媒体首先得尊重知识产权，为秩序的建构做出牺牲就是对人类文明承担责任，这也是《读者》一贯坚守的品质。品质决定命运，品位是永恒的魅力，所以《读者文摘》忍痛更名《读者》（1993年第7期），不仅没有给杂志的发展带来负面波动，反而引发了一场有关知识产权的大讨论，并一时成为媒体报道的热点。血的教训换来了版权意识的成熟，"《读者》时代"的到来尽管历经痛苦，但终于摆脱了与美国《读者文摘》刊名之争的阴影，这对《读者》来说是一次凤凰涅槃式的重生。

杂志品牌的核心价值体现在杂志的品质、气质，以及个性化风格、美誉度和读者的忠诚度等。因为《读者》的办刊人"从来不把《读者》当作48页印刷纸去对待，而是把她当作一个活生生的'人'去培

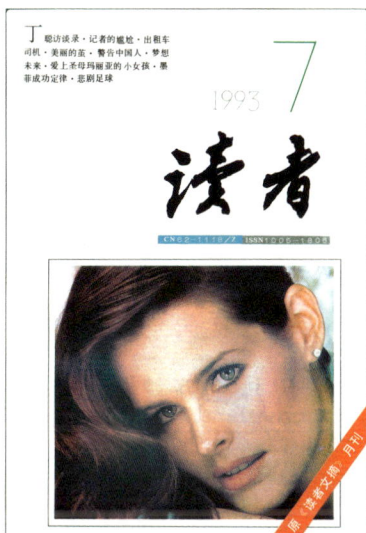

1993年7月，《读者文摘》正式更名为《读者》

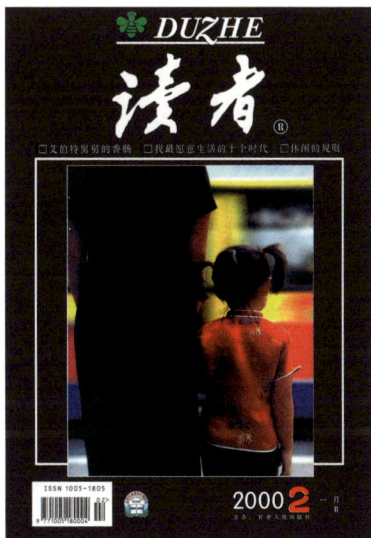

2000年，《读者》杂志由月刊改为半月刊

养"，把她"人格化"，"努力使她有思想、有追求、有风骨、有
情致、有志趣、有格调、有性格、有风韵"①，所以《读者》真善
美的传播和人文关怀、平民化的风格，以及高质量、高品位的追
求，最终在赢得了市场的同时也赢得了一个知名文化品牌应该具
有的受众认同。她用独立的思想和自己的声音丰富了品牌的内涵并
使其具有了恒久的魅力。不仅如此，《读者》的公民意识和作为责
任媒体担当的社会责任也一直是品牌内涵的延展。免费刊登"希望
工程——1+1助学行动"的公益广告并募集150多万元助学资金，
使数万名学生获得了走向文明的希望；为了唤醒迷途的羔羊，推出
"珍爱生命，拒绝毒品"彩色广告和禁毒知识竞赛，用道德的力量
诠释对人的关怀；10000多名全国特级教师在1997年的教师节收到
了《读者》赠刊的礼物，写在赠卡上的宋人陈模关于国之兴衰系于
教育的箴言："德成而教尊，教尊而官正，官正而国治，其所系甚
大"，体现了《读者》对教育的立场；向灾区和老少边穷地区的一
批批捐款，以及从2000年就已经开始的"保护母亲河，共建读者
林"的绿色行动；等等。《读者》不但用智慧和精神的动力来参
与、推动社会发展，而且用实际行动践行着对读者和社会的承诺，
用事实印证着生活中的真善美和崇高。

1995年，具有生命张力和象征意味的"小蜜蜂"正式成为
《读者》的刊徽，它准确地诠释着《读者》的形象和社会功能。
杂志社随即连续注册了刊徽、英文名、汉语拼音名、赵朴初题写
的书法体"读者"，并利用这些商标要素完善了《读者》的封面
格式、版式和版序，这一组完整的品牌形象注册标志着《读者》
首次对自己的形象进行了全方位的商标注册和版权保护。截至目

---

① 胡亚权《解读〈读者〉》。

前，读者品牌在45类商标135个小类中注册，涉及服饰、软件、计算机、旅游等，这是《读者》品牌建设的又一次提速。《读者》月发行量在2006年4月达到1003万册，创造了中国期刊发展史上的里程碑和《读者》发展史上的里程碑。经过26年精心培育、拥有亿万读者、发行量排名世界综合类期刊第四与亚洲第一的《读者》品牌地标揭牌，再一次显示了她作为"中国人的心灵读本"的魅力。这一年，也是《读者》在首届中国品牌媒体高峰论坛暨品牌联盟成立大会上入选"2006中国品牌媒体100强、期刊10强"之际。与此同时，《读者》连续4年入选由世界品牌实验室和《世界经理人》周刊发布的"中国500个最具价值品牌"排行榜。央视索福瑞公司同期调查的数据表明，这本杂志的传阅率达到十人左右，是中国同类杂志里传阅率最高的一本。而在此之前，她已连续摘取了三届国家期刊奖的殊荣，并荣获全国"读者最喜爱的十

2006年4月，《读者》杂志月发行量突破1000万册

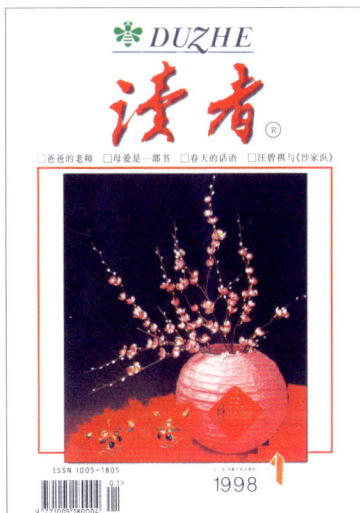

1998年1月，《读者》正式启用由"小蜜蜂"标识、拼音"DUZHE"和赵朴初书写的刊名组成的LOGO

种杂志"第一名和"最有影响力的杂志"称号。读者本位的人文关怀和高品质高品位的价值追求，最终成就了《读者》品牌，也诠释着这一知名文化品牌的价值和文化影响力。

《读者》之路是文化产业的发展之路

文化产业不仅早已存在，而且以各种业态呈现，并不是一个新鲜的事物，只不过在全球化时代迅猛发展并成为一个国家文化力的标志后，才引起了各国政府的高度关注。它是世界经济发展和民众消费水平提高后对文化需求的必然。作为增强国家软实力和文化力的战略应对，中国政府在21世纪初就开启了旨在解放文化生产力、促进文化大发展大繁荣的文化体制改革，不断为文化产业的发展和质量提升给予政策支持。与其他出版产业的发展路径不同的是，《读者》的产业化之路其实早在1988年业已开始。

产业化首先需要市场化。为了解决杂志发行迟缓的问题，占有、拓展更多的读者市场并构筑自己的发行网络，杂志"分印"成为一个必须突破的瓶颈。一方面，杂志因发行迟缓而在1987年底遭遇发行量下滑40万册的危局；另一方面，"分印"因使行业同仁垄断承印的利益受损，而遇到了前所未有的压力，迟迟难以实施。最终挣脱体制束缚的是1988年4月武汉分印点的设立，这引发了印刷和国有发行体制最早的竞争变局。随着遍布的全国16个分印点和16个邮政分发网络的陆续设立，不仅使《读者》在打破印刷和发行各由一家单位垄断的体制束缚中迈出了坚实的市场化步伐，而且《读者》的发行、印刷带动的产业现象已经成为"《读者》经济"现象，在16个城市设立的分印点和分发点，提供了上万人的就业与不菲的发行、印刷利润。"分印""分发"战略的实施，不仅拓展了杂志的市场和影响力，构筑了杂志发行量持续增长的全国发行网络，而且是杂志步入市场的成功尝试。《读者》产业化的第二个重要方面是广告经营的成功，这是杂志经济增长点的延展和品牌营销的成功。1993年之前的《读者》是不刊登广告的，这一度被视为这一知名文化品牌缺乏产业意识的表现。其实，不刊登广告和刊登广告都是特定条件下的经营策略，至今还有一些杂志如美国的《消费者报告》《女士》《儿童启蒙》等为了保证杂志的内容公正、宣传功能和不丧失读者的忠诚度而拒绝刊登广告，美国《读者文摘》在创办的前34年里就不刊登广告。所以，1993年之前的《读者》不刊登广告以及关于广告会影响杂志品位的激烈争论，实属正常。正因为如此，《读者》对于刊登广告是谨慎而又严格的，这符合她稳健探索、沉稳发展的作风和品性。一系列刊登广告的严格要求和价值追求又一次体现了杂志的读者本位立场：在不减少读者原阅读量的前提下，通过增加彩页（最初是两面广告、六面艺术作品）来增加读者的有效阅读面，同时，严格要求广告产品的品质和诚信度、广告设计风格与杂志风格的相近、广告产品的价格符合大众消费水平、广告的价值取向符合人性化和现代意识的品牌追求等。正因为如此，《读者》自1994年刊登广告以来，发行量没有受到广告影响下滑，反而出现了持续上升的态势。杂志广告收入1994年只有130万元，占总收益的25%，逾十年上升到占总收入的60%以上，到2003年，广告收入累计达到1亿元。具有内涵和品质的广告，不但没有引起读者的阅读逆反心理和排斥，反而成为读者由此获取资讯和信息的一种方式。实际上，从某种意义上说广告经营的成功既是《读者》办刊理念——永远的读者本位的成功，也是《读者》品牌营销的成功。

第三，品牌开发的尝试与成功探索。针对读者市场日益分众化的需求，满足不同读者需要的《读者》系列版和子刊得以长足发展。1993年、1998年先后推出《读者》维文版、《读者》盲文版，尽管这两个延伸产品的发行量有限，但她最大限度地实现着、承担着不容忽视的社会作用。2000年1月推出的《读者》乡村版（后改名《读者》乡土人文版）当期发行量就高达19万份。之后又成功推出《读者欣赏》《读者（原创版）》，其中，以"同质化时代——更需要一片原创的天空"为宗旨的原创版的发行量迅速上升到100多万册。《读者》品牌的创新延伸不断得到市场的回报，2007年底"读者的挚爱"诗文音乐朗诵会曾轰动京津等地，《读者》"声音版"强烈震撼了观众的心灵。为了密切与读者快捷的交流而开设的读者短信评刊平台，成功实现了《读者》理念的传播与营销。相比之下，在读者出版集团成立一周年时正式开通的拥有20个频道、100多个栏目的读者网站，其文化传播和品牌营销的力度与活力虽然还未达到理想的预期结果，却使传播载体实现了业态的多元化。另一方面，《读者》品牌的衍生产品开发也取得了很好的尝试。1996年出版的"《读者》发行200期纪念光盘"，不仅被《电脑报》评为当年年度最畅销光盘，而且光盘销售取得了十多万套的业绩。2004年底推出的《读者》丛书之《人文读本》销售量超过1000万。此外，还陆续推出了《读者》丛书之《爱的故事》《世界连环漫画杰作选》《诺贝尔文学奖获奖者美文选》《人生的忠告》《心灵的盛宴》《美丽的冲动》等20多种图书，深受读者喜爱且获得不错的销量。尽管如此，《读者》延伸产品依然存在着品种较少、规模不大、赢利有限等局限，这是不可否认的事实。由于《读者》长期坚持低价位，发行利润每本只有几分钱，巨量的发行并没有带来巨额的利润，因此，杂志一直面临着通过品牌的深度开发来创造利润点的巨大挑战。

第四，多元化品牌开发和产业链升级打造迫在眉睫。对"读

《"读者的挚爱"诗文音乐朗诵会》荟萃了《读者》28年的精华，通过濮存昕等享誉全国的著名艺术家声情并茂地演绎，为广大读者献上一场视听与心灵的盛宴

者人"来说，更为严峻的考验是在竞争激烈的产业化大潮中如何走出品牌经营的低谷，这是产业化的必由之路。2006年，国内首家以杂志品牌命名的省级出版集团——读者出版集团挂牌成立，为《读者》品牌的产业化提供了新的契机。打造"期刊群"和多元化品牌开发战略的确立，在当时显得迫切而凝重，因为这是又一次高难度的品牌创新和产业化升级的历程。对于如何打好《读者》这套"品牌拳"，时任甘肃省新闻出版局局长的张余胜作了精辟的阐释："盛名之下的《读者》也有软肋，那就是在多元化发展上未能很好拓展，未能体现出自己应有的真正的价值"，因此，要借鉴国内外优秀期刊的成功经验，在产业发展上下大功夫，在"扩"上做文章，"扩展《读者》的产业链，扩大其文化影响力，扩充其潜在价值和品牌价值"[1]。面对各种多元化产业

---

① 王立强《〈读者〉要"扩""书屋"要实——访甘肃省新闻出版局局长张余胜》，载《中国新闻出版报》，2008年7月14日。

读者出版集团总部大楼

开发的构想，有业内人士谈了自己的看法，当前对出版产业多元化的认识存在着误区，一种观点认为，出版业"多元化"是"瞄准业外的多元化"，诸如涉足房地产、物流、酒店业等。但出版业的多元化应该走的还是文化产业的主业多元化路子，首先是做好图书、期刊、数字出版这一内容产业，打造特色化、品牌化的图书出版和发散型刊群，其次是期刊资源进入其他出版形态，图书、数字出版参与期刊资源开发，这在当时是有见地的认识。文化企业的产业化升级是多方面的，既包括品牌扩张和品牌营销，也包括团队的理念和素质的提升、体制机制的创新、永远以读者为本位的服务意识的提升等，这是文化企业产业化升级的内源性因子。成立不久的读者出版集团积极筹备上市工作，启动了它产业化之旅中关键的升级战略，这被认为是读者品牌开发和产业化发展的强大外源性动力和契机。

大学、城市与一本杂志

1981年创刊的《读者》杂志（原名《读者文摘》，1993年更名为《读者》），2006年4月，月发行量达到1003万册，创造了中国期刊发展史上的奇迹。《读者》杂志曾连续获得三届"国家期刊奖"，获得两届"中国出版政府奖"，2001年11月，在中国期刊展上入选"中国期刊方阵"，被认定为"双高"（高知名度、高学术水平）"双效"（社会效益、经济效益好）期刊。《读者》从一本薄薄的杂志，成长为一个知名文化品牌，带动了一系列产业，以杂志名称命名了一家上市公司——读者出版传媒股份有限公司和一家省级出版集团——读者出版集团，这在中国出版界是绝无仅有的。

问：您觉得在甘肃出现这样一份发行量位列亚洲第一的《读者》杂志，背后的原因是什么？

答：在甘肃大地上产生《读者》这样一份世界知名、发行量位列亚洲第一的杂志，不是偶然的。20多年前，有一种说法，认为甘肃经济落后、地处内陆，怎么会出现这样一本知名的人文杂志品牌？所以把它称为"读者现象"。我认为，从这个角度看，这个话题是一个伪命题。

经济和文化的发展不是完全一致的，经济欠发达地区也会有文化发展的"第一提琴"，正如恩格斯在《致康拉德·施密特》的信中说的，"经济上落后的国家在哲学上仍然能够演奏第一提琴"。同样的观点，马克思在《〈政治经济学批判〉导言》中也讲过，他指出，"在物质生产和精神生产之间有时会出现发展不平衡的现象"。因此，我们不能把马克思主义哲学中有关"经济基础决定上层建筑"的论断狭隘化、简单化。恩格斯在《致康拉德·施密特》《致瓦·博尔吉乌斯》等书信和论著中阐述，经济基础对于上层建筑诸因素的决定作用，是在"归根结底"的"经济必然性"这个层面上说的。经济基础不直接对哲学、宗教、文学艺术等社会意识形态产生决定作用，而是必然通过政治、法律等中介；真正对哲学、宗教、文学、艺术产生直接作用的是一个社会的政治状况。

首先，从《读者》杂志发展的历史空间和文化空间来看，甘肃有《读者》产生的文化基因和人文基础。甘肃文化从来就不是封闭的，自远古以来就是开放的、世界的、多元的、交融的。

甘肃是中华文明的重要发源地之一，自古就有"羲里""娲乡"之称，是相传中的人文始祖伏羲、女娲的诞生地。距今8000年的大地湾文化，拥有中国最早的旱作农业标本、中国最早的彩陶、中国文字最早的雏形、中国最早的宫殿式建筑等6项中国考古之最。兴盛于距今5000—4000年之间的马家窑彩陶文化，以其出土数量最多、造型最为独特、色彩绚丽、纹饰精美，代表了中国彩陶艺术的最高成就。从马家窑文化到齐家文化，甘肃成为中国最早从事冶金生产的重要地区之一。不仅如此，大地湾文化遗址和马家窑文化遗址的考古还证明了甘肃是中国旱作农业的重要起源地，是中亚、西亚农业文明的交流和扩散区。西北多民族融合和发展的历史可以追溯到甘肃的史前时期，农耕文化和游牧文化在甘肃大地长期交流、融合，形成了多族群文化融汇的格局。周、秦两个王朝的先祖在甘肃创业兴邦，最终得以问鼎中原。周先祖以农耕发迹于庆阳，创制了以农耕文化和礼乐文化为特征的周文化；秦人崛起于陇南山地，将中原农耕文化与西戎、北狄等族群文化交融，形成了以农牧并举、华戎交汇为特征的早期秦文化。两者都为华夏文明的发展产生了决定性的影响。

横贯甘肃的丝绸之路自古就是中原政权联系西域和欧亚非的重要通道，在很长一个时期承担着中华文明与域外文明交汇融合的历史使命。东晋十六国时期，地处甘肃中西部的河西走廊地区曾先后有五个独立的地方政权交相更替，凉州（今武威）成为汉文化的三个中心之一，"这一时期形成的五凉文化不仅对甘肃文化产生过深刻影响，而且对南北朝文化的兴盛有着不可磨灭的功绩"（张兵、李子伟《陇右文化》），并成为隋唐制度文化的源头之一。因此，甘肃的历史地位还充分体现在它对华夏文明存续的历史贡献上，历史学家陈寅恪在《隋唐制度渊源略论稿》中慨叹道："西晋永嘉之乱，中原魏晋以降之文化转移保存于凉州一隅，至北魏取凉州，而河西文化遂输入于魏，其后北魏孝文宣武两代所制定之典章制度遂深受其影响，故此（北）魏（北）齐之源其中亦有河西之一支派，斯则前人所未深措意，而今日不可不详论也。""秦凉诸州西北一隅之地，其文化上续汉、魏、西晋之学风，下开（北）魏、（北）齐、隋唐之制度，承前启后，继绝扶衰，五百年间延绵一脉……实吾国文化史之一大业。"因此，在华夏文明曾出现断裂危机之时，河西文化上承秦汉下启隋唐，使华夏文明得以延续，实为中华文化传承的重要链条。隋唐时期，武威、张掖、敦煌成为经济文化高度繁荣的国际性都市，中西方文明交汇达到顶峰。自宋代以降，海上丝绸之路兴起，经济重心遂向东、向南转移，西北丝绸之路逐渐走过了它的繁盛期。

所以说，甘肃长廊地处丝绸之路枢纽地和要害，东西方多元文明交汇、西部多民族文化碰撞与交流，形成了开放、多元、包容的文化品质。甘肃的文化色彩是多元的，文化内涵是混杂的，文化精神是开放的。

其次，从《读者》产生的现实条件和文化空间来看：《读者》的产生可谓占尽了天时、地利、人和等因素。《读者》是改革开放的产物，是思想解放的产物，是"兼容并包"的兰州大学等现代大学文化以及兰州作为一个移民城市的城市文化共同哺育的产物。

天时——《读者》杂志诞生在改革开放的时代背景下，可谓生逢其时：一方面是改革开放的时代机遇；另一方面，处在"文化断层"的大众迫切需要引领时代风尚、博采中外的文化精品和出版物。《读者》应运而生并满足了社会和大众的这一精神需求。

地利——兰州大学、中国科学院在兰州的科研院所等现代学术机构的存在，加上兰州作为移民城市的文化多样性等，使兰州在上个世纪80年代成为文化之城、科技之城。"兼容并包"的大学文化和现代城市文化影响了《读者》的诞生。

人和——时任甘肃人民出版社总编辑曹克己的担当、包容和前瞻性眼光，杂志创始人胡亚权和郑元绪的睿智、坚守，以及团队的不懈努力。尤其是总编辑曹克己思想解放、勇于担当的个人品格，对杂志的创刊、发展起了重要的作用，这是无法磨灭的贡献。

所以，作为荟萃艺术的《读者》杂志确定的"博采中外，荟萃精华，启迪思想，开阔眼界"这一办刊宗旨，使《读者》甫一诞生就具有世界性视域和全球化眼光。

问：这个在黄土地上生长出来的文化奇迹，从国家文化建设层面上看，具有什么重要的意义？

答：《读者》杂志的办刊地虽然地处西北，却以高雅、清新、隽永的真善美的传播与人文关怀，成为"中国人的心灵读本"，成为广大读者的心灵伴侣，成为名副其实的中国期刊第一品牌。《读者》是改革开放的产物，是改革开放的参与者、推动者和见证者。她不但见证了改革开放四十多年来的社会变迁，同时还参与了这一时期中国人精神生活和文化价值观的建构、民族灵魂的重铸、和谐文化的创新传播。不仅如此，《读者》还记录了这一时代变革中千万读者的情感和社会风尚。她的成功实践实现了两大创新：一是坚持以人民为中心的价值导向，坚守真善美的人文关怀，打造出了具有浓厚的平民色彩的文化品牌。二是以文化人、润物无声，将社会主义核心价值观大众化，走出了一条经济效益与社会效益的"双效"统一的文化品牌成长之路、文化产业发展之路。

不仅如此，《读者》用心灵抚慰和人文关怀，与广大读者形成心灵默契和情感上的依赖，已然成为广大读者的心灵伴侣。所以，成长的陪伴、精神的抚慰、快乐的提供、甜蜜的营造、思想的给予、一份属于心灵的安谧与宁静等价值生产和传播，都是《读者》给予广大读者的价值和意义，这也是新的文化产业延伸的方向。

所以说，《读者》之路是改革开放之路、多元文化的传播之路、和谐文化的创新之路、文化品牌的成长之路、文化产业的发展之路。《读者》所创造的奇迹已远远超越了一本杂志的意义。

问：《读者》的诞生与黄河文化、现代大学文化、兰州这座城市的关系，是否能够再给予进一步的介绍。请您谈一谈"读者之城·书香兰州"建设这一创意的策划思路。

答：兰州地处黄河上游，是中国地理版图的几何中心，河西走廊的向东末梢在这里与黄河交汇。文化是一座城市的灵魂和气质，文脉是一座城市在漫长时光中积淀的地域色彩和文化个性。兰州，因河而兴、因河而盛，在黄河无言的滋养中，积淀了深厚的文化底蕴，塑造了独特的城市精神。作为中华文明的重要发祥地之一，兰州在多民族交融、中西文化交流、向西开放的进程中，形成了开放包容、交流互鉴、多元融合的文化特质。自秦汉以来，这里文人聚集，文风兴盛，赋予这座城市以灵性和张力。1949年以后，兰州作为"一五"时期国家重点建设的工业城市之一，现代工业文化遂成为兰州文化的重要色调。因此，兰州的红色文化、黄河文化、丝路文化、移民文化、民族文化、工业文化、大学文化等多元文化，是《读者》成长的沃土。

"兼容并包"的现代大学精神，与现代城市的形成是互相滋养与互相培育的，兰州大学、西北师范大学等一批在兰大学参与了兰州城市文化的建构和文化风尚的形成。一百多年来，兰州大学以其

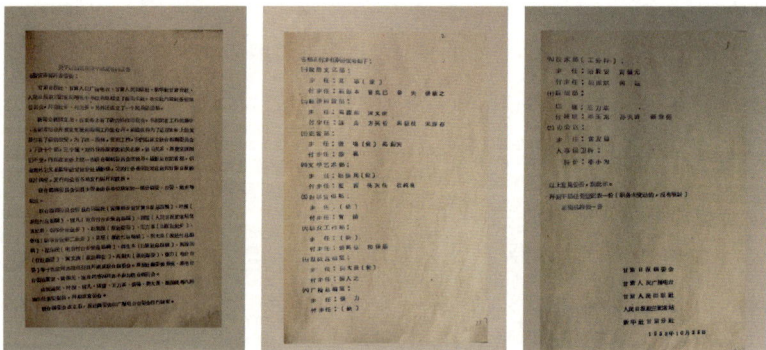

1958年，在全国"人民公社化"运动中，甘肃人民出版社与甘肃日报社、甘肃人民广播电台、新华通讯社甘肃分社等新闻单位，共同组成"新闻公社"，由联合编委会领导，直属于甘肃省委。1961年，甘肃人民出版社恢复建制
（杜雨霏摄自读者博物馆）

深厚的文化底蕴、独特的气质，穿越了百年风雨。她"自强不息、独树一帜"的校训，她质朴、低调、坚韧、开放、创新的风格，不仅影响了兰州这个西部城市的性格，也影响了编辑这本世界名刊的《读者》人。《读者》的创始人之一胡亚权和编辑团队的许多人，都是兰州大学的校友，他们的身上都打下了兰州大学的烙印。可以说，现代大学与《读者》，在精神和文化谱系上是有很深的关联的，这里的大学当然也包括历史悠久的西北师范大学等。

高质量发展视域下的新时代人文经济，文化的丰盈程度成为衡量大众幸福指数的重要尺度。建设"读者之城·书香兰州"，就是推动读者品牌与兰州城市更新双向赋能，实现读者文化创意与兰州城市创新深度融合，通过品阅兰州的历史文化，唤醒兰州的文化记忆，激活兰州的创新基因，重塑兰州这座城市的精神气质和城市美学。

建设"读者之城·书香兰州"，需要突破兰州的现实空间布局和文化想象：一是"省市同城化"的空间格局认知与"在地化"的科技、文化、大学等资源要素的充分整合与利用；二是充分激活兰州作为古丝绸之路和"一带一路"枢纽城市穿越古今、贯通中外的国际性与开放性基因；三是充分挖掘和激活兰州的历史文化、黄河文化、移民文化、工业文化、民俗

"读者之城·书香兰州"建设之 2024 年读者·领读者大会

文化、现代文化等文化资源，为多彩兰州的创新发展赋能。

"读者之城·书香兰州"的实现路径主要有三个维度：解读兰州——找寻文脉赓续的城市密码；书写兰州——绽放文旅融合的城市魅力；重塑兰州——打造文明互鉴的精神高地。通过大力弘扬红色文化、多元阐释黄河文化、深入挖掘丝路文化、积极传播移民文化、全面展示民族文化、创新培育工业文化、充分利用大学文化，展现文脉赓续的城市底蕴，构筑文脉厚重的城市文化根基。《读者》杂志诞生于兰州，读者品牌从这里出发走向世界，她不仅是扎根文心、赓续文脉的城市品牌，更代表着兰州开放、包容、浪漫、创新的城市精神。所以，充分发挥"读者"品牌的引领和驱动作用，举办具有全国影响力的"读者大会""读者·领读者大会"，与城市营销、文旅招商相结合，成为兰州与其他城市对话交流的媒介。推动读者文化创意与兰州城市创新双向赋能，让全民阅读点亮城市的星空，以文旅融合贯通城市的古今，通过产城融合，多维度呈现"读者之城"的魅力，努力将兰州建设成为广大读者心灵还乡的"读者之城"。构建城市形象符号体系，创设新的符号化表达，"读者树洞"朗读亭、"读者封面"拍照框、"读者之城"创意路牌、"书香地铁"与"书香车厢"，还有一艘名为"读者号"的黄河游轮……都可以成为一个城市新的表达。构建城市文化传播全媒体矩阵，探索人人创作、人人展示、人人分享的传播新模式，汇聚海量的图片、视频、声音、文字、出版物、设计素材以及项目、活动、案例等资源，打造一个具有全球影响力、凸显中国特色和兰州特点的城市形象资源库，逐步建成聚合征集、共享传播、孵化创新的城市形象内容生态系统。

"读者之城·书香兰州"以对兰州城市密码的发现、重塑、书写与传播，回答了这样一个"文化之问"：我们需要怎样的城

本书作者在"黄河之滨也很美——读者之城·书香兰州"启动仪式上做"书写兰州"环节的发布

市气质？它的答案，至少应包括以下内涵：对城市形象的建构与重塑；以文化创意激活城市的潜能，让城市文脉在创新中延续，让城市品质在创意中提升；让阅读成为生活方式，唤起全国广大读者到"读者之城"实现心灵还乡的向往，以及激发兰州活力、讲好兰州故事，让兰州成为更多人心中的"诗与远方"。

2023年12月，"读者之城·书香兰州"写入兰州市政府工作报告；2024年4月，兰州市和读者出版集团共同开启"读者之城·书香兰州"建设。可以说，读者品牌为她的故乡奉献了一个走向全国、走向世界的城市IP，兰州城市更新将为读者品牌的创新不断注入新的活力。应该感谢这座城市的领导者的智慧和用心，虽然"读者之城"的建设刚刚开启，但人文经济激发下的人民城市的创新发展，未来可期。

一个文化品牌引发的关注 [①]

作为中国极具影响力的市场类期刊，《读者》在其四十余载的发展历程中，不仅凝聚了广大读者热切的目光，更激发了深层次的学术探索与研究热潮。以《读者》杂志名命名的读者出版集团，一直是业界关注的焦点。

这里通过对相关学术论文与研究专著的系统分析，力图梳理清楚读者品牌演进的逻辑，进一步明晰读者品牌的价值以及对出版传媒业发展的意义。这一深度分析和为此所做的努力，不仅是为了铭记过往，更是为了照亮未来——为读者品牌在数字文明时代实现可持续发展提供坚实的理论基础与前瞻性的战略指引，并进一步彰显、提升其在文化传媒领域的核心价值与影响力。

"读者"文化研究的脉络

《读者》杂志诞生于改革开放之初，伴随着改革开放的深化而不断壮大，从一定意义来讲，它"见证和参与了一个时代" [②]。

---

① 此文系与吴艳丽合作。
② 贾平凹《杂志传》，载师永刚《读者时代——一本杂志和她所影响的生活》，上海：上海人民出版社，2001年。

结合读者品牌的发展历程，其研究可以分为四个阶段，每一阶段都有着不同的特色。

第一阶段（1995—2000年）为"读者"研究的基础阶段。《读者》杂志从创刊发展到20世纪90年代中期时，已经成为国内发行量最大的杂志，在读者中享有较高的声誉，也具有了一定的社会影响力。学界开始对《读者》杂志的创办和快速发展进行探讨。《中国出版》《期刊纵横》和《杂志风采》栏目于1994年11月、1995年1月先后约稿杂志副主编胡亚权，以《办刊的误区》和《〈读者〉办刊之道》两篇文章，从正反两方面对《读者》杂志的办刊经验进行了总结。与此同时，杂志社开始对《读者》办刊的各方面进行思考并诉诸笔端，1998年彭长城发表于《出版发行研究》的《促进期刊发展的广告经营之道》一文，就是对适应杂志发展的广告经营之路的思考；2000年胡亚权发表在同一刊物的《〈读者〉的新走向》对《读者》十多年发展成果进行总结并对未来发展方向进行思考谋划。

第二阶段（2001—2010年）为"读者"研究的发展阶段。随着《读者》发行量的扩大和各种荣誉的纷至沓来，"读者"受到极大的关注，甚至被一些学者称为"读者现象"，研究论文和专著也日益增多。十年间，有5本专著、1本征文集、1篇博士论文、10篇硕士论文和50余篇学术论文发表。2001年第3期的《北京印刷学院学报》，刊发了徐丽、罗维扬的文章《文摘期刊的两个杰出代表——〈读者〉与〈新华文摘〉之比较研究》，这一研究在当时是富有深意的，因为这两种社办期刊不仅蝉联第一、二届"百种全国重点社科期刊"，而且都荣获首届"国家期刊奖"。2001年5月，第一本以《读者》为研究对象的专著《读者时代——一本杂志和她所影响的生活》（师永刚，上海人民出版社）出版面世，贾平凹、余秋雨为这本书欣然作序，他们的评价颇高。师永刚将杂志背后的故事娓娓道来，揭开了全国期刊月发行量居于首位的《读者》杂志的神秘面纱。2006年11月，齐文健的《放大镜下看〈读者〉》由甘肃教育出版社出版，这是第一本从经济学角度分析《读者》现象的图书。2008年12月，读者杂志社将《读者》杂志创刊二十五周年征文进行精选结集，取名《我与读者——〈读者〉杂志创刊二十五周年征文选》，由甘肃教育出版社出版。同年，师永刚的《解密〈读者〉——一本感动中国的杂志》由华夏出版社出版，这是对《〈读者〉时代——一本杂志和她所影响的生活》的修订完善。2009年3月，四川大学梅红的博士毕业论文《〈读者〉的品牌及审美分析》由西南交通大学出版社出版，它对《读者》杂志封面进行了视觉及审美分析，对期刊品牌栏目进行了系统研究，并对《读者》品牌建设与维护提出一些建议。

与此同时，更多的学者参与到"读者"的研究中来，有谈"读者"现象带来的启示的（巩红玉、屈维丽，《市场经济条件下的文化传播——〈读者〉现象给人的启示》，《云南师范大学学报》，2002年2月第3卷第2期），有解读《读者》杂志畅销元素的（张丽英，《从一本杂志看畅销元素——解读〈读者〉现象》，《编辑学刊》，2004年4期），有以"读者"现象为例分析期刊核心竞争力的（王志刚，《期刊核心竞争力案例分析——论〈读者〉现象》，《中国编辑学会第九届年会论文集》，2004年7月），有以《读者》杂志为例分析期刊受众审美要因的（梅红，《期刊受众审美要因分析——以2004年〈读者〉杂志为例》，《新闻界》，2005年4月），有另辟蹊径对《读者》"伪真实"现象进行分析的（胡少华、李昌，《〈读者〉"伪真实"

现象分析》，《青年记者》，2006年第18期），有解读杂志文化内涵的（赵丹，《历久弥新的关怀——〈读者〉杂志文化内涵解读》，《编辑学刊》，2008年11月），有对"读者"发展历程作全面分析研究的（马永强，《〈读者〉之路：一个时代的见证和参与》，《兰州学刊》，2008年第11期），有研究读者出版集团主业多元化发展的（汪晓军，《谋求出版企业的主业多元化发展——以读者出版集团的尝试为例》，《中国出版》，2009年第6期），以及探讨读者出版集团经营结构协调发展问题的（雷兴长、刘新田，《出版企业经营结构的协调发展问题分析——读者出版集团有限公司的经营结构探讨》，《中国出版》，2009年9月下合刊）。

学位论文方面，有分析《读者》杂志成功原因的（谢慧丽，《不动声色的力量——〈读者〉杂志成功的原因及启示》，河南大学硕士学位论文，2004年5月），有以《读者》为例研究期刊广告经营的（刘杨，《国内期刊广告经营研究——以〈读者〉杂志为例》，厦门大学硕士学位论文，2006年5月），有谈《读者》经营策略与未来发展研究的（梁舞，《〈读者〉经营策略与未来发展研究》，兰州大学硕士学位论文，2006年5月），有谈杂志品牌创新研究的（顾淑臻，《〈读者〉杂志品牌创新研究》，兰州大学硕士学位论文，2009年5月），等等。

这一时期，杂志社人员或自发运用归纳法总结得失，或接受外界的采访分享经验，不断向外界传递自身的思考和感悟。彭长城在《出版广角》《中国出版》等期刊上发表论文，从营销策划、广告经营、精神内涵等方面分享《读者》杂志的成功经验，胡亚权接受《新闻记者》期刊采访，谈读者出版集团的改革思路等。

第三阶段（2011—2018年）是"读者"研究的拓展阶段。2011年是《读者》杂志创刊三十周年，此时的《读者》杂志月发行量遥遥领先，社会影响力巨大。同时，出现了依托互联网、手持阅读器等终端设备的数字出版。《读者》杂志及以"读者"命名的读者出版集团面临着诸多挑战和发展机遇。这一时期，对"读者"的研究进入新阶段，研究方向更为广泛，视角更加多元，思考也比较深入。其中，多篇文章将"读者"的数字化发展作为研究课题，如王永红的《传统文摘类杂志的数字化生存——以〈读者〉为例》（《出版发行研究》，2012年第9期），崔放的《数字化时代〈读者〉作出的改变——基于2007—2016年杂志的内容分析》（《新闻研究导刊》，2017年1月）；也有对读者出版集团的发展战略、走出去策略进行探讨的，有将《读者》与其他期刊比较研究的，如尧水根的《中外品牌期刊发展比较探析——评〈读者〉〈知音〉〈ELLE〉品牌之路》（中国科技期刊新挑战：第九届中国科技期刊发展论坛论文，2013年9月），张博、余姣卓的《综合性文摘期刊数字出版产品形态研究》（《读者》《意林》《青年文摘》三刊比较，《出版广角》，2014年8月），及王敏《"冷""热"结合是王道——以〈读者〉和〈读者文摘〉为例对比中美期刊的幽默栏目》（《中国出版》，2015年3月），等等；有探讨杂志领军人物编辑思想的，如李钊平的《初探〈读者〉〈青年文摘〉领军人的编辑思想》（《中国编辑》，2017年5月）；有从传播学视角探讨《读者》杂志微信公众号发展路径的，如孙金华等的《传播视阈下〈读者〉杂志微信公众号发展路径探析》（《中国报业》，2018年3月）；还有探讨文摘期刊的社群聚集力的，如贺义荣发的《互联网传播语境下文摘期刊的社群聚集力——以〈读者〉为例》（《出版广角》，

《读稿笔记》郑元绪著，甘肃教育出版社

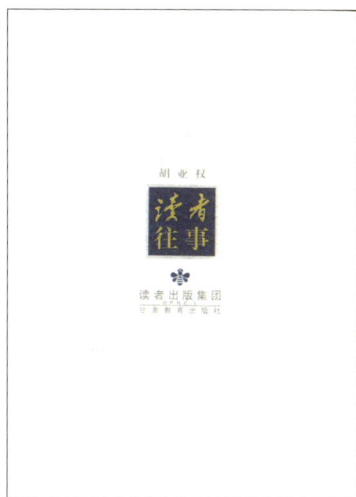

《〈读者〉往事》胡亚权著，甘肃教育出版社

2018年5月）；有对《读者》杂志繁荣背后进行"冷"思考的，如王雪琦《留给〈读者〉的时间不多了》（《中国企业家》，2018年9月）。这八年间，还有郑元绪的《读稿笔记》（甘肃教育出版社，2011年4月）、《一言既出——读稿笔记第二辑》（甘肃教育出版社，2015年4月），胡亚权的《〈读者〉往事》（甘肃教育出版社，2011年4月），彭长城的《让〈读者〉御风而行》（甘肃教育出版社，2011年4月）、《〈读者〉的人文关怀》（中华书局，2013年11月）等多部专著出版，这些专著多为杂志社几位办刊者所写，让我们看到更多"读者"背后的故事。

这一时期还有1篇博士论文和12篇硕士论文发表。其中武汉大学广告学博士王锐的博士论文《中国平面广告的发展流变（1981—2011）——以〈读者〉和〈中国广告〉为例》比较独特。它以《读者》和《中国广告》为例，分析了1981年至2011

年间中国平面广告的发展流变，再现"我国经济建设在融入全球化潮流中可载入史册的一段辉煌的历史"①。硕士论文中，张娅琼的《〈读者〉杂志品牌战略研究》（兰州大学硕士学位论文，2011年5月）从《读者》的品牌发展历程和品牌战略指导下《读者》的营销模式入手，分析《读者》在文化体制改革、数字化生存背景下的品牌发展战略；陈蓉的《读者出版集团数字出版现状研究》（兰州大学硕士学位论文，2013年5月）对读者出版集团在阅读终端研发、云图书馆上线、有声图书馆建设，以及数字出版的内容、盈利模式等进行分析，并对其未来发展进行思考；杜馨瑞的《〈读者〉（原创版）杂志研究》（陕西师范大学硕士学位论文，2014年5月）和苏渝的《〈读者〉封面的图像传播学研究》（南京大学硕士学位论文，2014年5月）则对鲜有人研究的杂志原创版和《读者》封面进行传播学分析；李依璇的《读者出版集团发展战略研究》及黄宁的《读者集团出版走出去现状及策略研究》（以上均为兰州大学硕士学位论文，2014年6月）则从集团发展进行研究分析；等等。

第四阶段（2019年至今）是"读者"研究的深化阶段。之所以把2019年作为此阶段的开始，这是因为2019年8月习近平总书记到读者出版集团考察调研并发表重要讲话，"要提倡多读书，建设书香社会，不断提升人民思想境界、增强人民精神力量，中华民族的精神世界就能更加厚重深邃。为人民提供更多优秀精神文化产品，善莫大焉。要牢牢把握正确导向，在坚守主业基础上推动经营多元化，努力实现社会效益和经济效益双丰收。"习近

---

① 王锐《中国平面广告的发展流变（1981—2011）——以〈读者〉和〈中国广告〉为例》，博士学位论文，武汉大学，2013年。

平总书记的重要讲话精
神，为中国出版业的创新
发展提供了遵循，指明了
方向，开启了"读者"发
展和研究的新篇章。

这一时期，"在移
动互联网和新媒体技术的
双重推动下，媒体融合的
纵深发展成为传媒行业
未来发展的新趋势"①，
"读者"从自身实际情况
出发，做出了许多新的尝
试。研究者敏锐地捕捉到
这些改变，撰写的论文有
《多维出版时代：一个文化品牌的突围之路》（马永强，《甘肃文
化发展分析与预测（2020）》，社科文献出版社，2020年1月）、
《人文理念下的中国叙事——〈读者〉这样讲中国故事》（张涛，
《出版广角》，2020年第7期）、《新媒体时代〈读者〉杂志媒体
融合转型发展研究》（翟宁，《出版广角》，2020年第13期）、
《从故事思维的演变分析〈读者〉长盛不衰的原因》（陈天竺，
《出版广角》，2020年第15期）、《以技术赋能内容，打造融媒
体平台——以〈读者〉杂志为例》（李霞，《出版广角》，2021年
第17期）、《智媒时代大众文摘期刊的价值传播与实践路径——以

图：习近平总书记考察调研读者出版集团纪念刊

---

① 李晓《新媒体时代〈读者〉杂志融合转型的探索与启示》，载《传媒》，2021年
第19期。

〈读者〉近年来的主题出版为例》（贾真，《出版广角》，2021年第20期）、《媒体融合背景下"读者"品牌的价值扩散与服务延伸——以"读者小站"与"读者·新语文"创新发展为例》（马永强、王廷鹏，《新阅读》，2021年12月）、《从"读者小站"看新型公共文化空间价值》（马永强、原彦平、吴艳丽，《出版发行研究》，2022年第2期）、《融合出版视域下文摘类刊物的转型研究——以〈读者〉为例》（郁灿璨，华中师范大学硕士学位论文，2022年4月）、《〈读者〉推进深度融合，扩大优质阅读内容供给的思考》（宁恢，《出版参考》，2024年1月）、《高质量发展视域下的出版深度融合发展路径》（马永强，《出版参考》，2023年10月；"第二届全民阅读推广（深圳）峰会"主旨报告，收入《深圳全民阅读发展报告》，深圳出版社，2024年4月）、《数智时代"读者"品牌传播策略研究》（马永强、吴艳丽，《出版参考》，2024年7月）等。

值得一提的是，2022年可以称之为兰州大学的"'读者'研究年"，有多篇硕士论文和学术论文对《读者》杂志及读者出版集团的创新业务进行了研究，如宋芳芳的《读者小站·金城书房：城市街区公共阅读空间的创新探索》、张萍的《全媒体时代数字出版转型升级路径研究——以"读者·新语文"平台为例》、温彬的《新时代国有文化企业的公共文化服务路径优化研究——以读者出版集团为例》、肖世琪的《城市基层公共文化服务供给中政社合作的互动机理研究——以L市"读者小站·金城书房"为例》等。

"读者"研究现状概述

通过对以"读者"为研究对象的学术论文和专著等进行梳理，可知在过去的四十年间，研究者从新闻学、传播学、编辑学、社会学、文化学、广告学、管理学等视角着手，对《读者》杂志、读者品牌以及读者出版集团的创新发展等进行了一定研究。具体情况如下。

一是研究成果方面。"读者"相关研究的成果主要以专著、硕博士论文和学术论文的方式呈现。经过检索，目前统计到的有效文献为200余篇，最早的一篇是1995年胡亚权发表在《中国出版》上的《〈读者〉办刊之道》。规模性的研究开始于2001年之后，年均发文量较多的年份集中在2002—2014年间，之后年均发文量有所下降，到2020年开始回升，2021年、2022年年均发文量均在10篇以上。论文发表数量与"读者"的发展情况息息相关。2002—2014年，是"读者"发展的强盛时期，同时也是"读者"研究的高潮期。2015年后，纸媒受到互联网的严重冲击，研究者的研究视线有所转移，对"读者"的关注度也有所下降。2019年8月，习近平总书记到读者出版集团考察调研，"读者"作为视觉焦点得到社会各界人士和诸多专家学者的高度关注。同时，读者出版集团的创新业态"读者小站""读者·新语文"以及《读者》杂志在新媒体方面的强劲发展势头，"读者·中国阅读行动"全民阅读工程（2019年）、书香社会建设的"读者方案"（2021年），先后被国家新闻出版署评为全国全民阅读优秀项目，读者品牌推动全民阅读取得的创新经验得到中宣部的高度重视，收入全国《宣传思想文化工作案例选编》。这一切为研究者提供了更多选择，相应的研究论文数量大幅增加。

二是研究人员方面。从作者身份来讲，40%左右的研究人员为读者出版集团工作人员，25%为与《读者》杂志有明显地缘关系的兰州大学或本地院校的师生，10%是其他高校的硕博士研究生，剩下的25%才是各个领域的专家学者。这样的身份构成，充分说明读者品牌的影响力大，社会覆盖面广，但学术研究领域的关注度明显有限，且他们的研究论文数量较少。读者出版集团工作人员的研究，受学科及视野所囿存在一定的局限，部分研究论文显得微观、零散了一点，因此，对读者品牌深层次、系统化、前瞻性的研究，总体上来看明显力量不足。

三是研究内容方面。对"读者"的研究大致集中在以下几方面：一是对《读者》杂志本身的研究，或分析杂志创办的背景，或分析杂志成功的原因，或对杂志栏目、封面、卷首语等进行具体研究。二是对"读者"经营管理的研究，有分析《读者》杂志办刊经验、经营理念、发展模式、广告经营的，也有将读者出版集团或读者出版传媒股份有限公司的发展战略作为研究对象的。三是对"读者"品牌的研究，有总结品牌创立经验和启迪的，有进行品牌及审美分析的，有研究其品牌创新的，还有关注其品牌战略的。四是对"读者"变革的研究，对杂志及集团的重要发展节点、举措等进行分析论述，如数字出版、媒介融合等都属于此类内容。五是对"读者"其他方面的研究，如与《意林》《青年文摘》等的比较研究，对《读者》的受众研究，等等。除论文外，还有少量专著问世，如师永刚的《〈读者〉时代——一本杂志和她所影响的生活》《读者传奇》《解密〈读者〉——一本感动中国的杂志》，郑元绪的《读稿笔记》，胡亚权的《〈读者〉往事》，彭长城的《让〈读者〉御风而行》《〈读者〉的人文关怀》等等。综观以上内容，大致可以看出研究者多侧重于对"读者"某一具体方面的深入解读，研究视角相对狭窄，前瞻性、宏观性的研究较少。

"读者"研究的未来和期待

《读者》见证了中国自改革开放以来40多年的社会变迁，它创新传播中国的优秀文化，参与国人文化价值观的建构，其意义远远超越了一本杂志，成为一种特殊的文化现象和社会现象，具有很高的研究价值。目前为止对其所做的研究远远不够，未来可以从以下方面加以重视：

其一，将《读者》杂志置于更加宏阔的时代背景进行深入研究，其价值意义就会得到进一步凸显。《读者》记录了一个时代大众的阅读趣味和思想情感，不同历史时期社会文化因素对《读者》杂志和读者品牌发展、壮大的影响，实际上折射了特定时期的大众文化价值观，也包含着大众对读者品牌和优秀文化的期待。

其二，深入洞悉《读者》杂志的传播价值并予以探讨，具有十分重要的学术意义和传播学价值。杂志在创刊前十年对外国文学的全面介绍，在上个世纪八九十年代对港台作家作品的推介和传播，对中国现当代作家作品长期以来的传播和推介，以及对中国当代插图画家的培养和陪伴，在广大读者中产生了广泛的影响。为《读者》杂志配插图的画家接近四位数，有的插图画家是陪伴《读者》一路成长的。在纯文学期刊发行量十分窘迫的情况下，《读者》作为一本非文学期刊，在相当长的时期内承担了向大众传播文学的使命，许多读者都是通过《读者》杂志阅读了许多文学名家的作品，并由此认识了许多新晋的作家作品。广大读者经由《读者》，获得了中华优秀传统文化的雨露滋润，从而引发了对中华优秀传统文化的痴迷和神往，这都是《读者》杂志作为媒介的特殊意义和价值传递，也是被研究者长期忽略的杂志非常重要的一面。

其三，对"读者"文化品牌的研究。读者出版集团守正创新，确立读者品牌战略，大力实施"读者品牌影响力转化工程"，努力将读者品牌的"文化影响力"转化为"文化生产力"，建构"读者影响力经济体系"和"一主多元"的文化产业格局。目前创新推出了"读者小站"公共文化空间、"读者·新语文"阅读写作教育融媒体平台等新业态，持续推动"读者·中国阅读行动"全民阅读工程向纵深拓展，加快了读者APP、读者新媒体矩阵建设，"实现了从内容提供向知识服务的立体化升级"①。这些品牌战略下发生的创新业态，都可以作为当下对"读者"研究的重点课题。

其四，对"读者"发展的前瞻性研究。数智时代的出版业进入一个全新的时代。《读者》及读者出版集团如何高质量可持续发展，是一个不容忽视和回避的话题。因此，应加强对"读者"发展的前瞻性研究，如何让"读者"积极拥抱新时代，"在新赛道上并跑、领跑"②，这样的未来研究更具有价值和意义。

---

① 翟宁《新媒体时代〈读者〉杂志媒体融合转型发展研究》，《出版广角》，2020年第13期。
② 宋喜群，王冰雅《〈读者〉长盛不衰的密码》，《光明日报》2022年7月1日。

阅读的力量

阅读让我们守住内心……不至于随波逐流。
阅读唤醒、呈现、展开我们的内在自我，让
我们更好地处理与人、与世界的关系。

——佘江涛

我们为什么做阅读 [①]

　　2016年11月，我和好朋友何华教授去北京拜访著名作家、中国作协副主席何建明先生，请教和探讨读者出版集团开展阅读的事情，他那时还兼任作家出版集团管委会主任等职，既是著名作家，也是文学界和出版界的领导。那天晚上的交流非常愉悦，建明先生执意做东，并给我题签赠送了他新出版的《南京大屠杀全纪实》一书。针对我请教的话题，他提出了"读者·中国阅读行动"这个概念，建议我们以此统揽"读者"品牌旗下的全民阅读活动，并借此探索全民阅读活动新的运行模式和商业模式。彼时，全国各地开展的全民阅读活动形式多样，热闹非凡，但高质量有吸引力的推广活动并不多，组织者热情甚高，群众接受程度有限。不少阅读推广活动，因为缺乏对读者意愿的了解和读者阅读取向的细致研究，使得阅读活动的可持续性较差，在满足人民群众多样化的文化需求、可持续发展等几个方面存在着无法良性循环的焦虑。何建明先生希望读者出版集团能充分发挥读者品牌的文化影响力，联合国内著名作家和文化名家组成强大的阅读推

---

① 此篇文章系与王廷鹏合作。

2017 年 6 月，读者出版集团首届"读者大会"在北京凤凰大厦隆重举办

广团队，引领全民阅读风尚。

7 个月之后，也就是 2017 年 6 月，读者出版集团策划的首届"读者大会"在北京凤凰国际传媒中心隆重举办，朱永新、何建明、聂振宁等著名专家和出版界的领导受邀登台启动"读者·中国阅读行动"全民阅读工程，三位专家同时受邀担任这一全民阅读工程的首席专家，并成为读者品牌在全民阅读领域首次聘任的"读者·领读者"。

根据何建明先生的提议，我们在 2016 年 12 月底就起草完成了《"读者·中国阅读行动"全民阅读工程实施方案》（以下简称"工程方案"），提出由读者出版集团联合国内著名作家和文化名家组成强大的阅读推广团队，充分发挥品牌企业的社会影响力，开展"横向到边辐射全国、纵向到底贯穿全省"的全民阅读推广。"工程方案"由"全民阅读推广""用户数据库构建与社群营销模式探索""IP 运营与数字营销"三部分核心内容组成，走"始于阅读，融于生活，忠于社群"的路线。"工程方案"尝试着回答这样一个问题："我们为什么要做阅读？"答案其实也很清晰：读者人充满热情地来做阅读，既是对党的十八大以来有关文化建设战略的贯彻落实、国家《全民阅读"十三五"时期发展规划》的积极响应，也是对国家使命和社会责任义不容辞的担当，更是对出版业供给侧结构性改革、出版生产模式转型的自觉探索和道路创新。我们要借助"读者"品牌在阅读人群中的广泛影响力，通过高品位、全方位的系列阅读推广活动，实现阅读服务、文化服务和文化问题解决方案的提供与精准营销，从而推动集团文化生产方式的转型升级。国家推动全民阅读需要探索新模式，即政府大力倡导和推动、大型文化企业与社会组织积极参与，以满足阅读市场需求为基点，形成具有自主发展能力的可持续的阅读推广模式。互联网带给出版业巨大的变革，阅读正在被重新定义，文化企业在数字文明时代通过做阅读寻找新的发展路径。我们选择以阅读推广活动为切入点，构建新媒体语境下的阅读产业，推进传统主业升维发展，拓展全新阅读服务业态，迎接多维出版时代的来临，实现读者出版集团融合转型发展，从阅读产品的供应商转型为阅读服务和文化问题解决方案的提供商。通过"读者·中国阅读行动"全民阅读工程的实施，为出版产业发展形成强大的外部拉动力和内生推动力，让读者品牌成为全民阅读推广的"领读者"。

2016年12月27日，几乎是在"读者·中国阅读行动"方案形成的同时，《全民阅读"十三五"时期发展规划》正式发布，为我们完善和推动"读者·中国阅读行动"全民阅读工程提供了遵循和指引。可以说，《全民阅读"十三五"时期发展规划》的出台恰逢其时，"规划"明确了重点任务：建立阅读推广队伍，培育阅读推广机构，推动阅读成为更多人的生活方式，这是"读者·中国阅读行动"启动和实施的重大机遇。

2016年，对全民阅读工作来说是特殊的一年，它是国家倡导和开展全民阅读活动的十周年。十年来，全国上下举办的各类阅读推广活动形式丰富，活动方式日渐成熟，对于社会文明进步的推动和影响作用日益凸显。国内不少城市开始把阅读当作城市文化标签，着手打造学习型城市。2000年，深圳市启动了每年一届的"深圳读书月"，一直坚持至今。2013年10月21日，联合国教科文组织授予深圳"全球全民阅读典范城市"，该荣誉是联合国教科文组织授予全球城市关于全民阅读的最高荣誉，深圳市是全球迄今唯一获此殊荣的城市。2014年，北京市推出了"书香中国·北京阅读季"，并迅速成为享誉全国的全民阅读品牌。2019年，国家新闻出版署组织了全民阅读优秀项目申报工作，从全国申报的171个全民阅读项目中评出20个优秀项目，并于同年11月在深圳举办了全国全民阅读工作经验交流会，为评选出的优秀项目颁奖。"深圳读书月""书香中国·北京阅读季""读者·中国阅读行动"全民阅读工程一起入选"全国全民阅读优秀项目"。刚启动两年多的"读者·中国阅读行动"的入选，给了我们莫大的鼓舞。当然这是后话了。

"读者·中国阅读行动"全民阅读推广工程获国家新闻出版署颁发的"2019年全民阅读优秀项目"奖

随着2016年《全民阅读"十三五"时期发展规划》发布，整个社会逐步达成共识：全民阅读是衡量一个社会、一个国家、一个民族文明程度的重要指标。这一共识的达成，伴随的是中国社会的成熟和进步。2012年11月，胡锦涛同志在党的十八大报告中首次提出"开展全民阅读活动"；2014年3月的《政府工作报告》再次提出"倡导全民阅读"；翌年3月的《政府工作报告》又一次提到"倡导全民阅读，建设学习型社会，提高国民素质"。2016年《全民阅读"十三五"时期发展规划》出台，首次以9项任务科学阐释了全民阅读的内容，确定了28个全民阅读重点工程和项目，从阅读氛围、阅读活动、阅读内容、阅读设施、阅读保障等方面提出了原则要求，全面部署了"十三五"时期全民阅读活动的任务、宗旨和要求。

"读者·中国阅读行动"推动构建阅读产业的步伐，与"规划"高度耦合，与这个时代相向而行。我们以推动阅读活动的方式整合阅读资源，创新阅读服务的方式方法，将丰富阅读活动内容与开拓阅读市场相结合、将精品出版与阅读推广相结合、将传统阅读与数字阅读相结合、将全方位的阅读服务与品牌经营相结合，力图全面提升全民阅读的质量和水平，推动读者品牌的"文化力"和社会影响力再上一个新台阶，进一步扩大读者品牌的社会认可度。

时代机遇和自我定位让我们对做阅读更有热情。"读者"做阅读是有基础的，我们是较早开始探索与阅读服务相结合以实现出版转型的企业之一，已先后通过"阅读与成长"报告会、"读者大讲堂"、"读者的挚爱·诗文朗诵会"等阅读活动，建立了一定的群众阅读基础和市场期待。

"读者"做阅读有独特的优势。作为一家内容驱动型精神企业，读者品牌为阅读而生，一直致力于引领阅读风尚和传播先进文化，努力为大众提供最优质的阅读服务。《读者》杂志从创刊至今，见证了改革开放四十年来的社会变迁，参与了这一时期国人文化价值观的建构、民族灵魂的重铸、和谐文化的创新传播。不仅如此，《读者》还记录了这一时代变革中千万读者的情感和社会风尚。《读者》的成功，得益于她坚定的人文品质和独特的文化内涵所形成的魅力，以及她与读者之间心灵相系的依存关系，这种关系经过岁月的沉淀，已经演化为一种精神性的联系，因为《读者》陪伴了几代人的成长。

我们做阅读，没有止于阅读。不仅仅把阅读当作一项文化活动来推动，更把阅读推广作为读者品牌发展战略和出版产业转型升级的一部分，所以，"读者·中国阅读行动"成为集团阅读服务业态探索和"读者生态圈"建构的有力抓手，"工程方案"旨在实现"三个结合、两大转变与两大探索"就在情理之中。这里的"三个结合"是：将阅读推广、用户信息采集与数字营销相结合，将阅读推广和签约作家IP的全媒体运营相结合，将阅读推广与提供全方位阅读服务、文化消费服务与文化问题解决方案相结合。"两个转变"是：转变文化产品的生产经营方式和文化服务的供给方式。"两大探索"指：建构用户数据库和用户体验中心，通过"读者·读书会"和各种兴趣聚落、兴趣沙龙的维护与运营，实现用户体验管理与社群营销模式的探索；探索新的符合体验经济的出版业态和"读者生态圈"建构模式。通过各种形式的优质阅读服务，培养并挖掘新的阅读市场和消费群体；充分利用书店空间、文化馆等各类公共文化空间开展阅读活动，推动阅读服务进校园、企业、机关、社区和军营等；推动阅读产品的多元营销、定制服务、按需生产，探索集团主业转型升级的模式和道路；参与全民阅读服务标准的制定和全民阅读服务体系的建构。

随着数字化进程和国内文化消费趋向的改变，单纯以提高书刊发行量来维持其品牌影响力的时代已经过去。出版产业转型的重点是"文化力"的营销和"影响力经济"体系的建构，这就需要为消费者提供全方位的阅读服务，最广泛地传播"读者"文化，不断转变品牌经营理念，创新品牌营销方式。如此，"工程方案"的策划与实施，将国家文化发展战略与集团产业转型、文化品牌打造相结合，其意义不言而喻。

"工程方案"的"阅读推广板块"，在整合阅读推广资源的基础上，结合《全民阅读"十三五"时期发展规划》的重点任务，我们围绕"名家携手名刊名企倾力打造全民阅读国家队"的目标，规划了阅读推广活动的方案，并在此基础上融入具有广泛辐射力的内容资源。我们打造具有深远影响力的阅读推广领导品牌，自觉承担传播先进文化的社会使命，设计符合全民阅读活动需求、体现读者文化精神、涵盖社会各个阶层、满足市场需求的各类阅读服务和文化消费服务方案。这个板块，我们设置了"读者·中国阅读行动"的常设项目、循环项目、特色项目、校园项目、公益项目等，每个阅读项目类型都有具体的业务支撑，以及从阅读服务项目延伸出全新业务形态的精心设计。

在常设项目中，我们以"读者大会"和"读者大讲堂"为重要支点。围绕"读者大会"打造会展类阅读产品，通过普通读者的阅读故事来阐释、演绎"阅读与人生""阅读与成长"的时代主题。"工程方案"计划每年举办一次"读者大会"，每年度设定不同主题，除讲述"读者的故事"外，回顾上一年度热点阅读内容、发布本年度阅读计划。因此，"读者大会"既是一场主题文化活动、一场"真人秀"，也是一次真正意义上的读者故事的美的演绎、一部有情怀有风格的美剧。读者大会后期又演化、延伸出了"读者·领读者大会"的新形态。作为大会，本身就是一种阅读产品，并兼具会务营销的运营功能。

以"读者大讲堂"聚合高品质阅读资源，这是著名作家和文化名家+名刊（《读者》）+名企（读者出版集团）组成的名家讲堂。讲堂设立固定讲堂（兰州）和流动讲堂（全国各地巡回），不同的讲堂确定不同的主题，邀请具有广泛社会影响力的著名作家和文化名家担任主讲。内容不限于演讲，可以引入多种形式的阅读分享体验，采用"讲、展、演"融合的方式，营造快乐阅读的氛围，吸引和激发参与者的阅读兴趣。以兰州的讲堂为核心，形成在地文化活动地标和文化旅游地标，助力地方文旅发展；"读者大讲堂"的流动讲堂采用内容的定制化服务，进企业、进军营、进学校、进社区、进农村、进机关……哪里有用户的需求，就把内容送到哪里，这就是全国范围的深度阅读推广。讲堂模式全面实现了已有内容资源的活化和名家资源的重新组合，既是对历史版权资源的再开发，也是积极获取新的高品质内容的一种策略选择。后期，从这一阅读推广形式又延伸出了"读者"旗下数字课程平台和服务模式，所以，以阅读为桥梁可以实现从传统出版向数字出版、文化创意等的多维度蝶变。

循环项目中，我们把阅读活动与地方文化建设紧密联系起来，设计了"书香陇原·魅力XX"的系列活动，我们将这类阅读活动定位为"工程方案"的菜单式、定制化服务项目。常见的项目样式包括"书香陇原·走进XX大型阅读活动"或者"书香陇原·魅力兰州""书香陇原·悦读嘉峪关""书香陇原·最美金昌"……按照不同市（州）县和行业特点，提供不同的菜单式服务用于活动举办方选择定制。从这个时候起，我们就已经开始了

甘肃省 2019 年"书香陇原"全民阅读启动仪式

个性化、多元化的定制服务，时光荏苒，如今定制类文化服务已经成为阅读服务的日常。

我们让阅读服务与时代脉动相融，设置了一些特色化项目，例如"读者名人堂""读者发布"等系列活动。无论是年度领读者、最受读者喜爱图书的评选和发布，还是年度最受欢迎作家、最受欢迎阅读媒体的评选发布，以及"读者荐书"的发布等。在全民阅读大背景下，阅读服务与文化热点相结合，以阅读服务活动为载体，将"读者·中国阅读行动"的特色板块变成吸引粉丝的入口，其中，"读者发布"成为年度热点传播的窗口。后期的"读者读书会"就是从这个板块脱胎而来的，已成为社群运营的一个重要平台。

这个板块中，校园阅读项目是重中之重。校园少儿阅读活动的设置是响应"十三五"规划"大力促进少年儿童阅读"重点任务的重要举措，也是我们打造少儿阅读品牌的重要途径之一。针对初高中阶段校园阅读的需求，围绕"十三五"规划"加强优质阅读内容供给"的重点任务，打造独具特色的校园阅读品牌，成为"读者"进军少儿教育、阅读产业的重要突破口。我们围绕优质教育资源共建共享，以阅读为中介，助力教师阅读素养的提升并助力学生阅读指导，策划出版阅读分级读物，以讲促读，以讲导读，不断提升校园阅读水平。近年来，语文教育改革的核心问题是阅读习惯培养和批判性思维的养成，"整本书阅读"虽然得到了大力倡导，但是教师阅读素养成为教改推行的难点。我们帮助一线教师提升阅读素养，推广课堂阅读和课后阅读，促进初高中生阅读习惯养成和阅读能力提升。2020年前后入选中宣部"数字出版精品遴选计划"的"读者·新语文"中小学阅读与写作教育融媒体平台，就是按照这个逻辑开展阅读服务的。"读者·新语文"策划推出的产品《中小学不可不读100+经典名著》数字课程等产品，完整适配校园阅读需求，提供了"整本书阅读"解决方案。科大讯飞、本牛科技等多家头部教育企业，就是因为这个系列产品和读者出版集团成为合作伙伴。

"工程方案"不仅充满对阅读的热情，还始终做到"目中有人"，始终关心用户体验、用户数据库建设和社群营销模式的构建。我们把用户数据采集和用户数据库（用户体验管理中心）的建设与运营、社群营销模式的探索，作为阅读推广活动的重要收获，这也是阅读工程要实现的主要商业意图之一。传统出版集团的痼疾之一，是专注内容而忽略用户。"读者"有大量的期刊订户、图书购买者和无数对品牌关注的潜在读者，却不知道用户是谁、潜在的读者在哪里？集团以往也缺少用户数据资源的积累。在用户主导产业发展的时代，产业的核心和重点一定要围绕用户挖掘和用户运营来做，社群营销模式探索便成为关键。我们以"读者·读书会"为试点，尝试用户数据的分类维护和运营，以阅读内容和阅读群体为纽带，实现用户群组管理、维护和运营，由具有专业背景的客服人员和营销人员对用户进行个性化服务和体验管理，并进一步拓展社群营销的新模式。在设计阅读方案、推进阅读工程时，我们刻意保留并强化了读书会这一古老的社群形式，并用互联网赋能读书会。从文章选编出版升级为书籍推荐阅读，力图实现纸质用户的数字引流，努力盘清并寻找《读者》杂志的基本用户信息，借助互联网进一步扩大阅读消费人群的范围，实现纸质版本与网络推广内容的交互传播和用户的精准服务。数字文明时代的阅读产业以读者为中心，读者是受众也是传播者和评论者。传统阅读时代，读者是"有什么读什么"，社交化的阅读场景中则是"我读我想读"的内容，分享我信任的信息。

我们利用形式多样的阅读推广活动激发公众的阅读兴趣，引发他们的关注热情，激活他们的文化消费需求，从而实现数据的采集与分类维护。通过读书会等形式，导入"读者沙龙"，根据年龄、兴趣、爱好，建构不同的兴趣社区、兴趣聚落、兴趣小组和各种不同主题的"读书会"（音乐、绘画、舞蹈、文学、创意、生活等），分类进行推送、互动等用户体验管理，提供产品、服务与活动的精准营销，最终实现"社群运营+用户管理"的探索。

随着"工程方案"的进一步实施，用户数据的聚集、具有IP特质的文化资源运营、作家经纪和数字营销等作者资源的开发等，成为集团文化产业发展的核心，这也是我们做阅读的核心诉求之一。在具体的实操中，我们规划了通过产品目录扫码+定制服务、文化服务的创意开发、文化问题解决方案的签约等多种数字营销手段，推动签约IP的运营与经纪，促进出版生产方式和文化服务方式的转型。高度重视各类新媒体运营的价值，通过自媒体端口发布活动内容、周边活动、产品展示、读书课堂连载、微课等。尝试推动传统编辑转型，实现从编辑到产品经理人、作家经纪人、版权猎人的蜕变，通过签约作家运营，孵化新作家、签约新老作家，实行作家经纪人制，实现多靶点共同发力的全媒体IP矩阵作家运营。我们高度重视数字文明时代出版产业的数字营销，即文化问题解决方案签约、文化消费服务项目签约、文化产品立体推广、阅读服务定制等，以此实现产业升级，推动按需出版、定制服务、互动体验式产品生成、优质资源整合与创意产品的输出等。

沿着"工程方案"的这条主线和内在逻辑，"读者"延伸出了多种基于阅读服务的业态，具备了自我升级的内生动力。例如，围绕校园项目，结合"规划"中提到的"大力促进少年儿童阅读"和"加强阅读内容供给"等重点任务，延伸出了数字阅读平台——"读者·新语文"中小学阅读写作融媒体平台，研发了系列阅读课程、整本书阅读训练营，打造了一批阅读名师，结合数字阅读资源提供线上+线下融合的阅读服务，延伸出了"读者+教育+数字阅读服务"的产业链。2020年，该平台入选中宣部"数字出版精品遴选计划"，从阅读推广项目中成功延伸出了完成度较高的阅读服务产业链。

我们很早就开始关注留守儿童、留守老人、残障人士，并早在2016年就提出"读"疗人生，以阅读的力量疗愈心灵。围绕阅读氛围的营造和场景搭建，延伸出了读者旗下公共阅读空间建设的业务端口，形成了以读者小站、读者书房、读者阅读角、读者乡村文化驿站为核心的阅读空间体系。在此基础上，"读者·中国阅读行动"不断完善升级，形成了书香社会建设"读者方

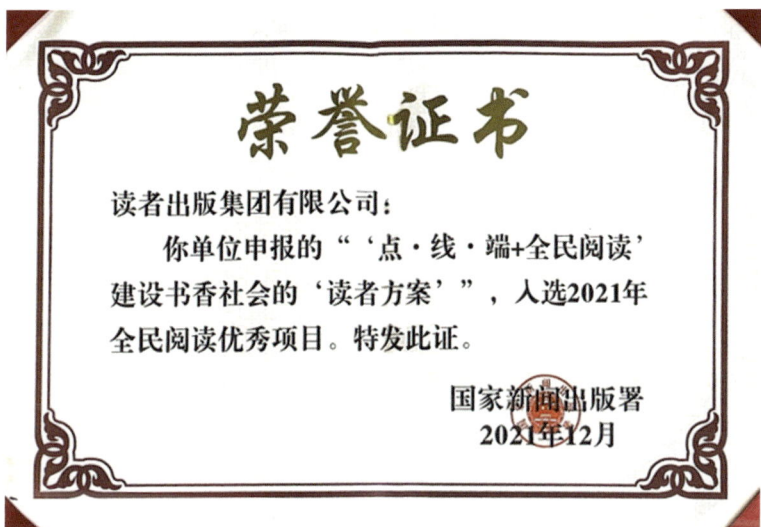

"读者方案"入选国家新闻出版署 2021 年"全民阅读优秀项目"

案",2021年,这一方案荣获"全国全民阅读优秀项目"。

我们做阅读，洞察数字文明时代出版业的变革趋势，从阅读服务入手构建新媒体时代的阅读产业。当下的出版业转型正处在从"一维出版"向"多维出版"演进的关键时期，其本质是信息传播方式从农业时代、工业时代的模式向后工业时代的模式演化。农业时代和工业时代的出版重心偏于内容产业，内容生产、传播的同时阅读就在发生，由内容的生产者来定义阅读的价值。后工业时代的阅读已经完全社会化、社交化了，阅读产品数字化，阅读成为当代人的生活方式之一，"阅读为了生活，阅读就是生活"。《阅读史》的作者引用了福楼拜的一句话："阅读是为了活着"，我们则提出"阅读是为了幸福地活着""通过阅读来提升人们感知幸福的能力"。后工业时代的出版更倾向于阅读产业，这更多是从内容体验与服务的消费者视角来界定的。媒介的边界被打破，内容多载体承载和分发，使得"阅读产业更强调关注阅读行为、阅读习惯、阅读状况、阅读效果，以及阅读的价值生产与传播"。

我在很多场合反复提出，我们需要结合当下出版业发展的实际重新阐释"出版"的概念：出版不仅仅是文化传播、知识服务，还是生活方式的引领，更重要的是价值的生产和传播。作家克里斯托弗·莫利在谈阅读时这样说道："当你把书卖给读者的时候，你卖给他的不只是12盎司的纸、印刷的油墨与装订的胶水，还卖给他一个崭新的生活。爱、友情、幽默，以及夜晚在海中航行的船只，一本书包含了天与地。"[①]因此，出版说到底是价值的生产和传播。一本书的出版不再是出版的完结，而是阅读服务的开始，以内容为媒介的价值生产，包括了阅读场景、阅读体验等阅读服务的提供和多样化阅读需求的满足。

有生命力的阅读规划方案具备主动升级的内生动力。我们在设计阅读方案时，就特别关注阅读场景的落地，通过阅读推广进校园、企业、机关、社区和军营等活动，敏锐发现需求，从方案中迅速衍生出拓展新的市场空间的发展路径。充分利用书店、书屋、文化馆等各类公共文化空间，开展形式多样的阅读活动，同时也聚焦各类公共文化空间氛围的营造，围绕"引领生活方式"延伸产业链。

大众对美好生活的需求与期待，使得多元公共文化空间和文化场景的营造变得十分迫切。出版作为阅读服务提供商和文化问题解决方案的提供者，首当其冲就要承担这一使命任务。因此，不断提升文化精品的供给能力和文化服务能力，积极推进公共文

[①] ［美］乔纳森·歌德夏《讲故事的动物：故事造就人类社会》，许雅淑、李宗义译，北京：中信出版社，2017 年。

北京市北锣鼓巷"读者小站·一定书屋"
（黎彬　摄）

化服务设施的结构转型和内涵升级，推动各类公共文化空间和文化场景的建构，成为出版深度融合发展的一个重要方向。

为此，我们把营造街区文化新场景当作阅读工作的一部分。围绕"引领生活方式"的理念，读者出版集团创新推出街区公共文化空间、体验式文化沙龙——读者小站，并已在兰州、上海、长春、苏州等地建设20余家。读者小站是新型人际交往空间、文化创意空间和"文化再生产"的场景，可以链接多种经营业态、内容产品和文化创意服务，创设各种文化体验和消费场景，已成为新时代引领有意味生活方式与高品质文化风尚的新型公共文化空间。当人们进入这类空间，要消费的不只是书，还有书营造的氛围，一些关于生活的记忆和情调。这类空间售卖的也不只是书籍，还有时间和生活方式。

我们做阅读，最终还是要回到人，回归人的发展和人的自我实现。阅读最高级的形态是变成人的生活方式，最根本的价值是让人成为人。读者品牌的成功是以优质的内容陪伴人成长，抚慰人的心灵，以此获得更多读者的信赖。著名历史学家尤瓦尔·赫拉利在《人类简史》中提出智人的成功在于他们有语言，能说八卦、会交流、愿意协作。我们能借助语言符号拥有阅读生活，编织共同的精神世界。在每一次的阅读中，我们通过读者与作者、读者与读者之间的交流，实现不同个体生命的精神会通，以此感受生命的圆满，过一种愉悦的精神生活。

2014年的《纽约时报》发布了《2014纽约时报创新报告》，提出他们的未来发展目标是"在继续将'生产世界上最好的新闻'作为核心使命的前提下，加快'从一份生产丰富、有吸引力的数字内容的报纸'到'一个同时出版丰富、有吸引力报纸的数字公司'的转变。"十年之后，我去中原出版集团考察学习，看到了他们在数字文明时代推动变革的思路和愿景：围绕"内容为王"生产和创造价值，"构建纸数并存、音视同行、网端一体、多介质呈现、融合发展的互联网生态"，努力把出版集团"打造成为数字化、信息化的互联网企业"。十年间，从"数字公司"到"互联网企业"，不同的出版同行先后选择相同的方向：接受新媒体的冲击，沿着被打破的媒介边界寻找发展机遇。我们看到技术改变了读者的阅读习惯和阅读兴趣，但阅读产业的基本逻辑其实并没有变，技术进步引发阅读产品和服务的革新，产品、服务的革新带来阅读习惯变化，但人类阅读的需求依然旺盛。因此，围绕阅读服务拓展出版的维度，为用户提供多元化、个性化的阅读体验和知识服务，仍然是出版企业核心的价值追求，由内容生产商向阅读服务提供商的转型，也自然成为出版转型发展的趋势。

回顾"读者·中国阅读行动"全民阅读工程实施以来走过的路，可以说极大促进了读者出版集团全方位的产业转型，进一步扩大了读者品牌的影响力，以"读者"的人文关怀和文化精神为纽带，聚集了更广泛的阅读人群，打造出一个推动全民阅读、弘扬中华传统文化、传播优秀当代文化的综合文化服务平台，探索了一些新的盈利模式，也开拓了文化服务的新路径。可见的变化有：有效整合了集团的社会资源、渠道资源、媒体资源、作者资源、读者资源，努力推进用户数据库的建设和运营，探索新的社群营销模式；探索著作权的多元化经营，以作家经纪人、作家IP运营为核心，推动产业的多元化发展，加快集聚优质内容资源，培养作家经纪人团队；为政府、行业提供全民阅读服务方案，量身定做，提供套餐化服务，初步成为国内有实力的全民阅读服务提供商；为企业、社群、机关、学校等提供文化问题解决方案，积极参与社会各个阶层的文化服务；深挖文化消费市场，培养新的文化消费群体，为"读者"的期刊、图书、文创产品、知识服务等数字产品汇聚更广泛的消费人群，为读者品牌的多元化经营营造良好的品牌认知；聚焦校园、军营、大中型企业以及各类社区，集中开展全民阅读服务和文化服务，为政府文化采购奠定良好的口碑和基础。以活动代替广告，以阅读促进销售，实现读者阅读品牌的立体化推广，实现"读者"到"用户"的转化。

因此，2016年推动实施"读者·中国阅读行动"全民阅读工程，提出并回答"我们为什么要做阅读"这个问题，到今天为止，对于做阅读，我们还是有理论自信和文化自信的。我相信"工程方案"所指向的产业发展方向，会引发出版业生产方式的转型。对整个出版业来说，这应该是具有革命性的产业发展模式的探索。

信息碎片化时代如何做到深阅读 ①

《读者》杂志被誉为"中国人的心灵读本""中国期刊第一品牌"。近几年，在国内市场竞争激烈，许多大众期刊发行量下滑的情况下，《读者》在刊物内容及形式方面与时俱进，一枝独秀。

那么，传统纸媒如何应对发行下滑趋势？信息碎片化时代如何获得深阅读的精神体验？全民阅读时代如何唤醒大众的阅读热情？2019年6月，时任新华网记者甄馥睿专访了时任读者出版传媒股份有限公司副总经理的马永强博士，看看他对以上问题有哪些看法。

出版重在生产和传播价值

问：移动互联网时代，人们的阅读习惯发生了很大转变，阅读从"纸上"迁移到了"屏上"，《读者》杂志如何应对？

答：媒介演变是很正常的一件事。我个人认为，纸媒不可能走到末路，一本杂志只要是在生产价值、引领风尚，就永远和

---

① 时任新华网记者甄馥睿的访谈，新华网 2016 年 6 月 19 日。

消费者共存。近几年，《读者》杂志根据出版企业的发展实际和大众的阅读习惯，一直在努力创新探索转型之路，出版社（杂志社）是创意中心，要努力成为产业链的整合者。只有探索出了适合自己的个性化的发展道路，内容足够强大和优质，与消费者的关系足够密切，对消费者需求挖掘得更精准，才能在数字化时代成功转型。

所以，我认为《读者》杂志不只是一个产品和出版商，更是内容生产者、阅读服务提供者。也就是说，生产的内容不是通过单一的形态呈现，适合什么消费对象，就用什么方式进行传播，最重要的是满足消费对象的需求。这就要求我们要尊重用户体验，和广大读者互动，了解他们的需求。出版不仅仅是文化传播、知识服务，还是生活方式的引领，更重要的是价值的生产和传播。

阅读是完善个人精神与认知的过程

问：怎么理解纸质杂志和电子版杂志都存在着阅读空白化的问题？

答：这是传媒本身的传播特点带来的问题。媒体传播，受大众阅读市场的影响很大，且不同媒体针对不同人群，必然专注于不同的领域。任何一家媒体的专业性和垂直度，在带来专业化、深度服务的同时，也必然存在内容的局限性，在某些领域产生空白是必然的，也是正常的。当下不存在老少通吃、大众皆宜的媒体传播，因为数字时代是分众化传播的时代。我们提倡的，仍然是基于充实个人生活、充盈个人精神的阅读，因为阅读本身就是不断完善个人精神与认知的过程。

阅读需要引领，更需要交流分享

问：当前，在书香中国的大背景下，如何唤醒大众的阅读热情？

答：阅读需要引领，更需要交流分享。国家大力提倡全民阅读，针对这一点，读者出版传媒股份有限公司策划了"读者·中国阅读行动"全民阅读工程，通过多样化的阅读服务，引领阅读。举办读者大会，打造"读者间的约会"，让读者讲述阅读和成长的故事，大家在一起交流、分享。与此同时，公司还设立读者大讲堂，走进企业、社区、机关、学校、农村等开展阅读服务。除了读者微信公众号的传播，还创办读者读书会，大力倡导"24本书主义""让阅读成为一种生活方式"等阅读主张，每月向读者推荐两本书，引领大家阅读。通过读书会的社群形式，探索新的文化服务方式和途径。通过各种线上线下的阅读服务，实现参与中国人精神生活建构、引领阅读风尚的目的。

优质产品推动精深阅读

问：那么，在信息碎片化时代如何获得深阅读的精神体验？

答：碎片化阅读也是一种阅读，它以获取信息的便捷性，吸引了更多的人在日益快捷化的生活中选择了这一阅读方式。有些意味深远的美文、哲学思考，虽然是精短的，但也是思想的精华。正是快捷而即时的碎片化阅读开阔了大众的视野，填补了我们紧张忙碌生活中的碎片化时间和空闲。深阅读在碎片化时代越来越不容易，所以，谁会给阅读者节省选择的时间，就会一定程度推动人们选择精阅读和深阅读，今日头条等涌现出来，就是基于这样的逻辑。就像纸媒时代的《读者》杂志一样，专门为广大读者精选并提供精美的阅读内容，因而受到人们的喜爱。

深度、系统的阅读塑造一代人

问：深度、系统的阅读，对于中国人的人文情怀熏陶和建立有着怎样的意义？

答：阅读是一种体验，系统而有深度的阅读，是一个人精神世界丰盈和内心充实的根基。当下所面对的信息时代，巨量信息无序喷涌，因此每一个人都需要有一定的选择能力。我们叹息当下一些人的人文情怀缺失，实际上是叹息自我文化认同的缺失，文化自信力的缺失。

在受教育的过程中，不断强调深度、系统的阅读，是培养一个人的阅读能力，更是塑造一代人的思维和感知能力。因为只有拥有这样能力的人，才能在新时代，积极地吸收民族历史文化的理性因子，才谈得上对历史有理解，对文化有尊重，对社会有认知，对文明有情怀，对未来有见地。

让阅读丰盈孩子的童年 ①

　　"我们正处在一个阅读的好时代，我们也正处在一个阅读的坏时代。"这是著名出版人、阅读推广人聂震宁老师对当下阅读现状的论断。主流价值观崇尚阅读，全民阅读成为国策，有好书可读，有宽松的阅读环境，都是"阅读的好时代"的标志，而身处"阅读的坏时代"则主要是因为"阅读没有接地气"，在很多场合阅读是一种表演，没有变成我们的生活和成长方式，尤其是在校园中。校园阅读是全民阅读的基石，但现状是校园阅读充斥着浓重的功利色彩。"新教育"发起人朱永新先生曾谈到，有不少学校的阅读活动是"跟风应对，被动作为"，建设书香校园很多时候"动力来自上级考核，而不是把阅读当成长方式"。

　　想改变"坏时代"，我们需要更多身处教育一线、深刻理解阅读价值的读书人。他们能不断创新校园阅读模式，躬身入局，用阅读陪伴孩子们成长。读者小学的《阅读，丰盈孩子的童年》这本书背后，就有一群这样的老师们。这是本有温度的书，字里

----

① 这是本书作者为《阅读，丰盈孩子的童年》写的序言，载陈龙主编《阅读，丰盈孩子的童年》，成都：四川大学出版社，2024 年。

行间洋溢着对阅读和教育的热情。

　　读者小学建校时间不长，但有着特殊的价值。这是全国第一所以"读者"品牌冠名的学校，由读者出版集团与成都市武侯区人民政府共同创办。读者品牌为阅读而生，陪伴了几代国人的成长，读者品牌与武侯区的教育人携手，赋予这所学校阅读的基因。读者小学以阅读立校，坚信阅读的价值，在这里，阅读不只是教育的手段和方法，更是每个师生的生活、学习、成长的方式。我要向陈龙校长和他的伙伴们致敬，大家让阅读接地气，初步探索出系列的"读育课程"。阅读是有难度的，人类的大脑没有"预装"阅读功能，帮孩子学会阅读、爱上阅读、养成"阅读脑"，需要付出巨大的努力。读者小学的同仁们把身子俯在尘埃里，播撒读书种子，厚植阅读的土壤，静待阅读在孩子们身上创造奇迹，这是给阅读以时间，给生命以希望，给文明以光华。仅这一点，在全国范围内也是少见的。

2021 年 9 月，由读者出版集团和四川省成都市武侯区人民政府合作创办的成都市读者小学正式开学

有如此的初心，在开校第三年，就能拿出这样一本蕴含智慧与热情的著作，不让人意外。"阅读，丰盈孩子的童年"这个书名，很能体现读者小学同仁们的读书育人心得。让内心丰盈、柔软是阅读最本质的力量，一个人借由阅读实现心灵成长。少年时节如果不能养成阅读的习惯，体会阅读之乐，此后余生内心都可能是枯涩乏味的。朱光潜说："养成读书的习惯，是在学问中寻出一种兴趣。……兴味要在青年时设法培养，过了正常时节，便会萎谢。"他还拿达尔文举例，达尔文在自传中提到，自己幼时喜欢文学和音乐，后来因为专注研究生物学，丢开了文学艺术，等到老年再想去读诗歌，已经读不出趣味。这样看我们的基础教育，决不能将其归结为知识的习得，而是要回归本质，把阅读当作各学科的根基，让阅读成为学生精神发育的动力之源，带给孩子们终身成长的力量。

读者小学的成长发展，除了"读者"品牌的冠名加持，校园中随处可见的各种"读者"元素之外，更重要的是我们在阅读理念上始终在交流、分享，共同提高。小学阶段阅读主要在语文学科中实践和训练，而读者品牌最优质的资源正是语文资源。出版人与教育人对语文的理解可能会有差异，在我们眼中，语文不只是一门基础学科，真正好的语文一定是有美学意味的，是用鲜活生动的文字，提供美好的生命体验，帮助人格生成，服务于"人"的教育，好的语文教育要"让人成为人"，学习语文最终是要给人带来幸福和自由。

身为出版人，我们更关注语文学科最核心的两种技能——阅读与写作，阅读、写作能力的提升，让每个人都能过一种幸福的智性的生活。我们坚信阅读和写作的价值，培养学生的阅读与写作能力，就是在塑造一代人的思维和感知能力、幸福生活的能力。语文学习的基本素养是听、说、读、写。其中，倾听和表达，决定一个人社会生存的质量；阅读和写作则能不断提升人生，决定一个人未来的发展和人生的高度，影响人的精神格局。只有拥有良好的语文素养，才能在这个时代积极、合理地吸收民族历史文化中的理性因子，对文化有尊重，对社会有认知，对文明有情怀，对未来有见地。

在理念和思考的分享、碰撞之外，包括《读者》杂志在内的集团出版和阅读服务团队也为读者小学提供了一整套阅读服务和产品支撑。早在2018年，我们就开始培育"读者·新语文"这个子品牌，并建设了"读者·新语文中小学阅读写作教育平台"，主要服务于校园阅读。平台转化读者品牌旗下优质读写资源，制作了上万集提升读写能力的音视频课程、长尾巴月读社阅读盒子，出版了"读者·新语文"系列丛书。读者小学开校之初，"读者·新语文"就开始服务于学校，我们共同研发读者小学的专属阅读书目，围绕名著精读课程建设学校的阅读课，还把自己研发的教育戏剧课带入校园。这里有个典型例子，我们共同尝试养成孩子的"故事思维"，通过听故事、讲故事、读故事、写故事、用故事的训练，在"故事"中从容地获得良好的阅读写作能力。

为什么要从"故事"入手？答案既简单又复杂。

人类的文明传承历史是从讲故事开始的，拥有故事心灵的伟大人猿开启了人类进化的历史。我们看到，儿童通过故事理解世界，建立自己的人生观，作家通过讲故事为全人类提供想象力和安顿心灵的虚拟空间。可以说，文明的累积从故事开始，甚至我们对国家的信念，也经常是建立在一个共同的故事叙事之上的。从阅读文字到阅读社会，都是在阅读故事，从自我表达到互相沟通，大家也都是在讲述故事。阅读和写作诞生于故事的发展，那么，也必将在对故事的学习中找到解决之道。

在《阅读，丰盈孩子的童年》这本书里，能看到学校组织的大读者俱乐部、家庭阅读计划，学校里的庭院故事时光、听我图说故事，读者小学的每个孩子都有故事陪伴成长。这可以算作"读者"作为阅读服务商为学校提供了一条特色的发展之路。

翻阅读者小学的这本书，我的感触很多。如果把一本书的编

《阅读，丰盈孩子的童年》陈龙主编，四川大学出版社

辑生产、发行、阅读当作一条河流，出版者处于中上游，阅读者和教育者徜徉于下游，是典型的"我住长江头，君住长江尾"。"读者"与武侯教育的这次成功合作，属于阅读这条河流的双向奔赴，溯洄从之、溯游从之，读者小学的迅猛发展和快速成长证明了品牌文化企业服务地方教育建设的路径完全可行，且形成了可复制的模式。近些年，"读者"也在从传统的阅读产品提供商向阅读服务提供商转型，读者人也不再躲在纸张背后"犹抱琵琶半遮面"，而是推动"读者"走近读者，与大家共读、共成长。

其实，这本书还没读完的时候，我就已经开始期盼下一本，也期盼读者小学的模式在成都武侯区成熟结果，能够复制到更多学校，让陪伴大家成长的"读者"品牌，有机会为更多的老师、家长和孩子们提供高品质的阅读服务。希望未来有机会，读者小学"大家庭"中每个学校都能拿出这样有温度的著作，形成一个"读者小学"书系，经由阅读，让更多孩子开启幸福的、智性的生活。

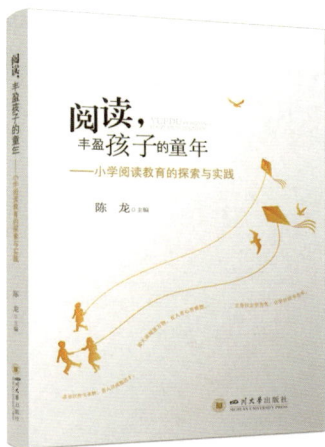

我们的目光会永远那么温暖 ①

　　此时此刻，尽管外面寒风彻骨，但我们在这里举办一个温暖的聚会，这温暖来自"最美声音"，来自"亲子诵读"。《故事作文》杂志社举办"首届最美声音·亲子诵读大赛"，以此号召家长们放下手机，和孩子们一起阅读，实现陪伴阅读，这是一件十分有意义、有价值的活动。关于这一点，我已经从小朋友和家长的眼睛里读到了答案。

　　首先，我想和今天到场的小朋友说几句话。这个世界很奇妙、很精彩，也很美好，但也有"老巫婆"和"狼吃小羊"……要想了解、认识这种奇妙、精彩和美好，以及黑暗和丑恶，只有通过阅读，通过听故事、读故事、读历史、读大自然，等等。我真诚地希望你们永远保持一颗好奇的心！因为这个世界的大门对你们来说才刚刚打开；希望你们永远保持无穷无尽的、丰富的想象力和梦想，这个世界的美好就在你们的想象中。永远保持梦想的人生，是美好的；希望你们永远保持一颗自信的心，你是最棒的，你就是故事中的男孩和女孩，不管他们叫什么名字。请记

①此文系 2016 年 11 月 18 日在"读者传媒首届最美声音·亲子诵读大赛"上的致辞。

住，只有阅读才能给予你们仰望星空的慧眼和飞翔的翅膀，只有阅读才会给你们更久远的快乐！

其次，我想给来到这里或者未到场的爸爸、妈妈说几句话。放下手机，关掉正在播放的肥皂剧，或者离开牌桌30分钟，不，15分钟也行。陪伴孩子一起阅读绘本，讲一个故事。妈妈的陪伴，总会让孩子感到温暖，让孩子变得格外安静。尤其是爸爸，你天生就是一个讲故事的能手。你的陪伴阅读，会让孩子拥有一颗勇敢的心、坚毅的心。有人说，凡是从小听着睡前故事长大的孩子，青春期的叛逆会少很多，他（她）的成长会伴随着自信和乐观，因此，爸爸、妈妈要学会"用故事说晚安"。崔利斯在《朗读手册》中说："除了拥抱，我们能给孩子最有价值的礼物就是——讲一个有趣的故事。"如果，我们每晚花15分钟、30分钟给孩子一个故事，一份共同的阅读分享，这15—30分钟，就不仅仅是知识的传递与分享，更是一种亲子关系的升华与爱的沐浴。这里引用一位叫普通读者的阅读推广人说的话：一个磕磕巴巴讲故事的爸爸，总会比美妙的电视机更诱人。沉浸在故事里的孩子，"躺在一个丰富的、具有条理的、有趣的语言世界里"，安静地、专注地思考和想象。不是么？多少爸爸、妈妈都是在老人讲的故事中泡大的，至今回忆起来依然充满温馨的画面。怎么一到自己的孩子，就遗忘了这一茬呢？在人类的丛林中生存，阅读永远是增加智慧的很重要的途径，"我们教孩子去热爱和渴望，远比我们教孩子去做重要得多"（崔利斯）。

最后，我想和所有的我们大家说几句话。倡导亲子阅读、陪伴阅读，是养成快乐人生、健康人生的最好的手段之一，这是社会和大家的责任和义务。《故事作文》杂志永远会陪伴小朋友们快乐成长。"首届最美声音·亲子诵读大赛"，是我们之间约定

《读者》杂志

《故事作文》杂志

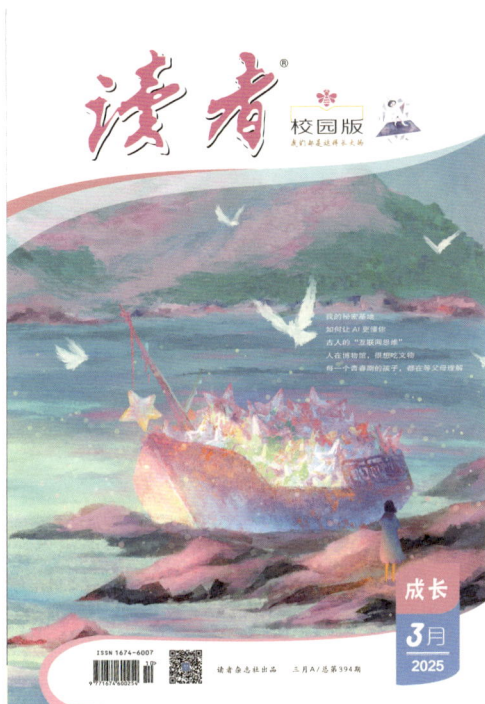

《读者（校园版）》杂志

的开始……读者品牌的文化使命就是倡导和引领健康的生活、快乐的阅读，以及美好人生的缔造和寻找。2017年，除了"亲子诵读"外，我们还将有"书香童年·悦读与成长"等一系列活动等着大家来参与、来互动与分享。孩子们，《读者》《读者（校园版）》《故事作文》永远是你们成长的"加油站"。不论今天之后你们走到哪里，我们会永远注视着你们快乐人生的每一个脚印。

拥抱阅读一起向未来 ①

　　"最美人间四月天，落花水面皆文章。" "世界读书日"
是全世界人民共同的节日，其灵感源自西班牙某地区的一个美丽
传说：公主被恶龙困于深山，一位名叫乔治的勇士不畏艰险，只
身战胜恶龙，获救的公主为表达谢意，向乔治赠送了一件特别的
礼物—— 一本书。据说这一天是4月23日，后成为勇士乔治的纪
念日。当然，这是一个传说，但这个传说在现实生活中有着美好
而持久的传承。每逢这一天，当地的青年男女为表达爱意互赠礼
物，男生赠送的是玫瑰花，女生回赠的则是书籍。这个传说更有
着伟大的象征意义，人们确信书作为礼物的深长意味，那就是：
书籍象征着智慧、勇气和力量，而阅读会指引我们走出迷途找到
出路，走出黑暗奔赴光亮，走出蒙昧沐浴文明。"世界读书日"
就是人类对这一伟大象征的集体确认。

　　在这个星球上生活的亿万生灵中，阅读是人类独有的能力。
在人类经历的漫长进化中，阅读是人类步入文明之门的里程碑。
从那一刻起，我们的先祖就以阅读的形式，传输知识和文化，传

---

① 此文原载《天水晚报》，2022 年 4 月 22 日。

递思想和智慧，分享心绪和情感，获取勇气和力量，共同营构人类文明的壮丽图景。在这个意义上，我们可以说，阅读能力是人类在拥有工具制造能力之后的又一次伟大进化。

然而，无法否认的一个根本事实是，阅读并非人类先天就有的能力，而是通过培养才能拥有的后天成就。同样，我们也无法否认另一个根本事实，那就是在漫长的古代甚至近代，阅读只是极少数人才有条件拥有的能力，因而，阅读被赋予某种独特的神圣性和权威性，阅读能力逐渐演化为某种阐释特权。破除阅读特权和阐释特权，让更多的人享有阅读的能力，享受阅读的美好，是人类社会步入现代的鲜明标记。在此，我们有必要重温"世界读书日"的宗旨："希望散居在全球各地的人们，无论你是年老还是年轻，无论你是贫穷还是富有，无论你是患病还是健康，都能享受阅读带来的乐趣。"

人类的进步，离不开阅读；民族的复兴，离不开阅读；个人的成长，离不开阅读。全民阅读，就是倡导和实施阅读活动，涵养和营造阅读氛围，引领和培养阅读习惯，传承和弘扬阅读文化，塑造和构建阅读生态，让每个人都能在阅读中获取新知，开阔眼界，感知世界的丰饶与广阔。

阅读推动进步，阅读改变世界，阅读开创未来。阅读是我们和世界约会的方式，只有通过阅读，我们才能完成一次又一次心灵深处的对话。在阅读中追寻真理，汲取智慧，享受人类文明的伟大成果；在阅读中滋养心灵，丰盈生命，克服傲慢与偏见，构筑包容宏阔的精神世界；在阅读中疗治孤独，温暖凄寒，获得心灵的抚慰和前行的勇气；在阅读中，与智者交谈，和自己对话，获得内心的宁静和灵魂的安顿。这，就是阅读的力量。

2019年8月21日，习近平总书记考察调研读者出版集团时指出："要提倡多读书，建设书香社会，不断提升人民思想境界、增强人民精神力量，中华民族的精神世界就能更加厚重深邃。为人民提供更多优秀精神文化产品，善莫大焉。"这是向全社会发出的号召，也是对文化建设提出的使命任务。因此，在充满希望的新时代，让我们大家一起来阅读吧，把阅读变成我们每个人最优雅的生活方式。只有阅读，才能让我们感受诗和远方。正如莎士比亚说的："生活中没有书籍，犹如生命中没有阳光；智慧里没有书籍，犹如鸟儿没有翅膀。"希望我们每个人都能爱上阅读，让阅读像吃饭睡觉一样自然，生命才会变得丰盈而充实，因为这是实现美好生活的方向。

希望亲子阅读在每个家庭生根发芽，诞生更多的书香之家。阅读能塑造人的思维和感知能力，提升家庭成员幸福生活的能力；阅读就是陪伴，是父母伴随孩子共同成长的过程；阅读能不断改变人生的质量，影响人的精神格局。一个家庭有了读书声，就有了灵魂；一个家庭热爱阅读，家庭成员才能更敏锐地感知生活的美好。只有越来越多的家庭热爱阅读，我们的家园才会洒满阳光，充满微笑和甜美。

希望全社会都加入全民阅读的行列中来，共同营造和建设温暖和煦的书香社会。通过阅读，亲近母语和我们心灵的故乡，感受中华民族优秀的传统文化，找到我们共同的精神家园；通过阅读，积极地吸收人类文明的精华，不断增强文化自信，获得面向世界、走向世界的力量。

书香致远，润泽心灵。今天，在世界读书日，我们倡议每个人在阅读中完善自我，在阅读中体会责任与担当，在阅读中汲取前进的力量。让我们拥抱阅读一起向未来。

用阅读疗愈心灵 ^①

为什么需要阅读疗愈

社会发展的浪潮裹挟着人们向前奔跑，科技的飞速进步，信息的爆炸式增长，带来了前所未有的便捷与机遇，与此同时也将无形的压力与焦虑的种子，悄然植入每个人的内心。快节奏的生活、高强度的工作、复杂的人际关系等，让奔跑过速的人们心灵和肉体愈发疲惫不堪……人类由此面临着越来越多的健康挑战，不快乐、焦虑、压抑、躁郁等情绪和心理问题频频出现。

世界卫生组织在2018年曾公布有关数据，65岁以上的老人中，近乎每七个人就可能有一位患有抑郁症。到2023年底，中国65岁以上的老人已有2亿多^②。因此，按照世卫组织统计的比例，中国老年人的精神状况令人担忧。《中国城镇居民心理健康白皮书》有关数据显示，73.6%的人群处于心理亚健康状态，存在不同程度心理问题的人有16.1%，心理健康的人仅有 10.3%。据

① 此篇文章与史鉴合作，部分内容刊发于《中国出版传媒商报》，2025 年 2 月 21 日。
② 刘畅《看精神科的老人们：无助的衰老，隐匿的抑郁》，载《三联生活周刊》公众号，2024 年 11 月 26 日，https:// mp.weixin.qq.com/s/jjRlN9A1aNheSJm2GWWaNA。

《2023年度中国精神心理健康》蓝皮书的数据资料透露，目前我国患抑郁症的人数达9500万人，18岁以下抑郁症患者占总数的30.28%，超2800万人，患心理疾病人群呈现低龄化趋势。

因此，无论是学龄前儿童、残疾人、孤独症患者等特殊群体，还是健康的人，上至八旬老人、下至三岁儿童，不同年龄、不同生活条件下的人们都面对各种心理压力，心理亚健康群体呈现多元化。面对这一趋势，社会各界都在探索积极有效的心理缓释之道。

2016年10月，中共中央、国务院印发实施《"健康中国2030"规划纲要》，强调要高度重视和加强对大众的心理健康服务，加大心理健康科普宣传力度，加强对抑郁症、焦虑症等常见心理行为问题的干预力度，开展老年心理健康与关怀服务等。党的二十大报告指出，人民健康是民族昌盛和国家强盛的重要标志，心理健康是人民健康的重要指标，精神富有是共同富裕的应有之义，因此，全社会要高度重视心理健康和精神卫生。

在这一背景下的文化生产、文旅活动项目以及各类文化场景的构建，不再仅仅局限于知识传播或休闲娱乐的提供，而是更加注重文化体验和情绪价值的挖掘与传递。与此情景类似，当下的人际交流，除了信息传播和友谊的交互，情感的传递与心灵的慰藉，同样成为不可或缺的重要组成部分。因此，才有英敏特信息咨询公司发布的《2023中国消费者趋势：疗愈之年》中说到的，2023年中国消费者以"疗愈"为关键词，追求心灵身体的平衡和健康，并重新恢复对生活的信心与热爱[1]。

正是基于这样的认识转变，作为全民性需求被唤醒的古老疗

---

[1] MINTEL《2023中国消费者年度报告》，2024年2月18日，https://china.mintel.com/xinwengao/chinese-consumer-2023-report。

愈智慧——阅读疗愈逐渐走进了大众的视野。越来越多的人开始关注，阅读可以让人们找到心灵的避风港，减轻和释放压力，缓解和分散焦虑；阅读分享和共读，会唤起阅读活动参与者的力量感和积极情绪；阅读甚至能够辅助治疗抑郁症、焦虑症等心理问题。

文明长河中的疗愈基因

阅读疗愈，作为一种古老而又历久弥新的心理治疗方法，在不同的文化背景下，展现出了丰富多彩的形式与内涵。在中国，阅读疗愈有着深厚的文化底蕴和历史传承。

早在春秋战国时期，诸子学说中已有明确的关于阅读疗愈的理念。孔子的"诗可以兴，可以观，可以群，可以怨"，既是对诗歌社会功能的概括，也是对诗歌本质特征的深刻阐述。从研究阅读疗法的视角看，孔子的这一观点，也可以说称得上是中国阅读疗愈史上最初的理论发声，揭示了文学在调节情志、消解怨气、抚慰心理方面的独特力量。

其实，在阅读《论语》的过程中，几乎每一句都给人以醍醐灌顶的警醒、启示和心理抚慰。如"不忘久德，不思久怨"一句，就提醒我们做人不能因为时间久远而忘记别人对自己的恩德，但一个人却不能耿耿于怀过去很久的"怨恨"，因为"思久怨"是对自己的再伤害，心怀释然才是人生的解脱。如"芝兰生于深林，不以无人而不芳；君子修道立德，不谓穷困而改节"。生长在深山老林之中的兰花，不会因为没有人欣赏它就停止散发它的芬芳，因此，一个人的志向和节操，不能因为暂时处于穷困的境遇而放弃或改变，这何尝不是对人生的警醒呢。不同的人生阶段，不同的境遇，阅读《论语》会有不同的惊喜和人生顿悟，有时会给人以"德不孤"的同道之感和进取的力量。

隋唐时期，书籍、诗歌、图画被应用于疾病的治疗过程中。隋炀帝杨广因沉溺酒色，不幸患上了消渴之症。莫君锡献上了两幅画卷"青梅"与"雪景"。隋炀帝在观赏这些画作的日子里，消渴病竟奇迹般地痊愈了。

唐代文学家、思想家柳宗元在《读书》一诗中写道，"吟咏心自愉……书史足自悦"，阐述了阅读的治疗之力，主张无论是沉浸在诗赋文章的海洋里，还是流连于书画的艺术殿堂，都能滋养心灵，祛除病痛，达到养生的妙境。

宋代王安石写有"文章旧所好，久已废吟哦。开编喜有得，一读疗沉疴"一诗。字里行间流露出阅读对他而言，不仅是精神的慰藉，更是治愈沉疴的良药。陆游曾对一位头风病患者说，"不必要求芎芷药，吾诗读罢自醒然"。在他的眼中，诗歌如同神奇的药剂，无需寻求世间的草药，只需品读诗篇，便能让人心旷神怡，病痛自消。

明代戏曲理论家李渔在《闲情偶寄》中说："凡系识字之人，即可以书当药。传奇野史，最祛病魔，倩人读之，与诵咒辟邪无异也。"人得病的时候，往往心绪烦乱，此时一本好书在手，阅读吟诵，或移情遣意，让人忘却病痛；或影响人的情绪变化，由此引起生理反应，达到疗愈的效果。正如清代医学家吴师机在《理瀹骈文》一书中说的："七情之病也，看花解闷，听曲消愁，有胜于服药矣。"

明代陈益祥在《潜颖录》中说："流水之声可以养耳，青禾绿草可以养目，观书绎理可以养心。"说的就是世间万物皆有其滋养之道，书籍作为"疗心之药"，"是完全可以让失意的人重新焕发出勇气和力量的，也是可以让你明瞭如何超越了那份凡俗的痛苦，而升华了灵魂的"^①。所以说，阅读疗愈就是通过阅读，实现与智者的心灵对话，充分发挥"书药"的作用，让内心逐渐变得宁静、丰盈、坚韧和豁达。

当东方的人们用《论语》"芝兰生于深林"滋养心灵时，西方也有"阅读疗愈"的相关记载和表述。据说，古希腊城邦底比斯的图书馆门上镌刻着"疗愈灵魂之地"（The healing place of the soul），这说明书籍拥有抚慰心灵、抚慰灵魂的力量。

16世纪，书目疗法首次出现在文献中。《巨人传》的作者弗朗索瓦·拉伯雷，这位身兼医师之职的文学巨匠就深谙阅读疗愈的功效，所以，他开给病人的处方笺，既有药方也有书名。17世纪著名人文主义医者、临床医学之父托马斯·西登汉姆就说过"良书胜百药"。19世纪以降，埃及开罗的医院以及美国、英国的一些医院，开始让患者阅读各类书籍。医院开设图书馆、阅览室也因此逐渐兴盛起来，书籍从此成为病榻旁的温馨陪伴。

20世纪开始，欧美国家将阅读正式列为治病的方法。1916年美国人塞缪尔·麦克乔德·克罗色尔斯首次正式提出"Bibliotherapy"一词，这是由希腊文biblion（图书）与therpeia（治疗）组合而成的。阅读疗愈、书目疗法、图书治疗法、文献治疗等相关名称，也开始流行起来。

弗洛伊德的心理防御理论为阅读疗愈提供了理论基础。他认为，人在面对压力或痛苦时，会自发启动一系列防御机制，如否认、投射、合理化等。而阅读，特别是沉浸在虚构故事中的阅读，能为个体提供一个安全的心理避难所，允许他们在不直接面

---

① 刘鸿伏《读书的心情》，北京：人民文学出版社，2020年；徐雁《"文学书目疗法"与图书馆"疗愈性阅读服务"——以邱鸿钟"文学阅读与心理治疗观"为中心》，载《图书馆研究（Library Research）》，2024年第6期，第2页。

对现实困扰的情况下，通过角色代入、情感共鸣等方式，间接处理内心的冲突与情绪。

从此，有关阅读疗愈的相关研究便开始在一些西方国家兴起，随后在世界各地得到了较快的发展。美国心理学家勒纳提倡"诗歌疗法"、意大利医生与诗人携手创立"诗药有限公司"、德国的"病人图书馆"等，都是通过精心挑选具有不同治疗功效的诗歌、书籍和文章，针对不同疾病的患者，对症下"书"，让无数病人通过阅读得到了康复。在意大利的医院里，医生带领精神抑郁症患者高声朗读美国诗人郎弗罗的《生之礼赞》："别对我，用忧伤的调子，说生活不过是春梦一场，因为灵魂倦了，就等于死亡，而事情并不是表面那样……"类似的诗歌疗愈场景，在意大利的医院是常见的现象。正如英国女作家温特森（Jeanette Winterson）说的，"诗歌和虚构叙事是良药，它们通过想象治愈断裂的现实"。

阅读是如何实现疗愈的

百余年来欧美国家对阅读疗法的持续研究，以及近几十年来我国学者对阅读疗愈的探索与实践，使得阅读疗愈的理念、方法以及阅读疗愈的科学性和有效性，得到了越来越多的验证和认可。阅读疗愈，逐渐在人们选择心灵疗愈方式时占据了一席之地。

有学者这样定义阅读疗愈，认为它是"通过阅读书籍或其他文献信息材料，以图书馆员、心理治疗师，或其他相关专业人员为中介，将阅读推广和心理教育相结合"，将阅读作为辅助治疗疾病的手段，"针对读者自身需求开展个性化服务，进而帮助读者舒缓负面情绪,达到身心平衡的状态"①。

台湾大学教授陈书梅博士提出,个人适合阅读的书刊和影音资源,是释放负面情绪的"管道",能增强人的心理韧性和挫折复原力,从而使阅读者获得面对困境的力量,并由此改变其态度和行为②。她还由此阐发了关于阅读解决心理困扰、促进心理健康的其他相关见解。

南京大学教授徐雁认为,阅读疗愈是通过阅读"情绪疗愈系阅读书目,达成阅读接受——情绪净化——心理认同——人生领悟"③。他描述的阅读疗愈之旅,犹如黑夜用灯光照路。面对生命挑战,我们阅读他人故事,借光前行;在字里行间,审视困惑,化解阴霾,心境渐渐归于宁静。

中医研究者根据阴阳五行学说提出了"情志相胜"④的阅读疗法。他们认为,当一种情志过盛时,可以通过阅读另一种情志的书籍来制约和调节,从而达到治疗的目的。例如,"怒伤肝时,可以用悲胜怒,阅读凄怆苦楚之书以感之;喜伤心时,则用恐胜喜,阅读恐怖之书以饰之"⑤。这种疗法,强调对症下药,通过书籍的情志引导,使个体的心理达到平衡与和谐。

20世纪80年代末,现代阅读疗法研究传入我国,并广泛应用

① 王波《阅读疗法概念辨析》,载《图书情报知识》,2005年第1期,第98—102页。

② 陈书梅《从沉郁到淡定:大学生情绪疗愈绘本解题书目》,台北:台大出版中心,2014;徐雁《"文学书目疗法"与图书馆"疗愈性阅读服务"——以邱鸿钟"文学阅读与心理治疗观"为中心》,载《图书馆研究》,2024年第6期,第2页。

③ 徐雁《文化滋养与"全民健心"——兼述"世界精神卫生日"与图书馆"疗愈系"读物推广》,载《图书馆杂志》,2024年第4期,第5页。

④ 张曾昱、宋歌《一种基于情志相胜理论的阅读"处方"服务智能推送平台》,载《中国科技信息》,2024年第19期,107页。

⑤ 人民融媒体《现代解压良药:图书疗法》,2022年6月11日,https://baijiahao.baidu.com/s?id=1735303411884424381&wfr=spider&for=pc。

于国内外高校图书馆，并逐渐成为解决高校师生心理问题的主要方式，逐渐被人们所接受，"疗愈系"概念也开始涌现，随即出现"疗愈系音乐作品""疗愈系图画""疗愈系影片"及"疗愈系文学作品"①之说。用旋律抚慰心灵，以色彩治愈情绪，在光影中找寻安慰，从字里行间获得温暖、治愈的力量，表达的就是文学艺术给予人们的疗愈。

在汶川大地震后的灾后重建工作中，王利群教授用诗歌诵读的方式，对灾后的学生及时进行心理危机干预，取得了很好的治疗效果。臧克家的《烙印》、北岛的《一切》、海子的《面朝大海，春暖花开》等六首诗成为心灵疏导的一剂良药。在这些诗歌的帮助下，人们慢慢抚平了亲历地震灾害的孩子们心中的创伤，引导他们走出了心理阴霾，重新拥抱生活的美好。

王珂教授是中国第一个率先倡导"诗歌疗法"的人，早在2009年6月，他就在福建医科大学做了有关诗歌疗法的第一场讲座"诗歌欣赏和诗歌创作与心理干预和精神疗法"。2010年10月，王珂教授登上东南大学"医学人文大讲堂"，为本科生和研究生做了"漫谈诗歌心理精神疗法"的精彩演讲，介绍了诗歌疗法的理论、方法与实践。2014年，调入东南大学任教的王珂开设了中国大学第一门诗歌疗法课程《诗歌欣赏与诗歌疗法》。2019年，王珂在东南大学出版社出版了中国第一部诗歌疗法研究专著《诗歌疗法研究》，他认为"诗教功能"和"诗疗功能"是中国新诗最重要的两大现实功能。通过诗歌欣赏和诗歌创作，可以治疗精神性疾病。诗歌吟诵可有效干预突发事件中人的心理危机，减轻

---

① 孙若茜《你的病，需要一张书单来治》，载《三联生活周刊》公众号，2020年2月6日，https://mp.weixin.qq.com/s/FXj_62R2MbawXb382c-tcg。

压力，驱逐焦虑，增加自信，让人的情感更丰富、人格更健全、心理更健康。

中国叙事医学的普及、应用与发展，也打开了阅读疗愈的视野和新天地。叙事医学（Narrative Medicine）一词，由拥有文学博士学位的美国哥伦比亚大学内科学教授丽塔·卡伦（Rita Charon）于2001年正式提出。它运用叙事思维及叙事理念，化解健康医疗语境下

《诗歌疗法研究》王珂著，东南大学出版社

医护患出现的各种叙事维度的危机与问题，属于医学人文视域下的生命健康叙事实践。在这一方面做出卓越贡献的南方医科大学教授杨晓霖，是中国叙事医学理论与实践体系的构建者、中国生命健康叙事分享中心的创始人。早在2011年，她就开设了叙事医学选修课，成立"创意叙事写作俱乐部"等，开启了她生命健康叙事的创新实践。"每一段故事，都可成为治愈的力量"，杨晓霖把它写到《生命叙事的力量》一书的封面上。在书中，她引述了作家菲利普·普尔曼的观点，对此给予了进一步的阐述，"真实的故事能够滋养心灵，增强患者对疾病的忍受力。它们让思想充满内涵，内心充满希望和力量"。在《写作教育大师访谈录》栏目，杨晓霖分享了《叙事的力量：医学专家带你记录人世间的病痛、悲苦与离散》，她写道，人类80%的疾病，并不是因为身体的严重问题、意外以及遗传因素等引起，而是因为我们的情绪

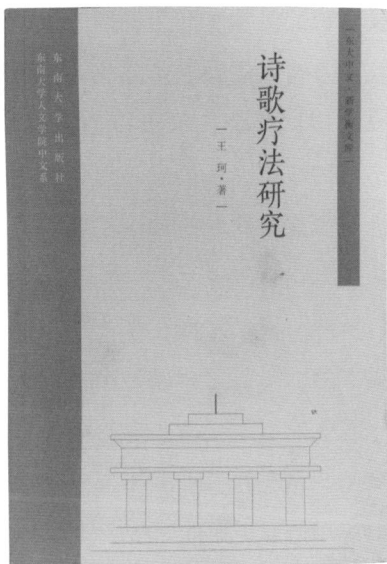

没有得到关注和回应，而叙事写作则有着神奇的"对症下药"功效。人与人之间的本质关系是叙事关系，和人打交道实际都是在讲故事，每个人都可以通过书写，让自己活在更好的故事里。

"透过故事，我们看见生命面对命运所做的种种决定与努力的动机与可能性；聆听故事的我们，得以从中再次体验矛盾与冲突，并跳出问题，进而化解生命中的种种困境与危机"[①]。杨晓霖不仅躬身叙事医学实践，还先后出版了《叙事医学人文读本》《生命叙事的力量》《中国叙事医学与医者职业素养》《医者叙事能力与职业发展》《叙事医院管理：从精益管理到价值共生》等理论著作，贯穿在这些叙事医学著作里的中外名著阅读案例，极大地丰富、拓展了阅读疗愈的视域和内涵。

近几年，科技浪潮同时也在推动阅读疗法革新，短视频阅读疗法也应运而生。湖南大学图书馆的"'悦读悦心'短视频阅读疗法活动"[②]，将智能设备情绪识别系统与短视频平台链接，当用户在浏览"阅读疗法的短视频"时，身体所产生的脑电信号、眼动信号、肢体信号等数据，将会准确记录在系统中，并永久保存。测试者可以此数据，分析用户心理障碍的临床表现，并给予针对性的阅读疗愈。

现代社会人的痛苦，并非全部来自贫困等经济原因，更多的还是来自精神的困顿。一方面，源于快节奏的生活与工作等多重压力；另一方面，源于欲望的泛滥和"无节操"的攀比，缺少平常心，精神生活苍白，物欲泛滥，所谓"精致的利己主义者"只顾自我，无视他人，就使得一些人的内心陷入空洞和躁郁。

---

① 杨晓霖编著《生命叙事的力量》，广州：广东科技出版社，2024 年。
② 张鑫《融入社会心理服务体系建设的高校图书馆阅读疗法服务探析》，载《图书馆研究与工作》，2020 年第 7 期，第 32—35 页。

面对这些痛苦，我们如何寻求解脱之道？罗曼·罗兰在《斯宾诺莎的光芒》中给出了启示，从来没有人为了读书而读书，只是在书中读自己，在书中发现自己，或检查自己。阅读，不仅是一种获取知识的方式，更是一种自我发现与成长的途径。通过阅读，我们可以深入了解自己的内心世界，发现那些被欲望和自私掩盖的真我。同时，阅读还能培养我们对他人的体贴与关怀。当我们沉浸在故事书的世界，会不自觉地代入他人的角色与情感，从而学会站在他人的立场上思考问题。这种换位思考的能力，就是克服自私自利心态的关键。

同样，美国心理学者班恩·麦可勒斯认为，阅读疗愈的治疗方法并不是固定推荐同样的书籍，它是充分理解患者后的"对症下药"。"如果你感到需要提振精神或拯救情绪，就拿本小说来读吧。我们相信小说是书目治疗中最纯粹且最有效的药。"[①]这是《小说药丸》中的话。譬如，当你因失恋而陷入抑郁的漩涡时，鲍鲸鲸的《失恋33天》就像一剂温柔的良药，会陪你走过那段难熬的日子；若你正被暗恋的痛苦所困扰，茨威格的《一个陌生女人的来信》仿佛一封穿越时空的信笺，让你在字里行间找到释怀与解脱；对于那些童年创伤留下的抑郁阴影，露易丝·海的《生命的重建》就像一束温暖的

《小说药丸》[英]埃拉·伯绍德、苏珊·埃尔德金著，汪芃译，上海人民出版社

---

① [英]埃拉·伯绍德，[英]苏珊·埃尔德金《小说药丸》，汪芃译，上海：上海人民出版社，2016年，第2页。

光，会照亮你重建内心旅程的每一段时光。面对生活的重压感到焦虑不安时，你不妨翻开《小王子》，让那份纯真与美好洗净心灵的尘埃；若是在职场上遭遇挫折，不妨来读一读《当幸福来敲门》，从别人的奋斗故事中，相信你会汲取坚持与勇气。

不同的心灵创伤，需要书目治疗师为其量身定制不同的阅读疗愈书目。书目治疗师就像一位细心的园艺师，根据心灵的土壤和气候，挑选出最适合的书籍种子，让它们在读者心中生根发芽，开出疗愈之花。无论是寻找自我认同的迷茫者，还是经历人生低谷的失落者，都能在书目治疗师的导引下，找到那本属于自己的心灵疗愈药方。

自2000年以来，英国医疗领域将书目疗法作为传统医疗的补充。这一疗法的特别之处在于，医师在为患者开具处方药物的同时，还会根据患者的具体情况，开出一份"书籍处方"。

2013年6月，英国的"幸福阅读（Reading Well）"组织成立，将书目疗法推向了一个新的高度。该组织针对忧郁症、恐慌症等患者，精心挑选了三十本指定图书，由医师根据患者症状从中选择适合的书籍列入"处方"。患者无需去药店，而是前往图书馆借阅这些能够抚慰心灵的书籍。这一创新举措取得的成效，十分显著，活动开展仅三个月，指定图书在全英国图书馆被借阅了10万次，这充分说明书目疗法在民众中的受欢迎程度，以及大众对疗愈效果的认可。更重要的是，这一书目疗法让图书馆员的角色得到了新的拓展，他们成了协助民众寻找"处方书"的引路人，为心灵需要慰藉的人们提供了宝贵的指引。

在《阅读疗愈师》一书里，法国巴黎的亚历克斯以书为药，以书疗愈，坚信人生的疑难杂症都能在书中找到疗愈。他接受的病患有：被同学霸凌的残障少年、遭遇中年危机的工作狂人、声名鹊起但身不由己的足球明星……他开出的药方有：《麦田里的守望者》《奥勃洛莫夫》《奥德赛》……他说："书不是万能的，但是它能陪伴那些需要一剂想象良药的人，以帮助他们从现实中摆脱出来。"[①]

阅读疗愈还要注重与心理健康教育的结合。通过选择具有指导性和启发性的书籍，引导阅读者在阅读中进行自我反思和情感连接，从而提升其认知水平和解决问题的能力。这种方法不仅适用于一般人群，也常被用于精神科患者的辅助治疗。

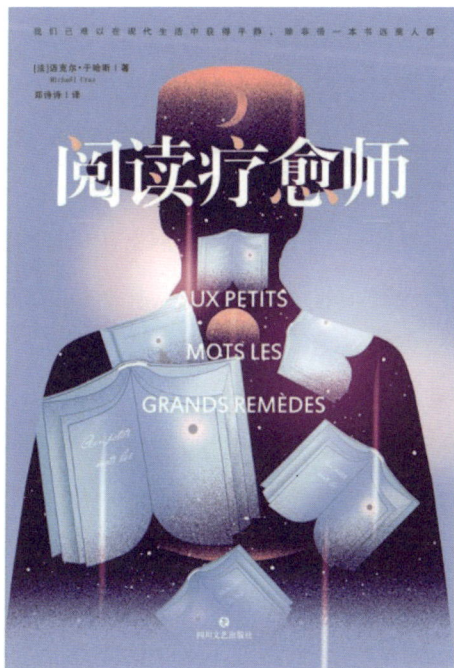

《阅读疗愈师》[法]迈克尔·于哈斯，郑诗诗译，
四川文艺出版社

---

① [法]迈克尔·于哈斯《阅读疗愈师》，郑诗诗译，成都：四川文艺出版社，2019年，第322页。

写作也可以疗愈

许多有过精神疾病史的人，勇敢地出版了自传体回忆录，详细描述了他们的生活经历。这些作品既深刻书写了精神疾病造成的痛苦和烦恼，也生动记录了心理康复的历程和恢复健康的策略选择。

诺丁汉大学的迈克·斯莱德博士及其团队发表了一篇综述文章，他们深入探索了阅读"康复叙述"对精神疾病患者产生的奇妙影响。这一研究揭示，当患者沉浸在充满力量的故事中时，他们心灵深处仿佛被点亮了一盏灯，增加了对康复的无限联想。

通过阅读，心理患者发现自己的经历与书中的叙述不谋而合，这种印证让他们感到不再孤单，由此减少了因疾病带来的耻辱感。其中，艾琳·萨克斯的《中心不能承受》便是一本备受欢迎的自传，它生动地描绘了精神分裂患者的生活，让读者仿佛亲身走进了这个特殊的世界。而马特·海格的《活着的理由》，则以抑郁症患者的视角，细腻地刻画了与病魔抗争的点点滴滴。这些书籍，就像一束束温暖的光，照亮了患者们前行的道路，给予他们力量与希望。

总之，阅读疗愈就是通过阅读、叙事等进行的精神疗愈，是一场以故事为媒介的心灵约会和精神舒缓之旅。在叙事连接中，文字和语言会化身为温柔的情绪疗愈师，轻轻抚慰着心灵。如同瑜伽疗法的修身养性，又像芳香疗法一样沁人心脾。作为心理治疗的辅助，阅读疗愈的最大功效不在于医学意义上的治疗，而是属于心灵的慰藉与疗愈，正如杨晓霖教授说的"医学治愈身体，诗歌治愈灵魂"。

随着阅读疗愈的普及，在疗愈的过程中人们慢慢发现，写作也能够助力达到疗愈身心的效果。《写作即疗愈：用文字改写人生》一书指出，写作是一种生活方式。我们可以用写作重塑自己的思维结构，更加深刻地认识自己。不论我们写下的是事实还是虚构的情节，都会有神奇的治愈效果。只要我们想写，就可以写，不用在意写作的形式和表达，说自己想说的话，找寻自己内心的声音就足够了。

获得第13届全国少数民族文学"骏马奖"的宁夏西海固青年作家马骏，一出生就得了"脊髓性肌萎缩症"，从小无法站立、翻身，父母亲背着他上学12年。虽然他不能起立行走，但文学写作治愈了他的灵魂，赋予了他坚毅的精神。作为骏马奖评委，我曾有幸为获奖作品《青白石阶》（马骏的笔名柳客行）草拟过一个颁奖词：《青白石阶》是一部让人有尊严的作品。虽然命运折断了他飞翔的翅膀，但他的心灵永远在蓝天翱翔。从青白石阶出发的"轮椅"人生同样充满梦想和执着，五彩斑斓，坚实有力，这就是柳客行用文学书写的生命的坚韧与人性的美好。文字鲜活、澄澈、丰盈，流淌着向善、向美、向上的情思，细腻中透出温暖的味道。一颗超越身体局限的灵魂，在文学中放飞心灵，文学给了他力量，他让文学的色彩变得更加丰饶。

通过文学写作获得精神疗愈的还有来自宁夏西海固的农村妇女单小花。她几度在生活的风雨中摇曳，心中满是迷茫与绝望。在无尽的苦难与重压下，她情不自禁地拿起了笔，在孩子用过的作业本上，一笔一画地倾诉着内心的声音。每次写完一段心情，她都感觉在向知己倾诉，得到了莫大安慰和轻松。正如她对记者说的：很长时间"对文学好似上瘾了一样，陷入一种痴狂的状态"，"当我把自己想要说的话写出来的时候，比挣了钱还高兴"。自一开始拿起笔，文学写作便一直滋养着她的心灵，安抚着她的灵魂。随着散文集《苔花如米》《樱桃树下的思念》的相继出版，写作不仅成为她倾诉心声、表达情感的桥梁，更是治愈她内心创伤的一剂良药。在文学的怀抱中，她找到了心灵的栖息地，一个能够让她彻底忘却痛苦与伤痕的避风港。她把那些曾经让她痛彻心扉的经历，化作一个个温暖而感人的故事。她倾诉着、表达着，将内心的苦楚与挣扎，转化为文字的力量，让自己在倾诉中逐渐释怀，在表达中找到了新的自我。

写作对于单小花而言，更重要的是一种生活态度的呈现，一种面对困境时的勇毅与坚持。她深知，文字有着无穷的魅力，能够触动人心，激发希望。因此，她不仅自己沉浸于书写，还开办了公益网络学习班，用自己的曲折人生经历作为教材，鼓励那些还在困境中挣扎的人们勇敢地拿起笔。她告诉大家，无论生活给予多少苦难与挫折，我们都可以通过阅读和写作来滋养自己的心灵。在文字的世界里，我们可以找到温暖，找到力量，让内心变得更加坚韧和强大。写作，就像一把钥匙，打开了她心中那扇通往希望的大门，也让她忘记了曾经的痛苦与伤痕，留下了对美好生活的热爱与向往。

阅读疗愈的未来

全球健康研究所的报告《全球健康经济》有关数据显示，当下，全球疗愈经济正以每年10%的速度增长，到 2025 年，疗愈经济的市场规模将达到 7 万亿美元。而在我国，2022 年，中国疗愈市场规模预计为 52.6 亿元，2025 年，中国泛心理健康服务市场规模将达到 104.1 亿元，年复合增长率将达到 34.5%[1]。

---

[1] 史佳桐《疗愈：情绪关怀背后的商业价值》，载《金融时报》，2024 年 10 月 23 日，第 006 版。

未来，阅读疗愈将呈现多元化、专业化的发展趋势。从业余阅读疗法到专业阅读疗法。阅读疗愈将不再是一种个人爱好或自发行为，而是逐渐成为一门系统科学的专门学科。专业的阅读疗法将结合心理学、医学、社会学等多领域知识，为不同人群量身定制阅读方案，为人们的心理健康提供更为丰富、深入的滋养与引领。

从自助式阅读疗法到交互式阅读疗法。阅读过程中的互动与分享，会不断打开阅读疗愈的边界。未来的阅读疗愈，将不再只是孤独的自我探索，而是通过故事讲述、集体讨论、分享交流等，寻找心灵的慰藉和力量，让阅读、叙事等成为连接人与人的桥梁。

从发展式阅读疗法到临床阅读疗法。叙事医学推动下的阅读疗愈，将更深入地融入医疗人文体系，成为辅助治疗的重要手段。在临床环境中，医生、心理咨询师等专业人士将结合患者的具体情况，与书目治疗师一起"开方"，推荐适合的疗愈读物，帮助患者通过叙事连接，缓解压力、调整情绪，促进身心健康的全面恢复和治愈。

从阅读疗法到艺术疗法，阅读疗愈的延伸、拓展成为无限可能。未来的阅读疗愈将不仅仅局限于文字，还将融合音乐、绘画、戏剧等多种艺术形式，通过多维度的感官体验，更深刻地触动人的内心和情感，从而激发起人的内在治愈力量。

从阅读疗法到信息疗法，这是当下阅读疗愈的新趋势。随着信息技术的飞速发展，未来的阅读疗愈将充分利用数字化、智能化手段，提供个性化、定制化的阅读服务。通过大数据分析、人工智能等技术，为每个人精准推送最适合的疗愈读物，让阅读疗愈更加便捷、高效。

同时，从与国际接轨的阅读疗法到中国特色的阅读疗法建构，传统文化和中医资源将会对阅读疗愈的本土化创新提供支撑。在借鉴国际先进经验的基础上，我们将结合中国的文化传统、社会文化背景和民众需求，探索具有中国特色的阅读疗愈路径，让叙事医学实践和阅读疗愈更加贴近中国人的心灵世界。

为了推动阅读疗愈的深入发展，我们可以加大"疗愈类"读物的出版，以丰富阅读疗愈的资源库；打造多样化的阅读疗愈场景，如阅读疗愈书房、阅读疗愈中心、阅读疗愈基地等，不断为人们提供舒适、宽松、优美的阅读疗愈环境；要进一步加强阅读疗愈师的培养，推动建立专业的阅读疗愈师队伍。

最后，我想用《读者》杂志上的一个故事作为叙述的结尾。1989年第11期《读者》刊登的《一碗清汤荞麦面》是一篇很有治愈感的作品，虽然故事情节简单，但温暖了无数人的心，成为《读者》创刊以来最具影响力的100篇文章之一。大年夜，北海亭面馆灯火温馨，一位身背债务的母亲带着两个孩子来到店里，只点了一碗清汤荞麦面给孩子吃，细心的老板夫妇看出了她的窘迫，悄悄地在碗里多加一点面，那份无声的尊重与关怀，给予了这家人最温暖的慰藉。母子三人开心地吃完了年夜饭，鼓励和祝福新的一年要更加努力。接连三年，他们都是在大年夜里来吃面，唯一的区别是多了一碗面，两个孩子一人一碗，母亲照旧只是在孩子的推让下开心地吃一口。老板夫妇心照不宣地悄悄加多了面。后来的大年夜，老板夫妇为她们预留的2号桌一直空着，他们的期待中多了些许担忧……多年以后的大年夜，母子三人又走进了灯火辉煌的小店，哥哥成了医生，弟弟进了银行，一家人第一次点了三碗面。老板夫妇开心又惊喜。这篇文章讲述的故事一直牵动着无数读者的心，给人以心灵的慰藉。

《读者》杂志中像这样温暖的有治愈力的故事还有很多，这是《读者》作为"中国人的心灵读本"给予读者的力量和滋养。因此，我们可以充分发挥《读者》的心灵抚慰功能和人文关怀价值，打造以阅读疗愈、心灵抚慰、人文关怀为核心的心灵抚慰产业体系。

　　我相信，未来的阅读疗愈将如同一股温暖而灵动的清泉，不断涌动着多元化、专业化、个性化的浪潮。它不仅会融合各种知识与智慧，形成更加科学系统的疗愈体系，还会像一位贴心的朋友，根据每个人的独特需求，提供量身定制的心灵滋养方案。在这股清泉的滋润下，人们的心灵将得到更为全面、深入的呵护与安抚。让阅读成为一盏照亮内心世界的明灯，温暖着每一个渴望治愈与成长的灵魂，这是文学和出版永恒的使命。

标本的意义：一个省域的阅读调查 [①]

推进全民阅读，建设书香社会，是社会主义精神文明建设的重要组成部分。近年来，甘肃省积极响应党和国家号召，探索推进全民阅读工作新路径，着力打造"书香陇原"品牌，并取得了显著成效。为进一步评估甘肃省全民阅读发展水平，依据中宣部《关于促进全民阅读工作的意见》，参考中国新闻出版研究院发布的《书香社会阅读评估指标体系建设》，结合实际，读者出版集团全民阅读课题组设计制作并向社会投放调查问卷，通过对所获信息进行梳理和分析，提出对策建议，以期助益甘肃省进一步推进全民阅读、建设书香社会，构建新时代全民阅读新生态。

全民阅读状况调查与分析

通过设计《甘肃省2022年全民阅读状况调查问卷》成人卷和未成年人卷两个问卷，以及向各级文化部门发放信息采集表

---

① 此文刊发于《新阅读》，2023年第10期。全民阅读课题组组长马永强，成员原彦平、刘磊、吴艳丽、史鉴、孔庆明珠、王紫璇、管彧。此调查截止于2022年12月之前。

等方式，就阅读设施、阅读资源、阅读活动、阅读环境、阅读成效、保障措施等方面进行调查，以期综合反映甘肃省全民阅读现状。

阅读设施。根据调查信息可知，仅有30%左右的小区周边拥有公共图书馆、社区阅览室、书店或书吧等阅读设施，个别中小学没有图书馆或阅读角等阅读设施。大学或职业学校的情况略好，多数拥有校园图书馆。部分企业自建了职工书屋，一定程度上满足了职工的阅读需求。甘肃省自2005年开始建设农家书屋，2012年实现所有行政村全覆盖。截至目前，共建农家书屋16321个，出版物保有量3100余万册，农民人均图书拥有量2.6册，每个农家书屋平均年借阅登记量120册次，年总借阅登记量超过200万册次。

阅读资源。阅读资源的获取途径有购买、借阅、网上阅读等。从统计数据看，自己购买是成年人及未成年人获取阅读资源的主要途径（图1）。成年人还通过网上阅读电子版，或到图书馆、书店、书吧等借阅获取阅读资源；而未成年人则是通过同学

您平时如何获得想看的书刊

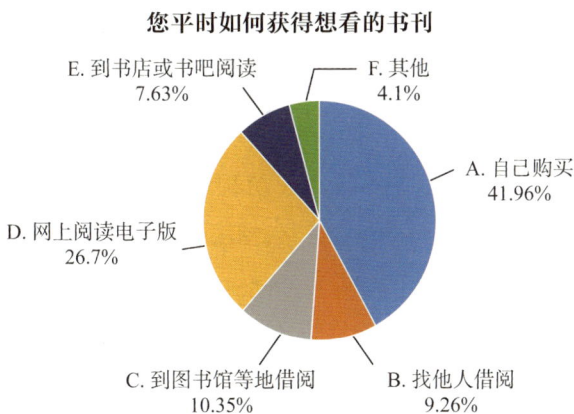

- E. 到书店或书吧阅读 7.63%
- F. 其他 4.1%
- A. 自己购买 41.96%
- D. 网上阅读电子版 26.7%
- C. 到图书馆等地借阅 10.35%
- B. 找他人借阅 9.26%

图1　甘肃省民众阅读资源获取情况

之间的传阅，及到图书馆或书吧借阅等方式获取，网上阅读人数较少，表明未成年人阅读仍以纸质书刊为主，与调查问卷中未成年人阅读介质的调查结果一致。据调查，全省公共图书馆藏书量约2000万册，学校图书馆藏书量3000多万册，职工书屋藏书量约500万册，农家书屋藏书量约3100万册。这些阅读资源总量尚可，但利用率却比较低，50%以上的人半个月以上或从来不去图书馆等场所阅读或借阅。

阅读活动。 随着书香社会建设的推进和全民阅读活动的推广，民众对阅读活动的知晓率和参与度较以往有了很大提高。就甘肃而言，约有90%以上的人知道"全民阅读"，70%的人知道"书香陇原"建设行动，而且不少人还参加过阅读活动。以未成年人为例，参与调查的人员中，74.45%的孩子喜欢参加阅读活动，96.73%的孩子认为在学校里开展各类阅读活动十分必要。对于阅读活动的选择，成年人比较倾向于好书推荐、优惠购书、名家文化讲座和各类讲坛活动，未成年人则经常参加或希望参加读书分享、亲子共读、诗文朗诵、答题或竞猜活动等。

阅读环境。 近年来，甘肃省在阅读软硬件环境的建设和营造上成绩突出，但鉴于多数小区周边缺少公共阅读设施，故而在阅读硬件环境的提供上尚需付出较大的努力。据调查，民众越来越认识到阅读的重要性，从来不阅读的人寥寥无几，经常阅读和养成阅读习惯的人已占到50%以上（图2）。目前甘肃省已建成领读员队伍167支，领读员600多名，包括图书馆员、退休教师、干部职工、在校学生等，他们是专业阅读机构的有机补充。

阅读成效。 调查结果显示，在阅读时长上，大部分成年人及未成年人每天的阅读时长都在1小时以下。在阅读数量上，54.55%的成年人每年阅读1—5本书，未成年人的阅读多为完成学校布置

您平时是否有阅读的习惯

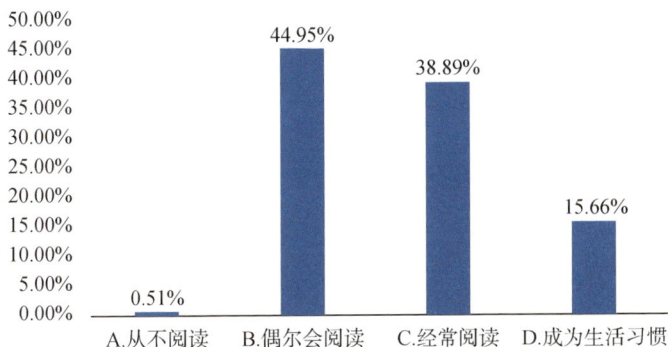

图2　甘肃省成年人阅读习惯调查

的阅读作业，每年为10本左右。在阅读方式上，成年人和未成年人以阅读纸质书为首选，部分成年人倾向于看电子书、听有声书或看读书视频。阅读方式的选择并不代表阅读的深度，但多媒介综合阅读率的上升，说明民众的阅读方式更加灵活，可有效提升碎片时间的利用率，同时，也可以看出碎片化阅读、浅阅读趋势更加明显。

保障措施。甘肃省在2013年成立全民阅读活动领导小组，后来各市（州）、县（区）也成立相应的领导机构，形成了覆盖全省的全民阅读组织体系。2021年底，甘肃省委宣传部、省文旅厅联合印发《甘肃省促进全民阅读工作的实施意见》；2022年1月，甘肃省全民阅读活动领导小组配套制定《甘肃省"书香陇原"建设行动计划（2021—2025年）》，进一步明确推进全民阅读工作的具体措施。领导小组每年都对全省的全民阅读工作作出部署，统筹指导各地各部门有重点、有针对性地开展全民阅读活动。从调研结果看，甘肃省全民阅读工作的政策保障和组织机构建设健全，政策、规划、方案等顶层设计完备，已建立长效文化工作机制和常态化工作模式。

甘肃省全民阅读的阶段性特征

阅读推广存在行政化倾向，社会力量动员和参与不足。推进全民阅读，建设书香社会，政府是责任主体。甘肃省全面贯彻落实中宣部《关于促进全民阅读工作的意见》，按照中宣部办公厅印发的《关于做好全民阅读工作的通知》要求，颁布了《甘肃省促进全民阅读工作的实施意见》和《甘肃省"书香陇原"建设行动计划（2021—2025年）》，建立了相对完善的政策体系和组织体系，各市（州）、各部门结合自身实际开展工作，阅读设施、阅读环境明显改善，但这些大多是各级党委、政府在宏观层面引导和推动的，社会力量动员和参与不足。同时，分行业、分领域的阅读活动相对零散，基层阅读活动如街道、社区、小区、村镇的延伸力量相对薄弱。

阅读设施缺乏且利用不足。据调查，甘肃省有各类公共图书馆100多个、高校图书馆30多个、各级职工书屋3800多个、农家书屋16321个、中小学图书馆1万多个，相对于全省2637万的总人口来说，仍然"供不应求"。而且，高校图书馆、中小学图书馆、职工书屋等不对外开放，其资源无法实现充分利用和共享。加之甘肃地处西部欠发达地区，资金相对匮乏，阅读设施的建设层次不高、位置分布不均、发展参差不齐，故而大部分民众选择在家中或到书店、书吧读书，对公共阅读设施的利用率不高。

阅读资源有限且差异明显。甘肃省公共阅读资源总量尚可，但鉴于各种原因，更新速度较慢、书刊质量参差不齐、城乡差异明显，民众对阅读方式的选择多倾向于纸质阅读，导致公共阅读资源中的数字阅读资源利用率较低，阅读资源呈现人均不足的情况。据调查，甘肃省家庭藏书量多在200本以下，多为自行购买，对阅读资源的自发性补充不足。由于城乡地理位置、家庭经济情况、家庭阅读理念等的不同，在阅读资源的获取上，又呈现出明显的差异化现象。

阅读活动较少且宣传推广不够。近年来，甘肃省以"书香陇原"品牌为牵引，在省级层面举办"4·23"世界读书日暨"书香陇原"全民阅读活动等，在市（州）层面培育"兰州读书节""阅读点亮定西""陇右讲堂·书香天水"等，加之出版机构、公益组织、专业团体也举办阅读活动，民众对"全民阅读"和"书香陇原"建设行动的知晓率和认可度有了较大提升。但由于这些活动时间集中，活动形式也多是读书论坛、征文比赛、图书捐赠等，宣传渠道相对单一，覆盖受众比较有限，存在着活动缺乏长效机制、数量总体较少、宣传效果不佳、民众参与度不高的情况。

阅读服务有限且指导不足。根据两卷设计的同一个问题（可多选）"您在阅读中遇到的主要困惑是什么"的问卷结果显示，54.55%的成年人和61.75%的未成年人"不知道读什么书"，35.86%的成年人和53.05%的未成年人"不知道怎样阅读"，表明民众在阅读方面依然存在根本性、基础性难题，亟须得到更为丰富多元的阅读服务和更为精准专业的阅读指导。

阅读内驱不足。一是甘肃省全民阅读工作的推进主要依靠政府机构、相关企事业单位、学校，社会力量参与和作用发挥有限；二是民众阅读的积极性没有被充分激发，在阅读方面存在功利化、短视化和感性化倾向，主动阅读和有效阅读不足。

构建甘肃省全民阅读新生态的对策建议

进一步完善推进全民阅读工作的保障机制。一是在贯彻落实各项制度的基础上，分领域、分行业制订推进全民阅读的配套实施方案，多角度提供基础保障；二是在省全民阅读活动领导小组的指导下，从出版社、图书馆、学校等遴选专业人士和专家学者组成阅读指导委员会，为全省的全民阅读工作提供技术指导和智力支持。

加快推进公共阅读设施建设。一是加快推进公益性阅读设施建设，以及优化公益性阅读设施环境等，形成规划科学、布局合理、环境优美、便捷实用、覆盖城乡的公益性阅读设施体系；二是鼓励社会力量参与阅读设施建设，扶持实体书店及"读者小站""读者书房""读者阅读角""读者乡村文化驿站"等公共文化空间发展，引导多元业态与"阅读业态"融合发展，切实为

甘肃省兰州市西固区"读者小站·金城书房"冬景

民众提供"15分钟阅读圈"。

多方联动提供优质阅读资源。一是动员公共图书馆等文化机构进一步盘活阅读资源，提升存量资源的利用率，通过在各地设立分馆和图书流动站、数字图书馆推广工程服务网点、文化共享工程各级基层中心和服务点等，推动公共阅读资源"走出去"，"走"近广大民众，使"阅读"变得触手可及。二是适应数字阅读发展趋势，指导省内出版机构甄选部分优质图书并转化为数字阅读资源，多维度满足民众阅读需求。三是盘活社会闲置或利用率低的图书资源，鼓励个人藏书、家庭藏书、企业藏书、校园藏书等向社会及"身边"开放，提高阅读资源使用率；也可通过互相交换、低价回购、捐赠流转等方式，促进阅读资源循环使用。四是充分发挥"书香陇原"频道、河西走廊FM、"百草园"农家书屋数字阅读平台等数字平台作用，建立数字阅读服务体系，开展线上阅读活动，让民众足不出户就可享受便捷的阅读服务。

"书香陇原"频道网站

切实加强阅读活动品牌的建设和推广。一是做好现有阅读品牌活动，充分发挥成熟阅读品牌的引领作用，如"书香陇原"建设行动、建设书香社会的"读者方案"、"读者·中国阅读行动"全民阅读工程等的号召力和影响力，引导更多的人参与阅读；二是培育新的阅读品牌，开发富有文化特色、地域特色、形式新颖，易于被广大民众尤其是年轻人所接受的高品质阅读活动，建立分众化阅读引导机制，根据目标群体文化层次、职业、年龄等，分类组织实施相应的文化活动；三是充分利用微信、微博、头条、抖音、B站等新兴媒体，推动阅读与教育、旅游、娱乐等多业态融合，扩大宣传范围，增强宣传效果，放大品牌效应，培育阅读社群。

不断提升阅读指导和服务水平，培育阅读服务业态。一是加强专业人才队伍建设。建议委托专业文化机构，建立阅读推广人、阅读指导师等培训、认证、评级的立体化人才培养机制；二是充分发挥出版企业、高校等专业人才的作用，根据不同的文化需求，制定阅读指导方案、阅读活动实施方案，构建可复制、可持续的阅读服务产业模式和阅读服务生态，实现文化服务的定制化、阅读活动的产品化；三是充分发挥阅读专家的作用，尤其是活跃在网络各大平台、专业度和影响力较大的知名人士。充分利用网络的便捷性，将阅读名家请到"身边来"，通过线上平台或线下讲台，给予民众专业精准的阅读指导。

积极动员全民参与全民阅读。一是在政府的指导下，鼓励各类阅读机构和阅读团体的发展，充分发挥其在激发阅读兴趣、提升阅读效果、引领阅读风尚、培养阅读习惯等方面的作用；二是在大中小学校、出版界、文化界中选拔、培养一批热爱阅读、热心分享的志愿者，组成全民阅读领读者团队，深入各行各业提供阅读服务,引领阅读风尚;三是以"个人"辐射"家庭",推及"全民"。以青少年人群为切入点,通过深植阅读理念,将阅读习惯带入家庭,进而在全社会形成全民读书的良好氛围。

加大资金支持力度。一是将促进全民阅读工作纳入各级国民经济和社会发展规划,将所需经费纳入财政预算,加大对组织开展重大阅读活动、购买全民阅读公共服务、扶持开展阅读推广活动和加强公共阅读设施建设等的资金扶持力度;二是对积极参与全民阅读推广的社会组织、推广机构等,通过政府购买服务、项目资助补贴、税收减免优惠等方式予以鼓励。

进一步整合要素,凝聚全民阅读工作推进合力。一是围绕"书香陇原"建设,进一步整合省委宣传部的农家书屋、省文明办的文明单位评选、省总工会的职工书屋、团省委的青年之家、省妇联的陇原亲子阅读行动等,汇聚不同行业、部门、单位的全民阅读实施规划和行动方案,避免重复建设,提高资源利用率;二是破除不同部门和单位间的信息壁垒,形成全省联动的全民阅读工作整合推进机制;三是将民间机构和组织的阅读活动纳入常态化管理,加强对剧本杀、密室剧等新兴阅读体验业态的内容审核和认证,凝聚全民阅读工作推进合力。

构建常态化全民阅读调研机制和全民阅读效果动态评估机制。一是委托专业机构(高校、科研院所、出版单位等),以项目制或课题制形式,进行常态化全民阅读状况调研和相关课题的研究,成果定期提交或在一定范围发布、公开发表;二是建立全民阅读效果动态评估机制,以"书香陇原"微信公众号为依托,构建线上数据汇聚、分享平台,为进一步推进全民阅读工作提供现实依据和数据支撑。

总之，推进全民阅读，建设书香社会，是一项浩繁的系统工程。书香社会的实质是全民阅读，简言之，就是处处有书香、处处闻书声。因此，要构建新时代全民阅读新生态，就是要构建涵盖阅读产品供给和阅读风尚引领的书香社会建设新模式，形成覆盖城乡、涵盖优质阅读产品供给和良好阅读风尚引领的立体阅读服务网络。

创意出版

作为数字时代创新、融合的出版形式，创意出版随着AI、AR/VR等技术的发展，将进一步走向智能化和沉浸化，为消费者提供更加丰富的个性化互动体验。

让语文成为生命的底色 ①

语文蕴藏着让人幸福的力量

2000年，教育家朱永新发起"新教育实验"，倡导让教育帮助每个人找到自己，让每个人都能过上"幸福而完整的教育生活"。教育是怎样帮助人寻找幸福生活的？德国哲学家雅思贝尔斯说："教育是一棵树摇动另一棵树，一朵云推动另一朵云，一个灵魂唤醒另一个灵魂。"

朱永新先生推动"新教育"的抓手是阅读。他说："一个没有阅读的学校永远不可能有真正的教育。"学校教育的基本手段就是读书，学习语文首先要学会阅读。阅读是完善个人精神和认知的过程，语文学习就是为了培养更完善的人。所以，以阅读为核心的语文学习就是在亲近母语，寻找我们共同的精神家园，回到我们的文化精神源头。

语文最终要带给人幸福和自由，这是"读者·新语文中小学

---

① 此文系2018年8月24日"读者·新语文中小学阅读与写作教育平台"微信公众号"读者新语文"上线的发刊词。

"读者·新语文"logo

阅读与写作教育平台"的宗旨和追求。我们希望在中小学的阅读和写作上有所作为：一方面，因为"读者"最优质的资源是语文资源，最擅长阅读和写作，我们想要把积累数十年、为亿万人提供读写服务的经验和心得分享出来；另一方面，我们坚信阅读和写作的价值，培养学生的阅读与写作能力，就是在塑造一代人的思维和感知能力、幸福生活的能力。

现代人的生活很容易被数值界定，但一个人的语文素养，是无法用数字简单衡量的。会不会倾听和表达，决定一个人社会生存的质量；能不能通过阅读和写作不断提升人生，决定一个人未来的发展和人生的高度。有深度的阅读，能影响人的精神格局。

多年来，人们一直在争论语文的工具性和人文性。只有厘清语文教育的本质，了解阅读和写作的价值，才会真正理解语文。语文不仅仅是工具，它对形成个人品格，培养个人对社会的责任感和终身学习能力都有奠基作用。岁月悠悠，人世沧桑，语文会帮我们学会云淡风轻。进入新的语文世界，每个人都有权利过一种幸福的智性生活。

语文是一个人一生的根基

人一生的道路，取决于语文，北京大学陈平原教授的这句话，戳中了这个时代的痛点。

语文曾经被认为是无用的，但时代的发展证明，这种看似无用的能力实际有大用。语文能力是现代人的元能力。复旦大学前校长、数学家苏步青关于语文学习有一个著名的论断，他说："如果允许复旦大学单独招生，第一堂课就考语文。语文不合格，下面的功课就不用考了。语文都不行，别的学不通。"曾任台湾暨南大学校长的计算机博士李家同讲过一个故事：邻家小孩来找他补习数学，简单看过孩子的功课之后，李家同告诉邻居，先让孩子去补习语文吧，孩子数学差的根子，在语文上。

两位理工科背景的校长向大家说明了一个道理：语文是所有科目的根基，是现代社会的原动力之一。这种动力，不仅仅体现在学习中，还常常决定一个人的人生走向。

新东方创始人俞敏洪谈到他对教育的忧虑，首先提到的就是学生的心理问题。北京大学徐凯文博士在题为"时代空心病与焦虑经济学"的公开演讲中提到："北大有四成新生得了'空心病'，他们认为生活没有意义。"空心化的学生，厌倦学习，有强烈的孤独感和无意义感，缺乏支撑自己奋进的价值观，这是社会焦虑的表现，也是语文教育的缺失所致。

不得不正视，一段时期，我们的语文水准跌至历史最低点，语文生态荆棘丛生，语言粗鄙充满暴戾之气，曾经优雅的汉语文表达变得苍白、粗糙、空疏。语文高分背后常常是写不出好文章的孩子，语言粗鄙背后则是低下的思维能力和审美水平。语文训练思维、慰藉心灵、导引人生的功能正在丧失。

所以，陈平原先生戳疼人们的那句话，就是在强调语文对人一生的影响，希望语文能回到最初的样子。在他看来，能准确、优雅地使用语文，在任何时代都是受教育者最基本的能力。在语文课上，师生共同阅读、分析、讨论，奠定一个人一生的基本能力，培养从文字中发现美好的本领，养成审美的情趣，形成自己的文化立场。生活在同样的世界里，唯有那些能敏锐地察觉生活美好的人，才是最幸福的。能欣赏文字里的美，才能进一步洞悉人性和世界的美好。

语文能改变人生的航向

基础教育一直围着高考指挥棒在转，现在，指挥棒终于指向了语文——语文180分的时代即将来临。中华人民共和国教育部原基础教育司司长王文湛在第十六届全国基础教育学习论坛上表示："今后高考主要考语文……高考的区分度主要在语文，语文主要在作文。""得语文者得天下"成了这个时代关于高考最响亮的口号之一。

180分的语文，昭示着语文学习的新时代来临。部编本语文教材总主编温儒敏透露，高考语文卷面阅读量正在逐步增加，未来的高考会是阅读能力和写作能力的比拼，15%的学生做不完语文题将会很正常。语文分数影响个人高考的走向，语文能力改变个人未来发展的方向。

如此良苦用心。以高考为支点，倒逼学校教育重视阅读和写作能力的培养，让语文学习回到以阅读、写作为中心的逻辑中，重新回到"人的教育"的路上，这才是一条真正的博雅教育之路。

新一轮语文教改带动的将是一场阅读的改革，要求学生从单篇文章阅读回归到整本书阅读。语文教学尴尬多年，很多人都快要忘记学习语文的终极目标。1941年，叶圣陶先生提出语文学习要"把整本书作为主体，把单篇文章作为辅佐"，学习语文首先要做到的就是能读书、会读书。新时代的语文教改，就是一场对语文学习"初心"的叩问。

因此，审视"得语文者得天下"这句口号，能读出语文改革者殷切的期望，以考试倒逼学校，让学校重视阅读的价值。语文不再是一个刷题的把戏，掌握阅读和写作的奥秘，不仅能获得高分，还打通了一条人生的通道。这是一种美好的希望，无论是为了从语文学习中获得人生奋进的力量，还是为了在高考中获得人生进阶的资本，目的都是让大家回归语文学习的本质。

一个孩子学习语文的全过程是这样的

在语文回归本质的新时代，"读者·新语文"自信地走上时代舞台。今天上线的"读者·新语文"微信公众号，就是"读者"提供语文知识服务的微信平台。

有人问："读者人"这三十多年来到底在做什么？

其实，我们只做了一件事：寻找好文章，发现好作者，用阅读和写作影响几代中国人内心的成长，以最纯正的语文慰藉心灵。这是阅读和写作的力量，是语文的力量，是"读者·新语文"的底气。

盘点"读者"的语文家底，我们的底气还会更足，"读者"旗下的核心产品都在直接为语文学习服务，我们拥有大量优质的语文教育资源。

从小学到高中，"读者"在为语文学习者提供全程的学习服务。在我们眼中，一个孩子学习语文的全过程是这样的：

小学——你的第一本语文书，是由"读者"教材中心印制发行的，你的语文老师，可能刚刚接受过我们的培训。你读的第一本教你写作文的杂志，很可能就是"读者"主办的《故事作文》，这里集中了最优秀的儿童文学作家和小学语文老师，给你讲故事、教你写作文。你的第一篇习作，也许会在这里变成铅字。初中——如果你有一个爱读书的语文老师，此时他应该准备好为你推荐一本可以陪伴你整个中学阶段的读物——《读者（校园版）》，你的青春可以全部装进这本杂志。高中——青春的情绪无处排遣，把你的故事记下来，用一腔文艺发酵好，有一本叫《读者（原创版）》的杂志你一定听同桌说过。其实，高中开学第一天，老师就会给你开一个必读书单，其中第一本读物就是《读者》。这时候，你才会明白，你成长的岁月里，为什么会有那么多人跟你提起过《读者》。时间向你证明，"读者"懂得什么是好的阅读、好的写作和好的语文。

这是"读者·新语文"的起点，也是我们对语文学习的一个承诺。"读者·新语文"背后有一条完整的语文学习的服务链：好文章、好作者、好老师、好平台。"读者"以"新语文"的名义，把最擅长阅读、写作和教学的作家、老师和编辑集中在一个平台。我们准备好了，让一线名师成为知识服务的明星，让作家和编辑手把手指导每一个想要学会阅读和写作的孩子。

读者·新语文：一个叫"读者"的IP故事

讲故事、抢时间、找IP，是移动互联网时代最热门的事情。众多IP竞相讲述自己的故事，只为吸引注意力，争夺支离破碎的"国民总时间"。读者·新语文讲的就是"读者"这个大IP的故事，是对"读者"这个与阅读、写作关系最密切的IP的直接转化。

提起《读者》，最容易想到的是一本能帮助学生学好语文的读物，或一碗"心灵鸡汤"；对"读者人"而言，它则是几代一流的读书人陪伴国民共同阅读、共同成长的历史。"读者"的身份很多，我们曾经是内容提供商，提供最好的阅读内容以慰藉人生，因此变成人们心中精神性的文化符号。从2016年年底开始，读者人推出了"读者·中国阅读行动"全民阅读工程，最大程度地拓展"读者"阅读服务的维度，开启"读者"从内容提供商向阅读服务提供商的转型之路。

合格的阅读服务提供商不是简单地供给内容，而是以优质内容作为媒介参与到读者精神生活的建构中。"读者·中国阅读行动"启动以来，用"读者大会"，把读者、作者和编者聚在一起，讲述阅读和成长的故事；"读者读书会"两周陪你精读一本书，在信息狂涌的时代，帮读者找到最值得阅读的书；寻找读书的种子，延聘大量"领读者"，从城市到乡村，让爱读书的人相互靠近，彼此取暖；举办大型朗诵会，让语文之美在美好的声音中复苏。

优秀的阅读服务提供商，要深入感知每个用户最切实的需求。读者·新语文是"读者·中国阅读行动"项目化的产物。语文180分时代，老师如何教阅读，学生如何学写作，从学校到各类教育机构都在为此焦虑。语文的问题第一次跨越单纯的语文教学门槛，需要更多专业人士共同解决，需要"读者"这样的阅读服务提供商贡献智慧和资源。

我们怀着直抵心灵的情怀为中小学语文阅读与写作提供服务。关于语文的教与学，我们有一些新的东西。

新团队——邀请经验丰富的一线名师加盟解决语文实战问题，招揽阅读专家和优秀作家打破读写僵局，聘请专业的演讲师攻克语文教学中一直被忽视的口头表达问题，把一流编辑推到前台，让他们告诉大家，如何写好文章，如何改好文章。

新形式——把音视频知识服务课程作为主要服务形式，把读者品牌数十年积累的优质语文内容资源、师资资源、作家资源和编辑资源变成可听可视的语文课程，线上学习、在线讨论、线下体验，名师随身相伴。优质的课程和贴心的关怀不仅要提供给城乡用户，还会送到偏远的山区。知识改变命运，新形式的语文课程还要参与到教育扶贫之中，促进教育资源的共享。

"读者·新语文"人文（综合）素养养成课程"朗读课小读者"

"读者·新语文"阅读写作指导课程
"跟着《读者》学写作"

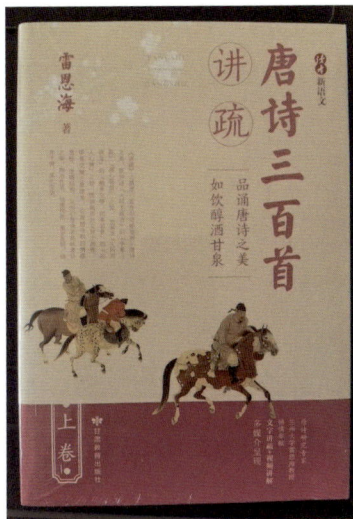

"读者·新语文"自研课程《唐诗三百首讲疏》，雷恩海著，甘肃教育出版社

新理念——用新想法叩问老办法，形成读者·新语文的新理念。

听说读写，一个都不能少。语文必须挣脱只为分数的窘境，让语文能力服务整个人生，而非一次高考；

高举故事大旗，听故事、讲故事、写故事、用故事，人的一生与故事相伴。从读者·新语文开始，终于有人要认真研究故事的肌理和内涵，从此以后，学会讲故事就更容易学好语文；

提升写作能力的唯一方法。一个存在了几千年的写作跃升秘诀，口耳相传，司马迁用过，苏东坡用过，鲁迅用过，梁实秋用过，茨威格用过，博尔赫斯用过。很多人知道它，没人真正重视它，离开这个秘诀，所有花哨的作文教学方法都是游戏。读者·新语文做好了准备，要用工匠精神做好语文这件事。

"读者·新语文"成长记

近年来，读者人不断强化"阅读风尚引领者"和"阅读服务提供商"的角色和定位，用阅读服务连接用户和内容，构建集团的阅读服务业态。作为"读者+教育"方向的重要支点，"读者·新语文"阅读与写作教育平台项目是一个值得思考的典型案例。

德国哲学家雅思贝尔斯说："教育是一棵树摇动另一棵树，一朵云推动另一朵云，一个灵魂唤醒另一个灵魂。"我们坚信阅读和写作的价值，培养学生的阅读与写作能力，就是在塑造一代人的思维和感知能力、幸福生活的能力。2018年8月24日，《培养一个会读书的人，让语文成为生命的底色》在"读者·新语文"公众号首发，标志着读者出版传媒股份有限公司上市募投项目"读者·新语文"阅读与写作教育平台正式起航。这篇文章短时间内在社交平台被广泛转发，阅读量超过2万次，很多人通过这篇文章，欣喜地听到国民经典文化品牌"读者"发出了"新"的声音。

2015年12月，读者传媒成功上市，成为西北地区首家在A股上市的出版传媒企业，也是A股中唯一拥有著名期刊品牌的概念股。《读者》历经40年沉淀，最优质的资源就是语文资源和阅读服务。在内容经济和知识服务的风口，将积累数十年为亿万人提供读写服务的经验和心得分享出来，"读者·新语文"这一概念的提出，可谓正当其时。但"读者·新语文"作为读者传媒投资体量最大的募投项目真正落地实施，却经历了曲折的探索过程。

2017年2月，《读者出版集团"读者·中国阅读行动"全民阅读工程实施方案》正式发布，开启了读者出版集团从传统出版商向阅读服务提供商、文化服务提供商和文化问题解决方案提供商的转型。读者传媒专门成立"读者·阅读服务与数字运营中心"，作为"读者·中国阅读行动"全民阅读工程的执行机构，抽调读者杂志社编辑王廷鹏等3人进入中心，负责公司阅读推广活动的统筹、对接与宣传工作。这一时期，中心人员参与了"读者小站"项目最初的调研、立项等工作，并与北京印刷学院专家团队一起，受命完成了募投项目"读者·新语文"阅读与写作教育平台可行性研究报告的起草。

2017年12月底，读者传媒总经理办公会研究决定，以阅读服务与数字运营中心为主体，从各个项目参与单位（出版社、期刊社）抽调人员组成"读者·新语文"中小学阅读写作教育平台项目部，初期成员包括中心人员王廷鹏、张洋、新招录的实习编辑邓茜，以及抽调的牛文斌（甘肃教育出版社）、郭玲（敦煌文艺出版社），项目组设项目总监一名，由王廷鹏担任。项目组从组建之初，就充分践行了敏捷型团队的组建与管理模式，由一名普通编辑担任项目总监，即敏捷型组织的负责人，给予充分授权和赋能，这本身就极具开拓性意义。从不同业务端口组织人员，从专业背景、工作经验等多个维度进行组合，以期在项目实施过程中，实现清晰的人员分工和任务路径的开拓。作为时任读者传媒副总经理，我是"读者·新语文"项目早期的分管领导和总策划、主要推动者。

公司的阅读服务与数字运营中心同"读者·新语文"项目团队实现了最终的合体，他们与北京印刷学院专家团队一起，以极高的效率对原有项目书进行优化调整。2018年5月初，"读者·新语文"项目经读者传媒董事会和股东大会审议通过。优化后的项目实施方案，对知识服务行业的快速变革做出积极回应。创新团队梳理、整合读者品牌优质内容资源，实施全媒体运营，联合资深编辑、作家和一线语文名师，积极介入语文教育市场，推进优质阅读写作资源的线上传播和线下分享，推动以"读者+科技+教育"为核心的服务理念，为广大青少年和语文学习相关用户提供教育服务和阅读服务。

仅仅用了两年时间，2020年12月15日，国家新闻出版署公布了"2020年度数字出版精品遴选推荐计划入选项目"，"读者·新语文"阅读与写作融媒体平台从全国各地报送的604个项目中脱颖而出，入选46个精品项目之一，这意味着"读者·新语

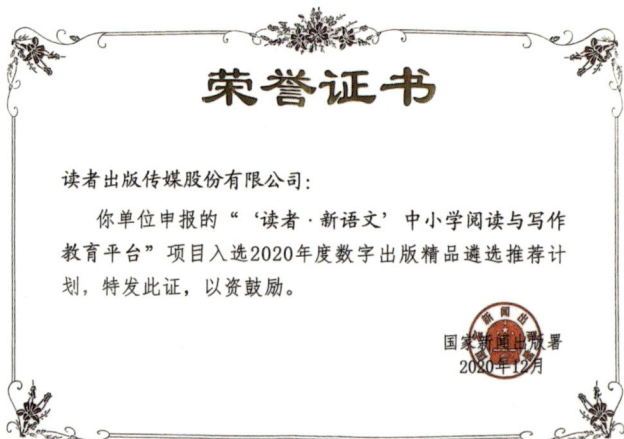

"'读者·新语文'中小学阅读与写作教育平台"项目入选 2020 年度数字出版精品遴选推荐计划

文"项目的创意和执行效果，获得了行业内外的高度认可和积极评价。2021年4月11日，由中宣部、国家新闻出版署主办的"百佳数字出版精品项目献礼建党百年专栏"上线仪式在北京举行，"读者·新语文"项目赫然在列。

"读者·新语文"这一路走来，道艰且阻，凝聚了一个年轻创业团队的勇气、决心、智慧和汗水，也伴随着许多挫折和磨难。团队成员从3人到5人再到7人，从内部抽调，到主动加入，再到对外招聘的踊跃报名，团队氛围和创业前景吸引了集团内外一个又一个有想法有创意的年轻人。集团内部选调的成员，双向选择，充分沟通，重点考察是否具备从传统编辑成功转型数字出版产品经理人的潜力；校园招聘和社会招聘的成员，通过初步的条件筛选，创造性地采用实习考察的方式，通过实际工作考察与新媒体岗位的适配性和发展潜力。团队最大规模时有16人，平均年龄不到30岁，硕士学历占比超过85%。在一个传统的出版国企，通过融媒体项目的实施，我们锻造了一支有创新意识、实战经验、有想法有策划能力且执行力超强的新媒体人才创新团队，这是一件令人欣喜的事。

作为项目的发起人、创新团队的组建者和项目建设工作的领导者，我认为在"读者·新语文"项目的推进过程中，领导力的核心要由微观管理转变为赋能和激励团队创新，应该将满足创新团队业务需求和消除进程障碍作为主要任务。因此，在见证并陪伴年轻团队奋勇前行的路上，着力推动建立一种基于信任的文化，鼓励团队成员进行开放的沟通，支持团队深入学习并帮助他们实现个人及组织创新。不是简单地指派任务，而是提供必要的指导和支持，授权团队成员在工作中做出关键决策并对结果负责。这种领导方式强调权力下放和责任共享，通过赋予权力给团队成员，使得团队在创新性、协作性和适应性方面得到显著提升。不仅聚焦于达成业务目标，更重要的是创造一个可以促进团队成长和繁荣的工作环境。这是作为一个敏捷型机构领导者的核心目标，同时也是团队建设的终极目的，这样成长起来的团队更加灵活，能够迅速应对变化，并能够在充满挑战的环境中取得成功。

在以传统纸质出版为主业的国企，作为公司内部转型升级的创新项目，"读者·新语文"启动之初，即面临无现有流程可遵循、无成熟经验可借鉴、无过往案例可学习的多重困境，从团队建设、人员管理，到流程搭建、业务开展，再到对外合作、渠道拓展，一切皆"新"，一切皆需创新而且必须创新。

创新，意味着改变、创造、更新。但是有效的创新必须以正确且安全的路径规划为前提。一个体量巨大的募投项目，一个新团队，知识服务是新事物，规范运行是重中之重。项目组成立之初，即安排他们编撰了项目实施指南，以行业、公司各类现行的财务管理、募投项目资金管理办法等规章制度为基础，制定了类目清晰完整的项目管理制度和业务流程，并按照项目进度和业务板块划分，把准备实施的子项目提前报批，走流程，随后按照审批文件和实施指南，规范推动合约签署、课程制作公开招标等各项工作。遇到新的问题，及时研究对办法进行更正和修订。因此，在已有制度框架基础上进行创新，形成了业务拓展和制度更新同步进行的正向反馈和健康循环，确立了"五个新"的根本宗旨：新理念，专注青少年阅读写作能力提升；新高度，关注读写能力对个人成长的重要影响；新尝试，借助科技创新力量实现个性化读写教育；新方法，利用互联网实现阅读写作方法跨时空传播；新思想，着力培养"故事思维"的读写能力。

以此为起点，在四年的建设期内，项目组在音视频课程视觉表达、风格统一、制作标准、质量把控等方面进行了深入研究和实践，建立了一整套实用且高效的音视频内容转化制作流程，在内容产品形态延伸、网络平台建设等方面做了一系列积极有效的探索，形成了内容研发、平台开发、线上线下运营、品牌加盟于一体的服务模式。

内容研发方面，建立了以"音视频课程+阅读写作教材+作文素材库"为主体的内容体系。2018年8月，由兰州大学雷恩海教授主讲的400集大型音视频课程"唐诗三百首·讲述"正式投入制作，于2021年11月上线"学习强国"平台（甘肃频道），实体图书由甘肃教育出版社于2023年正式出版；《魔法作文课：家长不焦虑的作文课》在喜马拉雅平台强势推出。此外还策划了《中小学不可不读100+经典名著》《语文课本里的大人物》等多部系列特色课程，累计投入制作8172集，形成阅读写作指导、人文通识教育等四大体系。整体课程体系、专业水准、实用程度及制作水平受到多个第三方合作平台的高度肯定，在自有平台及分销平台持续更新，同时向合作方规范输送。平台开发方面，根据项目发展需要，上线功能多样、形式丰富的小程序矩阵及其他线上平台，获得5项互联网软件著作权证书。

作为项目运营的重要延伸，以"听、说、读、写"四项语文基础素养提升为目标，创意性地规划"金耳朵学院、夜莺学院、长尾巴学院、啄木鸟学院"四大学院，以此为基调，有目标有重点地持续开展各类阅读推广活动超过100场。包括"读者·新语文"朗读大赛、"声律Q盟"主题嘉年华、"读者·新语文"书香校园共建活动、"读者·新语文"专题阅读分享活动等，覆盖人群近百万。2024年12月，"读者·领读者大会"在兰州、广州两地举行，正式发布"领读十百千万计划"和"读者·读书妈妈"公益阅读推广计划，将"读者"系列阅读推广活动推向纵深。与此同时，"读者·新语文"项目组广泛联系原有的金牌作者资源、编辑资源，召集全国各地的语文名师，先后发起成立了"读者·新语文名师库""读者·新语文朗读联盟""读者·新语文小作家联盟"，与学校共建"读者·新语文阅读写作基地"，吸引全国各地的作者、编辑、读者、老师和学生，通过各类活动积极互动，以期打破语文教育资源地区差异化的藩篱，让优质教育资源的共享成为可能。

"读者·新语文"系列音视频课程作为读者出版集团首批真正意义上的数字出版产品，在意识形态安全、出版物导向管理及内容把控上进行了一系列积极的探索和尝试，形成了比较完善且具有可操作性的管控流程。项目投资大，且涉及大量创新性业务，为安全平稳地推进项目建设，制定了完善的集体决策制度和重大经营事项审批制度，以及管理清晰的项目制人员管理及考核评价机制，合理控制成本。通过完善的内部管理和考核评价体系，实现了纵向管理、横向考核、正向激励、公开透明的管理目标，形成了良性的协同关系和共同学习、争优争先的良性竞争氛围。

在工作开展过程中，我始终强调，创新团队建设必须贯彻"敏捷组织"的基本宗旨，给予适当授权，引导团队建立快速决策、柔性团队和信息透明共享的工作原则，强调透明度和开放的交流氛围，鼓励持不同观点的成员之间进行积极互动，确保每个人都对团队和组织目标保持一致理解。在"守、破、立"的过程中，突破传统组织架构协同困难、壁垒森严的弊端，目标明确，推进迅捷，实现个人和团队的共同成长。

另外，推动建立持续学习的环境，鼓励团队成员积极进取，不断提升创新技能，通过研讨会和知识共享会议，让团队成员有机会掌控自己的职业发展，并保持与行业发展同步。这一主张，某种程度上消除了在兰州推进数字融合项目建设的地域区位劣势，也是"读者·新语文"提出的主张、推出的产品，都能够与行业前沿保持同步、快速获得认可的重要原因。

事实证明，这样的引导方向是非常有效的。"读者·新语文"团队在很长一段时期内，成为公司内部非常个性、活跃且亮眼的存在。思维活跃且具有很强的执行力，敢于尝试且充满激情，在精神风貌和团队文化建设上，先一步呈现出"创新型"团队的特征。在集团公司的年会上，"读者·新语文"团队演出舞台剧《莎莎学语文》，将团队理想、工作细节、个人主张融为一体，还巧妙地进行了产品推介，内容充实，风格明快又大胆幽默，获得全场喝彩，为历史悠久的传统文化企业带来一股清风。

整个项目建设期内，于"读者·新语文"团队而言，是不断求新、求变向既定目标执着奋进的4年，于"读者·新语文"项目建设本身而言，是不断应对各种外部不可抗力影响，积极调整方向、应对危机的4年。2020年末开始的疫情影响几乎持续至今，造成全国各地课程研讨、拍摄制作长期停滞。为积极响应2021年7月的"双减"政策，"读者·新语文"及时调整业务布局，转而在综合素养提升方向发力。

实际上，"双减"政策落地后的中小学课后服务，对出版行业来讲，不仅是一个非常现实的教育命题，更是一个宏大的产业命题，承载了地方出版集团面向未来转型的可能。外部不可抗力带来的变化虽属被动，但得益于长久以来的主动学习和对市场的敏锐判断，"读者·新语文"在产品规划上已有酝酿和布局。多家地方出版集团将阅读类课程当作进军课后服务市场最具优势的切入点，"读者·新语文"不但已经有海量的优质课程资源积累，还不断推出创意类阅读产品，在调转方向的大潮中，我们实际上再次占得先机。

2020年底推出的特色融媒体阅读服务产品"长尾巴月读社"阅读盒子——以创新阅读场景为核心，对标小学生必读经典书目，首创多模态探究式阅读方法，专注 5—13 岁孩子专业阅读力的养成，提供"整本书阅读"专业解决方案。服务内容包括阅读书单定制、线上精品私教课、机器人互动阅读、智能作业纸、配套手作游戏以及线上客户端全程跟踪服务，真正实现了精准定制、多场景切换的高品质阅读服务提供。产品开发过程中，聘请了国内一流专家团队进行内容研发，由业内顶级硬件供应商及软件服务商提供技术支持，自上市后获得广泛好评，被多家学校、培训机构集体采购。

"读者·新语文"中小学阅读与写作教育平台特色融媒体阅读服务产品"长尾巴月读社"阅读盒子

由张洋负责的具有市场前瞻性的本土化儿童戏剧教育课程——《"沉浸式"少儿戏剧体验与综合素养提升课程》，入选甘肃省委组织部2022年度陇原青年创新创业人才（个人）项目。课程以"硬核内容+创意玩法"为基本思路，以严谨的专业、学术定义为前提，充分尊重K12阶段少年儿童成长规律，借鉴校园一线教学经验，以创作优良的儿童剧本为中心，延伸出情境阅读写作训练、剧场演出综合实践、

"读者·新语文"中小学阅读与写作教育平台本土化儿童戏剧教育课程——《狐假虎威》剧本（封面）

语文综合素养方向、个人素质提升方向等四个发展方向。完成基础理论架构及课程主体内容创作（包括33个儿童剧本、33套教学方案、33套舞美设计方案）。选取合作学校及幼儿园进行课堂实践，并完成产品价格体系、现阶段运营方案及拓展阶段运营方案等服务支撑体系的建设。所有儿童剧本、课程及教材基础理论均拥有完整版权，在该领域处于领先地位。项目成果《佐格移山》《清平乐·村居》《狐假虎威》《黄河边的翰墨书香》4个剧本，同时荣获中国儿童文学研究会"金画眉"全国优秀儿童剧本奖。项目成果于2023年9月在第十三届中国数字出版博览会上展出，被《甘肃日报》等多家新闻媒体报道。

2021年8月，由"读者·新语文"项目组承担建设的数字出版体验场馆——读者数字阅读中心开馆，将"读者·新语文"各

读者·数字阅读中心场馆

类数字阅读产品进行了集中呈现，并以此作为"读者小站·阅读成长俱乐部"的标准化模式，从此，一座城市多了一家融汇阅读分享、数字阅读体验的温馨的小剧场。如何把读书会带进社区，如何直接为家庭提供阅读服务等，在这里得到了生动呈现和展示。

"读者·新语文"项目获得广大读者、各级媒体及行业内外的高度关注和广泛好评。项目成功入选国家新闻出版署改革发展项目库、2019国家文化产业化发展项目库，获得2018年省级工业和信息产业化发展专项资助100万元，获得2019年度中国出版协会"优秀数字出版平台"称号、中国数字出版博览会2019-2020年度数字出版"优秀品牌"奖，入选国家新闻出版署"2020年度数字出版精品遴选推荐计划"、国家新闻出版署2021年"百佳数字出版精品项目"、中国新闻出版传媒集团2020年度全国新闻出版深度融合发展创新案例、中共甘肃省委宣传部"2020年度全省宣传思想文化工作优秀创新案例"等等。

这些成果的取得，再次证明赋能的重要性——对个人来说，赋能能够激发个人的潜能和创造力，使其更加积极地面对挑战，实现自我价值。对组织来说，赋能是增强其适应性和竞争力的关键。

当然，探索创新的价值，并不仅仅限于收获赞誉，还在于尊重螺旋式上升的客观规律，直面自身的局限。项目建设因疫情影响延迟一年，渠道建设经验不足，"双减"政策影响下的业务调整，导致其难以在短时间内实现营收预期等多方面原因，使得"读者·新语文"阅读写作融媒体教育平台作为上市募投项目在2022年8月结项后命运发生逆转。结束为期四年的建设周期，"读者·新语文"项目转入运营阶段，集团唯一自己培养、塑造的融媒体团队被拆解，有4人进入读者杂志社新媒体部，有3人进入新成立的读者古籍数字科技中心，有1人进入甘肃民族出版社，剩余6人继续负责项目结项后的收尾工作及下一阶段的运营拓展。

在敏捷管理中，快速应对变化是被欢迎的。随着项目进展，初期的计划可能需要调整以应对新的挑战和机会，这种灵活性是敏捷管理能够成功适应不断变化的市场条件的关键。从此"读者·新语文"团队再次调整方向，将工作重心由内容建设快速转向渠道运营，以现有融媒体产品与延伸服务为基础，以"阅读进社区"为主要方向，推动以"读者小站·阅读成长俱乐部"为核心模式的业务拓展，但这个新媒体运营团队人手吃紧的情形，也是显而易见的。

2023年上半年，"读者·新语文"先后与科大讯飞、爱迪科森、深圳本牛等科技创新公司签订内容授权协议，成功进军B端市场。同年，线下阅读社群"读者小站·阅读成长俱乐部"旗舰店正式挂牌成立，全年共组织阅读活动60余场，吸引省内外上万人次线下参加，线上观看人数超10万人次。国际儿童图书日组织的儿童阅读专题活动，被新华社、新华社（日文版）、《光明日报》等多家媒体报道。2024年7月，以"读者·新语文"核心阅读服务产品为合作基础，读者出版集团与中信银行签署战略合作协议，双方共同推动"少年看中国"阅读品牌活动，共同探索针对亲子客群方向的金融服务与阅读服务新模式。

目前，"读者·新语文"作为读者传媒在媒体融合发展中的重要成果，不断成为资本追逐的目标和融资的标的。

2023年，依托"读者·新语文"的优质内容资源和运营模式，读者传媒与拥有近2000万用户的大连厚仁科技、北京大观图书等企业签订合作协议，成立读者融创（北京）科技文化有限公司。为了最大程度实现资源融通和品牌赋能，资本驱动下的"母公司+子公司一拖二"平台化、资本化运作模式被开启。围绕"读者·新语文"平台的数字化资源和读者品牌的阅读资源，在读者融创（北京）科技有限公司母公司平台的基础上，围绕图书策划、校园阅读服务等业态，分别成立读者时代（北京）文化科技有限公司和读者（广州）文化科技有限公司，以"品牌+内容"的核心资源撬动社会资本，对内整合阅读服务资源，对外整合渠道与社会资本。

弹指一挥间，"读者·新语文"融媒体平台从萌芽、成长已过去六年，它既铭记和镌刻了年轻团队耕耘、付出的许多温暖时刻，也见证了"读者"媒体融合发展中重要时刻的起承转合。数字文明时代的出版深度融合发展和变革，不是想不想面对，而是必须面对。既然要面对，首先就得抱以谦恭的心态，学会接纳创新给我们留下的珍贵遗产和经验。相信"读者·新语文"还将迎来更多的机遇和挑战，因为这个团队有面向未来的勇气和创新基因。

唱给孩子的古诗词

说到古诗词，每个中国人都不陌生，这是中华文化的瑰宝。然而，诗词的正确打开方式并不是死记硬背，而是通过吟诵这种方式，帮助我们更好地理解、感受、体验中华文化的魅力。吟诵集文学、语言、音乐为一体，是真正属于中国人自己的"读书声"。

纵观中国诗词的吟诵化发展，经历了这样几个阶段。从民间而来的朗朗上口的《诗经》，传递着先民们的劳动和生活智慧。唐宋诗词的"词牌名"原本就是定曲调用的，诗词有固定的格式和声律，以便于文人墨客进行吟唱。新文化运动倡导新诗，郭沫若新诗集《女神》作为第一部新诗，诗的节奏感和吟诵感呼之欲出，开辟中国新诗的一个崭新时代。被誉为"中华语言学之父"的赵元任系统研究中国传统吟诵文化，能用方言吟诵不同形式的古诗文。当代吟诵大师叶嘉莹提出："我以为中国古典诗歌之生命，原是伴随着吟诵之传统而成长起来的。"的确，只有在朗诵和吟唱中，古典诗词的韵味才能渐入佳境，这是一扇能让我们深度了解中国传统文化的理想之门。

因此，我们认为，创作一本古诗今唱的融媒体图书是必要且有意义的，它应当是中国诗词、中国曲调、中国韵味的结合，结合"把诗唱出来"的理念，融入现代数字技术和手段，将吟诵这种中国传统的读书方式延续下去。

融媒体图书《唱给孩子的古诗词》就是在这样的背景下诞生的。这是一次在融媒体出版领域做出的新尝试。它开创了融媒体图书的全新体例，站在古诗今唱、古韵新声的视角，将数字化产品和知识服务

《唱给孩子的古诗词》融媒体图书，读者出版社

深度融合，不仅使融媒体图书在流程制作上焕然一新，更在内容上呈现独特之处，为读者提供了前所未有的沉浸式阅读体验，也给融媒体图书的创作和出版探索出一条创新之路。

选题策划的创新：重构传统出版流程

在图书出版的环节中，选题策划无疑是最重要的部分，是编辑工作的中心，决定着一本书的最终价值。《唱给孩子的古诗词》在图书的选题方面脱离传统出版流程，不再按部就班地按照"寻找选题——约稿组稿——编辑出版"的传统出版流程进行，而是进行"逆出版流程"，从生产端做了一次崭新的探索和尝试：从已经成型的数字化产品中寻找选题，对其进行优化和升级，以创造出能够深度融合数字化产品和知识服务的融媒

体图书。

2018年，读者出版传媒股份有限公司成立了"读者"旗下首个集名师微课发布、在线教育辅导、线下课程讲堂、媒体融合出版等线上线下相结合的融媒体平台——"读者·新语文"中小学阅读与写作教育平台，这是"读者传媒"媒体融合转型发展的重要项目，旨在将"读者"品牌旗下最重要和最优质的阅读与写作资源音频化、视频化、微课化，实现读者品牌优质内容资源的价值转换。目前，该平台已生产了超过10万分钟的优质数字阅读产品。

《唱给孩子的古诗词》就脱胎于"读者·新语文"中小学阅读与写作教育平台出品的音视频课程——"小读者唱诗班"课程。课程精选出50首古诗词进行谱曲、演唱，同时增加故事化的诗文讲解，呈现出"50首诗，50张谱，100+解读故事，30+诗人介绍"。这门课程最大的创新之处就是用音乐充分展现诗歌的美感与韵律。以民谣乐器为主，演绎出自然清新的曲调；同时加入童声、自然声等因素，丰富音乐的内容。

由于课程经过了严格的制作流程和审核，具有较高的出版质量，一经出品就受到市场的广泛认可，项目团队在进行深度调研之后，决定将"小读者唱诗班"课程进行升级和优化，制作成一本融汇图文、游戏、视频、音频等多个元素的融媒体图书，为孩子创设一个可感知、体验的奇妙诗词世界。

创作视角的多元化：打破传统作品局限

在这本融媒体图书的创作过程中，创意团队更倾向于将书籍的制作者统称为创作者。创作者不仅仅需要专业能力，还需要具备多元化、跨领域的知识服务能力，把不同形式的信息用充满创意的手法结合起来。《唱给孩子的古诗词》中，创作者不仅包括作者和编辑，还囊括了音视频课程的策划人和制作者，以及故事原创人员、诗词讲述人员，也包括诗词演唱者、吉他演奏者和录音人员。

创作者们各司其职，用自己的专业能力将故事呈现得生动有趣。比如，"小读者唱诗班"的课程主讲老师王丽娟，拥有"语文教师+歌手+词曲创作人"三重身份的加持，在《唱给孩子的古诗词》一书中摇身一变，身份转变为作曲编曲者以及诗词演唱者，用吉他弹唱、寓教于乐的方式，让传统诗词变得"可唱诵、可弹奏、可朗读"，焕发出新的生机和魅力。要是阅读者也会乐器，就会更有参与感，拿起身边的吉他或者尤克里里，就可以跟着曲谱弹奏一曲。

这一创作视角的多元化，不仅让读者体验到更为开放和自由的阅读方式，同时也促使创作者在创作过程中更加大胆地进行尝试，突破了传统专业局限，为读者提供丰富、多元的知识体验。通过这一理念的实践，古典诗词与现代音乐相融合，将诗歌本身所具有的想象力、精神性和主体性融入乐曲节奏，让文字带有韵律，让音乐充满诗意，孩子们不用刻意背记诗词，用唱歌的方式形成声音记忆，轻轻松松就能"出口成章"了。

内容风格的构建：图书边界的拓展

融媒体图书的独特性在于其能够拓展图书的边界。它不仅能跨越传统图书的界限，将不同领域的知识融为一体，还可以跨越时间和空间的限制，让读者随时随地获取所需的信息。就《唱给孩子的古诗词》来说，其独特性除了融媒体图书的制作团队有所创新，还体现在书籍的内容构建和页面的数字化设计上。

在《唱给孩子的古诗词》的创作中，创作者更加注重将知识以更加生动、具体的方式呈现，这本书的内容构建发生了变化：采用了"诗词故事化"的方式。书中贯穿了"读者"一直提倡的"故事思维"理念：对43首中小学生必读的古诗词进行故事化的诗文讲解，结合升级打怪的游戏方式，充分激发读者的阅读想象力。故事情节分为序章"风谷传说"、第一章"踏上冒险之旅"、第二章"寻找诗词源头"、第三章"律川大决战"、尾声"吃字兽的秘密"五个部分，其中还穿插了关于诗词作者、创作背景、文化民俗等小知识，从而拉近了古与今的距离。

另一方面，《唱给孩子的古诗词》也融合了数字化的设计模式。书中在每个古诗词的后面均附有原创乐曲简谱，并嵌入了对应课程的二维码，使图书内容更加具有便捷性和交互性。在阅读文章的同时，阅读者还可以进行扫码收听有声书、观看短视频。"文字+数字"拓展了出版信息承载的边界，传统图书的静态阅读方式在这里得以打破，读者不再仅仅是文字的被动接收者，还可以沉浸在一个互动性极强的数字化的文字空间中，也可以选择随时进行碎片化的阅读和学习，获得更加有趣的视听体验。

翻开书籍，随着故事情节的徐徐展开，阅读者一边看视频课程、一边听诗词、一边读故事，沉浸在趣味横生的阅读时光中，开启一篇关于友情、成长与梦想的诗意童话，感受一次从未体验过的关于古诗词的弹唱之旅。

知识服务的融合：个性化定制的阅读体验

知识服务是融媒体图书的另一大亮点。融媒体图书通过"数智化"技术和平台，根据读者的阅读兴趣、行为习惯，为其提供个性化定制的阅读体验。这一知识服务维度的创新使得图书不再是一成不变的静态物品，而是可以与读者互动的动态场景。

《唱给孩子的古诗词》作为"读者·新语文"自有版权的融媒体图书，也作为"长尾巴月读社"阅读盒子和APP的固定内容，为读者提供了充满个性化需求的知识服务。"长尾巴月读社"是"读者·新语文"打造的一套全年定制的专业分级阅读产品，聚集有声书熏听、分级书单定制、名师/作家/名编辑精读精讲、线上互动阅读、周边游戏等方式，为读者提供线上和线下的阅读产品和知识服务。

《唱给孩子的古诗词》一方面作为"长尾巴月读社"阅读盒子的线下产品，读者可以搭配游戏周边和阅读手账使用；另一方面，"小读者唱诗班"的课程内容也同步上线"长尾巴月读社"APP，购买者进行阅读打卡、线上游戏互动、加入线上社区，与其他购买者共享数字资源。而平台大数据和人工智能系统通过分析读者的阅读行为，也能为其推荐更合适的产品内容，实现知识服务的精准挖掘和传递，反过来促进融媒体图书的发展。

这本书的出版不仅更新和延伸了传统图书的出版边界，还最大程度地整合了融媒体产品、知识服务的相关内容，是读者出版集团在出版融合转型之路上所做的一次重要探索和尝试。

总之，《唱给孩子的古诗词》融媒体图书的创作过程是数字化和知识服务完美融合的产物，通过出版流程、创作视角、内容构建、知识服务等多方面的探索和创新，使数字化产品焕发出新的生机。此外，我们相信，这本书的出版是一次有意义且有必要的文化实践。

　　20世纪初期，以李叔同为代表的一批知识分子意识到音乐对青少年思想启蒙教育的重要性，于是，《送别》《春游》等大量"学堂乐歌"出现在中国各地的新式学校，我们也试图通过《唱给孩子的古诗词》这本书，重新引领古诗吟诵的传统风尚。让优美的诗词旋律进入中小学，让传统中国的"读书声"回荡在校园，让孩子们在轻松愉悦的民谣氛围中感受诗歌吟诵的传统，领略古典诗歌的韵味和内涵，领悟中华文化的博大精深。

文化再生产

书店不只是卖书而已，它应该是将聚集在那
里的资讯加以重新包装，进而产生创意，创
造出新的商品。

——日本选书家幅允孝

读者小站：引领美好生活方式的新平台 ①

一个新型的街区公共文化空间在兰州落地，她的名字叫"读者小站·金城书房"。在2018年接近尾声的时候，由读者出版集团与兰州市西固区人民政府共同建设的8所"读者小站·金城书房"项目竣工，开始面向公众开放。在挂牌运营前夕，为全面了解读者小站的建设模式与运营理念，时任甘肃广电总台新闻中心主任、高级记者周尚业（现任《甘肃日报》副总编辑）专门采访了公共文化空间"读者小站"的总策划、读者出版集团时任总编辑马永强，就著名文化品牌如何进行创意拓展、如何融入公共文化建设进行了深入交流。

问：您好，我了解到读者出版集团正在兰州市西固区建设"读者小站·金城书房"项目。请问这个项目的具体内容是什么，是一个什么样的定位？

答：贯彻落实党的十九大精神，将文化体验、文化消费融入

---

① 此文系记者周尚业的访谈录，原标题为《一个新型的街区公共文化空间在兰州落地，她的名字叫读者小站·金城书房》，载《兰州日报》，2018 年 12 月 28 日。

甘肃省兰州市西固区"读者小站·金城书房"
（金享煜 摄）

甘肃省兰州市西固区"读者小站·金城书房"落地标识牌
（金享煜 摄）

公共空间和公共生活，建构有意味、有温度、有情怀的公共文化空间，满足城乡居民对美好生活的需要，是推进文化建设创新的题中之意。"读者小站·金城书房"就是读者出版集团贯彻落实党的十九大精神，与兰州市西固区人民政府合作建设的街区公共文化空间、体验式文化沙龙。它以读者文化和阅读服务为核心，融汇公共借阅、分享体验、阅读讲座、知识服务、文化创意、文化产品营销、咖啡茶语于一体，是多功能、复合式、开放型街区公共文化空间，是提供给城乡居民的一个休闲、阅读、交流和体验的平台和空间。

问：哦，我明白了，这是一个街区公共文化空间，也是一个阅读空间。那么，为什么要将它称为读者小站呢？

答：我们把这个空间命名为读者小站，主要是因为阅读就是回家和心灵的还乡，阅读就是人生的旅行。小站，是走向远方的车站，是港湾，是街角的一盏温暖、和煦的灯光，是人"在路上"的留驻和歇息，是温暖、情怀、诗意……是灵魂的安放处，是心灵休憩之所在。所以，通过读者小站这一人文化的街区公共文化空间建设，激活一个社区、一条街区的文化情怀，增强人们的社区归属感，这就是我们把这个空间称之为读者小站的寓意所在。总之，读者小站是一个有灵魂的文化空间，是一个引领生活风尚的创意空间。

问：您这样介绍让我想起了小站的logo，很有创意性，那么，小站的含义是否也在logo中有所体现呢？

答：您说得很对。读者小站的logo体现了小站的创意，"小"字像一扇门、一个空间，篆书体的"站"字如同两个阅读和休闲的人，两个携手走进小站的人。红色的图形相叠仿如书柜的格子，又像为人提供心灵庇护的屋宇和竹林，整个logo充满人文关怀和文化意味。正如logo图释所描述的，设计融合了方圆与空间的结构美学，既有鸟语花香的自然气息，又有灵动的乐章，使人在纯净中感受读者小站带来的诗意回归。同时，小站标志也寄予着我们美好的希望，希望人们在"小站"里停下忙碌的脚步，享受这种沉浸在书香中的"慢生活"，读者小站就是阅读小站、心灵小站、休闲小站……

读者小站 logo

问：小站的创意如此的诗意与美好，那么"读者小站·金城书房"是怎样建设的，它的建设模式是怎样的？请您给我们说说。

答："读者小站·金城书房"是读者出版集团与兰州市西固区人民政府合作建设的，是文化品牌与城市生活的融合与创新。《读者》被誉为"中国人的心灵读本"，以发掘人性中的真、善、美和人文关怀，参与中国人精神生活的构建，被大众喜爱，已成为大众心目中最人文、最温暖的文化品牌。兰州市西固区提出打造"人文西固、幸福西固、活力西固"的发展理念，这与读者的文化精神高度契合。因此，"读者小站·金城书房"在西固的建设模式，就采取了"政府推动建设、读者品牌冠名、市场化运营"的建设模式。西固区政府负责投入公共用房等室内基础设施、多媒体设备、自助借阅机、公共图书等，并提供一定的公共文化服务购买费。读者出版集团负责品牌植入、空间设计和美学呈现，专门成立新华书店读者小站运营团队负责小站日常运营，集团所属期刊、出版、新媒体等阅读服务板块负责提供各类阅读服务。目前投入运营的读者小站有8家：中天嘉园社区读者小站、蓝馨花园社区读者小站、上坎社区读者小站、中街社区读者小站、二十五街区读者小站、金城公园读者小站、五一市场读者小站、福利路街道读者小站。

问：您谈到运营管理，对于这样一个新型的公共文化空间，运营的方式肯定也是很特别的吧，请问"读者小站·金城书房"是怎样运营的呢？

答：读者小站的运营采用"公共服务+经营"的全新运营模式。公共服务方面，小站承担公共图书（每个小站由政府配备2000至4000种图书用于免费借阅）的自助借阅服务，融合了自助图书馆的功能，读者不必到区图书馆，通过小站的自助图书借阅系统就能享受借还书、办理借书证等服务。不仅如此，小站还提供阅读分享、诗文朗诵、艺术赏析、文化讲座等各种文化体验活动。进入小站，可以通过扫码服务，获取读者出版集团旗下各出版社、杂志社、文化旅游、知识服务等各类线上服务，分享多元化的线上阅读资源与文化服务。小站还开通了与美好生活、文化服务相关的经营活动，形式多样的阅读体验服务，如经典图书、文创产品等创意营销，如咖啡、茶、美学生活等丰富美好阅读体验的文化创意消费等。

问：您既然提到了"线上线下服务"，那么进入到读者小站，到底都能够享受到哪些具体的线下服务呢？

答：小站提供的线下服务是多样化的。除提供公共图书的借阅服务外，小站还是一个阅读空间，设置有宽敞、优雅的阅读区域。定期提供阅读分享、新书发布、互动体验、培训辅导、文化展览、知识传播等形式多样的文化体验服务，因为它是读者出版集团旗下《读者》《读者（校园版）》《故事作文》与甘肃教育出版社、甘肃少儿出版社、敦煌文艺出版社、"读者新语文"等出版社和新媒体的阅读基地，是读者读书会的线下端口。不定期邀请专家学者，提供各类知识分享服务和文化艺术交流。除此之外，小站还与博物馆、美术馆、展览馆、学校等教育机构合作，提供更加丰富多元的文化服务，吸引更多的人走进读者小站。当然，在小站休憩的市民，还可以随意点一些咖啡或茶，享受舒适、惬意的休闲文化生活。

问：看来，小站提供的是多元文化消费。您能为我们谈谈读者小站具体都有哪些功能吗？

答：读者小站作为一个集合多种文化服务的复合式街区公共文化空间，其功能是非常齐备的。首先，小站具有自助图书馆功能，可以通过自助借阅机完成公共图书的自助借阅。同时，小站还是一个舒适的阅读空间，阅读是小站的美好日常。小站为公众搭建了一个交往、交流的开放空间和平台，人们以书为媒介，聚集在这里进行情感交流、人际交往和知识分享，充分体现了小站的公共性。小站还具有很强的体验性，通过讲座、展览、读书会、阅读沙龙、阅读分享等丰富的形式，为公众提供生动有趣的文化体验。此外，读者小站还具有休闲、娱乐功能，小站作为心灵的栖息地，人们可以在这里喝茶、听音乐、休闲、娱乐。因此，小站作为一个开放式的文化交流、人际交往平台，作为美好生活的方式，其功能远不止于此，有着令人期待的想象空间，你只有深入其中才会真正体味它的丰富性。

问：读者小站是通过文化体验来实现人的聚合，它扎根街区和大众生活，会成为一个社区的文化地标。这么理解读者小站和社区的关系，您认为对吗？

答：您的理解是准确的。对于我们所有人来说，都有一个了解并不断深化认知到最终读懂读者小站这一街区公共文化空间内涵的过程。不同文化背景和生活阅历，赋予每个人对这一文化空间的认识是不一样的，但有一点是相通的：这是一个人文化的文化空间，是属于街区的，所以她是人与书的相遇，人与人的相遇，是社区的交流和交际的空间，是心灵的栖息地。大众需要街区公共文化空间，因为人是需要交流、交际的，而以书、以阅读为媒介建立起来的联系和交流，是属于心灵的。酒馆也能联系和聚合人，棋牌室也能联系和聚合人，但是，给人的心理感觉不一样，聚合的人群也是不一样的。我们相信：读者小站作为阅读空间和文化空间，会成为街区一盏不灭的灯，一个独特的文化地标，一个文化象征。想象一下，当一个人外出奔波在深夜疲惫归来时，转过街角，远远望见小站和煦的灯光，这种温暖感，就是家的感觉。这是街区公共文化空间对于社区里每个人在心理上的感觉。关于这一点，我们在中外名著中都读到过，每一个人也都有这种情愫和心理经历。只不过，我们在日常生活中忽略了而已。

问：这么一个多功能的小站，听起来确实令人神往。目前读者出版集团在兰州市西固区建设了读者小站，那么小站的模式是否可以进一步推广、服务更多人群呢？

答：当然可以，读者小站作为读者品牌社区化、生活化的体现，是读者IP与大众生活的结合，这一文化服务模式和文化建设模式具有很强的复制性。从"读者小站·金城书房"的建设开始，我们就为"读者小站+"预留和准备了全方位拓展的端口。读者小站可以入驻各类大型综合体、医院、银行、大型宾馆、学校、高速公路服务区、企业总部以及各类城乡街区等（可以用读

"新时代·新生活·新阅读"——读者出版集团参加第九届中国苏州文化创意设计产业交易博览会（2020），展馆以"读者小站"文化空间的样式搭建，成为博览会的打卡热点（苏州璞拾风文化传媒有限公司供图）

（苏州璞拾凤文化传媒有限公司供图）

者小站+XXXX的形式命名，以体现小站的个性化），并与传统新华书店的改造相结合，使之成为新的阅读空间和文化空间。可以毫不夸张地说，有文化体验需求的地方，就有读者小站的建设和延伸空间，不同的"读者小站+"会形成不同的读者小站服务模式和创意业态。

问：确实是这样，有文化需求的地方，就有读者小站的建设空间。据我所知，在省内，我们还没有见过有这样的创意空间，您能给我们谈谈读者小站的文化价值和创新点吗？

答：读者出版集团作为一个综合性文化产业集团，以其独特的人文关怀和文化精神，一直致力于培育和塑造中国人积极健康的价值观和人生观、参与中国人精神生活的建构。在国家《全民阅读"十三五"时期发展规划》公布的同时，读者出版集团就推动实施了"读者·中国阅读行动"全民阅读工程，通过"首届读者大会"、"中国天水·李杜诗歌节"、"《读者》诗文朗诵会"、"文心·绘事——《读者》插图艺术展"、聘任"乡村领读者"等一系列会展产品和活动形式来拓展阅读服务。同时，积极构建阅读与文化消费空间、探索社群营销模式。我们知道，在国民文化消费市场上，阅读服务是一个业态，这个业态包括各种阅读产品、阅读服务活动、阅读空间的构建等。读者小站就是读者出版集团作为阅读服务提供商创意探索出的一个新型文化空间、阅读空间，是读者品牌在阅读服务维度向大众生活空间扩展的重要成果。

从创新点来说，读者小站建设是读者品牌和文化服务融入城乡居民生活的创新，是读者IP的社区化、生活化，是读者品牌拓展战略的一个重要组成部分，是一种新型公共文化服务和阅读服务模式的创新探索；是文化服务、文化体验和文化消费服务融入街区公共文化空间的创新探索。这一创新探索，与当下国家倡导的文化服务、文化建设进社区进街区是完全吻合的，是新时代社区治理的一种创新。也可以说，读者小站是"新时代文明实践中心"建设的积极响应。

问：能否结合我们刚谈到的这些创新点，谈谈小站建设对读者品牌的战略意义吗？

答：刚才我们谈到，读者小站建设是读者品牌和文化服务融入城乡居民生活的创新，是读者IP与大众生活的创意结合，也是读者品牌价值生产和延伸之所在。这种可复制、可推广的品牌拓展模式，能够更好地满足社会大众多样化文化需求和对美好生活的希冀。因此，不断拓展和创新读者品牌服务社会大众的途径，大力实施品牌拓展战略，是读者品牌的文化担当和文化使命，读者小站建设正是这一品牌战略的实践。在未来的日子里，我们将会继续推动建设各类主题型、人文化的公共文化空间和阅读体验空间，通过文化场景的营造、文化元素的植入、咖啡茶语的布局、文化服务的提供，使读者小站成为大众美好生活的平台、城市生活的约会地，成为引领有意味的生活方式与文化风尚的文化地标，成为读者品牌价值生产和传播的主要载体之一。

从读者小站看新型公共文化空间价值^①

　　随着社会生活的深刻变革和城市化进程的快速演进，数字文明时代的文化发展也呈现出多元化、场景化和融合创新等特征。出版行业作为文化生产的主力军，不断提升文化精品的供给能力和公共文化的服务能力，积极参与推进公共文化服务设施的结构和内涵转型升级，从而推动多功能、复合式、开放型、高品质的新型公共文化空间应运而生。这些新型公共文化空间强调文化场景的塑造、生活方式的引领和文化价值的生产，集公共阅读、文化体验、知识服务、艺术展览、文化讲座等功能于一体，为大众提供了一个休憩、阅读、交流和文化体验的场所，也在一定程度上丰富了大众的精神文化生活、参与了城乡社区文化建设，并成为国家促进全民阅读、建设书香社会的重要载体。

　　读者小站是读者出版集团创新建设的"读者品牌+生活方式的引领+文化创意"的街区公共文化空间和体验式文化沙龙。本文以其为例，对新型公共文化空间在文化场景塑造、生活方式引领、文化价值生产等方面的意义和创新性加以探讨。

---

① 此文原刊于《出版发行研究》2022 年第 2 期，系与原彦平、吴艳丽合作。

文化场景塑造：美育与疗愈

在读者小站等新型公共文化空间这里，场景被重新定义，不仅包括一般意义的物理空间，还被赋予更深层次的文化内涵和美学意义，包括经过多元媒介塑造的场域空间。"这些场景赋予了城市生活以意义、体验和情感共鸣"，会改变"人们的态度和行为，影响着社会生活，重新定义了城市发展"[①]。

一方面，民众通过表层的感官体验，感受到物理空间文化场景的美学特征：环境舒适，氛围雅致；另一方面，通过场域空间内的多元文化体验，建立人的连接、激发文化认同、产生情感共鸣，从而营造一种"文化气场"，吸引更多民众前来参与文化活动、文化传播乃至文化创造，促成人与文化空间的共在、共享及共生。[②] 进而，在实现文化空间可持续发展的同时，进一步涵育地区文化资源，激活文化产业动能，提升地区文化凝聚力、文化生产力和文化创造力，助推地区文化创新创意和文化产业高质发展。

一、美育：读者小站的美好日常

作为读者品牌的衍生产品，读者小站具有高起点的文化站位和高品质的文化属性，这和读者品牌的基本精神是一致的。自2018年12月首批8家读者小站·金城书房建成运行迄今，共建成各类读者小站20多家，有建设于兰州市街头巷尾的读者小站·金城书房，有守候在甘肃高速公路服务区的读者小站·行者空间，

---

① ［加］丹尼尔·亚伦·西尔，［美］特里·尼科尔斯·克拉克《场景：空间品质如何塑造社会生活》，祁述裕、吴军等译，北京：社会科学文献出版社，2021年，译者序第1页。

② 苟爽《情感共鸣：文化场景建构的内生动力》，载《中华文化论坛》，2018年第4期，第123页。

江苏省苏州市姑苏区"读者小站·江南书房"

甘肃省定西市临洮县太石服务区"读者小站·行者空间"

上海市宝山区"读者·壹琳文化空间"

有走进古城苏州的读者小站·江南书房，有陪伴成都市读者小学莘莘学子的读者小站·校园书房，还有读者小站·百郿书屋（天水）、读者小站·拾光书院（长春）、读者小站·西遇记（兰州），以及上海等地的读者创意空间等。

无论推门走进哪一家读者小站，都能看到这样的场景：品质优良的图书、充满意趣的文创、笔墨精妙的墙画、柔软舒适的座椅、温暖和煦的灯光……静静矗立在公园、街角、社区、路边甚至闹市的小站，比茶坊多几分书香，比酒吧多几分恬静，比书店多几分温暖。小站内播放着轻柔的音乐，氤氲着书香、茶香、咖啡香，整个环境静谧悠然，让每个走进小站的人都忍不住停下忙碌的脚步，享受这种沉浸在书香中的"慢生活"。

但这些小站又各不相同，力求"千站千面""各美其美"。其选址不拘泥、不挑剔，只要有文化体验需求，就有建设和延伸的空间；其面积不限制、不苛求，大则过千，小不盈百，合理规划业态，充分利用空间；其风格不固化、不统一，深度挖掘所在地域的文化特征，定制独一无二的空间场景。这些读者小站都位于街区，与大众日常生活紧密相连，投入运营以来已形成极高的获知率，作为读者品牌"在场呈现"的新形象和地方文化展示的新窗口，已逐渐成为所在地的文化新地标。

总之，读者小站作为新型"空间媒体"①，以文化为媒介，通过对建筑形体、空间形态、光影色彩、陈设造型等的设计美化和

---

① 空间媒体：这一概念由中国传媒大学广告学院院长、教授，中国商务广告协会副会长丁俊杰提出。空间媒体不仅是一种传播方式，也是一种叙事方式。空间媒体就是叙事的空间，是由空间、传播、话语等诸元素共同构成的具有观点、立场、氛围的话语共同体。丁俊杰，刘珊《我们的空间与空间媒体》，载《青年记者》，2021年第14期，第5页。

美学传递，打造更具人文情怀、审美品位、艺术气息、文化内涵的空间场景，向民众展示美、分享美、传播美，于潜移默化间提升民众的美学素养。

二、疗愈：读者小站的温情抚慰

作为有意味的文化场景，读者小站以高品质的读者文化和阅读服务为核心。线下，读者小站向公众提供公共阅读、文化体验、知识服务、艺术展览、文化讲座等各种体验活动，涉及音乐、电影、摄影、绘画、旅游、茶道、花艺、咖啡、公益等各种话题的分享。线上，读者小站提供来自出版社、杂志社、文化旅游、知识服务等各类线上产品，分享多元化的线上阅读资源与文化服务。链接读者读书会、读者·新语文、敦煌书坊和读者童书等新媒体平台，使用户获得不同层面的阅读服务和文化体验。利用公众号、微信群、短视频、直播等"云"社交手段，提高大众互动参与的积极性，增强小站这一"空间媒体"与大众的黏性，实现更加精细化的多元文化服务。另外，通过构建文化创意的集散场，吸引文创达人聚焦、碰撞，激发创意思维，衍生文创产品，产生优质创意创业项目。并借助VR、AR等智能科技手段，通过引入用户可参与体验的文化创意项目，打造文化创意一站式空间。

它通过以上多元文化服务搭建起社交平台，形成人与书的连接、人与文化的连接、人与人的连接，从而构筑了一个以人为中心的文化空间。它不但是人际交往平台，还是文化创意平台、思想共生平台。人们在这里，可以进行情感的交流和知识的分享。

这是读者小站创意者内心的一个情景：当一个人外出奔波，在深夜疲惫归来时，转过街角，远远望见小站温暖的灯光，瞬间就有一种到家的感觉……读者小站，大约就是长满小野花的荒野车站路边的长条椅，是灯火阑珊处令人微醺的小酒馆，是街角转弯处流溢着书香的小书房，是漫漫人生旅程中的暂歇和留驻，是大众身边有意味、有温度、有情怀、有灵魂的文化家园和心灵港湾。

读者小站等新型公共文化空间，作为城市精神的新向度，抚平着都市间的嘈杂与浮躁，给大众以成长的陪伴、快乐的享受、甜蜜的营造、精神的抚慰、思想的滋养、情感的共鸣，触动着人们心灵深处最原始、最纯真的柔情，足可使人们忙碌疲惫的身心得到充分的放松。从这一点考量，读者小站营造的场域和空间场景，发挥着心理疗愈的作用，产生着托举人生的力量。

生活方式的引领：提案与引导

说到新型公共文化空间对生活方式的引领，首先要厘清一个概念：什么是生活方式？1939年，美国未来学家阿尔文·托夫勒预言了在后工业社会中，随着社会多元化的增加将会有一波生活形态（次文化）的大爆发。这里的"生活形态"就是指生活风格、生活方式，主要包括社会关系模式、消费模式、娱乐模式、穿着模式等。生活方式通常反映一个人的生活态度、价值观或世界观。所以，生活方式不是生活，不同的人有不同的生活方式，不同时代有不同的生活方式。

学者王雅林认为："生活方式是研究在现实的社会网络关系和生活资源供给条件下，人们是如何通过价值选择建构自己的生活需要，从而获得自己所珍爱的那种有意义的生活的。"[1] 由此可知，现实的社会网络关系和生活资源供给提供了生活方式的选

---

[1] 王雅林《新时代生活方式的理论构建与创新》，载《光明日报》，2018年5月14日，第11版。

项，自我的价值选择则决定最终选择怎样的生活方式。

读者小站等新型公共文化空间作为"空间媒体"，不仅为大众构建空间文化场景，遴选提供各类文化产品，而且通过文化体验与互动，重构人们的社会网络关系。它立足于内容轴线开发资源，建构生活方式"养成"系统，将大众的情感体验、兴趣爱好、自我提升等精神需求纳入空间的深度开发链条之中，使空间倡导的"生活方式理念"传播、渗透到大众生活的方方面面，从而影响大众的价值选择，创新和引领一种新的生活方式和文化风尚。

一、提案：读者小站的理念传递

《读者》杂志自创刊以来，一直通过和谐文化的创新传播与读者品牌的价值生产影响大众，并以其独有的人文关怀精神，参与中国人精神生活和文化价值观的建构。读者小站承续读者品牌的文化精神，将读者IP与大众生活紧密结合，通过空间氛围营构、阅读产品配置和文化体验提供三个维度，将生活美学推广与社会关系建构有机整合，从而传递生活方式理念，产生生活方式的新提案。

在空间氛围营造方面，读者小站遵循统一风格、因地制宜的原则，已建成的 20 多家读者小站，除了洋溢着浓郁的书香外，又各有特色：读者小站·金城书房（兰州市西固区金城公园站），位于公园一隅，窗外风吟、雨落、云起，人闲时光慢，室内简约、静雅、温馨，尽享好时光；读者小站·行者空间，静候在路上，赏美景、遇佳人、承文脉、见沧桑；读者小站·江南书房，则轻风穿柳、雨音成诗，内外是江南……在阅读产品和文化创意产品配置方面，读者小站依托读者出版集团组建的由资深出版人、专业选品师、阅读推广人组成的专业选品团队，根据所在街区的人员结构、知识分层、审美品位、兴趣爱好等，差异化遴选国内品牌出版社的精品书刊和文化创意产品，在确保满足大众多元文化需求的同时，又能保证各个小站独特的选品风格。而且，这些高品质书刊既可借阅，又可销售。人们可寻一角落捧卷阅读，静享一段美好时光，也可以书为媒进行情感和文化的交流。

另外，读者出版集团联合国内著名作家和文化名家团队，实施"读者·中国阅读行动"全民阅读工程，通过举办各类阅读活动、推荐优质图书、组建领读者团队、跨地域跨行业拓展读者读书会等形式提供文化服务，推动文化活动进学校、进机关、进社区、进企业、进农村。读者小站这一街区公共文化空间、体验式文化沙龙，是读者品牌文化服务的重要载体和"空间媒体"。各类小站每年累计为大众提供不同主题的文化体验活动近千场，涉及阅读、音乐、电影、绘画、摄影、茶道、花艺、烹饪等各种话题，让拥有相同兴趣、认知、目标或价值观的人都能找到社群，然后通过高频互动强化连接，构筑新的人际关系网络。

通过上述三个维度，将读者小站打造成汇集人潮、激荡情怀、碰撞思想的多元素发表平台，为大众开启了一种富有生命力的新城市生活模式。

二、引导：读者小站的价值观影响

场景理论认为："公众行为本身就是场景的一个重要构成元素，反过来，场景对公众行为也起着引导作用。无论你在哪里或如何打发时间或与人沟通，不同城市场所所具有的场景对于固化个体的是非观念、对真假的认同与归属感等都有着较强的影响。"[①]

---

① ［加］丹尼尔·亚伦·西尔、［美］特里·尼科尔斯·克拉克《场景：空间品质如何塑造社会生活》，祁述裕、吴军等译，北京：社会科学文献出版社，2021 年，译者序第 5 页。

简而言之，文化场景具有鲜明的价值取向性，并以此影响和引导身处其中的人做出自己的价值选择。而人们选择怎样的生活方式，是由其价值选择决定的。

读者小站立足于人的美好生活需要，一方面着力提供满足不同层次、不同需求的优秀文化产品和多元文化服务；另一方面，通过小站的场域空间提供生活美学、知识分享、人际交流等文化体验，着眼于人性中的深层次价值诉求，提升人们的文化感知力、独立思考力、内生发展动力，对人们的价值观建构施加影响，从而促进人的自我提升和自我建设。

读者小站是读者出版集团开创"读者+"新业态的全新尝试，其文化精神是与《读者》杂志一脉相承的。《读者》杂志创刊40年来，"以高雅、清新、隽永的真善美的传播与人文关怀，以高品质、高品位的价值追求，成就了作为'中国人的心灵读本'和中国期刊第一品牌的美誉"，"参与了这一时期国人文化价值观的建构、民族灵魂的重铸、和谐文化的创新传播，还记录了这一时代变革中千万读者的情感和社会风尚"。① 读者小站自创立之初起，就以高远的文化站位续写着文化引领社会风尚的新篇章。它响应国家"促进全民阅读、建设书香社会"的文化发展战略，充分发挥品牌文化企业的社会影响力和文化引领作用，帮助人们从现实需求中寻找人生的方向、在文化交往中激发美好的情感、在思想碰撞中产生新颖的创意，不断丰盈人们的精神生活，更迭自我价值的选择，引领人们去追求更加美好的生活方式。

---

① 马永强《〈读者〉之路：一个时代的见证和参与》，载《兰州学刊》，2008年第11期，第176页。

文化价值的生产：创新与担当

将新型公共文化空间置于场景理论的视野进行考察，并观照文化价值论加以分析，显然，它不仅仅是人们获取知识信息、进行思想交流的场所，还是社会文化生产和传播的一部分，因为它还是新型的"空间媒体"。此外，新型公共文化空间蕴含的价值观和文化生产方式，对诸如创新创意人才、品牌文化企业等，有着很强的吸引和聚集作用，由此激发人力资源、文化资源、信息资源与文化创新创意发展的因果关联，推动知识经济时代下文化企业创新发展、地区文化建设和社区治理新模式的形成。

一、创新：读者小站的创意价值

2019年8月21日，习近平总书记考察调研读者出版集团并发表重要讲话："要提倡多读书，建设书香社会，不断提升人民思想境界、增强人民精神力量，中华民族的精神世界就能更加厚重深邃。为人民提供更多优秀精神文化产品，善莫大焉。"

为深入贯彻落实习近平总书记重要讲话精神，读者出版集团充分发挥文化品牌优势和内容资源优势，积极推动"读者品牌影响力转化工程"，努力将读者品牌的"文化影响力"和品牌价值转化为"文化生产力"，构建"读者影响力经济"发展格局。近年来，围绕媒体融合转型和书香社会建设，集团大力实施精品战略、品牌战略，坚持走"读者+""内容+"转型之路，进行一系列新的尝试和探索，努力从内容提供商转型为阅读服务提供商，着力推动读者IP与大众生活的全面结合，创新提出并大力实践建设书香社会的"读者方案"。

读者小站新型公共文化空间就是"读者方案"中"构建书香社会服务网络"的重要组成部分。首先，它是读者品牌落地化运营的新模式，是读者品牌由平面媒体走向"空间媒体"的新形态，它的建设运营，标志着读者品牌在纸质阅读产品和新媒体阅读产品提供的基础上，成为立体多维文化服务的创新者。从此，集团旗下再也不只是纸质的平面产品和平面媒体，而是有了立体的多维创意空间和"空间媒体"，会产生多向度引流，对进一步传播、延展读者品牌，链接和聚集用户资源，具有十分重要的意义。其次，它是读者品牌营销传播的新手段，是读者品牌在阅读服务维度向大众生活延伸的重要成果。这种延伸，会和大众的日常生活发生全方位、密切的联系，从而使读者品牌融入大众新的叙事和传播中。一方面，会进一步强化大众心目中的"读者"形象，唤醒《读者》的沉睡用户；另一方面，会激发沉淀的品牌效能，培育新的用户群。再次，读者小站可以连接多种经营模式、内容产品和文化创意服务，它虽然以"书"为媒介，但不是书店；虽然以"阅读"为媒介，但也不是图书馆和阅览室，而是拥有多种功能的高品位文化体验空间和"空间媒体"。它是读者品牌"在场呈现"的新形象，不论链接何种模式、位于何种场所，都立足高品质文化服务的本位，展示着读者品牌的新形象。最后，读者小站作为"读者方案"的重要组成部分，与集团旗下的新华书店、读者上海创意空间、读者书房、读者阅读角、读者乡村文化驿站等共同织就"大中小微"相组合的书香社会服务网络，成为城乡大众美好生活的新平台。而且它灵活多样、跨界融合，会渗透到很多行业，形成许多新的创意业态，探索形成科学、高效、精良的文化服务网络

读者在北京市北锣鼓巷"读者小站·一定书屋"静享阅读时光
（黎彬　摄）

甘肃省兰州市西固区"读者小站·金城书房"举办读者小站奇妙夜活动
（陈璐　摄）

和体系，从而促进读者品牌的创新发展。

二、担当：读者小站的社会价值

作为国有文化企业，读者出版集团将国家文化发展战略与集团产业转型相结合，尤其是响应国家促进全民阅读、建设书香社会的号召，努力成为高品质文化的提供者、全民阅读的推广者、建设书香社会的实践者。读者小站就是读者出版集团做出的重要举措之一。

党的十九大报告指出，要完善公共文化服务体系，深入实施文化惠民工程，丰富群众性文化活动。在公共文化服务体系中，文化空间发挥着重要作用。读者小站立足街区，提供多元文化服务，满足大众不同层次的文化需求，有助于全民整体文化素质的提高。它不仅是我国现代文化产业中的一种新型文化业态，也是读者品牌在全国范围内对公共文化服务模式的新探索。

读者小站作为"空间媒体",本身具有文化的意义和传播功能。它立足于街区、社区,利用自身的场景、体验等叙事功能,不断提升街区的文化品质和街区价值,激活社区的文化情怀,增强人们的社区归属感。它发挥和承载社区学习中心、社区文化中心、社区文明实践中心等社会功能,在社区文化建设和社区治理方面具有十分重要的意义。同时,读者小站根据不同地域、不同行业、不同群体的文化需求,可实体入驻或依托阅读走进城乡社区和各类街区、企事业单位、学校、乡村等,通过营造阅读氛围、传播阅读理念,成为促进全民阅读、终身学习、建设书香社会的重要载体和平台。另外,读者小站还可以发挥"空间媒体"的整合作用,促进社区大众传播、群体传播、人际传播的深度和广度,成为弘扬中华传统文化、传播优秀现代文化的重要载体,

甘肃省兰州市西固区"读者小站·金城书房"中天佳苑店

2020 年 12 月 24 日,由读者出版集团、甘肃省文艺评论家协会、金科伟业(中国)集团有限公司共同主办,读者(上海)文化创意有限公司承办的"诗孩子,诗时光——高凯诗文新著上海分享会"在上海读者书店举办。陈思和、陆梅等著名学者、作家与本书作者受邀参加分享会(图片源自"读者书店"公众号)

精美图画再现文化记忆 ①

　　2017年金秋十月，由读者出版集团与天水市委宣传部联合主办的"文心·绘事——《读者》插图艺术展"在天水美术馆举办，集中展出了以国内著名画家戴敦邦、贺友直、张守义、高燕、陈延、沈尧伊、俞晓夫、黄英浩、杜凤宝、冷冰川、李晓林、李晨以及当代著名漫画家黎青、郑辛遥、喻梁、夏大川、刘宏、王青为代表的33位知名插图画家的精品插图330幅，还有《读者》杂志创刊36年来精选的封面作品163幅。展出的作品涵盖了《读者》杂志36年的发展历程，既追求现代感，又坚持以图像承载历史，从艺术的角度重新阐释这本大众所熟悉的杂志的内涵。

　　天水是伏羲故里，中华民族重要的发祥地之一，伏羲曾在此创制八卦，开启中华文明的曙光。这是一座充满诗情诗意的城市，这里吟唱过《诗经·秦风》，诞生过诗仙李白的先祖，是诗圣杜甫的寓居地。在这里举办《读者》插图艺术展，正可谓是一场"诗与画的相聚"。

---

① 原文刊载于《甘肃日报》2017年11月1日，收入时做了适当补充。

文心·绘事

《读者》插图艺术展

2017年
10月10日—20日
天水美术馆（万寿宫）

参展作品
33位画家493幅作品，其中包括《读者》
杂志创刊36年来精选的封面作品163幅、
插图330幅。

策　　划：马永强、富康年、任 伟
展览执行人：任 伟
主办单位：读者出版集团、中共天水市委宣传部
承办单位：读者杂志社、第二届"中国天水·李杜诗歌节"组委会
协办单位：天水日报社、天水书画院
展览助理：李艳凌、刘全镛、李 霞、南衡山
学术支持：清华大学美术学院视觉传达设计系、鲁迅美术学院传媒动画学院
海报设计：北京王红卫平面设计公司

媒体支持：　新华网　　甘肃日报　　装饰　　艺术工作　中国美术馆　连环画报　　包装&设计　天水日报社

中国甘肃网、兰州晚报、今日头条、天水晚报、天天天水网、天水电视台

"文心·绘事——《读者》插图艺术展"宣传海报

2016年底，读者出版集团推动实施"读者·中国阅读行动"全民阅读工程，利用读者品牌在阅读人群中的广泛影响力，推广有品位、高质量的系列阅读活动，引领全民阅读。此次展览是"读者·中国阅读行动"和第二届"中国天水·李杜诗歌节"系列活动之一，也是读者出版集团与天水市合作打造"魅力陇原·诗意天水"书香城市的重要活动之一。

《读者》杂志以高雅、清新、隽永的风格和人文关怀，被誉为"中国人的心灵读本"、中国期刊第一品牌。2017年，"读者"品牌再次入选"中国500最具价值品牌"，品牌价值达到233.59亿元。36年来，《读者》杂志见证了改革开放的社会变迁，为广大读者提供了大量优秀的阅读内容，影响了数以亿计的读者，并陪伴他们成长。很多人都曾被杂志中的文章感动过，也都拥有属于自己的关于《读者》的记忆。我们关于《读者》的阅读记忆，不仅有直抵人内心的诗意文字，还有描摹诗意、勾勒时代风貌、刻画人性真善美的精美插图。此次插图展就是以《读者》杂志36年的发展为线索，系统地展示36年来《读者》杂志的插图艺术精品，用熟悉的图画唤起大家的文化记忆和成长记忆。《读者》杂志的发展史，是无数人的阅读成长史，是社会的发展变迁史，也是一部浓缩的中国当代插图艺术史。

中国古代书籍的插画历史源远流长，绣像版画是一种非常流行的艺术形式。《读者》杂志的插图艺术，既继承了中国传统绣像艺术之精髓，又与杂志现代装帧艺术一脉相承。它以对人生、对社会的审美关照和艺术化阐释，形成了独特的艺术风格和现实品性，是诗文与绘画艺术对生活阐释的约定，是文学与艺术之间的对话和默契。原中国美术家协会装帧插图艺术委员会主任张守义先生给予《读者》的评价是"文精图美"。36年来，《读者》

杂志对插图艺术的重视和倡导，一大批艺术家的长期坚守，孕育和创作了2万多幅精美的插图作品，不仅丰富了中国绘画的艺术门类，而且对中国当代插图艺术的发展做出了重要贡献。

举办此次插图艺术展，希望以"读图"的形式追溯《读者》的历史和文化精神，以图为缘，与多年来支持《读者》发展的艺术家及广大读者相聚，所以，这既是广大读者与作者的"家庭聚会"，也是一场高水准的艺术盛宴。除了多年来一直支持《读者》杂志发展的插图作者，展览还邀请到了清华大学美术学院、鲁迅美术学院等全国各地一流美术学院的知名教授、著名画家，一时俊彦毕至，尽汇于此。

这次展览还采用了新媒体的传播方式，将诗画呈现与影像视频结合。只要扫描二维码，观众就能听、看"读者"的故事。《读者》杂志的文章是文摘，按照栏目设置精心编排，但她的插图却是根据文章内容，约请签约画家专门绘制的，属于有主题的原创艺术作品。《读者》插图的奇妙之处在于，它虽然是为文章而创作的，但它又是独立的艺术存在，以独特的艺术语言表达着对生活的认知、人性的思考。此次展览，匠心独运，除插图艺术的陈列外，还把部分插图与杂志的图文版面融汇呈现，让插图艺术回到原本属于它们的沃土，绽放异彩。

插图是视觉的盛宴，更是艺术家的修辞。这次展览还有更深远的意味需要表达，这不是一场单纯的插图艺术展，而是以插图艺术为载体，对《读者》文化精神的集中呈现，有深沉的历史感沉淀、贯穿在其中。借助这次插图艺术展，讲述艺术与文学之间、艺术与生活的故事，推动艺术与大众生活的互动，这也是我们想要表达的。展览只是一个开端，它将伴随"读者·中国阅读行动"全民阅读工程在全省乃至全国的展开，开始省内外的一系

《读者》插图，作者李晓林

《读者》插图，作者张守义

列巡展，让更多的读者领略中国当代插图艺术的魅力。

补记：2021年8月，《读者》插图艺术馆在读者出版集团本部建成，读者杂志社原副社长、副总编辑任伟担任首任馆长。他是《读者》杂志资深美术编辑、美术负责人，是"文心·绘事——《读者》插图艺术展"的策展人。2021年，他组织策划了"何必礼矣，皇皇者华——《读者》40年插图精品展""40年，我们一起走过——《读者》插图大型线上文献展"，选编了《（读者）插图艺术馆馆藏作品精选集》，系统梳理《读者》40年来的精品插图。高燕、黄英浩、俞晓夫、张守义、杜凤宝、冷冰川、李晓林、李晨、宋光智、秦龙、刘巨德、陈雅丹、吴冠英、董克诚、何保全、于泉滢、韦尔乔、孙愚、张定华、黎青、喻梁、勾犇、刘宏、王青、赵希岗等一大批老中青艺术家的精美插图与广大读者线上线下相见。正如展览前言中说的："40年来，我们拥有一批批插图作者，他们以精巧的构思、丰富的表现形式、多元的艺

2023年，国家艺术基金2022年度传播交流推广项目"传承文化美学，建设书香社会——《读者》杂志插图艺术作品展"宣传海报

术风格，通过插图艺术的视觉语言，激发读者的想象力，丰富文字作品的内涵，拓宽语言艺术的表现空间。他们以艺术家的奇思妙想，为读者带来奇特多姿、妙趣横生的审美体验，引发了读者广泛的思想与情感共鸣。插图作品和文字作品相依相融，为《读者》的口碑与品质做出了不可磨灭的贡献。"重温《读者》艺术发展之路，就是让这本杂志的艺术之美穿越时空，温暖再现。2023年，国家艺术基金2022年度传播交流推广项目"传承文化美学，建设书香社会——《读者》杂志插图艺术作品展"在北京、上海、深圳、桂林、宁波等十几个城市巡展，又为广大读者送上了一场艺术盛宴。

挑战与重构：实体书店的转型之路 [①]

《出版人》杂志社记者黄小菲2023年12月专访读者出版集团总经理马永强，就书店转型等问题进行深度访谈，以下是访谈实录。

书店转型是做业态集合还是文化场域？

问：实体书店的销售码洋逐年下降已成出版界老生常谈的话题。您认为近几年实体书店的转型，比如向文化综合体转型、与商场合作的模式是成功的吗？

答：近几年，实体书店的关张倒闭风潮稍有改善，一方面是有关文化政策的利好，另一方面是数字技术等赋能实体书店带来的变化。当下，面对电商的冲击，实体书店都在努力探索转型升级之路，无论是向文化综合体转型还是将自身融入商业综合体，都有着成功的案例和可取之处。像我们熟知的西西弗、钟书阁、

---

① 此文系《出版人》杂志黄小菲所做访谈录，原题《对话马永强：当支柱业务受到冲击，如何重构书业？》，载《出版人》，2023 年第 12 期。

方所等，就是根据市场需求和大众文化消费的特点，不断寻找适合自身发展的经营定位，从而成为国内实体书店转型升级的领先者。新华书店的转型路径，与独立书店有较大的差异。在大型购书中心和书城向城市文化综合体转型之前，有很长一段时间，新华书店受诚品书店经营模式的影响，几乎都经历了从单一的书店业态转向综合文化超市的过程。以读者出版集团下属的西北书城为例，采用"文化+商业+空间营造"的运营路径，实现了向城市文化综合体的转型，社会知名度和影响力持续提升，营业额有了明显增长。在硬件环境得到优化的同时，经营观念和服务方式也发生了很大的转变，初步实现了多业态融合发展。

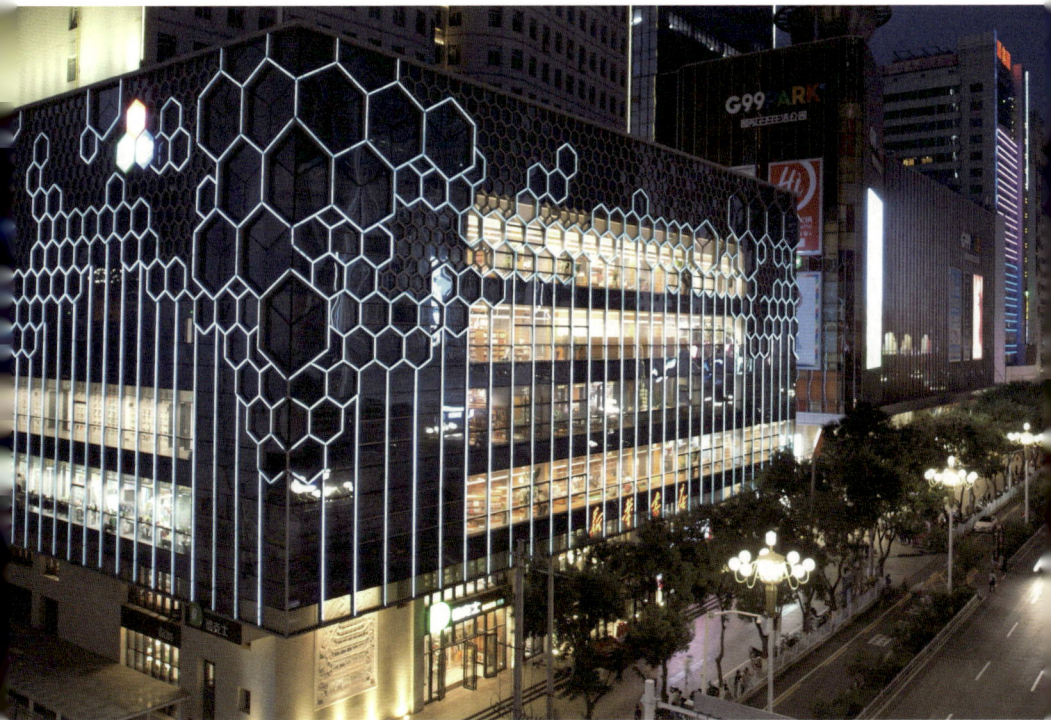

2020年，升级改造后的西北书城顺利开业

可以说，近几年实体书店通过转型升级，向阅读服务和文化创意服务拓展、延伸，不仅增强了内生动力，而且拓展了书店的生存维度。但不能否认的是，在碎片化阅读盛行、网购成为生活方式的情况下，实体书店的经营仍然困难重重。转型后的一些实体书店，大多采用"图书经营+招商模式"，虽然新增了咖啡、简餐、数码产品、文教产品等场景，也设立了亲子馆、自习室等，实现了多元文化场景的物理空间构建，但由于各业态经营理念的差异性，业态之间并没有实现有机的打通与融合，是业态的"集合"而非产业的"融合"。作为文化综合体和公共文化空间，核心诉求是通过"文化场域"实现人与人之间情感的有效链接，"文化场域"本身的人文性传播和价值生产是第一位的。显然，采用"图书经营+招商模式"转型的实体书店，在这些方面是很欠缺的。

问：可以用您理想中的书店，谈一谈文化场域人文性传播的重要性吗？

答：我不太喜欢那种做得很炫目的书店，人为地堆砌一个书山，设置十几米高的书墙，吸引到访的人打卡、发朋友圈，但却很少有人坐下来在其中歇息、阅读。留驻在人们心灵深处的书店模样，是那种散发着书香，充满温暖感和质朴味道的书店，也许不是很大，不是那么豪华，但却是让人心甘情愿地把心灵交付的地方，一个能让人发呆的地方。

我理想中的书店，散发着思想的光泽，充满诗意的质感，是灵魂的邂逅。书店存在本身就是在倡导诗意的生活方式，提醒人们，我们的心灵其实需要一种"书式的慢生活"，这也是文化场域人文性传播的体现。

问：《教育部2022年工作要点》明确提出"实施国家教育

数字化战略行动"。您认为教育数字化是否会对实体教材教辅产生根本性影响？教材教辅是新华发行集团的支柱业务，一旦数字化，您认为新华发行集团会面临怎样的局面？

答：教材教辅的数字化是大势所趋，尽管社会对孩子用眼健康问题有普遍的担忧。一方面，科技的发展为教材教辅的数字化提供了强大的技术支持，新型、优质、环保、健康的阅读界面已然出现，完全可以解决家长普遍关注的孩子用眼健康问题；另一方面，校园信息化已经达到了相当高的水平，在"教育公平"等理念的推动下，教材教辅的数字化进程也会加速。此外，随着信息技术的发展和普及，面对教师和学生多样化的需求，传统纸质教材已经"力不从心"。在教材教辅的数字化应用方面，教师可以根据学生的个人特点制订个性化教学方案，学生也可以根据自身需要独立学习，双向提高教学的质量和效率。当然，一旦教材教辅全面数字化，不久的将来，新华书店的发行和销售模式必将发生根本性的改变，这无疑会对新华发行集团传统的业务模式造成巨大的冲击。新华发行集团必须积极应对这种变化，在渠道价值开发和专业的培训服务上下功夫，来适应数字化时代的需求。

问：书业的物流系统在整个产业链中一直占据重要地位，您认为物流系统有哪些价值是我们没有挖掘出来的？如何用数字化手段赋能书业的物流系统？书业的物流系统是否有向社会物流转型的可能？

答：众所周知，物流已然成为整个社会生活的基础设施，成为链接人与美好生活的基本方式。新华书店的物流系统已存在了70多年，物流体系完备，送达能力强大、精准、高效，已经深度融入了当地的社会生活，但十分遗憾的是，在出版业转型过程中这个系统却常常被忽略，仿佛"远在深山无人知"，即使在业内，也鲜有人重视它巨大的"渠道价值"，在挖掘和激活方面做得很不够。随着信息技术的快速发展，数字化已经成为各个行业转型升级的关键驱动力之一。对于新华物流系统来说，也应该充分运用信息化、物联网、人工智能等技术，通过建立数字仓库，实现订单数据化，建立数字化客服系统和供应链数字化管理等，实现新华物流智慧系统的全面提升和突破。

谈到新华物流系统是否有可能向社会物流转型，我的回答是肯定的。事实上，从企业物流转型到物流企业的案例，各细分市场中都有一些代表性企业。像大家熟知的京东物流，就是从传统的电商快递服务商转型为社会物流的。还有海尔旗下日日顺供应链、美的旗下安得智联、海底捞旗下蜀海供应链，以及青岛啤酒旗下智链顺达等，也都是从企业物流走向了物流企业。对于新华物流来说，当前最紧迫的任务就是尽快激活物流渠道价值，通过物流配送和仓储体系的数智化升级不断赋能，以"智慧物流"服务商的身份进入社会物流新赛道，实现从行业物流向社会物流、从企业物流向物流企业的成功转型。这将是出版发行集团新的产业增长点。

问：读者出版集团对物流系统的开发和利用有哪些探索？应如何激活新华书店物流配送渠道的价值？

答：推动新华物流系统从行业物流向社会物流转型，是读者出版集团新的发展机遇。目前，集团在这方面的探索主要有以下几方面。一是对现有新华书店物流系统进行全面的市场调研，梳理仓储、配送、运输、人力等各种资源，制订科学合理的转型规划。二是对接引入先进的物流技术，如RFID（射频识别）技术、物联网技术、智能物流系统等，提高物流运作的效率和准确性。三是建立数字化客服系统，通过物流全链路的数字化和可视化，实现订单跟踪、异常监控、即时交互，让退货、拦截、催件、投诉等变得流畅高效，以满足社会物流的现实需求。四是对接头部物流企业，拓展服务半径与市场营销能力，加强与产业上下游的协同合作，不断提高渠道的利用效率和经济收益。对于激活新华书店物流配送的渠道价值，我认为，可以从多方面入手，例如优化物流配送网络、加强信息化建设、拓展增值服务、加强协同合作、培养专业物流人才、提升物流服务意识等。

问：您如何看待出版发行业以往对大数据的研究和运用情况，您认为应从哪些方面提升数据运用能力？

答：据我所知，以往的出版发行业对大数据的研究和应用都比较常规，主要集中在选题策划、销售预测、市场分析、数字化出版，以及供应链的优化升级等。存在的问题是，数据标准不统一，数据难以兼容和整合；"数据孤岛"现象严重，与行业外数据无法有效链接；行业上下游数据流通不畅，难以交换与共享；业内数据资产管理意识普遍较低，以及缺乏专业技术支持和人才资源等各类问题。这些都严重制约了出版发行业在大数据时代的发展。数字文明时代，数据就是资产，就是一个企业的核心资源。企业要着力加强数据资产的基础建设，推动业务数据化、数据业务化的"通"和"融"。业务数据化很好理解，就是要将出版、发行等各个业务流程中的数据沉淀下来，通过数据管理打破"数据孤岛"现象，实现上下游数据的融通，为业务流程的高效运行奠定数据基础。数据业务化，就是对沉淀下来的数据进行整合、开发、利用，使数据反哺业务，这不仅能驱动各个业务板块的升级，同时也为行业发展打开更多端口。例如，用户数据用于产品和服务的精准营销，为企业不断产生新的价值。还有前面提到的对新华物流渠道价值进行激活，建设智慧物流产业等。

面对痛点，书店如何应对？

问：您曾提到书店应突破传统的卖场思维，向平台化转型。为适应当下的变化，书店从业者应如何转变传统的卖场思维？怎样更好地向平台化转型？

答：部分实体书店形式上转型成为文化综合体，但其经营理念没有同步升级，依然是"卖场思维"，除了卖书以外，还增加了饮品、简餐、文创、活动……这种情况下，从业者还是要调整思维方式，从"卖场思维"向"服务运营思维"转变，把书店场景真正转型成为文化体验空间、人际交往空间、休闲娱乐空间、文化创意空间、心理疗愈空间等，通过服务和运营，努力实现与客户的有效情感链接，线上线下多渠道引流，实现流量变现，不断增强实体书店可持续发展的能力。

书店向平台化转型，意味着它不仅是一个售卖图书的物理场域，还是以它为媒介进行文化交流、价值传递乃至情感链接的文化场域。在书店，不仅是邂逅一本书、一个人，而且是邂逅一种未知的生活、一个全新的世界……一个好的书店，应该是一个平台，可以给客户带来更大的价值。书店是对各种资讯进行再组织化的地方，可以根据不同群体开发不同的主题，提供各种个性化服务，用更加多元的产品和服务，触达不同的客户群体。所以，书店说到底是一个思想交互、创意汇聚、人际交往的平台。敦煌的"石室书轩"是书店成功向平台转型的案例，这是一家位于敦煌街头的小书店，坚守了几十年，只卖敦煌学著作，已成为目前世界上颇有知名度的敦煌学专业书店。少有人知的是，早在20世纪90年代，这家不起眼的书店因提供敦煌学研究所需的图书及各种敦煌学资讯，竟在无意中架起了国内外敦煌学研究的桥梁，成为各国学者关于敦煌学的沟通平台。

无独有偶，今天的敦煌，在党河边上还有一家专门经营敦煌学书籍的书店叫敦煌书局，她不仅汇集了国内外的敦煌学书籍和精美文献，还有大量围绕敦煌文化主题开发的文化创意产品。当读者沉浸在咖啡、茶、音乐融汇的书店空间，徜徉在不同风格的敦煌文化场景，一种超然物外的身心愉悦和美的享受扑面而来。敦煌书局已然成为这个国际化城市又一个文化交流、人际交往的平台，成了敦煌市的文化地标。

问：您提到新华书店的陈列就是"再出版"的概念，传统陈列存在的问题是什么？如何理解"再出版"？

答：新华书店对图书的传统陈列方式，问题还是比较多的。例如有些书店的书是根据出版社陈列的，这种陈列方法除了让人们知道出版社的名称，实际上是没有意义的，很难引起读者的购买冲动。再大的书店，它的陈列空间都是有限的，很多优秀的图书无法在有限的物理空间内得到充分的展示，这就影响了读者的选购体验。

传统的陈列方式，是按图书的工业分类法进行"码放"，往往缺乏整体规划，随意性比较大，无法有效地凸显图书的内在价值。打破既定的产品分类，按照人的成长、人的生活需求和发展需求，组合陈列图书，就是重新建构知识体系，实现"文化的再生产"，就是价值的"再唤醒"，也就是我所说的，新华书店的图书陈列就是一次"再出版"的过程。正如日本选书家幅允孝所说："书店不只是卖书而已，应该是将聚集在那里的资讯加以重新包装，进而产生创意，创造出新的商品。"

问：出版业受困于人才，您觉得发行行业应培养何种人才？如何构建书店业人才的知识体系结构？

甘肃省兰州市张掖路新华书店

　　答：发行行业缺少的是各类创新型人才。书店缺少专业的氛围营造师。氛围是激发消费者购买的"催化剂"。书店氛围营造师，应当具备良好的审美素养，对色彩、布局、装饰等方面有独到见解，有一定的创意力和想象力，能根据书店定位和目标受众，设计出别具一格、有吸引力的书店氛围。

　　发行行业缺少优秀的选书师。只有优秀的选书师，才能从海量的图书中甄选出有价值的书籍。北京的万圣书园之所以成为爱书人的"精神地标"，与其主理团队优秀的选书能力是分不开的。在我大学毕业后10年的工作生涯里，曾有幸经常收到万圣书园寄来的"万圣书目"，在那个信息闭塞的"前互联网时代"，我常常依靠这份书目获取我所需要的精神养分，从而走上了学术道路。我非常赞同中信出版集团方希说的一句话，"在独立书店中，选书最好、最精、最有品质的，是万圣书园，没有之一"。

书店还缺少产品陈列师，陈列书和文化创意产品是一门很深的学问。陈列师能够将不同领域的知识融会贯通，以更加独特的视角组合陈列，满足客户个性化的需求。在数智时代，发行行业还缺少数字营销师。书店必须走线下线上营销相结合的发展路径，数字营销师要熟悉数字化营销、电子商务、线上线下引流、数据分析和人工智能等方面的专业知识，要能够洞悉用户心理，了解当下的阅读需求。

此外，书店还缺少专业的文化空间运营师。书店从空间管理到活动策划，从品牌推广到客户关系维护，都需要文化空间运营师的专业把控。

发行行业既是营销文化创意产品，又是提供综合文化服务，所以发行人才的素质要求是综合性的，首先要有文化。要加强对市场营销和销售管理方面的知识培养，要熟练掌握数字化相关知识及技能，要擅长数字化应用，要不断拓宽视野，要对行业有深入、独特的认知等。

未来已来，融合新生

问：新华书店的品牌有着悠久的历史，其规模之大、品牌之精享誉全国。当下应如何激活新华书店的门店价值，激活新华书店作为文化地标的荣光？

答：20世纪六七十年代以来，新华书店、邮局、百货商场、学校，是一座县城的文化地标，曾铭刻了几代人的青春记忆。当下，一些市县新华书店门店业态陈旧，经营艰难，最初的文化地标功能衰退，需要按照中央提出的"布局合理、功能完善、打造城市文化新地标"的要求，重新予以激活。因此，充分挖掘新华书店门店作为端口和平台的价值，让其成为引领生活风尚、文化风尚的文化场域，不断丰富书店的产品、内涵和服务，拓展阅读服务的维度，营构多元文化场景，这成为市县新华书店门店转型升级的关键所在。只有把新华书店门店打造成为"人民美好生活的新平台"，才能真正激活新华书店这个红色品牌的荣光和价值。

问：您认为实体书店的未来在哪里？放眼整个行业，您认为未来三到五年整个出版业的大形势会走向何方？

答：实体书店的未来，可以用一句话概括，那就是把自己打造成"人民美好生活新平台"。换句话说，就是成为阅读服务提供商、综合文化服务提供商，为每一个走进书店的人提供"价值"。不管时光如何更替，书店的本质仍然是内容+、思想+。我在很多场合都讲过，书店里出售的不是书，是机会，是与那些美好的生活相遇的机会，是和那些思想者的偶遇或重逢。

未来已来，融合新生。目前出版业已经进入一个特殊的历史拐点，正在从"一维出版"向"多维出版"转型。这里所说的"多维出版"是指用多种媒介生产、传播和营销内容的立体的、多维度的出版业态和文化服务、价值生产的出版新模式。未来三到五年，出版业的变革会在另一个维度全面展开，这就是"出版+"的跨行业多维度破圈的"出版融合"，科技赋能使得出版的边界被彻底打开，出版与其他业态融合并拓展出新的业态，出版生态重构，新型企业诞生。

多维之思

多维出版代表了未来出版的重要方向，它通过媒介融合、互动性、个性化和技术驱动，为读者提供更加丰富、立体和个性化的内容体验。

微笑曲线：出版业价值重构的密码

在知识经济浪潮与数字文明的双重激荡下，出版业正经历着前所未有的价值重构。当我们用施振荣先生提出的"微笑曲线"理论审视行业现状，会发现一个耐人寻味的悖论：作为知识密集型产业主体的出版社，却正在以劳动密集型的生产模式，将自己困守在价值链的"洼地"。某出版社的年度数据显示，编辑团队人均年处理书稿23部、文字量达600万字，这种将文化创意降维成简单加工的"出版代工"模式，正在透支出版业的未来。因此，出版社要着力内容资源的多元化创意开发、价值生产和文化服务的创新，努力探索延长图书出版的产品链和价值链，而不能陷入以图书品种增长来换取效益的恶性循环。

从商务印书馆"昌明教育"的立社宗旨，到三联书店"竭诚为读者服务"的经营哲学，出版的本质始终是文化价值的创造性转化。当下，面对产业微笑曲线的现实挑战，出版机构亟需突破"中间凹陷"的困局——单纯编辑加工环节的贡献占比不足15%（内容创意和营销服务贡献占比超68%）。

这种价值分布，倒逼我们必须重构出版产业链：在微笑曲线的左端，构建以IP孵化为核心的创意生态，通过故事工厂、知识实验室等新型内容生产模式，将单一文本转化为可衍生开发的知识资产；在曲线右端，打造立体化文化服务体系，从阅读场景营造到知识社群运营，从数据中台建设到"跨界""破圈"的价值转化，以重塑出版服务的时空边界。

可以说，数字化转型为这场价值跃迁提供了历史性契机。国内领先出版集团的发展实践表明，通过建设内容数据中台，可使版权资源的复用率、用户画像精准度等得到大幅度提升。有专业出版社依托专业数据库建设，将传统教材转化为包含在线课程、虚拟仿真、能力认证的智慧教育方案，使单品种收益增长17倍。这些案例深刻揭示了出版产业变革的本质逻辑：出版业正在从内容制造业向知识服务业进化，从一维的平面的出版向立体的多维的出版服务转型。

从传媒产业发展的趋势来看，未来的出版社形态会发生变化，但无论怎样变化，基于版权内容的创意、营销是产业的关键和核心，这是核心竞争力之所在。企业版权资产也即企业著作权资产的价值转化，才是出版企业更高层次的价值追求。因此，未来出版机构的核心竞争力已经演变为"三个能力重构"：一是文化价值的深度挖掘能力，通过学术委员会、创意智库等智库体系，形成内容创新的"思想引擎"；二是技术赋能的生态连接能力，运用区块链确权、智能推荐算法等技术，构建版权运营的"数字神经网络"；三是跨界融合的价值创造能力，像21世纪出版集团等少儿出版社打造的"出版+教育+文旅"生态圈，使单一图书产品裂变为年均产值过亿的文化服务矩阵。

当我们重新定义出版机构为阅读服务、知识服务和文化服务的集成商时，实质是在数字文明坐标中寻找新的产业定位。这个定位要求出版人既要坚守内容品质的文化基因，又要掌握数据驱动的创新密码。数字文明时代，只有具备独特价值的出版社才会立于不败之地，因此，出版社要力争成为创意中心和产业链集成者。唯有如此，才能让出版业的微笑曲线真正扬起嘴角，在价值创造的高地上绽放属于这个时代的知识之光。未来的出版竞争，不属于简单的内容搬运工，而属于那些能构建文化服务生态的创意引擎。这或许就是数字时代给予出版业最珍贵的启示：唯有让思想微笑，才能令价值永恒。

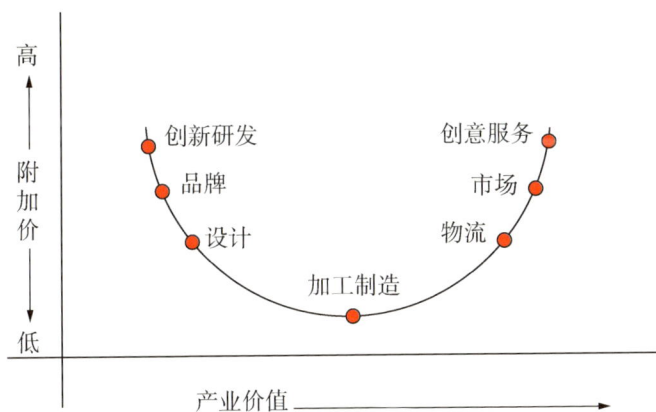

微笑曲线

转型不是转行

数字化等多媒体技术和互联网重构了生活，将文化表达的各种主要成分如音乐、声音、文字、图像、场景等集于一身，使即时表达无处不在。在这一数字技术推动形成的"泛在时代"，消费者在任何时候、任何地方，都能便捷地获取内容和信息。由此，出版业进入了一个特殊的历史拐点，从"一维出版"向"多维出版"转型，是出版业的又一次演化，是内容生产业态、传播营销业态的创新，是出版生态的重构。这里所说的多维出版，是指用多种媒介生产、传播、营销内容的立体的多维度出版业态，包括传统的平面出版、数字出版的多种形式，以及未来将会出现的出版业态等。所以，这既是出版传媒业发展遇到的挑战，但同时又是新的机遇，因为整个产业随着转型会形成新的发展空间。

出版社的转型不是转行，对此要有明确的认识。出版社转型必须立足自身的专业优势、拥有的资源和出版特色，努力转型为新型出版公司，而不是放弃出版主业去做别人的行业——因为别人的行业也在痛苦的转型。

首先是出版理念的转型，要树立多维出版的理念和思维，彻底实现由工业化思维向数字化思维的转变，从生产管理模式向服务运营模式的转变。

其次，出版社要超越"书"做"书"，不断拓展文化传播的维度。要充分认识，出版社不是生产图书的，出版社是生产内容的，这个内容可以是多介质表达并且能够实现应用的，要确保生产的内容能在不同的平台、终端上同步发行并尽力优化不同终端上的用户体验，为用户提供多元化、个性化的内容增值服务。在数字呈现、流量变现的时代，我们要尽快从"书"的概念中解放出来，树立做"产品"的理念，产品可以是纸质书，可以是融汇声音、影像、文字的融媒体产品、文化场景和知识服务产品。随着教育信息化的推进，数字化教育产品已经不是简单的内容提供，而是内容+技术+服务，单纯的内容已经很难满足现代教育服务的要求。

还有生产经营方式的转型。随着出版业态的创新，出版的概念、出版产品的形态会不断发生分化，生产经营方式也要随之发生转型。

因此，出版社作为阅读服务提供商、文化消费服务提供商和专业资讯服务提供商，首先要极大限度地实现优质内容资源的集聚和拥有。其次，做好内容资源的集成、整合、创新。再次，要打好经营作者、经营版权、经营用户三张牌。尽快建立作者资源数据库，大打经营作者牌；建立版权资源数据库，不断开发和放大版权资源的价值，实现优质内容资源在多维度、多领域的价值创造；建构用户资源数据库，不断创新营销模式，实施精准营销，以最优质的产品和服务满足用户多样化的需求，不断提升出版社的文化服务能力。另外还有编辑和营销人员的角色转型。多维出版时代的编辑角色也要随之转型，不仅要策划内容，还要策划用户体验，要成为产品经理人。营销编辑要在营销产品的同时，成为用户体验专员、用户价值管理专员，要通过微信等社交媒体，成为某一个用户群组、某一圈子的召集人和沟通者。

用户价值管理

　　为用户提供价值，不断丰富用户体验并赢得用户的持久关注，成为内容营销的关键。因此，能赢得未来出版业竞争的是向用户提供价值以及高品质用户体验的企业，而不是仅仅满足用户的企业。所以，各类数字平台和社交媒体能否给用户带来好的体验，直接影响到产品与服务的设计及其价值实现，并最终影响盈利模式的成功建构。

　　文化产品和文化服务是深入用户内心的精神性消费，更加考验用户使用效果和内心体验，因此，对用户体验的重视和用户价值管理的制度性设计，尤为重要。早在1984年，《读者》杂志就开创了纸媒时代的用户体验管理，从回收的"读者基本情况调查图表"和"读者群状况及对本刊栏目意见分析表"等来看，调查条目设置的细腻用心可见一斑，精准勾勒了用户轮廓和阅读体验，并应用于内容编辑和经营实践，成为科学办刊的重要依据。这一纸媒时代的"大数据分析"完全由人工完成，效果明显但劳动量大得惊人。以1987年的用户体验和阅读兴趣调查为例，回收并认真分析5.5万份用户调查表，竟然是由杂志编辑部的十几个人完成的，这简直令人难以置信。与此同时，杂志还设立了《编读往来》专栏，有效地搭建起了编者、作者和读者交流的平台，及时回应读者的关切和需求，实现了杂志对读者的情感链接。数智时代，《读者》APP等社交媒体的开启和知识服务过程，使用户体验管理变得十分迅捷而且直接，及时回应粉丝意见、调适用户体验，成为社交媒体运营的必修课。线下新华书店、读者小站等多元文化场景，以丰富多元的精神文化产品、沉浸式文化体验服务满足用户新期待，用户体验管理伴随文化体验同步进行。每一场用心策划的阅读活动，都是彼此间灵魂深处的美好邂逅。我们

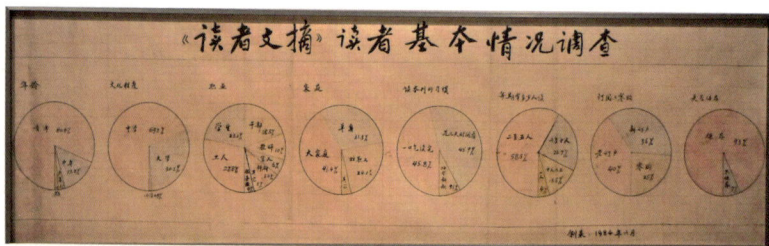

1984年，读者基本情况调查图表
（图片来源：读者博物馆）

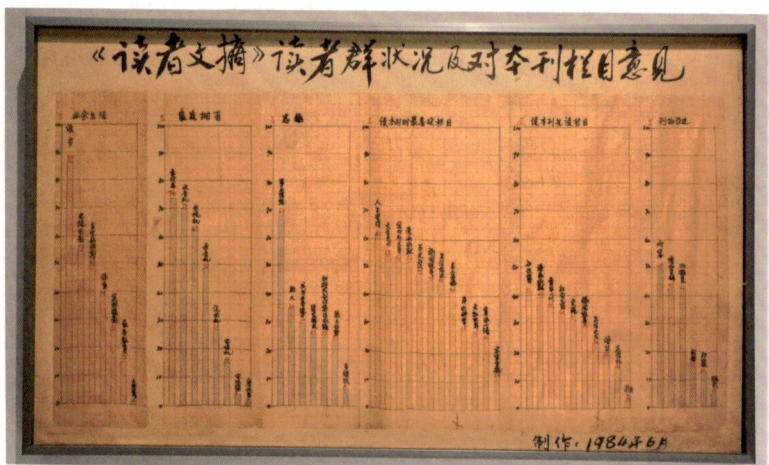

1984年，读者群状况及对本刊栏目意见分析表
（图片来源：读者博物馆）

力求每一次的互动，都能传递超越期待的价值和美好。让阅读不仅滋养心灵，更成为生活中不可或缺的一抹亮色。正如陈春花教授说的，把用户体验做到极致，美好就会悄然发生。

因此，多维出版时代，大量的创新将建立在用户价值管理上。建立良好的用户关系与品牌声望，确保给用户带来价值的用户体验管理，将是战略性管理用户与出版社之间所有关系的关键。从这个意义上讲，体验需要在超越产品和服务的层面上实施管理。所以，出版企业要把做好用户数据库建设和用户体验管理、用户价值管理纳入数字化战略，这是体验经济的题中之义。

"读者用户数据调查统计分析"，《读者文摘》1987 年第 6 期

多维出版的组织创新与应用逻辑

传统出版的产品链和价值链短，赢利模式单一、应对市场变化缓慢、数字化转型滞后、用户体验管理弱、业务板块区隔严重和协同性差等问题的存在，与平面的纸质的一维出版生产方式密切相关。数智时代的出版融合发展是多维出版，以数字化重构产业流程和组织模式，通过"连接""共生""赋能"等实现组织的数字化转型。因此，当下的出版业数字化转型，已超越了单纯技术革新或产业升级的范畴，它深刻地触及了出版业思维模式重塑、发展路径重构以及治理体系的革新。首先，亟需从工业化思维向数字化思维转型，从生产管理模式向服务运营模式转型。其次，在企业治理层面，努力打破传统科层制过分强调流程控制与管理的弊端，转向推动组织创新、促进资源共享与价值共创的出版生态重构。

构建全链条意识形态管理体系

严格落实党管出版原则，精心构建贯穿企业价值观塑造、员工思想引领、内容生产传播以及文化服务全过程的意识形态工作责任体系，读者出版集团创新推出"三函三单一账"制度。通过意识形态工作提醒函、约谈函、整改函的常态化应用，及时弥补工作短板，预防潜在的风险隐患；通过意识形态工作责任清单、出版内容管理清单、出版导向管理清单的责任明确，使出版各环节的风险得到有效管控；通过意识形态风险台账的建构，实现对集团各业态、各场景、各环节的意识形态工作责任制落实的动态管理。确保了出版企业始终坚持正确的政治方向。严格执行选题论证制度和出版三审责任制，建立集团审读中心、"读者传媒"出版物质量检测中心、各出版单位质量管理专员的内容质量三级管理体系，不断加强出版内容质量管理。部署网络媒体监测预警系统，对集团门户网站、社交平台、短视频账号、电商等新媒体平台和端口进行实时监管和预警监测，打造多维出版安全屏障。

构建"融创+共享"的协同共生机制

为了适应数智化时代的产业发展要求，集团主动调整生产关系，形成全新的业务协同机制，以构建平台、实现资源融通为基本思路，围绕打破组织边界、讲求价值共生、实现协同增效、注重团队赋能来重塑出版企业的管理模式，最终实现向"敏捷型组织"转型。

2018年启动建设的"读者·新语文"中小学阅读写作融媒体教育平台，就是实施"敏捷型组织"管理的最初尝试。以实现"读者"旗下优质语文资源的聚集和数字转化为目标，设立项目部，从不同业务端口抽调人员，并给予团队适度授权。确保团队柔性用人，强化了管理中的业务链接、功能协同和信息共享。该项目2020年入选了中宣部"数字出版精品遴选计划"，实现了目标牵引、项目托底、团队小而功能多的敏捷型组织管理，为项目的顺利实施提供了组织保障。

其次，构建"读者小学+"的"敏捷型组织管理"教育服务模式。尝试模糊业务边界，讲求价值共生，突破组织属性提升效能。成都市读者小学是读者品牌服务校园阅读的创新业务形态，集团创新研究院推动孵化，做顶层设计，阅读服务与数字运营中心业务团队发挥阅读服务专业能力，深入校园，从阅读课程设计、阅读师资培训、阅读活动组织多个层面深度服务，构建集团阅读服务新业态，开拓了多维出版的价值空地。这个过程中，不同属性的团队打破组织边界，以服务校园为核心价值，紧紧围绕阅读服务来创造价值。

依托"读者·新语文"平台的数字资源，设立读者融创公司的母公司平台，围绕图书策划、校园阅读服务等业态，引入社会资本，成立读者时代（北京）文化科技有限公司和读者（广州）文化科技有限公司，实现母公司+子公司的"一拖二"平台化、资本化运作模式。最大程度实现资源融通、品牌赋能、协同增效。对内整合阅读服务资源，对外整合渠道与社会资本。新设置的公司遵循"阿米巴经营"模式开拓新业务，经营灵活，管理方式柔性高效，像阿米巴变形虫一样，能够根据市场变化不断自我调适。

数据要素的汇流、分发与价值生产

数据要素正在引领生产要素发生深刻变革，悄然重塑生产、生活与工作的经纬。为此，我们构筑了一套全方位、多维度、深层次的数据资产保障体系，不仅涵盖了资产的精细盘点、管理模式的革新、组织体系的完善、绩效方案的科学制定，还辅以《数据标准管理办法》《数据安全管理办法》等制度设计。利用AI技术赋能内容创新、产品研发和经营管理，推动业务创新和效率提升。依托数据中台，汇聚各端口的数据资源，充分激活数据要素价值，并向各业务平台进行数据分发。通过管理的流程化、组织化和标准化的模式构建，逐步实现数据业务化和业务数据化的深度融合。集团已初步构建起以"读者在线预约小程序""读者APP"等为核心的平台矩阵。精准把控核心数据资产，深挖数据价值，并通过阅读服务创新及社群精细化运营等策略，汇聚用户数据。加速新媒体端口布局，构建集团专属私域流量池，为文化产品与服务的精准营销提供支撑。

让创新人才的源泉充分涌流

传统出版企业为了适应融合创新的需要，建构承担不同创新使命的"敏捷型组织"，用来突破科层化、条块化对融合创新形成的阻滞。让人才创新创意的源泉充分涌流，变得十分迫切而重要，"引""育""留""用"成为集团全链条人才培育的有效途径和手段。我们倾力打造新型人才成长的活性沃土，在引进、培育到留住、用好等多个方面下功夫。创新实施"项目+人才""平台+人才""创意+人才"的多元化人才培养与选用机制，着力培育七支特色人才队伍，涵盖精品出版、融合创新、创意阅读、智慧教育、文化创意、文化空间、全媒体运营等多个领域，他们必须具有创新、共享、协同的品质以及对创新创意的挚爱，这成为企业创新发展得以实现的不竭动力。与此同时，依托创新创意智库，汇聚各类领军人才与专家智慧，让他们参与引领和培育具有跨界融合能力的创新型人才，如产品经理人、选书师、职业阅读指导师、文化空间氛围营造师、数字资产管理师、能够实现阅读疗愈的文学师和心理疗愈师等。"敏捷型组织"的行动力和创新型人才在实践中的脱颖而出，成为融合创新的重要力量。

版权聚集与深度开发

版权是文化创意产业的核心资源，读者出版集团作为全国版权示范单位，历来高度重视版权的聚集、保护和开发。以《读者》杂志为例，作为综合性文摘期刊，所选载内容绝大部分是已经公开发表的作品，只拥有一次性转载权。自《读者》创刊之初，就首创"一稿三酬"制，并沿用至今。为集聚优质版权资源，快速高效地处理版权问题，创新性地举办作家签约会，迄今已签约作者千余位，与全国优秀头部出版公司40余家、出版社近百家、刊社30余家、文联组织和机构若干家、微信公众号140余家、大型图库5家等广泛建立版权合作关系。杂志社版权事务专员将刊前版权确认工作前置，目前已将刊前图文逐一确权比例提升至88%，稿酬有效支付率高达95%，委托著作权协会支付比率不足5%。杂志已形成高效的内部版权管理和沟通机制，实现了著作权登记、查询、监测、维权一体化服务。

集团正加快完善覆盖整个出版、文化创意、文旅研学等业态的全版权运营的版权产业体系，着力推动版权深度开发和运营，使其成为集团产业发展的重要增长极。

他山之石：数字出版培训小记

    2019年10月底到11月初，赴法国巴黎参加中宣部干部局组织的"图书创新与数字出版"新闻出版高端人才培训班，收获颇丰。这一方面归功于中宣部干部局周密的安排，另一方面得益于干部培训学院和培训方科学而高效的课程设计。培训学习的过程既严肃紧张又丰富生动，有限的时间机会得到了充分的发挥和利用。即便是周末假期，密集的文化考察也贯穿了临时党支部安排的学习任务，晚间的一楼大厅变成了学习讨论的沙龙。临时党支部书记张晓楠领学了党的十九届四中全会公报，由我领学了习近平总书记视察读者出版集团时的重要讲话精神："要提倡多读书，建设书香社会，不断提升人民思想境界、增强人民精神力量，中华民族的精神世界就能更加厚重深邃。为人民提供更多优秀精神文化产品，善莫大焉。要牢牢把握正确导向，在坚守主业基础上推动经营多元化，努力实现社会效益和经济效益双丰收。"在异国他乡重温习近平总书记对出版工作的指示，我们进一步明确了出版的价值和方向，深感作为新时代的中国出版人肩负的社会责任和文化使命巨大。在培训的日子里，我们尽可能多地观察与思考，不满足于对异域文化的感性观察和视觉审美。作为一群思考者和行动者，我们带着对中华文化的自信，理性地审视法国出版业的繁荣与创新，进一步增强了文化自信，更加坚定了中国特色社会主义文化发展道路。

一次超越课堂的学习培训

这是一次超越课堂、超越出版的学习培训，是一次文明互鉴的深刻体验与洗礼。承担此次培训任务的法国出版业职业技能培训协会（ASFORED），隶属于法国出版联盟（SNE），是法国唯一一家致力于出版业培训的服务机构，已经为法国出版业服务了47年。经验丰富的培训方不仅安排我们调研了法国出版业的发展现状及文化市场状况，还着重安排了法国数字出版、文化传播、IP运营和媒体融合等方面的经验介绍。课堂讲授和实地考察穿梭进行，文化体验、运营实操观摩与经验总结相结合的学习与考察，十分忙碌而又愉快。法国人的文化自信以及出版社、博物馆等机构的文化从业者对文化的热爱和专业精神，给我们留下了难忘的印象。

法国国家出版中心总干事Bensimon介绍了法国图书中心对写作、出版、翻译、图书馆、书店以及相关文化活动的项目资助，这是法国政府对法国出版业的资助和支持，用以推动出版业的繁荣、丰富以及文化传播的广泛性。在巴黎Co-Cargo创意园区，Apprineurs总经理详细讲述了法国童书读物出版机构利用新技术进行创新的出版体验。童书作者Karine充满趣味而又生动地介绍了自己的童书出版，使我们对法国童书出版的另一面得以了解。Media-Participations出版集团是法国唯一的全品种出版、全方位开发漫画周边的出版集团，业务涉及社科文学类、漫画类、童书、百科类出版以及版权合作与创意周边，极具特色的漫画IP运营，已经实现了包括书、视频、形象权周边应用、在线传播、游戏、动漫形象主题公园等360度开发，出版的福柯、德里达、布尔迪尔、列维·斯特劳斯、拉康、托马斯、罗兰·巴特等学者的著作被中国读者熟知，其出版的实力和版权贸易的强劲，由此可见一斑。对法国旭利宫遗产保护中心、国家图书馆BNF赫胥黎馆、密特朗馆的考察，以及Bloom出版社总编辑所作博物馆周边文化产品的报告，令人震撼，这主要源于保存完好的法兰西博物馆文明的辉煌。法国列为历史古迹的建筑物有43498个，其中2000个对游客开放，40个国家博物馆的入场人数超过2700万人次/年。每一个博物馆都有自己的出版团队，博物馆文化传播及其创意服务成为文化产业的支柱。为了让文化遗产走向公众，数字化手段与各种新媒体的应用，已经成为博物馆文化传播的基本策略。让参观更有趣，让人物动起来，全方位的创意服务提供中，沉浸式、体验式文化消费被成功嵌入，出版的文化传播功能在文化遗产传播中也发挥到极致。几乎所有的博物馆都有出版社参与文化传播，博物馆和文化遗产地的书店销量可观，主要是旅游手册、旅游图书、艺术家传记和文创产品，因为公众和参观者的文化体验是丰盈的，多样化的文化体验服务在这里得到了回报，可以说，这是不露声色的多元化的博物馆文化营销。

巴黎风情不仅有"左岸咖啡"，还有各式各样的书店，共同构成了巴黎街头公共空间的繁盛。巴黎有300家书店，占到了法国书店的10%，巴黎书店、运河小石子独立书店、凤凰巴黎书店（皖新传媒旗下）是我们考察的其中三所。法国的书店更像传统的书店，除过书就是书的周边、文创以及与书有关的活动。法国有2000个书展、2000个文学奖项，可以说是世界上文学奖项最多的国家。法国文学奖组织专家Sylvie专门讲解和分析了这一法国重要的文化现象——文学奖对图书行业和出版社的影响。对外来者来说，这是无法想象的，但这却是法国的传统，法国人对奖项的迷恋是绝无仅有的。文学奖已经成为法国文学生产的制度形式之一，这一文学生产机制与法国的沙龙文化传统和公共文化空间对文化艺术生产的推动是密不可分的，也可以说，这是文化生产机制在沙龙文化之后的结构性转型。

深入现场的观察与思考

法兰西文化历史悠久而璀璨，这不仅表现在大量文化遗产被激活，强有力的文化传播对于世界的影响，而且，作为文化创意产业之一的出版业已成为法国的支柱产业。它的繁荣与法国文化对外传播的强劲，这一切都得益于法国的文化立国政策。1981年出台的图书定价法《雅克朗法》，有效地维护了图书市场的公平竞争，保证了文化多样性。公民文化素养建设有制度安排，全民阅读已经成为一种习惯。政府为引入冷门图书的书店提供补贴，文化需要被尊重。国家文化数字化战略为出版数字化转型提供了战略指引。

一、法国出版业的职业化程度较高。考察学习法国出版业一个最深切的感受是：法国出版业的职业化。无论是具有100多年历史的出版社（大型出版集团），还是新兴的专业出版社、博物馆出版社等，都有鲜明的职业化表现。出版社不是一个积累财富的行业，也不是一项拥有权威的事业，而是一个富含文化创造、创新、创意的有温度有情怀的职业。出版是传承文明，用文化服务实现人的关怀，需要心无旁骛地致力于某一领域的专业精神和工匠精神，需要一定的职业操守和甘于寂寞的职业情怀，这是文化精品产生的关键。职业化决定了坚守、严谨、热情的投入，一种职人的出版伦理的坚守，一种文化自觉。

二、法国出版业的科学精神值得学习。欧洲的科学传统对法国出版业的影响体现在方方面面，对专业性出版选题的科学把控，对出版周边创意地科学论证与判断，对用户需求体验以及新技术应用的科学精神的伴随，是严谨的而非冒进的，是体系化地逐步探索推进，是实验的、论证的。这一科学精神，是与法国文化传统中的科学精神一脉相承的。其实中国出版业在这一方面也有不凡的表现，商务印书馆从创办之日起，既有文化传播的使命担当，又有科学精神的实验和传播。1981年创刊的《读者》杂志，从一开始就属于科学办刊，1984年以来所作的"读者基本情况调查图表"和"读者群状况及对本刊栏目意见分析表"的用户兴趣调查，对读者的职业、文化程度、家庭、阅读习惯、阅读喜好等方面做了详细的统计分析，这是在信息采集十分困难和传统的背景下，人工进行的用户大数据分析和调查，是十分难得的用户体验管理。

三、法国出版业的市场化程度比较高。法国出版业多为民营民资，本来就是市场化的产物。一方面，遵守行业规则，潜心做自己的细分市场和特色出版，从而形成自己的出版品牌和专业性，不存在跟风出版。比如Dalloz，就是一家在法律、财务方面领先的出版社，一直坚持出版的专业化追求，不断缔造专业品质，最终成为法律问题解决方案的全方位提供者和法律数据库、学习网站平台服务的提供者，实现了从出版到服务的转型。另一方面，出版不断打通大众与知识传播的壁垒，寻找各种链接用户的手段和应用的实现，以拓展新的用户市场。法国出版业市场化程度高，却并不妨碍小微文化创意公司或者工作室的生存，他们总会成为有实力的出版集团创新项目的服务外包者，支持和鼓励小型创新创意公司发展，成为一种社会和市场的共识，当然还有来自政府和协会的支持和资助。由于支持文化创新创意的文化生态和市场环境已经形成，所以，出版业的高度市场化并没有淹没和阉割文化创新的幼苗生长，相反它们总得到市场的培育与呵护。欧洲最大的创意公司"孵化园区"——Co-Cargo创意园区编辑实验室五个创业项目公司的产品展示与成长介绍，是专业的也是自信的，就足以说明问题。

融合创新

出版融合的最高境界，是让文化在数字时代
获得新生。

——麦克卢汉

AI 时代，传统出版如何突破"增长的极限" ①

　　20多年前，兰登书屋总编辑贾森·爱泼斯坦在《图书业》一书中写到："与肥皂、鞋、汤这样的商品不同，书籍可以不以物质的形态存在，可以不需要任何成本就能通过电子信号来传输，并且可以根据需求在世界几乎任何地方以电子或实物形式重新组合。"20多年过去了，他的预测不仅变成了现实，而且多维出版的形态和体验，比我们预想的还要精彩、丰富。

　　当下，置身于数字文明的浪潮，出版业正在经历一场前所未有的颠覆与重塑。一方面，纸质出版平面传播的不足、产品短尾化问题等愈加凸显，越来越不适应数字时代全媒体传播的需要；另一方面，数字技术推动出版媒介多元化，内容呈现更立体、触达用户更迅捷，为出版创新赋予了更多可能。未来已来，融合新生，传统出版如何突破"增长的极限"？下面，我结合读者出版集团近年来的探索与实践，分享一些思考和尝试。

　　首先，我们简单回顾一下近年来国家关于出版融合创新的相关政策。国家"十四五"发展规划提出"产业数字化，数字产

---

① 此文系与蔡梦云合作，载《文化数字化》，2025 年第 6 期。

业化"和"建设新型文化企业"的要求，标志着出版业态的重构已经开始。中宣部《关于推动出版深度融合发展的实施意见》指出，出版深度融合发展是传统出版与新兴出版"融为一体、合而为一"的体制机制创新。《"十四五"出版业发展规划》进一步明确了出版深度融合的路径：推动数字技术赋能，构建一系列"出版+"业态。党的二十届三中全会提出：探索文化和科技融合的有效机制，加快发展新型文化业态。这一系列政策的相继出台，为高质量发展视域下的出版深度融合创新提供了政策指引。

几乎与此同时，以DeepSeek为代表的AI掀起了新一轮变革浪潮，开启了人工智能的新纪元。出版业彻底进入新的历史拐点，从"一维出版"向"多维出版"转型，已经不再是选择题，而成为必然的发展之路，这就是出版与AI共生共创，重构出版生态，重建新的大众阅读业态。

大量的实证研究证明，AI越强大，越是考量大众的阅读理解力和提问能力，而这恰恰是传统出版发展瓶颈的破局之处。出版的未来是阅读服务、知识服务和文化服务，提高"全民阅读力"蕴藏着巨大的商机。因此，我们要深刻理解出版从"阅读产品提供"到"阅读服务"之"变"带来的重大机遇，着力推动阅读服务业态的建构，重构出版生态，努力推动形成出版新质生产力。

一、创新内容传播，推动出版主业的升维发展

在算法重塑认知的时代，知识传播的介质从单向、线性走向多元交互，出版的定义也被重新书写：出版不仅仅是文化传播、知识服务，还是生活方式的引领，更重要的是价值的生产和创造。不仅如此，出版还是构建"人与知识""人与文化""人与

未来"的纽带。从这个意义上说，出版从来就不是简单地"卖纸书"，出版的价值生产和创造也不能停止于"纸书"，而是多维传播。因此，要改变传统出版产品链短、价值链短的问题，就要着力推动出版主业的升维发展，重塑出版的专业性和优选内容的能力，实现三个"重构"。

一是重构杂志出版的多维出版生态。深入推动杂志的内容品质提升和文化服务转型，着力在全媒体传播和社群运营上实现质的突破。数字文明时代，纸质杂志的存在逻辑之一，就在于将其平台化、社群化。《读者》杂志最成功的，就是比较早地建立了一个由更多人（广大读者）参与的内容优选机制。

作为产品的《读者》，要持续提升杂志的内容品质，充分利用AI技术，重塑优质内容的优选机制，探索数字时代内容生成的新模式，着力解决产品短尾化问题。

作为传媒的《读者》，要通过杂志的内容营销和阅读服务、多元场景营造等，重新激活杂志作为媒介的活力。

作为平台的《读者》，要大力推动"杂志内容优选+阅读服务+全媒体传播（读者APP、读者微信等新媒体矩阵）+社群运营（读者直播、读者电商、读者读书会）+多元文化场景（读者插图艺术馆、读者插图艺术展线上线下等）+读者插图AI生成及输出+阅读周边延伸"等的杂志平台化战略。推动实施"读者电商、直播及读者APP应用一体化"，实现"纸刊出版"向阅读服务、知识服务和智慧文化服务转型。

二是重构图书出版的多维格局。凤凰传媒原总经理佘江涛先生曾经说过一句话："出版有未来，但出版社不一定"。这句话时刻警醒我们，人类对知识、文化和信息的需求不会消失，但数字化使传统出版的角色和存在形式面临巨大挑战，如果传统出版社不积极应对数字化变革，可能会被淘汰。

我们要深刻理解从"传统书刊经营"到"优质内容运营"的转型之"变"，加速从"一维出版"向"多维出版"转型。把推动优质内容资源在多维度、多领域生产和创造价值，作为推进出版升维发展的关键点加以重点突破。说到底，数字文明时代的出版社不仅仅是出书的，是生产内容的，生产的内容可以多介质传播并且能够实现互动体验。出版社是创意中心和产业链的集成者，要不断提升对优质内容资源的集聚、整合、创新和运营的能力，实现多维传播。

要全力推动出版平台化建设，努力把出版社打造成为优质内容资源聚合的创新平台、文化创意孵化器与优质IP产生的平台、综合文化服务平台，通过IP培育和价值转化，实现多维度多领域的价值生产和创造。河南科技出版社就是出版平台化建设的成功范例，从"一本书"到"一条产业链"再到"一个生态圈"的蝶变，成功打造了"华夏手造"手工文化创意知识服务平台。

三是重构全版权运营的版权产业体系。版权是文化创意产业的核心资源和核心资产，是内容行业能立竿见影带来收入的"低垂的果实"。出版深度融合使得版权的多元化运营成为价值生产的常态。因此，要大力推动全版权运营体系建构，激发出版企业的创新力和发展活力，这是出版深度融合发展的必由之路。

二、重构文化场域：新华书店从"卖书"向美学生活引领、终身学习服务转型

数字文明时代，书店不再只是"卖书"的场所，而是帮助人们建立和实现"知识与生活深度连接"的新入口。要着力改变传统书

店"以书为中心"的卖场思维，按照"以人为中心"的文化场景和生活美学空间运营，重塑新华书店"新场域价值""新产品价值"和"新服务价值"，努力将新华书店打造成为人民美好生活新平台。

一是建构新型文化场景。打破传统图书的陈列方式，按照人的成长和发展需要组合、陈列阅读产品，就是重新建构新的知识服务体系，实现"文化的再生产"和"再出版"。利用AI、AR/VR等新兴技术，打造可听、可视、可演、可交互的沉浸式阅读新场景，实现阅读、文化体验、社交、休闲娱乐等多重价值，不断增强书店"场域"与读者的情感链接。

二是重新激活新华书店的平台和端口价值。书店说到底是一个思想交互、创意汇聚、人际交往的平台。在书店，人们不仅是邂逅一本书、一个人，而且是邂逅一种未知的生活，一个全新的世界。所以，推动书店向平台化转型，就是将其打造成为文化交流、价值传递乃至情感链接的文化场域，给用户创造更大的价值。要充分发挥书店链接资源的端口价值和平台作用，加强与人民美好生活相关的业态融合。进一步推动"书店""出版社""文旅研学"等业态的协同创新，针对千亿"课后服务"市场和教育服务新需求，探索自然、博物、科学、艺术等"场景式"知识服务、阅读服务新模式。

三是推进智慧物流建设。在大物流时代，亟需激活新华书店物流配送的渠道价值，推动物流配送和仓储体系的数智化改造升级，打造"智慧物流"，使其成为出版发行集团新的产业增长点和新的发展机遇。

三、重建阅读服务生态，构建知识服务生态链

出版就是阅读服务、知识服务和文化问题解决方案的提供。一

本书（杂志）的出版，不再是出版的完结，而是阅读服务、价值共创的开始。推动全民阅读，就是构建阅读服务业态，重构出版生态。

通过优质内容资源连接人、聚合人，哪里有读者和用户，我们就把阅读服务延伸到哪里，因为我们是全民阅读的领读者和阅读服务提供者。寻找并满足用户需求，让阅读成为国人的生活方式，是出版企业的价值追求。

我们推动读者品牌从传统的内容提供商向新型阅读服务提供商转型，实施"读者·中国阅读行动"全民阅读工程、书香社会建设的"读者方案"，实施"读者·领读者十百千万"工程，就是要做全民阅读的"领读者"和全民阅读风尚的引领者，向全社会播撒阅读种子。

一是建构阅读服务网络。我们推动读者阅读服务融入城乡居民生活，创新建构读者小站、读者书房、读者乡村文化驿站等新型公共文化空间和阅读空间近千家。无论是江南书房的水墨雅韵，还是乡村文化驿站的温暖质朴，抑或是读者读书角的都市温情，每一座读者小站都在诉说着同一个故事：阅读，是一种生活方式，是一个人的心灵还乡之旅。

二是重塑阅读服务业态。我们推动创意阅读，服务社会，推动阅读服务场景化、活动化、产品化、定制化，开发亲子阅读、儿童沉浸式阅读、读者·新剧场等，创新阅读服务业态，带动按需出版、定制服务等出版生产和知识服务。

三是激活出版的疗愈功能。我们倡导"出版即疗愈"，这不仅是一种理念，更是一种使命。《读者》被誉为"中国人的心灵读本"，四十多年来参与中国几代人精神生活的建构。她用心灵抚慰和人文关怀，给予广大读者以精神的抚慰、快乐的提供、甜蜜的营造、思想的充盈，以及一份属于心灵的安谧与宁静。我们要充分利用《读者》的心理疗愈价值，通过阅读疗愈、艺术疗愈、场景疗愈、产品疗愈等服务延伸，着力构建以心灵疗愈、人文关怀为主的心灵抚慰产业体系。用文字和故事连接心灵、传递温暖、疗愈苦闷。

让我们再次凝视敦煌莫高窟第329窟的"夜半逾城"壁画：佛陀抛却王冠穿越迷雾，只为追寻真理之光。今天，我们何尝不是在数字迷雾中跋涉？不同的是，我们手中握着的不是佛珠，而是五千年的文明积淀；我们要穿越的不是物理迷宫，而是技术与人性的永恒辩证。

未来，出版依然充满无限可能。只要我们坚持创新，推动经典阅读和优选内容多维度触达用户，推动"跨界""破圈"的出版深度融合发展，实现多维度多领域的价值生产和创造，就一定会找到出版社存在的价值。

作为出版融合创新的实践者，我们以"敏捷执行"，破解传统出版企业的体制惯性；我们坚持以"用户需求"驱动创新；我们以"柔性机制"激活存量资源；我们以"快速迭代"代替"大而空"的纸上论道。

最后，我想用作家克里斯托弗·莫利的一句话结束今天的交流，他说："当你把书卖给读者的时候，你卖给他的不只是12盎司的纸、印刷的油墨与装订的胶水，还卖给他一个崭新的生活。爱、友情、幽默，以及夜晚在海中航行的船只，一本书包含了天与地。"[①]

克里斯托弗·莫利的这句话，极为透彻地说明了出版的内涵：出版最重要的就是价值的生产和传播。

---

① ［美］乔纳森·歌德夏《讲故事的动物：故事造就人类社会》。

新质生产力视域下的期刊创新 ①

《中共中央关于进一步全面深化改革、推进中国式现代化的决定》把"健全因地制宜发展新质生产力体制机制"纳入系统部署，围绕"发展以高技术、高效能、高质量为特征的生产力"，强调"加快形成同新质生产力更相适应的生产关系，促进各类先进生产要素向发展新质生产力聚集"，②推动高质量发展取得新进展新成效。作为一种高水平的先进生产力，新质生产力加速了出版行业的转型升级，为打造新型出版业态和重构出版产业链提供了支撑，其赋能作用在期刊出版方面也得到了凸显。

一、新质生产力为期刊出版带来新机遇

新质生产力由技术革命性突破、生产要素创新性配置、产业深度转型升级而催生，以其高科技、高效能和高质量深刻改变着出版行业的生态和发展格局，给期刊出版带来新的机遇。

---

① 此篇文章系与吴艳丽合作,载《中国出版》2025 年第 10 期。
② 新华社《中共中央关于进一步全面深化改革 推进中国式现代化的决定》，载《人民日报》，2024 年 7 月 22 日。

1. 政策引领，促进资源优化配置

自"新质生产力"提出以来，党和国家在多次重要会议上进行强调和部署，各地探索并推行多样化、特色化、个性化的政策机制，为加快形成和发展新质生产力，扎实推进期刊创新发展提供了坚实的政策基础。

在政策引导下，期刊创新获得了全面而深入的资源支持。多地政府和相关机构设立专项基金，提供科研经费，为期刊发展提供了必要的资金支持，确保期刊有能力探索前沿内容与实现技术革新。基础设施建设的加强、网络环境的优化等，也为期刊的数字化、网络化转型提供了坚实的技术保障。更为重要的是，政府还积极推动期刊与科研机构、高校、企业等的合作，通过产学研用的深度融合，促进科研成果的快速转化应用，形成创新链与产业链的良性循环。这一过程形成并强化了出版新质生产力，为行业转型升级提供了新的更大动能。[①]

2. 科技赋能，重塑出版生产流程

以人工智能、云计算、大数据、区块链及物联网为核心的新兴科技力量，正逐步成为驱动新质生产力飞跃的关键引擎。在这一波科技浪潮的赋能下，期刊出版正经历着一场前所未有的生产流程革命，其转型轨迹清晰地指向了自动化、数字化、智能化，乃至更高层次的智慧化方向。

大数据与人工智能技术的深度融合，为期刊发展提供了前所未有的驱动力。通过深度挖掘与分析读者行为数据、市场趋势信

---

① 徐勇雁《新质生产力推动出版行业高质量发展的逻辑机理和实践路径》，载《出版广角》，2024 年第 7 期，第 44—48 页。

息，期刊能够精准捕捉读者偏好，策划出紧贴时代热点、深度契合读者兴趣的内容。智能编校排系统、出版数据语料库、人机协同审核校对技术等智能编辑系统的引入，能够高效完成稿件的初步筛选、语法校对、风格优化等繁琐任务，甚至基于算法模型对内容进行深度打磨，极大增强内容的吸引力。数字化管理平台的构建，则是期刊生产流程优化的又一重要里程碑。该平台实现了从稿件征集、编辑加工、审稿校对到出版发行等各个环节的无缝对接与高效协同，不仅大幅缩短了出版周期，还显著提升了整体生产效率与运营管理水平。

这些新兴科技的应用正在推动期刊出版模式的升级。区块链技术的引入，为期刊构建了透明、可信、不可篡改的版权保护体系，有效保障了作者的权益与期刊的声誉。而物联网技术的融合，则为期刊的实体发行与物流配送带来了革命性的变化，实现了发行过程的智能化、精准化管理，进一步提升了期刊的市场竞争力。

3. 媒体融合，解锁多元传播场景

新质生产力引领技术革新，推动媒体深度融合发展，期刊不再受限于传统的纸质载体，它跨越物理界限，以数字化的形态呈现于在线阅读平台、社交媒体、移动应用等新兴渠道，使得内容能够更广泛、更精准、更便捷地触达受众。

媒体融合还大大提升了期刊内容的传播速度。通过新媒体平台，期刊可以在第一时间发布最新研究成果和动态，满足读者对时效性信息的需求。媒体融合也为期刊与读者之间搭建了更加便捷的互动桥梁，读者可以与编辑、作者及其他读者进行实时交流，建立社群，在增强参与感的同时，推动期刊不断完善与优化。

媒体融合使得期刊的传播场景更加多元，除了传统的纸质阅读外，期刊还可以做成电子书、短视频，或者生成专业课程、数据库产品等，甚至利用VR（虚拟现实）、MR（混合现实）、大数据、大语言模型、生成式人工智能等多元数智技术赋能，"为用户提供现实增强、身临其境、双向交互、虚实融合的联觉体验和全感官体验"。[①]

4. 人才提质，聚合行业发展动能

新质生产力的核心是创新驱动，而人才是创新的重要牵引和智力支撑。习近平总书记强调，"要按照发展新质生产力要求，畅通教育、科技、人才的良性循环，完善人才培养、引进、使用、合理流动的工作机制"。[②]在新质生产力对人才提质的要求之下，社会各界稳步推进新型人才培养，优化专业人才流动，全面提升人才队伍的整体素质。一方面，高校作为人才培养的摇篮，其学科布局的调整是提升人才质量的首要步骤。2022年7月以来，中宣部、教育部推动高校与相关管理部门、出版单位、行业协会开展出版学科专业共建工作，取得积极成效。《全国宣传思想文化领域"十四五"人才发展规划》对加强出版学科专业共建作出专门部署。新版研究生教育学科专业目录中"出版"单列，可培养出版博士专业学位人才。[③]2023年，中宣部、教育部联合印发《关于推进出版学科专业共建工作的实施意见》，进一步推动中

① 张新新，周姝伶《新质生产力推动全媒体出版传播体系构建——推动出版深度融合发展的新要素新动能新路径》，载《中国编辑》，2024年第6期，第11—20页。
② 新华社《习近平在中共中央政治局第十一次集体学习时强调　加快发展新质生产力　扎实推进高质量发展》，载《人民日报》，2024年2月1日。
③ 《中宣部、教育部有关司局负责同志就〈关于推进出版学科专业共建工作的实施意见〉答记者问》，载《中国出版》，2024年第1期，第8—9页。

国特色的出版学科专业建设。国内一批高校还纷纷设立出版学院或出版研究院，积极推动出版学科的专业共建工作，为培养复合型、应用型、创新型的出版综合性人才奠定了坚实的学科基础。另一方面，行业继续教育培训亦聚焦新质生产力所需数字人才、技能人才的培养培训，推动终身学习，帮助从业人员更加专注和高效地提高数字技能和创新能力，实现人才链与产业链的紧密衔接和数智化。

二、新质生产力对期刊出版提出新挑战

作为技术革新与模式创新的集中体现，新质生产力正以前所未有的速度重塑着各行各业的生产方式，对期刊出版领域亦提出新的挑战。它要求期刊无论是作为产品、媒介，还是作为平台，都要进行数字化转型与智能化升级，以适应快速变化的社会需求，从而实现可持续发展。

1. 产品短尾化问题日益突出

在新质生产力的推动下，传统的生产关系发生了颠覆性变革。出版业同样处在一个特殊的历史拐点：从"一维出版"向"多维出版"转型。信息的流通速度空前加快，获取渠道日益多元，人们对于内容的消费习惯也从静态阅读逐渐转向动态互动、从单一媒介跨越到多媒体融合。优质内容的传播仅仅依靠纸质的产品形态来承载，显然已经远远滞后于人们日益增长且日趋多样化的信息需求与获取方式。期刊产品链短、价值链短等短尾化问题日益凸显，成为制约其进一步发展的巨大瓶颈。

2. 媒介传播功能亟须强化

数字媒体的兴起使得信息传播的速度和广度大幅提升，人们可以通过互联网即时获取海量信息，而期刊固有的出版周期和相对有限的传播范围，显然难以满足当下社会对信息时效性和多样性的迫切需求。尤为值得关注的是，数字媒体以其强大的互动性和个性化推荐机制，成功吸引了大量年轻用户群体。相比之下，期刊的传统传播方式显得单调乏味，缺乏足够的吸引力，难以激发年轻读者的兴趣和参与度。此外，随着数字化阅读习惯的逐渐养成，纸质期刊的阅读量呈现出明显的下滑趋势，这不仅影响了期刊的发行量，更对其社会影响力和商业价值构成了严峻挑战。

3. 期刊平台功能有待拓展

信息技术的日新月异深刻重塑着人们获取信息、交流思想的模式，同时也为期刊的平台角色赋予了新的使命与挑战。在数字化、网络化、智能化浪潮的推动下，期刊不仅需要持续发挥其在信息共享、观点传播及社群建设方面的传统优势，更需要拥抱新兴技术，通过IP的集聚、成果的转化等创新手段，不断丰富与拓展其平台功能，以更加灵活多样的方式响应并满足社会日益增长的多元化需求。

4. 多元引领作用发挥不够

期刊是学术研究的前沿阵地，是新知识、新理论、新方法的首发平台，承载着传承文明、启动智慧、推动创新的重要使命。同时，期刊还通过介绍新的生活方式、消费理念、审美趣味等，引导公众的生活方式和价值取向，推动社会生活的风尚变迁。然而，在全球化与信息化交织并进的今天，期刊的多元引领作用并未被充分挖掘。一方面，由于传统出版的滞后性，导致其在学术领域的引领作用明显不足；另一方面，在推动社会进步、塑造生活风尚以及引领时代潮流等方面的功能也需要进一步强化和提升。

三、新质生产力推动期刊出版产生新变革

新质生产力的"特点是创新，关键在质优，本质是先进生产力"。[①]在科技的驱动下，期刊也开始向"多维出版"转型，由此带来了内容聚集、传播维度拓展、场景构建、资源活化以及服务提供等多方面的颠覆性变革。

1. 内容聚集更加高效

纸媒时代，期刊内容的聚集主要依赖于征稿、投稿、约稿等方式。尽管这些方式在某种程度上确保了内容的品质与专业水准，但同时也制约了内容的多元化与即时性。特别在内容的筛选上，高度依赖编辑个人的知识储备和专业素养，甚至受到其人脉资源的影响，内容的质量存在波动性和不确定性。前沿科技的应用使得期刊内容的聚集方式从传统的被动等待转变为主动抓取、智能筛选，甚至人工智能直接参与内容创作，极大地丰富了期刊内容的来源，提高了内容的时效性和针对性。

2. 传播维度得以拓展

科技的发展不仅极大地提升了信息传播的速度和广度，更深刻地改变了期刊传播的结构和模式。借助新兴技术，期刊可以实

---

① 习近平《发展新质生产力是推动高质量发展的内在要求和重要着力点》，载《求是》2024 年第 11 期，第 4—8 页。

现内容更丰富、形式更多元、互动性更强、受众更精准的传播。[①]
简言之，科技创新推动期刊实现了多渠道、多介质、多维度传播，开启了全媒体传播的新时代。一方面，期刊不仅可以通过线下渠道分发，还可以借助官方网站、移动应用等数字平台，以及社交媒体、学术网站、在线数据库等多种渠道进行传播；另一方面，期刊内容不再局限于文字和图片，而是融入了音频、视频、虚拟现实（VR）、增强现实（AR）等多种媒体形式，实现了内容的多媒体融合。科技创新还推动了大数据和人工智能技术的广泛应用，使得期刊内容的分发更加高效与精准，提高了信息的匹配度和用户的阅读体验。

3. 场景构建更加多元

期刊传播的场景越来越丰富和多元。除了传统的纸质期刊传播外，期刊还通过在线数据库与学术平台等数字化渠道，通过微博、微信、抖音等社交媒体平台，或者通过学术论坛、学术会议、期刊展会等与用户进行交流互动，也可以借助VR、AR和元宇宙技术，构建出丰富多样的虚拟场景。这些场景可以是历史事件的生动再现、科学实验的精准模拟、艺术作品的全息展示等。与此同时，用户也能借助这些技术，身临其境地进入期刊所构建的多元场景，通过沉浸式体验更加深入地理解期刊所要传递的内容。

4. 资源活化效果明显

资源和数据的活化应用，是期刊在新时代背景下实现价值

---

① 罗重谱，莫远明《新时代学术期刊高质量发展的内涵与路径》，载《出版广角》，2021年第6期，第53—56页。

最大化、满足用户多样化与个性化需求的必由之路。其一，利用AI语音技术将内容转为有声读物或播客，拓宽传播边界；其二，以动画、纪录片、访谈等形式活化复杂学术内容，降低理解门槛，提高知识的可接受度；其三，构建知识交流平台，定期举办线上线下活动促进交流；其四，与具体应用场景相结合，设计定制化的知识服务方案；其五，对期刊内容进行精选，整合成系统课程，构建从基础理论到实践应用的完整学习路径，支持深度学习；其六，建立专业数据库，将期刊文章、数据图表、引用关系等信息进行结构化、数字化处理，提供高级搜索与分析功能，支持研究人员进行高效的信息检索与深度分析。此外，还可以结合用户实际需求提供定制化知识服务方案，使期刊内容和资源真正成为推动社会进步与创新的强大动力。

5. 服务覆盖多个向度

期刊尤其是学术期刊，不仅是新质生产力的见证者，更是其不可或缺的推动者和创新引擎。它们汇聚海量信息、优质内容及专业人才，为政府决策、学术研究及公众知识普及提供坚实支撑。作为学术发布的核心平台，期刊激发学术创新活力，普及科学知识，提升公众科学素养，为新质生产力的培育筑牢社会根基。同时，学术期刊搭建起国际学术交流的桥梁，促进全球学者互动协作，拓宽学术视野，加速知识跨界融合，显著提升国际学术影响力。此外，期刊研究成果广泛惠及经济社会发展，助力产业升级、技术创新，为公共服务体系建设提供智力支持，并培育学术新人。成为推动社会进步与文明发展不可或缺的创新驱动力。

四、新质生产力赋能期刊创新发展新路径

新质生产力作为社会进步与产业升级的强劲动力，正在深刻重塑期刊出版的业态与格局，为期刊融合创新开辟更加广阔而多元的路径。在新质生产力的深度赋能下，期刊通过平台化转型、大众化普及、集群化发展和深度融合发展，通过"跨界"和"破圈"极大地拓宽了发展的维度与边界，也显著提升了自身服务社会的能力和市场竞争力。

1. 推动平台化转型，深度优化用户体验

数字文明时代，平台化成为期刊创新发展的重要路径和必然选择。期刊的平台化转型，使其能够提供多样化的增值服务，更好地融入出版生态系统，促进知识的传播和社会的进步。

资源共享平台。期刊可以将海量的学术资源进行集成、交换与共享，构建开放互联的类似"数据大脑"的资源数据库，为科研工作者提供一站式知识服务。这种跨媒体、跨载体、跨符号的信息流通与整合机制，不仅是新质生产力所追求的高效资源配置和协同创新的体现，也是期刊业通过释放数据要素价值实现创新发展的路径。如中华医学会杂志社推出的"中华医学期刊全文数据库"数字文献出版平台，收录中华全系列及合作期刊170种，覆盖所有临床学科，实现了医学期刊优质资源的全面整合。

学术交流平台。国内外众多学术会议，往往由享有盛誉的学术期刊担当牵头重任，这一模式不仅彰显了学术期刊在学术界的引领地位，更以其深厚的专业底蕴和广泛的学术影响力为学者们提供了一个面对面交流研讨、深度剖析学科前沿动态、分享最新研究成果的宝贵舞台。在此基础上，跨学科的合作契机得以发

掘，创新项目与合作研究在思想的交锋中不断萌芽，学术资源得到优化配置，科研成果也得以快速转化。此外，这类学术交流平台还扮演着孵化器的角色，为青年学者提供了展示自我、拓展视野的绝佳机会，有助于学术梯队的建设与人才梯次的合理布局。会议集论文的征集与评选、专题研讨会的设置以及会后论文的期刊发表于一体，形成了完整的学术交流与成果传播机制，极大地推动了学术研究的持续繁荣与发展。2024年4月，《自然》《自然医学》期刊首次以"人工智能与医疗健康交融"为主题在浙江温州举办国际学术盛会，来自美国哈佛大学、麻省理工学院等世界顶级院校的国际嘉宾及世界各地医学和人工智能领域的顶尖学者、专家、行业精英等齐聚一堂，共同探讨人工智能在医疗健康领域的前沿应用、科研突破、政策导向，以及跨学科合作的可能性。

人际交往平台。期刊可以借助协会、社群、线上小组、读者群等组织，将志同道合的人们联结在一起。其中，期刊协会为会员提供职业发展与资源对接的端口；社群与线上小组则打破了地域与时间的限制，作为一种新型网络社交生态，让成员能够随时随地分享心得、探讨热点、互助解惑；而读者群作为兴趣导向的集结地，更是将人们对特定领域的热爱转化为强大的凝聚力与创造力，共同构建起充满活力与创意的交流空间。例如美国《骑行者》期刊就创建了线上粉丝社群，大家在推特（Twitter）、脸书（Facebook）等社交媒体上分享和转载近万名粉丝的自行车新闻。

价值转化平台。期刊应不断拓展服务社会的维度和深度，通过价值生产和价值转化，努力成为商业化、产业化应用的高效平台。这一平台的构建，将促进理论创新、产业应用与期刊发展的深度融合，搭建学术研究与产业实践的桥梁，形成相互支撑、相互促进的生态圈，进而推动技术创新与产业升级。例如，《博物》杂志正在探索多元成果应用转化途径：博物小馆通过文创周边产品传播博物学；博物旅行带领博物爱好者探索自然世界；博物课堂通过线上线下课程，培养受众对科学的热爱。读者出版集团着力推动《老年博览》的平台化发展，努力将杂志运营融入老年事业、养老产业、银发经济的"朋友圈"，使其成为老龄化社会服务的平台。

IP孵化平台。期刊是文化创意的孵化器和优质IP产生的平台，期刊社作为创意中心和产业链集成者，肩负着大力培育并孵化优质IP资源的重任。它们深度挖掘文化内涵，不断提升文化创意产品、文化创意场景的变现能力，通过精准定位市场需求、创新营销策略等手段，在多维度、多领域生产和创造价值。《三联生活周刊》自2017年起实施内容多维度开发，推出IP化运营产品"中读"APP，利用封面文章"我们为什么爱宋朝"系列吸引关注，进而拓展至图书出版，并转化为音频课程及再次成书。同时，"中读"与优酷合作，实现内容视频化。这一从期刊到图书、音频、视频的全方位开发，展现了《三联生活周刊》的内容深度挖掘与IP运营策略。

数字化出版平台。借助数字技术和互联网技术的深度融合，期刊能够构筑一个全面覆盖内容生产、出版传播、多元服务解决方案提供及市场化运营等关键环节的完整产业链，进而打造高效协同、全流程数字化的出版平台。该平台将显著提升期刊内容的生产效率和传播广度，构建开放合作的生态体系。同时，依托智能化、个性化的服务满足多元化的市场需求，有力推动期刊行业的转型升级与可持续发展。以《农业机械》为例，它通过开发建设农机媒体大数据平台，构建起了一个横跨新闻资讯、行业决策深度解析、制造销售行为细致分析、产品性能综合评估、用户购机行为智能辅助与反馈等多维度的农机媒体大数据生态系统，有效衔接产业链上下游，为行业提供深入的数据支持与洞察，推动了农机行业的信息化、智能化进程。

《读者》杂志的平台化转型同样引人注目。读者出版集团积极推动并实施"杂志+阅读服务+全媒体传播（APP、微信公众号等新媒体矩阵）+社群运营（直播、电商、读书会等）+多元文化场景（读者插图艺术馆、插图艺术展）+插图AI生成及输出+阅读周边延伸"的杂志平台化战略，积极应用人工智能技术等把"读者"打造成为精品文化传播的平台、多元文化服务的平台。

2. 进行大众化普及，打破专业出版壁垒

为适应时代之变，不断提升广大民众的科学素养和文化素养，构筑新质生产力发展的"基座"，满足人民日益增长的美好生活需要，所有期刊都有从专业化向大众化、生活化拓展的必要。

增强专业期刊的大众科普功能。 为了进一步扩大期刊尤其专业期刊的覆盖面和影响力，推动科学知识的广泛传播与普及，期刊可以借助通俗易懂的语言、生动形象的案例、多样化的信息呈现形式等，有效地将专业知识转化为公众容易接受的信息形式，帮助读者建立对专业知识的直观理解。科普展览、科普视频、科普游戏、科普漫画等是近年来备受欢迎的科普方式，它们将科学知识以实物模型、互动装置、在线访谈、游戏动画或艺术化的手法展现出来，不仅降低了科学知识的门槛，还增加了学习的趣味性和参与感。《协和医学期刊》积极探索"学术+科普"的融合发展模式，围绕专栏主题，先后打造科普文章45篇、科普视频44部、科普漫画6幅、MG动画6个及多场直播。

探索阅读服务的多元提供模式。一本书或一份期刊的出版不再是出版的完结，而是阅读服务的开始。以内容为媒介的价值生产，包括了阅读场景、阅读体验等阅读服务的提供和多样化阅读需求的满足。哪里有读者和用户，阅读服务就可以延伸到哪里。让阅读成为国人的生活方式，是阅读企业的价值追求，也是期刊从专业出版走向大众化的重要途径。作为"全民阅读创新服务典范"的《新阅读》，通过提供优质阅读内容、举办阅读活动、开展阅读推广等方式，为读者提供多元阅读服务。

通过全媒体传播走向大众生活。期刊走向大众化的重要方式之一，就是建立全媒体传播矩阵，不仅在内容呈现形式上将文字、图片、音频、视频等多种媒介元素融为一体，而且在传播渠道上也要实现广泛覆盖，既包括广播、电视等传统媒体，也要积极借助微信、抖音、B站、小红书等社交平台，确保期刊内容能够精准触达并吸引不同年龄阶段、不同兴趣偏好的受众。《中国国家地理》期刊构建了一个涵盖微信公众号、微博、小程序、官网等基础数字平台，和抖音、小红书、B站等热门社交媒体的全媒体传播矩阵，用户超5000万，大幅提升了内容的可见度与互动性，彰显出强大的品牌影响力。

聚焦人民需要拓展服务维度。学术期刊在为相关行业提供专业服务的同时，也需要向大众化、生活化的社会服务拓展，聚焦生活相关的各类问题，提供多元解决方案。以《中国橡胶》为例，作为橡胶研究领域的专业期刊，它不仅关乎实验室与工厂，更与日常生活紧密相连。从橡胶的历史沿革到未来展望，从汽车轮胎到运动鞋，无一不体现其与生活的深厚联系。橡胶，这个看似平凡的材料，实则承载着生活的温度。如此看来，即便是专业学术期刊所探讨的高深话题，也能在寻常百姓那里找到共鸣。所以，在引领学术之外，它们也可以通过创办子刊、专栏等方式向大众生活拓展。

3. 探索集群化发展，高效整合优质资源

当下，单一期刊已难以满足网络环境下人们学习与交流的需要，期刊集群化发展已是大势所趋。尤其部分期刊存在规模较小、资源单一、人力不足、发展滞后等问题，自身缺乏足够的力量进行转型，更需要通过相互联合和服务延伸，实现资源整合，向集群化、集约化方向发展。

多机构联合构建"学术共同体"。目前，学术期刊的编研分离趋势越来越明显，许多学术期刊较难实现编研一体、编辑学者化和学者编辑化。因此，专业学术期刊须相互联合，并与大学和科研机构、学者、学术社群等形成学术共同体，共同引领学科创新和学术创新。例如，清华大学出版社期刊中心与校内院系、重点实验室、学术（协）会、国外高校院系以及国际组织等多方合作，共同创办了一系列如《CAAI人工智能研究》等涵盖电力能源、循环经济、人工智能研究等领域的英文期刊。此外，该中心还开发了SciOpen科技期刊国际化数字出版平台，支持期刊的数字化生产、全媒体发布、国际化传播及运营数据分析等功能，通过集群化建设和平台化服务，深化与学术共同体的合作。

同一系统内期刊组建"期刊群"。为有效整合期刊资源，提升期刊出版质量、出版效能，增强期刊的市场竞争力，同一组织系统内的期刊也可以相互联合，形成期刊群，以集群化、集团化发展推动期刊高质量发展。例如，2015年，中国航天科技集团和中国航天科工集团以中国宇航出版有限责任公司为依托，联合旗下10种航天类期刊，形成了"航天期刊群"，并成立了"中国航天期刊

平台"，标志着航天系统内期刊向集群化发展迈出了重要一步。到2022年1月时，"航天期刊群"已扩展至49种期刊，对传播航天知识、引领学术发展、推动科技进步等作出了显著贡献。

专业领域相关期刊形成"期刊联合体"。 专业领域相关的期刊则可以通过跨地域、跨行业的联合，形成期刊联合体，通过资源共享、互补共赢，不断优化内容质量，提高资源使用效率，增强期刊联合体的品牌价值与传播影响力。早在2001年，中国畜牧兽医学会期刊编辑学分会提出倡议，联合46家畜牧兽医期刊发起建立中国第一个畜牧兽医期刊联合体。联合体内部成员在多方面开展广泛合作，共同推动了畜牧兽医期刊业的集约化和多元化发展。

专业期刊共建"产学研用共同体"。 产学研用的深度融合是期刊以"创新"驱动出版新质生产力发展的重要举措。通过深化合作机制、优化资源配置、强化市场需求等，期刊能够更好地服务于科技创新与经济社会发展，通过价值的生产与传递，成为推动产业升级、提升国家竞争力的重要力量。例如《杂交水稻》《辣椒杂志》《茶叶通讯》等期刊，多年来深耕专业领域，与国内外农业科技企业紧密合作，为产业和技术之间搭建起了科技的桥梁。

4. 践行"跨界"与"破圈"，探索多元发展可能

新质生产力视域下，不同行业之间的界限逐渐模糊，跨界融合成为常态。在这一背景下，如果只是围绕期刊做期刊，路会越走越窄。期刊必须坚持一切从内容出发，突破行业边界和思维定式，坚持多维传播，在多维度、多领域生产和创造价值。

专业领域的深耕。 突破出版边界，向上下游拓展业务范围，

是期刊"跨界""破圈"的重要环节。除了向内容创作者提供指导、参与或资助学术研究项目、整合学术资源建立数据库以外，期刊还可以依托学术资源、行业数据、专家网络等资源优势，向企业提供定制化服务，如出具行业研究报告、市场分析报告，提供技术解决方案，以及开展项目咨询服务等。上海《净水技术》杂志社就以期刊为核心，结合行业需求和自身优势，衍生发展成为集学术出版、行业交流、情报咨询、水务科普四大业务板块的水行业现代化咨询服务企业。

教育培训的拓展。向教育领域发力，也是近年来期刊进行服务延伸的重要方向。一方面，期刊可以与高校、培训机构等合作，将内容融入教育课程；另一方面，也可以开发教材、在线课程等，满足用户对于深度学习的需求。读者出版集团旗下的"读者·新语文"中小学阅读与写作教育平台，就是将《读者》系列刊的优质阅读资源音视频化，建构起集名师微课发布、在线阅读辅导、线下阅读分享、出版融合发展等为一体的语文教育服务链。此外，《自然》杂志与学校合作，推出了名为"自然科学在学校"的课程，将期刊上的文章和研究成果融入学校教学，帮助学生更好地了解自然科学的最新进展。

生活方式的引领。大众对美好生活的需求与期待，使得期刊向生活方式拓展成为其在出版领域之外寻求新增长点、增强读者黏性的重要策略。期刊可以与文旅融合，推出旅游攻略、策划旅游线路、组织旅游活动等，向读者提供深度的文化旅游体验。例如《中国国家地理》推出的"南极半岛考察"旅游活动项目，不仅能让旅客亲身体验极地风光的魅力，还能在专业人士的陪同下进行现场科普学习。期刊还可以通过技术赋能、IP拓展等，打造高附加值的文化创意产品、文化创意场景及文创研发产业链。

"三联爱茶"是三联生活传媒的文创产品项目，它从《三联生活周刊》每年的茶主题封面报道出发，以茶为根本落脚点，打造"茶生活"理念，成功从"小出版"迈向"大文化"。期刊还可以进军时尚产业，将资源转化为商业价值。时尚期刊《VOGUE》发起的"VOGUE时尚之力盛会"，是汇集创意先锋、艺术人才、行业精英与前沿话题的时尚界全球年度盛事。

创新业态的探索。在数字化转型与文化消费升级背景下，拓宽内容边界，进行创新业态的探索，是期刊寻求发展机遇的重要路径。譬如，随着社会节奏的加快和生活压力的增大，心理健康问题受到前所未有的关注。以《读者》为代表的人文类期刊，就可以依托优质的内容资源，通过故事讲述，结合心理疗愈师的健康指引和沉浸式文化场景打造等，进行心理疗愈方面的探索，进而建立心理抚慰大健康产业体系。此外，期刊也可以赋能城市创新，通过挖掘与传播城市文化、参与城市创意设计等，提升城市文化品位，不断增强城市发展的文化软实力。《读者》就以品牌赋能兰州城市创新，打造"读者之城·书香兰州"，激活兰州城市的创新活力，传播兰州作为"读者之城"的意义和价值，最大程度满足《读者》的读者在兰州实现心灵还乡的愿望。

新质生产力为期刊业创新发展擘画了美好蓝图。当下，期刊创新必须紧跟科技发展的步伐，以平台化、大众化、集群化为发展基石，以"跨界"与"破圈"为创新驱动力，不断构筑期刊出版新的核心竞争力。唯有这样，期刊才能在数智时代的激烈竞争中稳健成长，满足新质生产力的多元化要求，从而为文化传承、知识传播与社会进步贡献更大的力量。

数字化与传统出版企业的选择 [①]

众所周知，肇始于上世纪70年代并迅速席卷全球的信息技术、数字技术和网络技术革命，给出版产业带来了革命性的冲击。不仅使大众的阅读方式、产品形态、产业的经营方式和商业模式发生了巨大变化，而且使大众的学习、工作和生活方式也发生了根本性的变化。那么，怎样在多维出版时代把新技术的挑战转变为发展的机遇，实现出版业的数字化转型呢？

数字化等新技术同资本一样，已经成为打破出版业跨地域、跨行业、跨所有制兼并重组这一壁垒的重要力量，所以，借数字化转型可以实现出版业的跨媒体、跨行业融合。多媒体技术将文化表达的各种主要成分集于一身，技术创新在不断推进文化形态的融合、公司产权的融合、传播系统的融合。值得我们注意的是，经过二三十年的企业重组和业务整合，发达国家传媒、出版业的跨国巨头已经初步完成了企业并购、重组为主要表现形式的

---

① 2012年9月，国家新闻出版总署组织召开"2012全国出版传媒集团主要负责人座谈会"，本文是作者在座谈会上的发言材料，原标题为《多维出版时代：传统出版企业面临的选择》。时过十多年，这份论坛发言材料的一些内容虽然过时，但对这一问题的思考却记录了作者十多年前对数字出版和融合转型的认识。

资源整合和重组，实现了自身业务发展、经营模式同信息技术革命的有机匹配和契合。而这种整合，在目前的中国出版界还没有真正发生。从这个意义上说，中国出版产业同发达国家出版产业的差距不是缩小了而是进一步拉大了。因此，对于中国出版业来说，发展新业态、应对新技术挑战，关键的还是应对新技术的新思维以及发展模式、生产方式的转变，并不仅仅是采用新技术装备出版业这么简单的问题。所以说，这是一次跨媒体跨产业融合重组、实现传统出版产业转型的良机。

数字化转型强化了社会化大生产的产业格局和"模块经济"特征，所以，出版企业要在产业分工中找准自己的定位，坚持走特色化的发展道路，着力打造内容产业的一主多元的发展新格局。从数字化的产业全局来看，内容、平台、终端三个部分构成了一个完整的产业链，而这一产业链由硬件生产商、技术提供商、渠道运营商、内容提供商等不同的产业部门参与并由其中一方来整合。这种分工符合现代产业模式的演变规律，也符合社会化大生产的要求，正如经济学之父亚当·斯密在《国富论》中提出的，分工是提高生产率的关键，这一观点到今天依然没有过时。既然分工是客观存在的，那么就得遵循社会化大生产的这一规律。因为产业规律是每个企业都无法逾越的法则。当下，数字阅读正在进入一种内容、多种媒体、同步出版的多维出版时代，这不是单靠一家企业的力量就能实现的，需要多个产业部门的合作。所以，我认为，传统出版企业在数字时代必须立足自己最擅长最熟悉的领域——内容产业，理智应对数字化浪潮，找准自己在产业分工中的定位，千万不能放弃自己的特色和优势而一味追逐在全媒体产业链中做到"大而全"。要善于扬长避短，通过与平台、渠道运营商的密切合作，寻找到适合自己的发展模式，正如要喝牛奶，不一定非要养奶牛、办奶牛场一样。出版企业要有自己的站位，没有必要去刻意追逐技术提供商、硬件生产商擅长承担的使命，并把自己变成硬件生产商、技术提供商，而是应在解决与传播运营平台的接口问题等技术应用上多下功夫。术业有专攻，在日益专业化的细分市场上，出版企业只有立足特色和内容优势，着力打造一主多元的文化产业发展新格局，才会走出属于自己的特色化发展道路。平面媒体时代由于生产方式、产品形态的相同，所以容易走向同质化、近质化，但在多维出版时代就不同了，不同的特色化追求、不同的发展路径，应该塑造风格迥异的出版传媒企业。

"内容为王"是亘古不变的主题和持久的追求，永远是核心竞争力之所在。出版企业要在数字化转型中承担好内容提供商的角色，不断提升内容资源的整合能力和创新能力。对于出版业而言，围绕核心内容的传播形态、产业形态的多元化是发展的必然趋势，但无论传播载体和形态怎样变化，内容创意永远是出版附加值的核心要素。正如电视机形态的变化、电视频道的数目剧增无法掩盖观众对电视播放内容的苛刻追求一样，备受读者喜爱的数字图书馆也是以占有内容的多少作为取胜的标志。即使风行一时的电纸书也首先是阅读，读者要看的不是阅读器这个载体而是载体里的内容。随着信息技术的迅猛发展，人们更加确信一个"泛在时代"（"泛在"是一个"无所不能"概念）即将到来，这也就是消费者在任何时候、任何地方，可以通过任何方式获取内容的时代。但是，即使在这样一个全媒体互联、内容无所不在、传播无所不在的"泛在时代"，更加突出的也是内容的主导地位，因为内容是信息传播的灵魂，是产业链的源头和核心。值得我们注意的是，多维出版时代的内容与平面媒体时代的内容大不相同，呈现出了知识和信息的集成、整合等特性，以及立体化、多维化的传播特征。所以，出版企业要不断探索内容创意与新技术、新载体的有机融合，生产适合新载体传播又深受新媒体消费群体喜爱的内容，并不断提升内容附加值。不断提升文化创意内涵，培育新的文化品牌，不断提升对优质内容资源的整合能力、创新能力，从而使企业主体在多维出版的产业链中拥有足够的影响力。

全媒体时代是多维出版时代，随着消费群体的日益分众化，出版企业要不断提升多样化的文化服务能力，承担文化服务提供商的使命。多维出版是综合运用文字、声像、网络、通信等传播手段，通过立体的、多形态的方式满足受众对传播内容多样化的要求，在多维度、多领域生产和创造价值。随着出版概念不断发生分化，数字出版的一部分会走向碎片式、浏览式、集成式的信息服务，一部分进入娱乐产业领域，比如苹果公司提出阅读就是与玩游戏、看电影一样的娱乐活动，它推出的平板电脑iPad宣称是数字时代最好的个人娱乐终端。而传统纸质出版会走向高端化，走向文化传承的"高、精、尖"，将继续发挥它作为思想交流和知识沉淀所具有的思考特质和优势。多维出版的游戏、互动等特性以及立体化的传播特质，使读者不断获得丰富、愉悦的阅读体验。同时，随着消费群体的日益分众化，出版产品的内容、销售也呈现多样化，这就要求出版企业不断努力，为客户提供多元化、个性化的内容增值服务。比如用提供解决方案、打包销售的方式来传播知识，同时融汇了互动体验和游戏；比如利用数字阅读在查阅资料、定位信息、链接知识等方面的便捷性，实现专业出版资源的整合，以服务社会和图书馆；比如发挥数字化互动体验的优势，推进"数字校园"和各种教育学习平台的建设；比如都市里一些具有多种文化服务功能的书店等，此外还提供可靠的健康、技术咨询服务，信息服务等等。所以说，出版企业要不断探索与新媒体运营商、技术提供商合作的渠道，确保生产的内容能在不同的平台、终端上同步发行，并尽力优化不同终端上的用户体验，始终把全媒体传播和提供优质的文化消费服务当作产业发展的重点，不断提升个性化、多样化的文化服务能力。这是出版业在数字化转型中的又一个发展空间和新的利润增长点。

出版业要积极参与人文化的文化消费空间、公共文化空间的建构和"书香中国"等全民阅读活动的倡导，以重建新的阅读环境，这既是培育出版市场，也是一种文化担当。针对数字化带来的碎片化阅读、浏览式阅读等"浅阅读"趋势，国家、社会、出版企业有责任有义务从文化传承和提高国民文化素养的角度出发，共同参与人文化的文化消费空间、公共文化空间的建构和"书香中国"等全民阅读活动的倡导，以重建新的阅读环境。在这方面，实体书店做出了不凡的探索。虽然传统书店作为阅读产品销售的主要载体作用正在逐步退化，但作为阅读产品所代表的文化体验场所的作用正在日益凸显。因为大众更喜欢在富有情趣、功能完备、充满时尚气质的公共文化空间交流，所以，通过休闲体验设施的配套、富有特色的图书配置、数字体验与信息下载等数字元素的植入，以及咖啡茶语、风格餐厅、教育培训、文化讲座等项目的组合，建构人文化的文化消费空间和阅读空间，极大地提升了这一公共文化空间的丰富性、趣味性和人文化。从出版业经营的角度讲，这更有利于提供个性化、风格化的"组合产品"，实现"产品+体验+增值服务"，这也是以阅读为生活方式的推广。从公共文化空间角度讲，这里会成为城市生活的约会地、地区交际的优雅场所、大众心灵的栖息地。因此，这一新的阅读空间在新技术条件下承担的是阅读产品新产业链条中内容提供、渠道传播、文化营造与沉淀等功能，并会产生新的盈利模式和运营模式。正如欧洲十八、十九世纪的咖啡馆、沙龙文化推动了整个现代文化艺术的发展一样，我想，只要出版业共同努力，我们也会做到。因为只有重建新的阅读环境，不断培养具有阅读力、思考力和热爱文化的读者群，不断营造书香社会，不断引领一种生活方式和文化风尚，我们的出版才真正会有明天。

读者小站·读者博物馆站
（金享煜　摄）

上海市宝山区"读者·壹琳文化空间"
（壹琳文化 小琳　摄）

上海市静安区"读者小站·北站阅读空间"
（读者〈上海〉文化创意有限公司供图）

走向多维出版：一个文化品牌的突围之路 ^①

2006年，国内首家以杂志品牌命名的出版集团挂牌成立，这标志着读者出版集团品牌战略的开始。集团孕育的母体是成立于1951年的甘肃人民出版社，历经数次文化体制改革的锻造，成功转企改制并华丽转身，开启了她十分独特的市场化之旅。一些特殊的时间点富有意味，记载了这个文化品牌的成长之路。1981年，一本名叫《读者》的社办杂志创刊，以深沉的文化使命和创新意识，创造了享誉国内外的文化品牌——读者品牌。杂志5次荣获"中国出版政府奖期刊奖"，发行量连续15年领跑中国期刊界，月发行量排名亚洲第一、世界第三。截至2019年5月累计发行超过20亿册。2006年4月，《读者》月发行量达到1003万册，创造了中国出版史上的奇迹。同年8月，商务部在"商务新长征、品牌万里行"活动中，将"读者"作为全国唯一知名文化品牌，设立品牌地标。2015年12月，集团发起成立的读者出版传媒股份有限公司（简称"读者传媒"）在上海证券交易所成功上市，成为西

---

① 原文《多维出版时代：一个文化品牌的突围之路》，载马廷旭，戚晓萍主编《甘肃文化发展分析与预测：2020年》，北京：社会科学文献出版社，2020年，收入本书时有删改。

北地区首家在国内主板上市的出版传媒类企业。读者品牌连续21年被世界品牌实验室评为"中国500最具价值品牌"，2024年品牌价值达到513.62亿元。2017年，读者出版集团与飞天出版传媒集团（甘肃省新华书店、三家印刷厂等）实现战略重组，资产规模达到60.33亿元。从相对单一的纸媒出版企业，成长为主业突出、产业多元的综合性文化产业集团，业务涵盖融合出版、发行印刷、文化旅游、文化创意、阅读服务、物业物流等。2015—2018年，集团和读者传媒连续入选"全国文化企业30强"提名企业。

2018年，《读者》荣获国家新闻出版广电总局颁发的第四届中国出版政府奖期刊奖

作为改革开放和思想解放的产物，《读者》以高雅、清新、隽永的真善美的传播与人文关怀，以高品位的价值追求，成就了作为"中国人的心灵读本"和中国期刊第一品牌的美誉。她不但见证了改革开放40年的社会变迁，参与了这一时期国人文化价值观的建构、民族灵魂的重铸、和谐文化的创新传播，还记录了这一时代变革中千万读者的情感和社会风尚。因此，"《读者》之路"就是改革开放之路、思想解放之路、多元文化的传播之路、和谐文化的创新之路、精神甘露的播撒之路、文化品牌的成长之

路、文化产业的发展之路。可以说，《读者》从一本薄薄的杂志，成长为一个知名文化品牌，创造了"读者现象"，带动了一系列产业，以此命名了一家上市公司和一家省级出版集团，这在中国出版界是绝无仅有的。

进入数字文明时代，数据重构商业，流量改写未来，一切都在经历推倒重来的过程。所以，集团要与时俱进，推进媒体融合、产业融合，推动出版的转型创新，亟须对读者出版集团所处的历史方位和读者品牌进行重新认知和定位。作为一个品牌文化企业，重组后的读者出版集团既面临出版、发行、印刷等几大产业融合创新的重任，又面临全媒体传播和精品生产等融合转型发展尤其是重构产业生态的挑战。作为传统的文化服务企业，首先必须实现两个转型：从工业化思维向数字化思维转型，从生产管理型向服务运营型转型。同时，必须加快品牌战略的步伐，坚持推动"读者品牌影响力转化工程"的实施，努力将读者品牌的"文化影响力"转化为"文化生产力"，建构读者"影响力经济"体系和"一主多元"的文化产业格局，使读者品牌成为中国特色社会主义文化传播的重要载体和阵地。

重新聚焦读者品牌的核心价值和内涵

说到读者品牌，不能笼统地认为就是读者出版集团，它至少有三个层面。一是读者品牌的核心层——《读者》杂志，这是读者品牌的创意核心和源头。二是集团旗下上市公司"读者传媒"，这是读者品牌内容生产的母体和资本运作平台。三是读者出版集团，这是读者品牌的延伸层和文化创新孵化器。如果要给整个集团下一个定义，我看可以这样说，读者出版集团是一个内容驱动型精神企业。任何一个出版集团都可以说它们是内容驱动型企业，但是称得上"精神企业"的只有"读者"一家。因为《读者》杂志作为"中国人的心灵读本"，参与了中国人精神生活的建构，一直通过和谐文化的创新传播与价值观的生产影响着广大读者，抚慰着急遽变革时代中国人的心灵，是中国人的精神伴侣，所以读者出版集团是当之无愧的精神企业。

同时，还要从三个层面对读者品牌的创意核心进行重新聚焦：针对产品的《读者》，着力解决产品短尾化的问题，需要进一步深入挖掘内容资源，讲好"读者的故事"，营销好"读者的故事"，实现全媒体传播与营销：除纸质《读者》、"微读者"外，还要打造"声音读者""影像读者""互动版读者"等。作为传媒的《读者》，纸质杂志的媒介作用越来越弱化，这是无法扭转的趋势，但是可以通过《读者》的内容营销和阅读服务，重新激发《读者》作为媒介的活力，因为优质内容也是媒介。作为平台的《读者》，其作用和价值还没有得到足够重视和开发，要加快实施"杂志+阅读服务+全媒体传播+社群运营+多元文化场景+创意周边延伸的无数可能"。要对《读者》的读者（广大用户）重新画像，找到他们的需求，重新送达《读者》的价值。

还要搞清楚读者品牌的核心价值之所在。经过对读者品牌的市场环境、行业特性、目标消费群的考察，以及企业自身发展历史的调研与反思，我们提炼出了能触动消费者内心世界的品牌核心价值：读者的文化价值——读者代表先进文化、世界胸怀、包容气质；读者的人文（精神）价值——传播人性、人情、人道，人文关怀、心灵抚慰、思想向导、精神引领；读者的社会价值——体现和谐价值观与多元人生观；读者的产业价值——以《读者》杂志为创意源泉的产业集群、投融资平台、文化创意孵化器（这是读者品牌产业生态的重要载体）；读者的理论价值——也就是思想史价值，传递温暖、抚慰、精神向导的品牌联想。在这一研究考察过程中，我们也充分注意到"读者品牌产品体系"和"读者品牌资产体系"的巨大区别，从图书、期刊、影像产品到电子书、数据库、在线教育、有声阅读、阅读App等，再到会展服务、文化旅游、文化创意、文化空间、生活美学、影视投资、金融保险等，都只属于品牌产品体系的范畴。而我们最关注的品牌资产，是一些与品牌核心价值长期传播的效果沉淀与集聚有关的东西，比如：读者品牌的知名度、美誉度、认知度、忠诚度、品牌联想度以及品牌的溢价能力，这是品牌长期传播的动态影响力在消费者心里形成的"影像"和"烙印"。"品牌"brand，原意为"烧灼""打上烙印"，用来证明所有权，用以区别和证明品质，是品质和文化的有机结合。而且，在长期立体的市场塑造过程中形成的品牌资产，还需要不断进行创新营销和品牌维护，需要不断用心加持，需要多元产业的支撑和承载，需要与大众生活的深度融合、不断接触与激活，才能保持其生命活力而不至于衰落。

正确认识重构产业生态的挑战

当下出版业正处在一个特殊的历史拐点，从"一维出版"向"多维出版"转型，这将是出版业的又一次演化。纸媒时代，信息单向度流动，内容生产者与消费者之间"一纸相隔却咫尺天涯"；数字文明时代，互联网传播捅破了这层"纸"，了解和洞察"纸"背后的用户意愿和情感，对于出版者来说变得非常重要。因此上说，这是一个建构产业生态的时代，所有的产业边界已经打开，冲击传统出版业的不是互联网本身，而是被解放了的用户及用户需求。这一新时代人民不断增长的多样化文化需要，以及人民群众对美好生活的向往，对出版工作和文化精品生产、多样化文化服务提出了新的更高的要求。同时，出版业作为意识形态的主阵地，肩负着传承中华文明和建设中华民族现代文明的使命，肩负着建构具有强大凝聚力和引领力的社会主义意识形态的神圣职责。这都是出版业面临的机遇和挑战，需要读者出版人做出满意的答卷。

在数字文明时代，互联网改变了大众的交往方式、生活方式，出版业的生产、营销和产品消费方式正在发生巨大的变革。目前，集团出版主业三大业态（内容编辑、出版物发行、印刷加工）发展不平衡，还没有形成以市场为纽带的利益共同体，而是延续计划经济时代的半垄断性质的市场分割局面，其他新兴业态还在市场培育初期。有人说，出版集团的出版、发行、印刷的整合形成了"编印发"的产业链，笔者认为，这是一个认识误区。互联网时代的编印发三个业态的集中，最多只能说是相关产业的聚集。编印发在现代出版业发展中，实际上都是中游，上游是内容创意，下游是用户和市场，编印发实际上是处于中游的三个环节：掌握专有出版权的出版社和杂志社的编辑加工和出版、印刷加工、出版物发行。在一维出版（以纸质出版为主的平面出版）时代，书刊内容编辑好需要印刷成册，作为图书的产品需要新华书店发行，才能和读者见面；在多维出版时代，一个文化产品不是必须印刷才能呈现，呈现载体和介质有很多种。就是书和杂志，也不是必须通过新华书店才能销售出去，有的畅销书不通过线下渠道销售，有的产品也不是非得做成书。因此上说，我们既不拥有上游资源端——内容创意，也不掌握下游的用户和市场端。近几年，上市公司——资本运作平台作用发挥得不够充分，这是一个客观现实。面对互联网时代文化传播、文化服务的新浪潮，以图书、期刊出版为主的内容生产方式依然很单一。以教材教辅经营为主的新华书店，业态陈旧，最初的文化地标功能衰退，需要按照中央提出的"布局合理、功能完善，打造城市文化新地标"的要求重新予以激活；印刷业态产能低下，生产、经营、管理方式亟待创新。这是集团三大主要业态目前面临的基本形势。集团新兴业态比如文化旅游、文化创意、数字出版、知识服务等还在培育状态。

另外，需要特别说明的是，这是利用读者品牌的文化影响力进行价值转换的最好时机，因为《读者》杂志本身再也无法恢复当年月发行量上千万的荣光，全球杂志业呈现萎缩趋势。目前，我们的唯一优势是读者品牌的巨大影响力，以及作为内容企业的内容优势。经过长期的文化传播与市场积累，读者品牌的文化影响力和品牌价值随着"读者传媒"上市已经达到了最高点（有最

读者博物馆

"读者"被世界品牌实验室评为"中国 500 最具价值品牌"

高点就有最低点）。所以，一方面，我们拥有"读者"这一享誉中外的文化品牌，品牌价值高达513.62亿元，拥有一家上市公司——读者传媒；另一方面，支撑读者品牌的物质载体主要还是纸质产品和上市公司平台，无论是业态还是产品形态依然比较单薄。所以，我们亟须加快推动读者品牌战略的实施，围绕读者品牌的价值链延伸和拓展产业链，将513.62亿元读者品牌价值和读者品牌的"文化影响力"转化为"文化生产力"，大力实施"读者品牌影响力转化工程"。

着力推动融合发展和读者品牌战略

在探索研究读者出版集团改革发展路径的过程中，一个深切感受是，如果只是围绕"杂志"做杂志，围绕"书"做书，我们的路会越走越窄。因此，多维出版时代，读者出版集团作为内容驱动型精神企业，必须坚持从内容出发（内容＋），坚持多维传播，在多维度、多领域生产和创造价值。将读者品牌产业生态的建构融入中国特色社会主义建设，将文化强国建设这一国家意志与读者品牌的价值生产相结合，努力为人民日益增长的美好生活需要提供优质的文化产品和文化服务，读者品牌的发展才会有广阔的天地。按照新时代文化创新的要求，笔者尝试对出版的概念重新做了定义：出版不仅仅是文化传播、知识服务，还是生活方式的引领，更重要的是价值的生产和传播。因此，必须加大力度推动出版融合发展和读者品牌战略的实施，围绕读者品牌的价值链，延伸产业链。一是紧紧围绕读者品牌的核心层和创意核——《读者》杂志及系列刊创新发展，实施杂志内容品质提升、传播力提升、影响力提升工程。二是围绕读者品牌核心层的另外一个重要部分，推动九家出版社的精品出版与融合转型。三是围绕读者品牌的核心层（内容），进行"价值扩散"和"服务延伸"，推动出版深度融合发展。下面就从这几个方面做一简单梳理。

一是紧紧围绕读者品牌的核心层和创意核——《读者》杂志及系列刊创新发展。《读者》杂志作为读者品牌的创意源头，既是优秀的内容产品，又是融会作者、读者及优质内容资源的传播媒介和平台。因此，首要任务就是实施杂志的内容品质提升工程和文化服务的转型，要在全媒体传播和社群运营上实现质的突破。其次，根据不同期刊平台，延展不同的社群运营模式。比如发挥《老年博览》杂志的平台优势，将杂志的运营融入老年事业、养老产业、银发经济这一"朋友圈"，将其拓展成为老龄化社会的服务平台，而不仅仅停留在纸质读物层面，努力为集团其他杂志的融合转型探索一条新路。将《读者（校园版）》《故事作文》月刊与读者·新语文阅读写作融媒体平台紧密融合。充分发挥《读者（原创版）》杂志的平台优势，将其打造成为读者旗下国内青春文学生产、发布、IP运营的平台和社群，签约一批年轻青春派作家和网络文学作家，运营好作家和IP资源。以阅读服务和会员制运营的"读者读书会"，自启动以来已经吸纳粉丝近30万，设立了数十家跨地域、跨行业读书会分会，正在探索以线上阅读指导和个性化阅读服务、线下阅读分享等为主的社群运营平台的建构。

二是围绕读者品牌核心层的另外一个重要部分，推动九家出版社的精品出版和转型创新。集团旗下的9家出版社始终坚持"专业化、特色化、品牌化"发展之路，以主题出版为引领，以"丝绸之路学—敦煌学出版中心""藏学出版中心""简牍学出版中心""西夏学出版中心"四大出版平台为依托，以敦煌学、丝绸之路学、民族文化、阅读成长等特色产品线和特色板块为支撑，大力推进精品生产，打造走向世界的读者出版品牌，切实提升读者出版的品牌形象和影响力。对于小型出版社来说，越是专业化、做出特色的出版社，在未来的时代越有发展的后劲和存活的理由。小微出版社决不能走"小而全"的发展之路，丧失专业品质的集聚优势。要专注地沿着专业化、特色化之路，做专、做精、做深、做特、做优，做出独特价值。出版社是创意中心和产业链集成者，具有独特价值的内容和创意是核心竞争力之所在，优质版权资源的集聚和运营是产业的关键。出版说到底是人类智慧的规模复制。我们的转型理念是：多维出版时代，出版社不仅仅是生产图书的，出版社是生产内容的，生产的内容是可以多介质传播并且能够实现应用和互动体验的。在这里，跳出图书做内容，把版权和内容的送达当作发力点，就超越介质的局限。

三是围绕读者品牌的核心层，进行"价值扩散"和"服务延伸"（内容+、读者+），这是读者品牌的外延层，也是读者出版集团作为文化创新孵化器的价值所在。如何使出版回归"人"的生活、"人"的情感，真正回到"人"？如何把图书和内容变成价值体系，实现从卖"纸"到卖"价值"？如何通过优质内容资源这一媒介和纽带，来连接人、聚合人，通过交流分享使大家达成共识？如何围绕出版的"知识服务""生活方式引领""价值的生产和传播"来实现价值链和产业链的延伸和拓展？下面从六个方面简要梳理一下。

1.围绕阅读服务延伸产业链。读者品牌为阅读而生，一直致力于阅读风尚和先进文化的传播与引领，一直为大众提供最优质的阅读服务，着力推动文化与社会发展，营造书香社会。近年来，我们推动以读者大会、读者讲堂、读者读书会、《读者》插图艺术展、诗文朗诵会、书香（城市）校园等为主要内容的"读者·中国阅读行动"全民阅读工程的实施和书香社会建设"读者方案"的推广，举办各类阅读活动近万场。引领中国人阅读风尚，用优质的内容来连接人，用分享、交流刺激用户的需求。通过内容营销和活动营销，实现阅读服务、文化消费服务和文化建设解决方案的提供，从而试图带动按需出版、定制服务等产业转型与用户数据的采集与运营。阅读活动进学校、进机关、进社区、进企业、进农村，哪里有读者和用户，阅读服务就延伸到哪里，因为我们是阅读服务提供商。寻找并满足用户需求，让阅读成为国人的生活方式，既是出版企业发展的价值追求，也是使命任务。

2.围绕知识服务延伸产业链——读者+教育。"读者·新语文"中小学阅读写作教育平台是集团推动建设的数字出版融媒体平台，这也是读者IP资源的直接转化。读者品牌旗下最重要的资源是语文资源，"读者·新语文"将优质的语文资源音频化、视频化、微课化，打造集名师微课发布、在线教育辅导、线下语文讲堂、媒体融合出版等于一体的线上线下相结合的数字化语文教育平台，同时构建以"听故事、读故事、讲故事、写故事"为核心的阅读写作课程体系，研发自有版权的课程书系，从而实现读者品牌优质内容资源的价值转换。"读者·新语文"秉持真正好的语文一定是有美学意味的，是用鲜活生动的文字，提供美好的生命体验，服务于"人"的教育。积极挖掘各类名师、作家、编辑、演讲家、朗诵家资源，已完成音视频课程10万分钟，建设拥有4万篇作文素材的K12语文作文素材库，推动线上课程直播和作文精批精改服务，以及线下的阅读写作培训和师资培训服务。利用在线平台提供一条完整的语文学习服务链，让丰富的语文教育资源服务学校、教师和学生。推动"读者·新语文"朗读大会、"读者杯"征文比赛等大型线上线下活动，积极发展"读者·新语文"朗读联盟加盟校（目前已拥有全国各地朗读联盟加盟校上百家）和"读者·新语文"阅读写作实验校（阅读写作实验基地挂牌十余所），与全国各地中小学建立了良好的合作关系。正在建设的线上阅读写作社群，现已拥有语文名师、朗读联盟、整本书精读、作文精批等微信用户群数十个，进一步探索线上社群运营模式的构建。同时，平台将丰富的数字化课程与公司各类刊物的发行结合起来，策划推出"订刊物送课程"的营销策略，既为期刊订阅发行提供了数字化产品的用户体验，也利用数字平台大数据优势积极收集订户信息，为《读者》订户画像，实现杂志用户的转化，进一步推动线上精准营销和线上期刊发行渠道的拓展。

3.围绕"生活方式的引领"延伸产业链。实施读者+公共文化空间、读者+文化旅游、读者+文化创意等多个领域的创意延伸。按照"政府推动建设、读者品牌冠名、市场化运营"的模式，与兰州市西固区政府合作建设的八所"读者小站·金城书房"面向公众开放，上百家媒体给予热情关注，现已成为城市文化新地标。与甘肃高速公路服务区合作建设"读者小站·行者空间"，读者创意空间落户上海滩。读者小站以读者文化和阅读服务为核心，融阅读、分享体验、文化讲座、知识服务、文化产品销售、咖啡茶语为一体，是多功能、复合式、开放型的街区公共文化空间，是提供给城乡居民的休闲、阅读、交流和体验的空间，是有灵魂的文化空间，是引领生活风尚的创意空间。其实每个人心中都驻有一间小小的咖啡馆和解忧杂货铺，因为每个人都需要温暖、回忆、交流，都需要在现实生活中为情怀留一点空间。读者小站作为读者品牌的社区化、生活化，是读者IP与大众生活的结合，可以激活社区、街区的文化情怀，增强人们的社区归属感。从读者小站建设开始，我们就为"读者小站+"的推广预留和准备了全方位拓展的端口。读者小站可以入驻各类大型综合体、医院、银行、大型宾馆、学校、高速公路服务区、企业总部以及各类城乡街区、社区等，并与传统新华书店的改造结合，使之成为新的阅读空间和文化空间。可以说，有文化体验需求的地方，就有读者小站的建设和延伸空间，不同的"读者小站+"会形成不同的读者小站服务模式和创意业态。不久的将来，读者小站会成为城市生活的约会地，成为引领有意味的生活方式与文化风尚的文化地标。集团旗下的新华书店也在围绕"打造人民美好生活新平台"改造升级；读者的研学旅行、读者文化创意正在努力实现升级版，进一步推动故事创意化、生活化、实景化、产品化。我们还会将"读者"的心灵抚慰、人文关怀发展为阅读疗愈和心灵抚慰的产业体系等。总之，读者品牌已不仅仅是一本杂志在承载，未来还会有N多种形态的产品和产业来承载，"读者影响力转化工程"的意义就在于此。

4.围绕"价值的生产和传播"延伸产业链。《读者》用心灵抚慰和人文关怀，与广大读者形成心灵默契和情感上的依赖，已然成为读者的伴侣。所以，成长的陪伴、精神的抚慰、快乐的提供、甜蜜的营造、思想的给予、一份属于心灵的安谧与宁静，这

北京市北锣鼓巷"读者小站·一定书屋"
（黎彬　摄）

读者上海文化空间交流活动现场
（张超　摄）

都是《读者》给予广大读者的价值和意义，这都是新的产业延伸方向。迪士尼提供了快乐，而陪伴人们成长和给予心理抚慰的是《读者》。《读者》的心灵抚慰和人文关怀永远不会过时，过时的只会是"价值"提供方式。随着信息泛滥和人工智能的快速发展，人在信息时代的失落与创伤需要《读者》抚慰；未来还有上亿的年轻"老人"离开职场，如何帮助他们重新定位人生、安放心灵、诗意地栖居，需要《读者》的抚慰和关怀；还有上亿离开乡村到处迁徙的离乡者和新市民，他们的乡愁、乡思如何纾解；等等。所以，这些都是读者品牌价值生产和传播的方向所在，也是我们文化产业发展的方向。因为"精神抚慰"和"价值提供"潜藏着巨大的市场潜能和社会需求。

5.围绕媒体融合打造全媒体传播的矩阵。集团是国家科技与文化融合示范基地、全国知识服务试点单位，与中国新闻出版研究院、北京大学共建国家出版融合发展重点实验室，是国家数字出版试点单位，拥有读者、读者原创、读者读书会、敦煌书坊等微信公众号媒体平台，有读者·新语文融媒体教育平台。《读者》微信公众号粉丝达到700多万，位居中国期刊微信影响力排行榜之首。2018数字阅读影响力期刊TOP100显示，《三联生活周刊》排在第一，《读者》排在第二，是最受国内读者青睐的杂志之一。最受海外读者欢迎的期刊，排第一的是《读者》。集团已初步实现了杂志在线阅读、微信营销、文字与影像结合的有声读物出版等集文字、音视频于一体的全媒体传播。下一步，我们主要围绕媒体融合，打造全媒体传播的矩阵，进一步加大知识服务业态的建构与新媒体营销的力度。

6.通过资本的力量、金融的手段，把文化的价值进一步绽放出来。集团参股甘肃银行、黄河财险、华龙证券以及读者传媒上市，就是为了通过资本和金融的手段，实现品牌的开发和拓展，进一步释放读者文化的力量和空间。

让"读者"的文化创新源泉充分涌流

企业文化很具体、很现实，就是企业的价值指引，其核心就是建构企业员工的价值"认同"和"交流"的文化。商务印书馆早期的企业文化建设使商务一度发展成为亚洲最大的出版机构，过去更多关注的是商务辉煌的出版成就和名人辈出，对企业文化建设在商务发展中的作用，多有忽略。

作为真正意义上的现代出版企业，商务印书馆在20世纪30年代初进入发展的高峰期，设有总管理处、编译所、印刷所、发行所、研究所的完备组织架构。在全国各大城市设有36个分馆1000多个营销网点，职工人数达4500人，其中编校人员1000多人，营业额达1200万银元，年出版图书千余种，占全国年图书品种数的40%以上。除图书和杂志以外，商务还创办了当时东亚馆藏古籍善本书最丰富的图书馆之一——东方图书馆，开办有尚公小学，制作和销售文具、仪器、标本、玩具、影片、幻灯片、中文打字机和印刷器材，实现了多种经营，已经成为亚洲重要的文化出版企业，可以和当时世界上任何大型出版社相媲美。

商务作为文化企业，人才辈出，名家云集，仅其编译所在1926年时人数就达到307人。作为职业化的出版机构，员工以乡缘、地缘和学统关系为主要组织纽带。维系这样一个庞大的群体，如果没有共同的价值追求，是非常困难的事。那么，维系商务这个群体的是什么呢？许多研究者一致认为是"认同"和"交流"。

关于认同，指个人因拥有相似的价值取向和目标，从而衍生认同感，构成群体的内在凝聚力。商务早期的合股，就是近代商业机构集资的一种形式，也是不同合伙者以示团结以及彼此认同的具体表现——强烈的价值认同感。此后几次扩股招股，都在旧同事、亲友、作者中进行。股东组成股东大会，是商务最早的决策机构。张元济、印有模等诸多有共同理想的人加入其中，许多人多年后仍不离不弃，均有共同理想支撑。

关于交流，任何群体内的个人具有不同形式的交流，这是维系和团结群体的主要方式之一。交流的方式和内容，也是理解一个群体的重要因素。商务有着自己的组织和制度，相比纯自发性的群体组合，更加制度化、正规化。一方面，有部门架构、会议等正规制度形式的沟通和交流，另一方面，又存在纯个人关系的交往。年轻编辑的学术交往——同事到好友，志趣相投，凝聚关系。以张元济为交往中心——以不同形式的聚会、聚餐联络领导层和编译所同仁的感情。由于商务群体的价值取向相近，加上乡缘、亲缘和学统的联系，所以，商务员工长久维持着一定程度的凝聚力。商务50年间人员流失也比较大，有的是暂时寄居，有的投身他处，有的进入仕途，等等。商务人的去留与坚守，充分印证了马克斯·韦伯所说的两种关系：共同体关系——为追求理想和目标而结合；结合体关系——以利益关系为主，其中也有为追求理想和目标而结合的。

广西师范大学出版社建构了以资产为纽带的"利益共同体"和"员工与企业一起成长"的发展理念，通过"内涵发展、自我裂变"，最终形成了"一轴"（教育出版）"两翼"（学术人文、珍稀文献出版）、多元并举的出版格局，从一个单体出版社成长为跨地域、跨领域发展的出版集团。阿里巴巴员工接近1万人时，有人问马云："当站在杭州体育馆的舞台上，面对着下面黑压压的人头，难道不心慌吗？"马云说："当大家都拥有同一个价值观和使命感时，一万人和一个人没什么区别。"这都是企业价值观的作用。企业文化建设的本质是达到组织行为、方式、思维的一致性。其外在表现形式有两种：服从和认同。这两者表面相同，但实质并不一样。服从只是表面上的现象，只有认同才是真正接受、自觉执行，最终在行动上践行。所以，企业文化的关键就是做好"价值指引"，最重要的是做好两件事：文化+流程。这也从另外一方面很好地诠释了"管理"的含义。

——"文化"解决人的问题，即保证员工思维和行为方式的一致性，一群人具有共同价值取向和价值诉求，也就是同样的价值趋同，朝一处去想，去努力。

——"流程"解决事的问题，即保证生产方式的一致性和有效性。使所有的事情按规矩、程序朝一个方向运行。流程就是分

2023 年 6 月 30 日，本书作者受邀担任 2023 年度国家艺术基金艺术人才培养项目"数字艺术藏品出版发行经营管理人才培养"授课专家，以"走向多维出版——一个文化品牌的突围之路"为主题进行专题授课

（图片来自"艺术与科技研究中心"公众号）

级。按流程运行，就会做到上下贯通、左右联动。

一个团队或者企业，不管人员构成多么复杂，如果让"人"朝一个目标去想去努力，让事情按流程有序地沿一个方向运行，如果真能做到如此，则何事不成？这应该成为对我们最大的启示。我们正在加快流程再造和机制创新，加快读者企业文化建设的步伐。读者出版集团企业文化建设的目的：让"读者"的文化创新创造源泉充分涌流。

数字时代的新型出版传播 [①]

　　随着《出版业"十四五"时期发展规划》《关于推动出版深度融合发展的实施意见》的陆续出台，出版深度融合成为出版业当下及未来一段时期的重要发展路径。对此，《数字出版研究》编辑部结合出版业，尤其是数字出版产业和学科研究实际，在出版业转型、知识生产变革、数字文明的背景下深入延展这一话题。

　　《读者》在我国改革开放后的出版史上具有重要的样本价值，将"《读者》现象"用作研究对象的学术成果屡见不鲜。进入新世纪后，借《读者》之名组建的读者出版集团，在文化体制改革和数字化、融合发展的背景下不断探索和创新，取得了新的发展成就，成为考察出版深度融合的典型样本。我们邀请到读者出版集团党委副书记、总经理马永强先生，又一次"从《读者》出发"，在认识论和方法论层面探讨如何推动出版融合向纵深发展、构建数字时代新型出版传播体系。

[①] 原文《推动出版融合向纵深发展 构建数字时代新型出版传播体系——〈数字出版研究〉就"出版深度融合"专访马永强先生》，载《数字出版研究》2023年第2期。

问：《数字出版研究》编辑部刘广东

答：马永强

1. 媒体融合转型格局中的出版

近年来，融合转型已成为各类传统媒体的基本共识。出版在媒介、内容、渠道等多个维度深度推进融合进程，是媒体融合转型格局中的重要参与者和推动者。

问：与报纸、广播等其他传统媒体相比，因为出版（书刊出版）相对更晚受到冲击，被认为融合转型的紧迫感不足、行动步伐迟缓。您如何看待这种观点？

答：与报纸、广播这类传统媒体相比，出版行业在融合转型上启动时间是稍微晚了一些，但这并不代表出版应对慢，融合转型的紧迫感不足。造成这个现象的原因很多。

一方面，传播介质和内容不同。数字化变革初期，新的媒体介质整合了资讯类、新闻类等内容，为报纸、广播这类媒体提供了立体的、多形态的方式，这种碎片式、浏览式、集成式的信息服务，迅速适应了新的受众需求，提供的是"快阅读"的信息消费模式，与书刊出版相比，这是它们的优势。出版作为文化传承、思想交流和知识沉淀的主要载体，实际上更倾向于"慢阅读"，而不是碎片化的自我放逐。在数字化冲击下，书刊出版融合转型需要做的是针对特定问题提出整体解决方案，通过体系化、谱系化的知识呈现方式来传播文化、积淀智慧，并且由内容的数字化进一步带动内容运营的数字化变革。

另一方面，融合转型的路径不同。相比于报纸、广电，出版业的内容更专业、更有深度，读者群体也相对更稳定，特别是在某些专业领域内，因此在融合转型方面展开会慢一些，需要跨媒体、跨行业深度融合，重构出版生态。数字转型初期，很多传统编辑都感到迷茫。针对这一现象，我就对他们说，换一种思路就比较容易理解数字出版。出版社不仅仅是出书的，出版社是生产内容的，出版社生产的内容是可以多介质传播并能够带来互动体验的。这样一说，许多编辑感觉豁然开朗了。经历了短暂的数字化早期迷茫，我们很快就加入了出版传媒融合发展的大潮，不光是内容的电子化、数字化传播和呈现，而且出版的形态也在发生变化，向数智化、智慧化、融媒体方向发展。在这一语境下，出版企业在融合转型中不断推进文化与科技融合，利用各类数字技术，拓展出版的维度，一批新颖的出版平台随之出现。围绕内容为用户提供多元化、个性化的阅读体验和知识服务，成为出版等阅读服务企业的价值追求，由内容生产商向阅读服务提供商转型，成为一种必然的趋势。

此外，与大众生活融合的维度不同，报纸、广电等媒体推进数字化融合升级的过程中，走的是为大众生活提供功能性服务的路线。例如，贯通省、市、县的融媒体中心，可以快速整合资讯，建立立体快捷的信息传播渠道，实现新闻资讯服务的全方位、多层次、即时性送达。还有一些媒体集团在构建信息传播平台的同时，打通了新闻资讯和社会服务渠道融通发展的路径。例如，浙报集团在多年前就打通了网络信息平台和社会服务平台的通道，为用户提供线上医院预约等各类生活服务，把特定信息当作进入具体生活服务的端口，直接服务不同属性的社群。出版业则不同，我们需要以优质内容为核心，围绕多元的"阅读服务"融入大众生活。如今，碎片化的浅阅读深刻影响了大众的阅读方式和思维模式，出版企业需要从文化传承和提高国民文化素养的角度出发，重建阅读环境，重塑阅读的精神内核，积极参与公共文化空间的构建和"书香中国"建设，围绕全民阅读倡导新的文化生活方式和文化消费模式，让自己成为新时代文化生活的引领者。数字化时代来临之前，出版企业提供的教育产品主要是内容产品；当下，内容+技术平台+服务，才能构成完整的教育服务产品，所以出版企业在数字化时代必须进行多维度转型。

2. 基于出版深度融合的认知转型

2022年4月18日，中宣部印发《关于推动出版深度融合发展的实施意见》，提出"坚持正确发展方向""扩大优质内容供给""加强前沿技术探索应用"等20条具体意见，对于加速推动和深化出版企业融合转型具有重要指导意义。相关部门将"出版融合"的表述调整为"出版深度融合"，反映出对出版价值定位的肯定，以及出版环境和融合实践的客观变化。在认识论层面厘清出版深度融合的逻辑，是推动出版业高质量发展的前提与基础。

问：从"出版融合"到"出版深度融合"，在认识论层面发生了哪些变化？

答：出版融合和出版深度融合，并不是简单的表述上的强调，而是在经过十多年的探索之后，出版人对出版发展方向在本质上的认知提升。如今，我们已经度过了数字化冲击伊始的焦虑期，也度过了"我也数字化你也数字化"的内向思维困局，拓展了认识的维度，向更高层次的理想迈进。这个更高的层次，就像纸被大量应用为内容载体而形成的内容和载体的圆融，会造就新的生产方式和生活方式。这是未来，未来已来。

认识论方面，实现认知突破是首要任务，出版人需要重新理解和阐释出版概念。纸媒时代，信息单向度流动，内容生产者与消费者之间"一纸相隔"却咫尺天涯；数字时代，互联网改变了大众的交往方式、生活方式，出版业的生产、营销和产品消费方式发生巨大的变革。被解放了的用户及社会需求推动出版业转型，新的信息交互方式推动出版产业生态重构，不断涌现的科技手段如"无边落木萧萧下"，给出版传媒业带来漫天风雨，很多固有的观念不断被改写。想要与时俱进实现出版业的自我革新，需要从基本观念的认知和底层逻辑的重建两方面实现突破，从而确立属于出版的融合转型发展战略。

从基本观念入手，结合当下出版业发展实际，重新阐释和理解"出版"的概念：出版不仅仅是文化传播、知识服务，还是对生活方式的引领，更重要的是对价值的生产和传播。作家克里斯托弗·莫利在谈及阅读的时候说道："当你把书卖给读者的时候，你卖给他的不只是12盎司的纸、印刷的油墨与装订的胶水，还卖给他一个崭新的生活。爱、友情、幽默，以及夜晚在海中航行的船只，一本书包含了天与地。"因此，出版说到底是价值的生产和传播。一本书的出版不再是出版的完结，而是阅读服务的开始，以内容为媒介的价值生产，包括阅读场景、阅读体验等阅读服务的提供和多样化阅读需求的满足。

结合企业实际，明晰企业的独特价值和定位，也很重要。以读者品牌为例，我们在构建"读者影响力"产业体系的生存逻辑的过程中，确立了"内容驱动型精神企业"的定位。读者品牌为阅读而生，一直致力于阅读风尚和先进文化的引领，努力为大众提供更优质的阅读服务。它的发展之路，是一条文化传播与价值生产之路。《读者》杂志从创刊至今，见证了改革开放以来的社会变迁，参与了这一时期国人文化价值观的建构、民族灵魂的重铸、和谐文化的创新传播。不仅如此，《读者》还记录了这一时代变革中千万读者的情感和社会风尚。《读者》的成功，得益于它坚定的人文品质和独特的文化内涵所形成的魅力，以及它与读者之间心灵相系的依存关系，这种关系经过岁月的沉淀，已经演化为一种精神伴侣的关系，因为《读者》伴随了几代人的成长。明乎此，面对融合转型，我们的认识理路就能更加清晰。多维出版时代，读者出版集团作为"内容驱动型精神企业"，坚持一切从内容出发（内容+），坚持多维

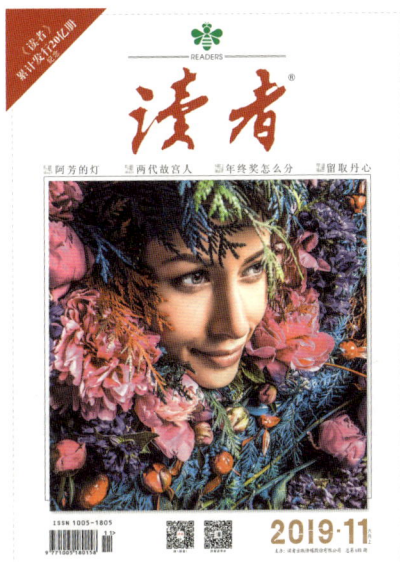

2019年6月，《读者》杂志累计发行20亿册

传播，在多维度、多领域生产和创造价值。将读者品牌产业生态的建构融入中国特色社会主义建设，将文化强国建设这一国家意志与读者品牌的"价值生产"相结合，努力为人民日益增长的美好生活需要提供优质的文化产品和文化服务。认知突破、自我定位明晰之后，围绕品牌价值链延伸产业链，就有了具体的方法和实践方向。

首先，紧紧围绕品牌的核心层和创意核推动创新发展。《读者》杂志作为读者品牌的创意源头，既是优秀的内容产品，又是融汇作者、读者及优质内容资源的传播媒介和平台。因此，我们一方面实施《读者》杂志的品质提升工程和文化服务的转型，着力推动在全媒体传播和社群营销上实现质的突破；另一方面充分发挥杂志的平台作用，延展不同的社群运营模式，围绕一种杂志形成一个文化服务生态。

读者出版集团走"专、精、特、融"发展之路,以主题出版为引领,以敦煌学—丝绸之路学出版中心、藏学出版中心、简牍学出版中心、西夏学出版中心为依托,大力推进精品生产
(金亨煜摄自读者博物馆)

其次，努力激发传统出版社的活力，实施精品出版和转型创新。读者出版集团旗下9家出版社是读者品牌核心层的另一个重要部分，在出版融合转型中，坚持专业化、特色化、精品化发展之路，以主题出版为引领，以"敦煌学—丝绸之路学出版中心""藏学出版中心""西夏学出版中心""简牍学出版中心"为依托，以敦煌学、丝绸之路学、藏学、西夏学、民族文化、阅读成长等特色产品线和特色板块为支撑，大力推进精品生产，打造走向世界的读者出版品牌，切实提升读者出版的品牌形象和影响力。在融合转型的过程中，传统出版社需要不断主动升级，把自己变成创意中心和产业链集成者，做专、做精、做深、做特、做优，做出独特价值。具有独特价值的内容和创意，是出版社的核心竞争力之所在，版权的运营是产业的关键。

最后，围绕品牌的核心层，进行"价值扩散"和"服务延伸"，是读者品牌出版融合发展一个重要的维度。我们围绕阅读服务延伸产业链，探索构建阅读服务业态；推出线上阅读服务平台，推动线下阅读分享活动，探索社区化阅读服务模式；围绕知识服务延伸产业链，推动读者IP向在线教育服务领域延伸；围绕生活方式的引领延伸产业链，实施读者+公共文化空间、读者+文化旅游、读者+文化创意等多个领域的创意延伸；围绕"价值的生产和传播"延伸产业链，为大众提供"精神抚慰"和"诗意的栖居"；围绕媒体融合打造全媒体传播矩阵，加速建构知识服务业态与新媒体营销网络。

问：出版企业在深度融合方面，是否存在可以共同遵循的原则？

答：出版企业在深度融合转型中，面对着共同的难题和挑战，势必存在可以共同遵循的原则，其中，融合转型的目的、出版企业与用户的关系、融合的基本路径，以及融合发展中"人"的转型，是每个出版企业都需要认真面对的。

出版企业推动深度融合，大家在目的和方向上是一致的。出版企业融合转型，本质上就是在推动优质的内容和与之适配的技术之间深度融合，为的是推陈出新，激发传统出版企业的活力，通过转型发展，增强优质内容的传播力，更好地造福社会、服务用户。在融合转型中，如何调整企业与用户的关系也是每个出版人必须重新思考的。数字文明时代，冲击传统出版业的不是互联网本身，而是被解放了的用户及其需求。新时代人民群众不断增长的多样化文化需要，以及人民群众对美好生活的向往，对出版工作和文化精品生产、多样化文化服务提出了更高的要求。因此，出版企业融合转型的方向必然是根据不同用户群体的需求而调整变化的，这就要求出版企业从传统的产品服务思维向知识服务、阅读服务、文化服务转型。融合转型中，出版企业推动资源融通的路径大同小异，具有一定规律性。出版企业大小、特色不一，但在数字文明时代，整合已有资源，实现资源融通、渠道融通、平台共享，围绕特色内容资源建设融媒体平台，建立以特色内容为核心的多媒体数据库，围绕用户进行精准营销，以"内容+服务"的形态实现传播、效益的长尾化，这个建设方向是相似的。最后就是人的问题，做事的核心是人，出版企业融合转型的语境中，人的转型最为迫切。出版的各个环节、流程都由不同岗位构成，每个岗位都有具体的人在工作，所以在出版业的深度融合中，出版从业人员的转型升级是最核心的。当出版机构升级为创意中心和内容服务平台，成为全新的内容服务产业链的集成者时，从业人员所面临的不再是简单地在原有岗位上增加新技能，而是要适应全新的岗位。新岗位要求具备媒体融合发展中新的语境、新的价值构成和新的工作逻辑，完成对自我价值的重新认知。

问：在知识媒介相对稳定的历史时期，内容生态中的技术因素往往容易被轻视甚至忽略。近几十年来，媒介技术快速发展，媒体融合不断加速，人们往往以"技术/内容为王"这类体现二元对立的观点来审视技术与内容的关系。在出版深度融合语境下，您如何理解内容与技术的关系？

答：我不认为技术和内容是二元关系，要说二元，只是这个阶段新的技术变革导致传统出版方式的不适应，是旧模式和新技术的二元关系，而不是内容和技术之间的二元关系。在历史的长河中，这种因为技术发展而形成的不适感和对立思维不胜枚举，但这都是暂时的。新的模式、新的习惯、新的方式必将确立。所以，出版人不应该有这种狭隘的技术与内容的二元对立思维，我们要做的，是坚定内容的本位，热情拥抱新技术，形成内容与技术相互交织、相互促进的关系。具体来说，我认为内容和技术之间的关系主要表现在以下几个方面。首先，技术赋能内容创新。现代技术为内容创新提供了极大的可能性，可以延伸出多种形态的内容呈现方式和更优质的体验模式。例如，人工智能技术可以帮助出版企业分析用户偏好，画出形象鲜活的用户画像，提高内容供给、送达的精准度；增强现实技术可以将虚拟内容与实际场景相结合，提供更加生动、直观的内容呈现方式，实现阅读场景的多维度展开，营造全新的文化体验。这些新技术的应用为内容创新提供了新的思路和方式，可以帮助出版企业更好地满足用户需求。其次，内容也在推动技术发展。技术赋能内容的同时，内容呈现的需求也给技术发展提供方向和动力，用户的需求反馈会影响内容的呈现模式，技术就要为这个需求提供支撑。例如，出版企业为数字出版技术提供了大量的数字化内容，推动了数字出版技术的发展；同时，内容创新也为新技术提供了更多的应用场景和试验平台，为技术完善和迭代升级提供基础。最后，技术创新最终会推动内容生产方式的改变。现代技术的应用不仅仅是为内容提供新的呈现方式，更是改变了内容生产方式。现实中，数字化生产技术可以实现内容的快速制作和定制化生产，大幅提高生产效率，既做到精准送达，又保证呈现形式的个性化，让用户的体验更加细腻。同时，互联网技术和社交媒体平台的出现，为内容生产提供了更加广泛的参与和协作的可能，使得内容的生产方式更加开放和多元化。在出版深度融合的过程中，出版企业需要充分认识到这一点，将内容和技术紧密结合起来，不断推动技术的创新和应用，为内容创新提供更多的可能性。

3. 融合转型的实践探索与出版人的应对

出版融合并没有一成不变的固定模式，各出版企业结合自身资源积累和地方、行业优势，走出了各具特色的转型路径，但这并不意味着对个案参考价值的否定。在融合转型的过程中，一线出版人直接面对着最为鲜活和复杂的实践问题，他们的能力范围、认知高度、探索精神等，很大程度上影响着出版企业融合转型的成败。

问：出版融合具有较强的包容力，许多新业态都被视为出版融合的实践探索成果。近年来，读者出版集团在出版融合方面有哪些创新举措？

答：近些年，读者出版集团在出版融合转型方面进行了一系列探索，结合自身的资源优势布局新业态、拓展新的发展维度。首先重新认知和定位了读者品牌，重构自己的产业生态。集团以读者品牌为核心，启动"读者品牌影响力转化工程"，通过流程优化、平台再造，实现集团各种媒体资源、生产要素的有效整合和融通，催化集团优质资源的融合质变。我们提出从"一维出版"向"多维出版"转型的发展思路，明确了自己作为"阅读服务提供商""全民阅读领读者"的角色定位，通过提供各类优质的阅读服务、文化消费服务和文化建设问题解决方案，实现精准营销。紧扣"全民阅读"来推动优质文化产品生产，充分利用"读者"品牌在阅读人群中的影响力，用优质的内容营销来链接人，用分享、交流刺激用户的需求，从而探索按需出版、定制服务等产业转型与用户数据的采集与运营。

主动参与国家数字出版转型布局、媒体融合发展项目研究和技术研发，推动文化与科技融合发展。经过多年努力，集团入选国家"数字出版转型示范单位"和国家"知识服务（综合类）试点单位"，与中国新闻出版研究院、北京大学等单位共建国家出版融合发展重点实验室。近年来，先后承担科技部科技支撑计划项目等各类融合发展项目50余项，为产业发展提供了重要支撑。

"读者人"积极推动出版业供给侧结构性改革，实施"读者·中国阅读行动"全民阅读工程，构建阅读服务的全新业态。围绕"阅读"这个核心概念，探索新型会展产品，推动"读者读书会"跨地区、跨行业设立分会，上线读书会荐书平台，为用户

读者出版集团有限公司
国家文化和科技融合示范基地

工业和信息化部 中央宣传部 中央网信办 文化和旅游部 国家广播电视总局
二〇二四年一月

2024年1月，读者出版集团获批"第五批国家文化和科技融合示范基地"

提供个性化阅读服务。同时，组建各类"读者·领读者"阅读推广团队，向全社会播撒阅读种子。"读者·中国阅读行动"全民阅读工程和建设书香社会的"读者方案"，先后两次荣获中宣部"全民阅读优秀项目"奖，并入选中宣部《宣传思想文化工作案例选编》。

与此同时，集团不断加大出版融合的力度，投入数千万元用于内容资源数据库、数字内容传播和读者微信公众号、短视频直播平台等十几个数字化项目建设，实现了杂志在线阅读、文字与影像结合的融媒体读物出版等集文字、音视频于一体的全媒体传播，建设了完整的线上营销渠道，实现从公众号内容传播到视频直播的立体营销体系，初步介入了"多维出版"布局。与时俱进，打造全媒体的传播矩阵，进一步加大了知识服务业态的建构与新媒体营销的力度，以"读者+阅读服务"理念打造的"读者·新语文"阅读写作融媒体平台，入选2022年中宣部"数字出版精品遴选计划"，跻身全国"数字出版百佳"之列。依托丝绸之路、敦煌等特色文化资源，建设具有地域特色的融媒体数据库和融合出版平台。结合国家"一带一路"倡议，启动"一带一路"背景下的敦煌学和丝绸之路学研究数据库与知识服务平台建设，该项目入选国家"新闻出版改革发展项目库"，获得中央文化产业发展专项资金资助。"文溯阁《四库全书》数字化影印出版项目"完成了全部内容的数字化转化，对四库古籍保护和数字化开发、国家版本馆建设具有重要意义。

此外，我们围绕出版"引领生活方式"这一理念，打造了不少具有"文化地标"属性的新型公共文化空间和阅读空间。在上海、北京、苏州、兰州、天水等地合作建设街区公共文化空间、体验式文化沙龙"读者小站"20多所，在企业、机关、学校、社

甘肃省兰州市西固区"读者小站·金城书房"
（金享煜 摄）

甘肃省兰州市西固区"读者小站·金城书房"
内景
（金享煜 摄）

上海市宝山区"读者·壹琳文化空间"
（壹琳文化 小琳 摄）

交通银行甘肃省分行"读者书房"
（交通银行甘肃省分行供图）

区等建设"读者书房"200多所及"读者阅读角"1000多个。推动读者IP的社区化、生活化，推动读者品牌与大众生活深度融合，走出了一条新型公共文化服务和阅读服务的文化创新之路，探索形成了读者阅读空间的学校模式、机关模式、企业模式、县域模式和社区模式。

问：出版深度融合发展将在一定程度上重构出版生态。对于一线出版人而言，应如何做出应对？

答：出版深度融合背景下，出版人需要重新理解"阅读"的本质，参与出版生态的重构，这一使命任重道远。20多年前，兰登书屋的前总编辑贾森·爱泼斯坦在《图书业》一书中对书籍的未来就有过一个预测："与肥皂、鞋、汤这样的商品不同，书籍可以不以物质的形态存在，可以不需要任何成本就能通过电子信号来传输，并且可以根据需求在世界几乎任何地方以电子或实物形式重新组合。"20多年过去了，他的预测在逐渐变成现实，但距离完全实现还有很多工作要做。因此，当图书形态发生本质变化的时候，阅读就开始有了全新的含义，阅读服务也就被赋予了完全不同的价值。作为一线出版人，我觉得面对出版生态重构，有三个关键词是必须牢记的：自我革新的勇气、认知提升的高度和"以人为则、民胞物与"的情怀。

出版人需要深刻理解出版深度融合发展的趋势，敢于自我革新，有勇气努力突破。我们要深刻理解出版生态重构的底层逻辑，领会国家推动出版深度融合、构建数字文明社会的决心，不能抱有丝毫侥幸心理，要主动变革，推动企业的"一主多元"发展，实现"多维出版"。同时，有勇气实现自我革新，在更广泛的领域实现跨区域、跨业态、跨媒体、跨所有制的融合发展。

出版人需要不断更新知识体系，提升认知维度，以新的出版理念面对数字文明时代的出版业。就像我前面提到的，新的出版生态中，一本书的出版不再是出版的完结，而是阅读服务的开始，以内容为媒介的价值生产，包括了阅读场景、阅读体验等阅读服务的提供和多样化阅读需求的满足。出版社（杂志社）说到底是创意中心，是产业链的集成者。从卖"纸"到卖服务、卖"价值"，这将成为数字文明时代出版业的生存常态。

出版做到极致，最终还是服务于"人"的，在数字文明时代，出版人更得以"人"的需求为准则，怀揣"民胞物与"的情怀开展工作。我提过几个问题，未来的工作需要不断回到这几个问题中：如何使出版回归"人"的生活、"人"的情感，真正回到"人"？如何把图书和内容变成价值体系，实现从卖"纸"到卖"价值"？如何通过优质内容资源这一媒介和纽带，来连接人、聚合人，通过交流分享使人们达成共识？如何围绕出版的"知识服务""生活方式引领""价值的生产和传播"来实现价值链和产业链的延伸和拓展？回答好这些问题，我们才有信心面对出版业重构之后的未来世界。

4. 数字文明时代的出版业

出版融合加速了知识的评价、传播与存档模式的转型。例如，随着传播渠道的增多和不同算法模型的影响，知识的可发现性与其价值本身可能并不具有必然联系；VR技术打破了知识平面化传播的单一形态，为身体回归到阅读过程甚至参与式阅读提供了可能；网络创造了人与知识新的连接方式，并成为最大的知识来源，构成了数字文明的重要基础。近年来，我国大力推动数字经济发展，数字文明建设不断取得新成就；出版业正在主动或不自觉地融入数字经济体系，同时作为建构数字文明的重要力量发挥着独特作用。

问：在未来的数字文明时代，出版的业态、格局、路径将会发生怎样的变化？

答：数字文明时代社会形态的演化不仅在加速，更呈现出在不同维度的立体式展开。对出版企业来说，只能不断适应，并加速更新迭代。从出版融合的视角推测数字文明时代的变化，我认为会在强化企业特色风格、创新服务形态和不断提升用户体验三个方面有全新的突破。

未来的数字文明场景下，会出现更多风格独特的出版企业。从数字化的产业全局来看，内容、平台、终端三个部分已经构成了一个完整且关系紧密的产业链，它们的融合程度会越来越高，这个链条由硬件生产商、技术提供商、渠道运营商、内容供应商等产业部门参与，并由其中一方来整合。在全新的服务链条中，出版企业若想保持独立性，就要理智面对，找准分工定位，着力凸显自己的特色和优势，坚持"内容为王"，不断提升在产业链条中的价值追求。因此，数字文明时代，能存活并健康发展的出版企业，必然会呈现出强烈的个性化风格。深度数字化会激活企业服务意识，让更多整合能力强、创新服务能力一流的出版企业脱颖而出。多维出版时代，知识来源增多、评价体系多元化，这个时代出版机构生产的内容与平面媒体时代的内容大不相同，呈现出知识和信息的集成、整合等特性，以及立体化、多维化的传播特征。人与知识、信息的连接方式和维度增加，这种情况下，谁拥有更强的内容资源聚合能力、整合能力和创新能力，谁就拥有更大更强的市场控制力。因此，无论是追求"纵向一体化"产业链的拓展，还是进行"横向一体化"的内容开发，出版企业都需要不断探索内容创意与新技术、新载体的有机融合，生产适合新载体传播又深受新媒体消费群体喜爱的内容，并不断提升内容的附加值。通过实施一系列特色出版工程和精品工程，提升文化创意内涵，培育新的文化品牌，不断提升内容的整合能力、创新能力，从而使企业主体在多维出版的产业链中拥有足够的影响力。

数字文明时代，用户的体验感会成为出版企业未来很重要的创新动力和服务方向。智能化的知识传播模式和沉浸式的知识体验模式，要求颗粒度更细腻的"在场"体验，出版企业的服务属性也因此被放大。随着人工智能技术的发展，智能化和个性化的知识传播和体验模式会更加丰富，用户会彻底摆脱信息选择和接受的单一方式，直接参与到知识生产、分享、传播的全流程中，高品质的内容、个性化需求、简洁细腻的体验模式会是出版企业在数字文明时代提供的最核心的服务。这样的用户需求，会推动出版企业不断探索与新媒体运营商、技术提供商的合作模式，确保生产的内容能在不同的平台、终端上同步高效送达，并竭力优化用户体验，始终把全媒体传播和提供优质的文化消费服务作为产业发展的重点，提升个性化、多样化的文化服务能力。这是出版产业在数字化转型中新的发展空间和利润增长点。

高质量发展视域下的出版深度融合创新①

在人类历史上，有三次重大革命深刻影响了世界历史进程，尤瓦尔·赫拉利在《人类简史》中将其总结为："认知革命、农业革命和科学革命。"②当下，我们有幸亲历以智能化为特征的第四次社会变革。互联网给人类社会带来升维式的变革，"万物互联、万物智能、万物皆数的趋势不断加快"③，大数据、区块链、人工智能、云计算、量子信息等新兴科技手段，把我们带进数智时代。第四次技术革命的出现，不仅改变了社会的生产方式和生活方式，同时也深刻地改变了资源的配置方式和社会组织的运行模式。正如习近平总书记在2021年世界互联网大会乌镇峰会贺信中指出的："数字技术正以新理念、新业态、新模式全面融入人类经济、政治、文化、社会、生态文明建设各领域和全过程。"

国家"十四五"发展规划提出"产业数字化，数字产业化"和

---

① 此文原刊于《出版参考》，2023年第10期。

② ［以色列］尤瓦尔·赫拉利《人类简史：从动物到上帝》，北京：中信出版社，2014年，第1—50页。

③ 米加宁，章昌平，李大宇，徐磊《"数字空间"政府及其研究纲领——第四次工业革命引致的政府形态变革》，载《公共管理学报》2020年第17期，第一版，第1—17页，第168页。

"建设新型文化企业"的要求，标志着出版产业形态的重构已经开始。中宣部《关于推动出版深度融合发展的实施意见》指出，出版深度融合发展"主要包括：两类出版（传统出版、新兴出版）'融为一体、合而为一'的体制机制，内容建设为根本、先进技术为支撑、创新管理为保障的新型出版传播体系"创新，科学回答了为何融、融什么、怎样融等问题。国家新闻出版署《"十四五"出版业发展规划》进一步明确了出版深度融合的路径：大力发展数字出版新业态，推动数字技术赋能、构建一系列"出版+"业态等。党的二十届三中全会指出，"探索文化和科技融合的有效机制，加快发展新型文化业态"。这一系列政策的相继出台，为高质量发展视域下出版深度融合创新提供了政策指引，指明了方向。有论者提出，在新一代人工智能技术的推动下，未来只会存在两种企业，一种是人工智能企业，另一种是人工智能化的企业。因此，出版业亟须准确把握国内外通用人工智能等数字技术的发展趋势，明晰自身的优势、潜力、短板和不足，切实增强危机感和紧迫感，争取在数字化、智能化浪潮中赢得主动。

2019年8月21日，习近平总书记到读者出版集团考察调研并作出重要指示："要提倡多读书，建设书香社会，不断提升人民思想境界、增强人民精神力量，中华民族的精神世界就能更加厚重深邃。为人民提供更多优秀精神文化产品，善莫大焉。要牢牢把握正确导向，在坚守主业基础上推动经营多元化，努力实现社会效益和经济效益双丰收。"习近平总书记的重要讲话和指示精神，为中国出版业高质量发展指明了方向，提供了遵循。因此，出版人要不断厘清思路、凝聚共识，大力推动出版融合发展，坚持自我革新，构建"一主多元"发展新格局；坚持多维出版，在多维度多领域进行价值生产和创造，努力推动出版深度融合创新发展。

未来已来，融合新生
——国内外出版深度融合创新发展现状

20 世纪末以来，席卷全球的信息技术、数字技术和网络技术革命，给出版产业带来了革命性的冲击，出版的内容形态、阅读方式、传播业态和商业模式也随之发生了巨大变化。随着移动互联网技术的不断发展，出版融合发展成为出版产业发展的重要战略方向。

纵观出版融合发展历程，一共经历了三个阶段："20世纪末到2012年的数字出版阶段，2013—2020年的融合出版阶段，2021年至今的出版深度融合阶段。"①

"出版融合"一词，最早由梁小建在 2012 年提出，"出版融合从业态上看包括业内融合、跨媒体融合、跨行业融合三种形式"②。于殿利指出："所谓的出版融合，是外向或向外的，核心是融合，出版是基础或出发点，以出版的内容或资源整合其他产业形式或产品形式为方法或手段，其结果是实现跨界或跨产业经营。"③

虽然学界对如何解读出版融合内涵存在不同的认识，但也有相似之处。笔者认为，智能革命带来的是对传统生产关系的颠覆性变革，出版业从"一维出版"向"多维出版"转型，是出版业的又一次演化，也是出版深度融合创新、重构出版生态的重要历程。这里所说的"多维出版"是指用多种媒介生产、传播和营销内容的多维度出版业态和文化服务、价值生产的出版新模式。

---

① 陈洁《全媒体传播体系下出版深度融合发展探究》，载《中国出版》2023 年第 3 期，第 5—11 页。

② 梁小建《文化强国建设的出版融合路径》，载《出版发行研究》2012 年第 9 期，第 16—19 页。

③ 于殿利《从融合出版到出版融合——数字传媒时代的出版新边界探析》，载《出版发行研究》2022 年第 4 期，第 5—15 页。

出版深度融合的"多维出版"，大致通过两大维度展开：一是科技+出版的"融合出版"，出版从内容聚集到生产、传播、营销发生巨变，数字化为出版产业发展带来了新机遇新挑战；二是"出版+"跨行业多维度破圈的"出版融合"，科技赋能使得出版的边界被彻底打开，出版与其他业态融合并拓展出新的业态，新型企业的诞生成为可能。

业内不乏出版融合的成功案例，不断为出版深度融合创新提供启示和指引。国内外出版企业立足各自出版实际和资源、人才优势，纷纷探索适合自己的出版融合之路。与互联网逻辑相吻合的平台型媒体正逐渐成为出版跨界参与教育服务的主流形式，已经形成了"出版+教育"的平台化模式。迪士尼从内容出发的"迪士尼"主题公园向全球拓展，开启了国内外"出版+文旅"融合的品牌化之路。随着出版业态的创新，出版的概念不断发生分化，数字出版的一部分走向碎片式、浏览式、集成式的信息服务，一部分逐渐进入娱乐产业领域。多维出版的游戏、互动等特性以及立体化的传播特质，使读者不断获得丰富、愉悦的阅读体验。以《三国演义》内容为原型延伸出的系列电视剧、游戏等周边产品获得读者好评。例如，由Creative Assembly开发的回合制策略游戏《全面战争：三国》，是全面战争系列中首部以中国历史为背景的战争游戏，于2019年5月23日发售，一经上架便成为畅销的全面战争系列游戏。迪士尼从故事出发，不断拓宽文化创意的维度，延伸文创产业链，其文创产业发展从产品维度的玩偶、钥匙链，到场景维度的乐园及度假区，再到引领生活方式维度的迪士尼海上巡航线，最终实现了文创平台的搭建。重庆出版集团开发的《太平门》场景化阅读产品，通过"场景+演绎+浸入式"阅读，为读者提供了沉浸式文化体验之旅，成为"出版+阅读服务"场景化的成功案例。随着"出版+

文化创意"的多元化、"出版+公共文化空间"的社区化、"出版+公共服务"体系化等趋势，出版赋能社会发展、城市生活和人文经济发展等已经逐渐成为共识。

目前，元宇宙、人工智能等新技术成为出版深度融合的主要推动力。亚马逊在线书店已有超过200本图书把ChatGPT列为作者。数传集团推出AI阅读服务数字人，将一本普通的教辅变成了一个"全科私人家庭教师"。读者出版集团正在推进实施的甘肃省2022年度科技重大专项计划"面向终身学习的数字化智能体技术研究与应用"项目，就是为终身学习提供一个个性化的"智能教师"。因此，多维出版的核心理念是内容+科技+服务的产业链、价值链延伸。跨媒体出版、跨界出版、跨行业破圈，是不断拓宽出版的边界，延伸服务的触角，是以"内容+服务"的形式实现传播、效益的长尾化，是从内容出发的多维度、多领域价值生产和创造。其中，"内容+科技"是出版融合发展的根本支撑，内容是出版融合发展的核心价值所在，知识赋能和文化创意服务则是出版产业跨界破圈的方向。"科技+出版"和科技支撑下的"出版+"跨行业多维度破圈两个维度互相支撑、互为表里，构成了出版深度融合创新发展的基本逻辑。

高质量发展视域下出版深度融合创新

以内容创意为价值核心，通过各种产品和服务形式，借助新的媒体平台、技术手段、场景设置等服务用户，是出版产业在高质量发展视域下实现出版融合创新发展的有效路径。结合国内外出版行业发展实践，笔者试图为国内出版深度融合创新发展梳理出一条路径，简单来说就是：推进三个"重构"，做好四个"加强”，探索十个"延伸"。

一、三个"重构"：以内容为核心的价值创造

出版企业作为文化服务企业，在数字化转型中承担着内容提供商、阅读服务提供商、文化问题解决方案提供者的角色，需要不断提升内容资源的整合能力和创新能力。出版社是创意中心和产业链的集成者，它的价值创造不能止于"纸"书，而是优质内容在多维度多领域的价值生产和传播。为了改变传统出版产品链短、价值链短的问题，我们要着力推动出版主业的升维发展，实现三个"重构"：一是重构杂志出版的多维出版生态；二是重构图书出版的多维出版格局；三是重构全版权运营的版权产业体系。

1. 重构杂志出版的多维出版生态

要深入推动杂志的内容品质提升和文化服务转型，努力在全媒体传播和社群运营上实现质的突破。围绕杂志的内容延展杂志的平台价值，重构杂志生存的生态圈；根据不同杂志平台，延展不同的社群运营模式。数字文明时代，纸质杂志的存在逻辑之一，就在于将其平台化、社群化。这里以《读者》杂志为例做一简要说明。

作为产品的《读者》，要持续提升杂志的内容品质，探索数字时代内容生成的新模式，着力解决产品短尾化问题，深入挖掘内容资源，实现全媒体传播和营销。

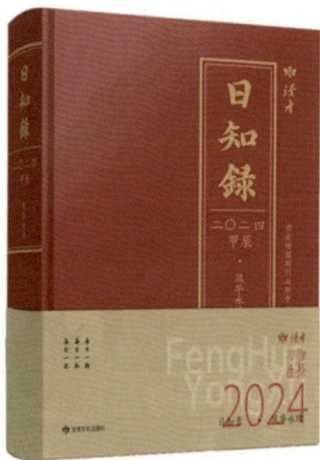

《读者》文创产品"日知录"

2021 年 8 月 21 日，读者博物馆正式开馆

2021 年 8 月 21 日，中国首家插图艺术馆——《读者》插图艺术馆在兰州正式开馆。馆内藏品均为《读者》创刊四十年来的插图精品，涵盖 95 位知名画家的 460 多幅作品

作为传媒的《读者》，要通过杂志的内容营销和阅读服务、多元场景营造等，重新激活杂志作为媒介的活力。

作为平台的《读者》，推动实施"杂志+阅读服务+全媒体传播（读者微信、读者APP等新媒体矩阵）+社群运营（如读者直播、读者电商、读者读书会等）+文化场景（读者插图艺术馆、读者插图线上线下艺术展等）+读者插图AI生成及输出+文化创意周边延伸"等的杂志平台化战略。通过人工智能技术，努力把"读者"打造成为精品文化的"搜索引擎"。

2.重构图书出版的多维出版格局

多维出版时代，出版社不仅仅是生产图书的，还是生产内容的，生产的内容是可以多介质传播并且能够实现应用和互动体验的。优质内容资源永远是创意源头，创意是核心，优质版权资源的集聚和多维运营是产业的关键。在这里，跳出图书做内容，把版权和内容的送达当作发力点，就打破了介质的局限。因此，推动出版平台化就成为图书出版升维发展的关键。河南科技出版社华夏手造创意中心，通过"内容+平台+服务"的出版平台化建设，已经实现了从一本书——一个产业链——一个生态圈的出版深度融合发展。

一是把出版社建成优质内容资源聚合的创新平台。以"内容+技术"统领产业链，形成多向度资源链接端口，向大学、研究院等学术机构延伸，聚合各种智力资源，建构以内容资源多向度集聚开发为核心、以客户需求为导向的出版产业链。

二是把出版社打造成为文化创意孵化器和优质IP产生的平台。出版社作为创意中心和产业链集成者，要大力培育优质IP资源，不断提升文化创意产品、场景的变现能力，坚持一切从内容出发，坚持多维传播，在多维度、多领域生产和创造价值。

三是把出版社打造成为综合文化服务平台。出版就是阅读服务、文化服务和文化问题解决方案的提供。

3.重构全版权运营的版权产业体系

版权是文化创意产业的核心资源和核心资产，是内容行业能立竿见影带来收入的"低垂的果实"（泰勒·考恩语）。出版深度融合使得版权的多元化运营成为价值生产的常态。加强版权资源聚集、管理、培育等机制建设，建构全版权运营体系，进一步激活版权价值，激发出版企业的创新力和发展活力，成为出版深度融合发展的必由之路。

二、四个"加强"：推进出版深度融合创新发展的重要举措

推动出版行业高质量发展，必须坚持"质的有效提升"和"量的合理增长"，努力营造一个孕育着未来的健康发展的产业格局和良好发展态势。

一要加强数据资产的基础建设。推动业务、数据、网络的"通"和"融"，构建数据中台，描摹用户画像，实现业务数据化、数据业务化的深度融合。

二要加强线上线下渠道融通建设。要打破不同新媒体平台之间的端口区隔，实现渠道融通、精准引流，打造私域流量池，通过社群营销等手段实现流量变现。

三要加强品牌战略顶层设计。统筹规划品牌的塑造、创新、管理、运营、营销战略，建立系统性、全方位、前瞻性的品牌维护和品牌价值创新体系。

四要加强创新协同。数字文明时代，谋创新就是谋未来。要大力推动产品创新、运营模式创新，通过推动"连接""共生""赋能"等实现组织的数字化转型，促进资源共享与价值共

创的出版生态重构。

三、十个"延伸"：一切从内容出发的出版深度融合创新发展之路——多维度多领域"出版+"跨界"破圈"的多维出版

针对当下出版业的变革趋势，笔者对出版的概念给予了新的阐释："多维出版时代，出版不仅仅是文化传播、知识服务，还是生活方式的引领，更重要的是价值的生产和传播。"[①] 因此，作为出版企业，必须坚持从内容出发，坚持多维传播，在多维度、多领域生产和创造价值。

下面从十个维度剖析"出版+"跨界深度融合的多维出版之路。

1.围绕数字产业化延伸产业链："出版+科技"

科技是出版融合发展的驱动力，涵盖出版和"出版+"的产业链延伸，支撑多维出版发展的各方面。

新技术如AIGC、元宇宙、大数据的运用，为阅读体验、服务创新、流程数智化、版权保护、无障碍阅读、智慧物流等提供多维度解决方案。在这一方面，可以举两个例子。一个是读者出版集团与兰州大学合作的中国盲文数字平台，在汉盲翻译功能等方面达到了国内领先水平，填补了我国盲文数理化公式领域的空白。另一个利用数智技术激活新华物流的渠道价值，打造智慧物流产业。贯通全省的新华书店图书物流网络已经运行了73年，在大物流时代，这是明显的渠道优势。当下亟须运用物联网、人工智能、大数据等数字技术，推进新华书店物流配送和仓储体系的数智化改造，实现智慧物流，"推动传统新华书店从行业物流向

---

① 马永强《多维出版时代：一个文化品牌的突围之路》。

社会物流、企业物流向物流企业转型"①，这将是出版发行集团新的产业增长点和新的发展机遇。

2.围绕公共服务延伸产业链："出版+公共服务"

出版社作为平台聚集了大量学术资源和智库资源，通过构建知识资源库、数据库等知识服务平台，为政府决策、社会服务、学术研究等提供公共服务。集团以"敦煌书坊"为基础的"丝绸之路——敦煌学资源数据库"已接入国家知识服务平台，为清华大学、浙江大学等提供学术支持。

2019年4月，"敦煌书坊"正式上线

3.围绕阅读服务延伸产业链："出版+阅读服务"

出版说到底就是阅读服务和文化服务。推动阅读服务，就是建构阅读服务业态，重构出版生态。下一本书的出版不再是出版的完结，而是阅读服务的开始。以内容为媒介的价值生产，包括了阅读场景、阅读体验等阅读服务的提供和多样化阅读需求的满足。出版业推动全民阅读，通过优质内容资源来连接人、聚合人，哪里有读者和用户，就把阅读服务延伸到哪里，因为出版企业是全民阅读的领读者和阅读服务提供者。寻找并满足用户需

① 文枫《从企业物流到物流企业再向现代物流发力》，2017 年 5 月 19 日，http://www.cbbr.com.cn/contents/502/31389.html。

读者·数字阅读中心少儿戏剧展演现场
（王新烨 摄）

求，让阅读成为国人的生活方式，是阅读企业的价值追求。近年来，读者出版集团推动实施"读者·中国阅读行动"全民阅读工程、书香社会建设"读者方案"，构建各类阅读社群和阅读服务网络，组建领读者团队，举办各类阅读活动千余场，向全社会播撒阅读种子。大力推动创意阅读，将文学经典改编为儿童剧本，开发了"小剧人"沉浸式阅读；"声律Q盟桌游大作战"创意阅读，以"阅读+游戏"为学生带来新的阅读体验；研发读者·新剧场"沉浸式"少儿戏剧体验及综合素养提升课程体系等。

4.围绕知识服务延伸产业链："出版+教育"

数字文明时代，教育空间及师生关系重构，以多重媒介为载体的知识服务平台成为教育出版新的选择。在这一背景下的教育服务，仅有优质的内容资源是远远不够的，只有"内容+技术+服务"才能实现"智慧教育"。

国内许多出版集团已布局"出版+教育"产业链。凤凰出版集团的"学科网""凤凰数字教材""凤凰易学"等，覆盖江苏省中小学生和苏教版教材使用学校，形成了"大教育"出版格局。"读者"旗下"读者·新语文"阅读写作教育融媒体平台，建构了集名师微课发布、在线阅读辅导、线下阅读分享、出版融合发展等于一体的语文教育服务链。当下"中小学课后三点半"衍生的市场空间，成为出版业、"双减"后的K12巨头、科大讯飞等教育信息化巨头竞相进入的风口。早在2017年，教育部就明确了"课后服务"概念，但严管政策下的课后服务模式还在探索中。依我看来，"课后服务"的空地，不应该用补课来填充，而应该属于素质教育的范畴，是数字技术参与的艺术、科学、自然、非遗、博物等人文素养教育和文化体验，这直接考验着出版业的供给能力。

5.围绕终身学习延伸产业链："出版+终身学习"

1999年，我国首次提出"终身学习"概念。2023年6月，教育部发布《关于广泛开展全民终身学习活动的通知》，强调广泛推进全民终身学习。读者出版集团创新服务模式，推动"出版+终身学习"，申报并获批2022年度甘肃省级科技重大专项计划"面向终身学习的人工智能体技术研究及应用"项目。运用人工智能、数字人、知识图谱等技术，构建智慧学习模型，开发数字智能学习平台，构建个性化"数字教师"，努力为公众提供个性化终身学习服务。

6.围绕生活方式的引领延伸产业链："出版+公共文化空间"

公共文化空间是集人际交流、文化体验、文化创意、休闲娱乐等众多功能于一体的文化空间和场景。当下，随着社会生活的深刻变革和城市化进程的快速推进，大众对美好生活的需求与期待，使得多元公共文化空间和文化场景的营造变得十分迫切。出版作为阅读服务提供商和文化问题解决方案的提供者，就要承担这一使命任务。因此，不断提升文化精品的供给能力和文化服务能力，积极推进公共文化服务设施的结构转型和内涵升级，推动各类公共文化空间和文化场景的建构，成为出版深度融合发展的一个重要方向。

营造街区文化新场景。围绕"引领生活方式"的理念，2018年我们创新推动建设街区公共文化空间、体验式文化沙龙——读者小站。读者小站是新型人际交往空间、文化创意空间和"文化再生产"的场景，可以链接多种经营业态和文化创意服务，已成为新时代引领有意味生活方式与高品质文化风尚的新型街区公共文化空间。目前已在上海、长春、广州、兰州等地和高速公路服务区建设了20余家。漓江出版社创新建构的7所"漓江书院"，作为多元化"文化场域"和文化创意服务平台，融汇咖啡茶语书香，形成了集阅读服务、文化体验、文化创意、文旅研学、文化问题解决方案提供于一体的新型业态。

读者小站·金城书房
（陈斌　摄）

重塑文化新地标。围绕把新华书店打造成为人民美好生活新平台的要求，着力推动书店的平台化建设，启动重塑新华书店"新场域价值""新产品价值""新服务价值"提升工程。重新激活新华书店作为链接用户端口和平台的价值，改变传统书店以书为中心的卖场思维，转向以人为中心的文

漓江书院金狮巷店

化场景和生活美学空间运营，实现文化体验、人际交往、休闲娱乐、心理疗愈等多重价值。打破传统图书陈列模式，按照人的成

漓江书院童书馆

长需求组合陈列阅读产品，重新建构知识服务体系，实现"文化的再生产"和"再出版"，不断增强书店"场域"与读者的情感链接。以彻底解决"书店+咖啡+文创+活动"之后仍然面临的生存困境。

创设未来新空间。数字文明时代，人类社会已经从"二元空间"进入"三元空间"①（社会、物理、信息空间）。读者集团将通过数字手段在新的空间领域创设公共文化新空间："读者小站·未来空间"，让人们实现"云交友"、参加"云活动"等，让用户有更多元更丰富的文化体验。

7.围绕文化创意延伸产业链："出版+文化创意"

文化创意是从优质内容出发，通过技术赋能、IP延伸，打造高附加值的产品及产业链，多维度、多领域为人民美好生活提供解决方案。"出版+文化创意"的发展路径主要包括四个维度：一是生产与日常生活相关的文创产品；二是打造沉浸式、体验式的文化场景；三是引领美好生活方式；四是建设以IP驱动的文创平台。

迪士尼从内容和故事出发，不断拓展文化创意维度，形成了"内容—电影—IP品牌—版权多元化输出平台"的双向输出产业链，形成了从唐老鸭、米老鼠等经典影视节目到迪士尼游乐园、系列图书、玩具、服饰等的全球最长版权价值链，实现了全版权运营。

8.围绕城市创新延伸产业链："出版+城市创新"

科技部、国家发改委联合发布的《建设创新型城市工作指引》强调："创新治理能力和创新驱动力是创新型城市建设的核心。"新华社研究院2023年12月4日发布的《新时代人文经济学》

---

① 潘云鹤《人工智能走向2.0的本质原因——人类世界正由二元空间变成三元空间》，2019年11月3日，https://mp.weixin.qq.com/s/uMaXOebvOfideTtrvNsQrw。

报告指出："新时代人文经济学立足习近平新时代中国特色社会主义思想，以人民为中心，促进人文与经济交融互生。""赋予经济发展深厚的人文价值"，"以文化人、以文化物、以文化世"，"在现代化道路的探索中满足人民群众多样化、多层次、多方面的需求和期盼"。新时代的人文经济学，超越了西方经济学的狭隘视野，以人的全面发展为最终目标。因此，出版的内容生产、阅读服务和文化服务作为"创新驱动力"，赋能城市创新和人文经济，大有可为。

一是以内容和版权运营驱动城市创新，带动人文经济。创意出版赋能城市创新，通过内容IP的创意开发，打造创意市集、时尚街区、艺文空间、文创工场、风格博物馆等创意化场景。如西安市围绕马伯庸创作的《长安十二时辰》同名影视剧，在大雁塔、大唐不夜城等主题景区复刻了"长安十二时辰"场景，成为中国首个沉浸式唐风市井文化生活街区，盘活了传统商业地产项目曼蒂广场，使其成为西安乃至全国最热门的文旅景区之一。

二是以空间激活城市创新，提升人文经济的品质。以"15分钟生活圈"为城市规划理念，通过建设各类公共文化空间实现城市创新，提升人文经济品质。"读者小站·江南书房"与其他"慢文化"空间，推出了许多"Citywalk产品"，如"诗情画意看吴江""姑苏街巷游"等，形成了"姑苏区夜书房联盟"，成为引领有意味的生活方式与文化风尚的文化地标。

三是以品牌赋能城市创新，构筑人文经济"原动力"。通过出版赋能兰州城市创新，打造"读者之城·书香兰州"。推动读者文化创意与兰州城市创意融合，在提供优质文化产品、全民阅读服务的同时，建构新型文化场景和文化空间，营构与引领全民阅读风尚和文化时尚。建设读者品牌符号化地标，以品牌赋能、内容驱动、场景激活等方式，多层次多维度呈现"读者之城·书香兰州"的魅力，营构与引领全民阅读风尚和文化时尚。凸显兰州城市人文经济属性，激活兰州城市的创新活力，传播兰州作为"读者之城"的意义和价值，最大程度满足《读者》的读者在兰州实现心灵还乡的愿望。

9.围绕文旅研学延伸产业链："出版+旅游、研学旅行"

"出版+旅游"是以文化赋能旅游产业，实现以文塑旅、以旅彰文。甘肃嘉峪关方特"欢乐世界"被誉为"东方梦幻乐园"，以现代科技全新演绎丝路文化、中华神话故事，让旅行者身临其境体验丝绸之路文明的辉煌与传奇。

读万卷书，行万里路，研学旅行从2013年兴起，成为旅游与教育、旅游与出版融合的新路径。出版+文旅研学，就是从内容、故事出发，努力做研学教材开发和研学标准制定的引领者，打造特色研学基地营地，努力成为研学旅行的头部企业。例如，中信书院以《罗马人的故事》为内容基础，开发探究罗马文化的高端文旅项目，并邀请王石等担任导师引领客户进行沉浸式文化旅游，为其带来可观的经济效益和社会效益。

10.围绕阅读疗愈延伸心灵抚慰产业链："出版+心理疗愈"

迪士尼提供了快乐，《读者》陪伴人们成长。《读者》用心灵抚慰和人文关怀，给予广大读者以精神的抚慰、快乐的提供、甜蜜的营造、思想的充盈，以及一份属于心灵的安谧与宁静，与其形成心灵默契和情感依赖，已然成为广大读者的心灵伴侣。这些都是《读者》给予广大读者的价值和意义，也是新的产业延伸方向。读者品牌利用优质内容资源和《读者》的心灵抚慰价值，打造以心灵疗愈、人文关怀为主的心理抚慰产业体系。

（1）阅读疗愈。用书籍帮助个人应对心理、情感、身体或社

2023年9月20日，本书作者在第十三届中国数字出版博览会主论坛上演讲
（图片源自"中国国际数字出版博览会"公众号）

会问题等。[①] 通过文学师的故事讲述，结合心理疗愈师的健康指引、沉浸式文化场景体验等，实现心理疗愈。

（2）艺术疗愈。在文学师的导引下，利用绘画、雕塑、摄影、诗歌等表达性艺术活动，帮助人们疏解内心的压抑情感，缓释心理压力。

（3）场景疗愈。读者小站等新型公共文化空间的场景塑造，能触动人们心灵深处最纯真的柔情，具有美育与疗愈的效果。这一精神疗愈作用，会产生托举人生的力量。

（4）产品疗愈。读者出版集团依托数字技术，利用优质的内容资源，创新开发数智化疗愈产品——读者AI，打造具有心灵抚

---

① 陈菁、徐雁《"阅读疗愈"的延伸实践："艺术疗愈"与公共图书馆儿童阅读推广》，载《图书馆理论与实践》2023年第3期，第123—129页。

慰、心理疏导功能的交互性陪伴型产品。

所以，从读者品牌出发，用文学、故事抚慰人的心灵，营造温暖人心的场景，可以实现对现代人的心理疗愈和精神抚慰。"出版+心理疗愈"产业链，也是文化产业发展的一个重要方向。

因此，打造内容产业"一主多元"的发展新格局，就要始终坚持一切从内容出发，坚持多维传播，在多维度、多领域生产和创造价值。正如作家克里斯托弗·莫利所说："当你把书卖给读者的时候，你卖给他的不只是12盎司的纸、印刷的油墨与装订的胶水，还卖给他一个崭新的生活。爱、友谊、幽默，以及夜晚在海中航行的船只，一本书包含了天与地。"克里斯托弗·莫利的这句话，极为透彻地说明了出版的内涵和价值。

出版就是阅读服务和文化服务，不忘本来，才能开辟未来。引领书香社会的文化风尚，推动出版深度融合创新发展和价值的创造，是我们出版人的职责与使命。

品牌赋能

品牌的本质是超越产品的灵魂共鸣。

现代品牌的核心竞争力在于讲述一个打动人心的故事。

品牌的终极使命是创造社会价值。

数智时代读者品牌的传播策略 ^①

随着信息技术的飞速发展，我们迎来了数智时代。人工智能、大数据、物联网等数字技术，正在深刻影响人类生活的方方面面。品牌传播的格局也因此被不断拓宽，传播的资源进一步丰富。一方面，品牌摆脱了传统媒体时代传播资源稀缺的处境，为品牌与用户的沟通提供了"多点"对"多点"的自由选择。另一方面，数智时代的到来加剧了信息的碎片化和去中心化，品牌越来越难以像过去那样大规模触达不同人群。在这样的背景下，文化品牌如何实现可持续发展，成为一个值得研究的课题。

读者品牌作为国内知名的文化品牌，多年来积累了丰富的品牌资源和传播经验。面对数智时代的挑战和机遇，如何通过调整和优化品牌传播策略，来保持乃至提升品牌的社会影响力，成为当下读者品牌面对的重要任务。

---

① 此文系与吴艳丽合作，载《出版参考》2024 年第 8 期，原题目是《数智时代"读者"品牌传播策略研究》。

数智时代的品牌传播环境

在数智化浪潮的推动下，品牌传播领域正经历着一场翻天覆地的变革。这场变革不仅体现在信息传播的高效便捷，更在于传播媒介、受众接收信息的方式、速度和深度皆发生了前所未有的转变。具体来说，这一时期的品牌传播环境主要有以下特征。

一、信息以空前的速度与效率传播。在数智化技术的驱动下，信息传播展现出无与伦比的高效与便捷性。数字化、网络化和智能化技术的融合，使得社交媒体、搜索引擎、短视频等新兴媒体平台成为信息迅速扩散的助推器。这些平台不仅传播神速、覆盖广泛，而且具有高度的互动性，能够让信息在瞬息之间传遍全球。这种信息的快速流通对品牌传播策略产生了深远的影响，它改变了品牌与消费者之间的传统沟通模式，推动了信息的双向流动。品牌可以迅速地向目标受众传递自身的核心价值、产品特性和企业文化，同时也能及时捕捉市场动态，优化传播策略，从而提升品牌的市场响应速度和传播效果。

二、消费者行为模式的快速演变。消费者的行为模式不断变化，他们通过多种渠道快速获取和比较信息，做出购买决策，这对品牌的响应速度和信息传递效率提出了更高的要求。同时，消费者对于个性化和体验性的追求也在不断升级，品牌需要利用大数据、人工智能等先进技术来深度分析消费者行为，实现精准营销和个性化服务。此外，加强与消费者的互动和沟通也成为品牌提升忠诚度和建立信任的重要途径。

三、数字化技术的全面渗透与应用。从大数据分析到人工智能，再到虚拟现实与增强现实技术，数字化技术正在品牌与消费者之间搭建起一座全新的桥梁。大数据分析技术使品牌能够深入洞察消费者需求和市场动态，为精准营销提供有力支持；而虚拟现实和增强现实技术则为消费者带来了沉浸式的品牌体验，增强了品牌记忆和认同。更重要的是，数字化技术为消费者参与品牌传播提供了新的平台，"他们不再仅仅是被动的用户或受众，而是沉浸式地介入到品牌的营销传播行为，甚至发挥品牌形象广告、品牌营销信息创意者、制作者、传播者的作用"[①]。

读者品牌传播现状

在纸质媒体占据主导的时代，读者品牌通过精细化的期刊内容定位、全渠道发行的战略布局、创新的商业广告策划及影响力深远的公益活动组织等，成功实施了全方位、多层次的品牌营销传播，赢得了显著的成果，使得"读者"迅速崛起为国内外著名的文化品牌。然而，随着数智化时代的到来，内容消费场景、传播路径以及用户交互模式都在经历着"巨变"。面对这样的新形势，读者品牌积极拥抱变化，不断进行创新尝试，推动其品牌传播跨入全新的发展阶段。

一、受众轮廓日渐明朗。迄今为止，读者品牌的核心产品——《读者》杂志，已累计售出超过22亿册，销售路径覆盖了传统发行、电商平台及新兴媒体平台。纸媒时代，《读者》杂志主要依赖传统渠道分发，彼时品牌持有者对于受众群体的信息了解相对有限，甚至对受众的年龄、性别、文化背景等核心特征都缺乏明确的认识。

然而，随着互联网的崛起，大数据分析技术为品牌洞察消费

---

① 严亚《媒介融合中的品牌传播新观念——以品牌传播关系导向为着眼点》，载《品牌研究》2017 年第 2 期。

者情况打开了新的大门。通过收集和解读消费者数据，我们现在能够精确地描绘出受众群体的细致画像。

对于读者品牌来说，随着自有平台粉丝基数的不断扩大，以及与第三方平台的深度合作中获得的数据支持，品牌对线上受众的认知已逐渐清晰。但考虑到线下渠道仍然占据市场的重要地位，读者品牌急需采用多元化手段，对线下受众进行深入分析和精确锁定。这将使品牌在策划传播策略时，能够更精准地针对特定受众进行营销活动，从而显著提升品牌传播的效果。

二、传播内容不断革新。在文化行业的激烈竞争中，读者品牌始终如一地站在前沿，其中，独特的传播内容无疑是其稳固领先地位的关键所在。然而，新媒体的异军突起以及受众对信息需求的日益多元化，使得传统的内容传播方式逐渐显得单调乏味，难以满足当代受众对于高品质审美和深度阅读的需求。

鉴于此，读者品牌毅然决定对其传播内容进行突破性的创新。以《读者》杂志为例，不仅在纸刊的栏目设置和内容选取上守正创新，而且积极拥抱新业态新模式，推动传统纸媒与新兴媒体的深度融合发展，利用新兴媒体平台在传播、生产及营销方面的优势，实现自身传播效能的最大化。

早在2020年，"读者"抖音号就曾结合纸刊中的一篇文章《一鲸落，万物生》，创作出了一条引人入胜的短视频《"鲸落"，最美的重生》。这条短视频不仅为原文赋予了新的生命，还成功地为当期杂志的发行造势，吸引了大批新的读者群体。如今，《读者》杂志已经成功转型为一个在线阅读、文字与影像相结合的全媒体传播平台。《读者》杂志如此，读者品牌旗下精品图书出版、文化空间创意、文化研学旅游、知识服务提供、阅读风尚引领等业态，也在传播内容的形式、主题、渠道和体验等方面展现出了令人瞩目的创新成果。

三、传播渠道日益多元。综观读者品牌的传播路径，我们可以清晰地看到三条主要路径交织：首先是包括线上官方媒体和自有纸媒在内的传统传播渠道，它们构成了品牌传播的基础架构；其次是京东、当当、淘宝等线上电商平台，这些平台以产品销售为核心，形成了品牌与消费者之间的直接交易桥梁；再者，微信、抖音、B站、小红书及读者APP等新媒体渠道，它们以互动性强、覆盖面广、传播速度快等特点，正在成为品牌传播的新力量。

传统传播渠道长期承载着产品推介、事件报道、奖项宣传等任务，这一渠道具有一定的稳定性和受众基础，为读者品牌提供了持续且可靠的曝光机会。然而在移动互联网高速发展的今天，这些传统渠道在信息传播速度、用户互动性以及覆盖面等方面逐渐显露出局限性。京东、淘宝等电商平台侧重于产品的销售，它们为消费者提供了便捷的购买渠道，同时也为品牌带来了直观的销售数据反馈。但在这些平台，人们关注的更多是单个的产品，而非品牌整体形象。而在已经成为品牌传播重要阵地的新兴媒体上的宣传，读者品牌由于起步相对较晚、粉丝基础尚待加强等原因，品牌声音在这些平台上还相对较弱。但读者品牌已经意识到这一点，正在通过发布优质内容、开展线上线下互动活动等方式，逐步提升品牌在这些平台上的声量和影响力。

四、品牌形象日趋年轻。经过四十余年的发展，读者品牌在大众心目中的形象逐渐固定。一方面它与高雅文化、人文关怀息息相关，另一方面它与"传统守旧"似乎也有了几分关联。然而，在如今这个日新月异、创新无处不在的时代，过于恪守传统的品牌形象往往被视为缺乏生机与创意。特别是在信息接收方式和消费者需求发生翻天覆地变革的背景下，那些严肃而传统的内容对于追求时效与创新的新一代年轻群体而言，很难产生强烈的吸引力，更难与他们情感共鸣。

读者品牌对此有着深刻的认识，并在近年来致力于探索和深化品牌文化与年轻受众之间的共鸣点。以传播内容为例，聚焦符合年轻群体兴趣和价值观的主题，如流行文化、科技前沿、生活方式等，更通过融入话题讨论、读者原创投稿等多元化互动环节，极大地提升年轻群体的参与感和归属感。在传播渠道的拓展上，读者品牌积极进军年轻人活跃的社交媒体平台，如B站、小红书等，与网红、意见领袖等紧密合作，用他们的影响力共同打造和推广全新的品牌形象，从而更有效地吸引年轻受众的目光。

此外，读者品牌在视觉识别系统的更新和服务模式的创新上也下足了功夫。通过不断引入新颖的设计元素和改进服务流程，旨在使品牌形象更加贴合年轻受众的审美趋势和实际需求。这种全方位、多层次的创新努力，不仅让读者品牌焕发出新的活力，也进一步巩固和提升了它在年轻受众心中的地位。

数智时代读者品牌传播策略

面对数智时代品牌传播环境的急剧变化，反观读者品牌在传播过程中的短板与不足，不难发现，要想在这场变革中站稳脚跟，读者品牌必须做到有的放矢，有针对性地制定和调整品牌传播策略，进一步提升品牌的知名度和影响力。

一、精准用户定位，差异化实施传播策略。 在日渐明朗的受众群体基础上，读者品牌应进一步建立"用户画像标签体系"①，

---

① 林泽瑞《基于 SICAS 模型的出版文化品牌营销策略研究》，载《科技与出版》2022 年第 9 期。

通过对目标用户的精准定位，实施差异化的品牌传播策略。这不仅是品牌发展的必然趋势，更是实现可持续增长的关键所在。

为实现这一目标，读者品牌应充分利用线上线下不同渠道的数据资源，精心设计市场调研方案，以全面、准确地捕捉受众群体的需求和信息。接下来，基于个人特征、兴趣爱好、消费习惯、使用场景等多个维度对目标用户进行细分，制定差异化的产品和服务策略，以及精准的品牌传播方案。例如，针对年轻用户群体，可以在传播内容上融入流行文化和前沿科技等，打造符合他们口味的传播内容。渠道上则应重点布局年轻人聚集的社交媒体平台，利用短视频、直播互动、跨界合作、社群运营等新颖形式，与他们建立更紧密的联系。

此外，读者品牌还应保持对市场动态的敏锐洞察，通过持续的数据监测和分析，及时发现和把握潜在的市场机会。这将有助于品牌提前布局，抢占市场先机，从而实现长期稳健发展。

二、加强内容创新，增强品牌传播辐射效力。内容创新是品牌发展的重要驱动力，它不仅可以有效提升品牌传播的辐射效力，更利于提升品牌的核心价值。特别是在新时代大环境下，品牌传播的主流方式正在经历一场深刻的转变，由过去的以广告为核心，逐步向以内容为核心转变。只有那些别具一格、富有新意的内容，才能在激烈的信息竞争中脱颖而出，成功吸引消费者的注意力，并打破各平台间的信息壁垒，实现品牌信息的有效传递。

对于读者品牌而言，持续的内容创新不仅是保持品牌活力的关键，更是品牌长远发展的基石。为此，读者品牌应当在多个层面进行策略性布局。

首先，要以现代科技力量赋能内容创新，不仅在内容生产上衍生新的创意、新的话题、新的形式，还要运用大数据技术深度洞察用户需求与购买偏好，在内容分发上实现精准对接，以及更加灵活、高效、便捷的触达。其次，应积极寻求合作与资源共享，通过对内容资源的集成、整合、创新、运营等，在更多元的领域拓展品牌的影响力。这种合作方式不仅有助于推动读者品牌从单一的内容提供者转变为多元阅读服务提供商，甚至还有可能成为文化问题解决方案的提供者，从而在市场竞争中占据更有利的位置。最后，通过内容创新建构和完善品牌叙事体系，也是读者品牌不可忽视的一环。品牌叙事不仅仅是讲故事，更是将品牌的理念、使命和愿景融入其中，使品牌成为某种特定情感、信仰或生活方式的代表。这样一来，读者品牌就能与用户建立起深厚的情感联系，从而提高用户的忠诚度，并激发用户口碑传播的内在动力。

三、拓展多元渠道，扩大品牌传播触达范围。对于读者品牌而言，拓展多元传播渠道不仅是拓宽品牌信息传播广度、深度的核心策略，更是增强品牌影响力、塑造独特品牌形象的重要途径。在当下这个信息传播日益碎片化、多元化的时代，如何巧妙运用各种传播渠道，成为读者品牌发展道路上的重要课题。

首先，读者品牌必须保持敏锐洞察力和创新精神，积极探寻并开拓多元化的传播路径，这包括但不限于对传统媒体的持续优化与升级。同时，积极拥抱新兴媒体，如社交媒体、短视频、直播等，通过这些新兴平台，以更加生动、直观的方式展示品牌魅力，与读者建立更紧密的联系。此外，精心策划与组织线下活动，如读者见面会、文化沙龙等，能够进一步拉近与读者的距离，增强品牌的亲和力。

其次，利用多平台、多渠道的品牌宣发，读者品牌能够触达更广泛的受众群体，还能通过渠道融通和精准引流，实现公域流量与私域流量的有效互通。具体来说，品牌可以在各大社交媒体平台上发布吸引人的内容，引发粉丝的关注和讨论，进而将这些粉丝转化为品牌的忠实拥趸。同时，借助巧妙的内容设计和互动机制，激发用户的购买欲望，实现流量的高效转化和商业变现。

再次，"建立、优化自有的互联网营销平台，充分掌握营销传播的生命线"①，对于读者品牌的长期发展具有举足轻重的意义。读者品牌应持续投入资源对"读者APP""读者在线预约系统"等自有平台进行技术升级和内容优化，将其打造成独立且可控的品牌传播主阵地，避免传播内容在第三方平台发布时遭遇内容衰减和信息失真问题，更能通过自有平台的精细化运维，精准地收集并分析用户数据、降低市场推广成本、优化提升用户体验、汇聚品牌私域流量等，为品牌的可持续发展提供源源不断的动力。

四、重塑品牌形象，不断提升读者品牌价值。品牌如人，会因为时代的变迁、消费渠道的变化、受众群体的多元，以及市场上新产品的层出不穷等竞争态势，面临"老化"的风险和被市场淘汰的可能。

读者品牌如何重塑自身形象并强化品牌核心价值呢？可以从以下几个维度进行深入探讨和实践：一是深挖品牌的内涵与价值，重新定位和思考未来的发展方向，并制定更为精准和前瞻的品牌策略，"利用新媒体渠道与技术不断更新品牌发展理念，力求在媒体和受众心中营造既年轻又不失文化底蕴的品牌形象"②。

---

① 刘九如，夏诗雨《我国出版业数字化转型发展路径探究》，载《出版广角》2023年第 22 期。
② 韩张梨，葛入涵《文化创新视角下"故宫"品牌传播的创新与优化》，载《今古文创》2022年第 45 期。

二是利用读者在文化领域建立起的强影响力和高认可度，在阅读服务、教育培训、空间建设、文化创意、心灵疗愈等多个层面进行价值扩散和服务延伸，打破公众对读者品牌的固有联想，使其触达不同的社会圈层，尤其是年轻用户群体，从而实现品牌的"跨圈层"传播。三是加强品牌与用户群体之间的实时互动，主动赋予产品或品牌"社交基因"，增强用户对品牌的全方位认知和情感认同，不断衍生新的传播场景和新的情感链接，扩大品牌的传播效力，进而实现品牌形象的重塑和品牌价值的递增。

数智时代的大背景下，读者品牌深刻意识到品牌传播的重要性，顺应着新兴技术迭起的浪潮，进行着传播策略方面的探索与创新。读者品牌通过不断夯实品牌根基，在多维度、多领域进行价值的生产和创造，力求以一种更现代、更年轻的姿态融入当下社会生活，在发挥主流文化传播职责的同时，也将品牌的影响力转化为实实在在的文化生产力，推动品牌在更广阔领域实现创新发展和持续壮大。

读者品牌战略的十个维度 [①]

　　企业的发展需要战略指导，战略是企业发展的方向与顶层设计。品牌解决的是企业从发展方向确定到自身价值的释放，再到价值转化的实现，解决的是企业如何将内部的综合实力转化为外部的市场竞争力，最终为企业赢得高质量、可持续发展的问题。读者品牌战略体系的建构，就是要将读者品牌的"文化影响力"转化为"文化生产力"，建构"读者影响力经济"体系和"一主多元"的文化产业格局。具体来讲，读者品牌战略体系建构包含以下十个维度。

读者品牌核心价值体系

　　品牌的核心在于品牌价值，它是驱动消费者认同、喜欢乃至爱上一个品牌的主要力量。读者品牌在长期的市场竞争中，不断深挖行业特性，研究目标消费群体，对竞争者及企业本身进行科学调研与诊断，提炼出了高度差异化、清晰明确、能触动消费

[①] 此文系与吴艳丽合作。

者内心世界的品牌核心价值。从品牌利益这一功能性利益来讲，"读者"的核心价值在于"选择了'读者'就是选择了优秀文化"；从情感性利益（品牌关系）来讲，"读者"的核心价值在于它带给消费者"人文关怀"和"心灵抚慰"；从自我表达性利益（品牌个性）来讲，"读者"的核心价值在于它表达了消费者追求优秀文化和美好生活的态度。围绕这一核心价值，读者品牌构建了以下五个维度的核心价值体系。

一是文化价值。读者品牌自诞生起，便积极传播新知识、新理念，展现世界视域内的优秀文化，引领读者瞭望、观察和感知世界。它包容并蓄，以开放的姿态介绍和解读东西方文化，展现出品牌的世界胸怀，成为多元文化的重要传播者和推动者，让更多人在阅读中感受文化的力量和魅力。

二是人文（精神）价值。在四十余载的岁月流转中，读者品牌始终如一地坚持人文关怀的初心，敏锐地捕捉和倾听时代的声音，及时回应社会的关切。它关注人性的光辉，探寻人情的温暖，弘扬人间的真善美。读者品牌利用文化优势所营构的精神家园，始终为人们提供着心灵的抚慰、思想的指引和精神的引领。可以说，读者品牌的人文（精神）价值，在于它始终在传播人性、人情、人道，在于它所给予的深切的爱、无尽的温暖和长久的陪伴。

三是社会价值。读者品牌传播和谐理念，弘扬和谐精神，为构建和谐社会提供文化条件和精神支撑。同时，它自觉承担启迪民智、传递信息、传播知识等社会责任，以高质量的文化产品和服务帮助人们拓宽视野、增长见识、提升素养。它还积极倡导新的思想观念和文化理念，推动社会进步和文明发展。

四是产业价值。面对日益激烈的市场竞争，以《读者》作为创意源头进行价值延伸和产业链拓展，把读者品牌的"文化影响力"与品牌价值转化为"文化生产力"，推动实施"读者品牌影响力转化工程"，就成为品牌寻求可持续发展的必由之路。同时，读者品牌不断在文化产业领域深耕细作，努力挖掘和整合各类优质文化资源，积极探索多维度、多领域"出版+"跨界"破圈"的多维出版新模式，通过跨界融合和创新发展，为人民日益增长的美好生活需要提供丰富多样的文化产品和文化服务。读者品牌以其在行业内的影响力和独特的文化魅力，引领着文化产业的发展潮流，为社会的文化繁荣与进步贡献着自己的力量。

五是理论价值。《读者》作为时代的见证者和参与者，深刻记录了中国自改革开放以来四十多载的沧桑巨变。它的发展轨

进入数字时代，读者出版集团加快品牌战略的步伐，推动实施"读者品牌影响力转化工程"，将"读者"品牌的"文化影响力"转化为"文化生产力"，建构读者"影响力经济"体系和"一主多元"的文化产业格局

（金享煜摄自读者博物馆）

迹，不仅仅是一个文化品牌的成长史，更是中国从改革开放初期的摸索前行到新时代高质量发展、科学发展的思想解放与进步的生动写照，蕴含着丰富的思想史价值。同时，它不断创新传播方式，促进多元文化的交流融汇；不遗余力地向大众传播中国优秀传统文化，赓续中华文脉；传播外国先进文化，让读者领略不同文化背景下的人类智慧与魅力；对于当代文学的大众化传播，《读者》更是功不可没。因此，它所蕴含的理论价值和实践意义，对于我们深入理解当代中国社会的发展，具有不可替代的作用。

读者品牌形象标识体系

品牌形象塑造是品牌管理的重要内容，是增强消费者满意度和忠诚度，提高营销效率，提升品牌资产价值的基础。品牌形象是一个综合体，包括外在的表现和内在的文化呈现等。外在表现如品牌标识，是品牌组合中可以被识别的视觉要素，有助于区隔品牌、激发联想、引导偏好，进而影响消费者的品牌忠诚度。

读者品牌形象标识体系是读者出版集团对旗下品牌全面升级与整合，将抽象的企业理念、文化特质等转化为具体的视觉符号，形成独特的企业CI。这一体系是集团差异化竞争、实现高质量发展的关键。

商标是受法律保护的品牌标志、品牌角色或者品牌各要素的组合，是品牌专有权的重要体现。"读者"通过系统化的品牌商标策略，建立了规范化、系统化的读者品牌形象标识体系，目前共收录国内外注册商标51个452件。

一是品牌标识梳理。读者品牌源于《读者》杂志，其创刊名为《读者文摘》。1993年因名称纠纷更名为《读者》，并陆续注册了文字、图案等商标体系。随着产品线的拓展，读者品牌逐渐延伸，形成了现在多个子品牌并存的格局。

《读者》杂志 logo

"读者"主品牌标识：采用文字与图案组合，既突出品牌名称，又通过"小蜜蜂"形象传达办刊宗旨。文字标识"读者"二字，由著名书法家赵朴初先生题写。形象标识"绿色小蜜蜂"和拼音商标"DUZHE"，则由中央工艺美术学院陈汉民教授设计。整个标识寓意深刻，生机盎然。

读者出版集团及子公司标识：以《读者》杂志徽标为基础，采用蜂巢组合图案，象征集团的文化生产属性、事业兴旺和团队精神。不同颜色的小蜜蜂分别代表集团本部、杂志社和子公司，寓意团结和谐、开拓进取。

期刊品牌标识：读者品牌通过《读者》杂志的传播，家喻户晓，出于对品牌固有价值和消费惯性的充分考虑，集团推出了一系列期刊，如《读者（乡村版）》、《读者（原创版）》等，多采用"读者+刊名"的组合形式，借助主品牌影响力，丰富产品线，缩短"信任培养"期，以满足差异化的市场需求。

出版社或出版产品品牌标识：包括小考通、中考通等，多为简洁的文字标识，鲜明地传达了出版社或出版产品的属性及内涵。

与"读者·中国阅读行动"及文旅业务相关的品牌标识：如读者之声、读者之家等，采用"读者+"形式，紧密关联主品牌。

《读者（海外版）》

《读者（原创版）》

《读者·读点经典》

《读者欣赏》

图形及中英文商标形象标识：包括读者书店图形、英文商标等，丰富了品牌形象。

其他品牌形象标识：如读者小站、读者文创等，形式多样，既表达了与主品牌的关系，又突出向文化空间、文化创意的拓展、延伸。

二是标识体系更新。针对读者品牌形象标识体系在视觉识别系统等方面的不足，拟从以下两方面进行更新。

一是以视觉要素标准化为设计导向，统一品牌文化系统和应用系统，实现形象展现与传递的一致性。

二是遵循形象展现和传播的实效性，将品牌使用与多元场景紧密结合，提高品牌形象标识应用的针对性、严谨性和系统性。通过更新《读者出版集团有限公司企业形象视觉识别管理手册》，实现品牌体系的科学、规范和高效管理。

读者品牌产品体系

产品是品牌的载体，品牌是产品的升华。唯有在产品强有力的支撑下，品牌才能持续稳定地成长。《读者》杂志作为读者品牌的核心，历经40多年，已实现了从产品到品牌的跃升，创造了享誉国内外的文化品牌——读者品牌。近年来，读者出版集团推动实施"读者品牌影响力转化工程"，推动出版主业从"一维出版"向"多维出版"转型，布局多元业态，形成了主业突出、品类多元的读者品牌产品体系。

一、读者品牌现有产品构成

一是期刊出版。集团拥有12刊1报，涵盖全年龄段读者群体。

核心产品《读者》杂志，截至目前累计发行超22亿册，获得多届国家期刊奖等荣誉，被称为"中国人的心灵读本"。

二是图书出版。集团现有图书出版社8家，年生产图书约5000种。近几年，集团实施精品出版战略，图书出版的产品结构进一步优化，从数量规模型向质量效益型转变。其中，主题出版、特色出版和古籍出版等异彩纷呈、佳作迭出。集团还将纸质图书与多媒体资源进行连接，通过为用户提供数字化应用服务，出版融媒体图书、纪录片图书等200余种。此外，还有独特的手工书产品多次荣获国内外大奖。

三是声像出版。甘肃飞天电子音像出版社年均生产音像产品及电子出版物20余种，内容涵盖广泛。

四是教材教辅出版。集团是甘肃省中小学教材的主要出版单位，负责人教社教材的租型出版和其他多版教材在甘肃的代理服务。

五是数字出版产品。早在2003年，"读者"就开始了数字出版方面的尝试。经过多年发展，已形成多元数字出版产品体系。特别是文溯阁《四库全书》的数字化采集与影印工程、"敦煌书坊"融合出版平台、"读者·新语文"阅读写作融媒体平台的建设，都是数字出版的亮点。

六是文创产品。开发了众多有意味、有温度、有情怀的特色文创产品，以及读者数字藏品、盲盒等数字文创产品。

七是文化空间。升级改造新华书店，创新推出读者小站、读者书房等各类文化空间，探索构建设施完善、消费便捷、体验良好、涵盖城乡的阅读服务网络，有效提升了全民阅读的辐射力和全民参与度。

八是文化服务。创新推动"读者·中国阅读行动"全民阅读

2022 年，《读者》数字藏品在"时藏"平台上线

工程，大力推广书香社会建设的"读者方案"，策划举办读者读书会、读者大会、读者·领读者大会、读者大讲堂等各类阅读服务活动，积极构建阅读服务业态。

此外，还有文化旅游、会展服务、广告经营、影视投资、金融保险、教师培训、物业管理、纸张经营、设计制作、文具生活用品等多元产品。

值得一提的是新媒体业务，正在构建的新媒体矩阵，已经实现了数字资源在多个网络阅读平台的传播。截至目前，"读者"微信公众号粉丝量720多万，年阅读量超1亿次；"学习强国"号

"读者"新媒体矩阵

订阅人数攀升至4937.67万，"每日一读"专题阅读量达1.84亿；人民号多次蝉联《人民日报》发布的人民号影响力总榜、媒体类双冠军；喜马拉雅频道粉丝627万，累计播放量突破11亿次，蝉联人文榜单首位。读者直播影响力日益提升。

二、读者品牌未来产品延展

作为一个具有深厚文化底蕴和广泛影响力的文化品牌，"读者"未来的产品延展方向无疑应该是多元且富有创意的。结合目前发展态势和市场需求，读者品牌可以在以下产品研发上着力：

一是数字化产品。读者品牌可以在电子书刊、有声读物等基础上，依托人才、内容等资源优势，推出知识服务、播客访谈、学习社区、在线教育、个性阅读、虚拟故事会、AR互动故事等数字化产品和短视频，以满足读者日益增长的数字化阅读和学习需求。

二是文化创意产品。加强文化创意产品的深度开发，研发涵盖文化衍生品、艺术衍生品、时尚服饰配饰、家居生活美学产品以及富有创意的互动体验类产品等，构建涵盖设计、生产、营销、体验等的文化创意产业链。探索文化创意跨界合作新模式，推出联名款文化创意产品，通过品牌间的碰撞与融合，不断拓展文化创意维度，提升产品的附加值与文化内涵。

三是文化空间。加大探索数智化技术与文化空间的融合，创设沉浸式公共文化新空间，让人们实现"云交友"、参加"云活动"等。探索实体文化空间模块化设计的新路径，使文化空间的场景营造，适应不同类型的文化主题活动需求。

四是文化旅游产品。策划系列主题文化旅游线路，可涉猎历史文化、艺术巡礼、民俗风情体验、非遗技艺互动等多元领域，让游客在旅行中深度体验文化的魅力；运用AR、VR、大数据等前沿技术，开发互动式导览APP，让游客通过手机"穿越"历史场景，"聆听"文物诉说，或是参与文化故事的数字化重构；推出文化旅游定制服务，从行程设计到细节安排，针对游客的兴趣偏好、时间安排及特殊需求，配以专属导游，提供讲解、翻译乃至摄影等全方位服务；积极探索与影视、动漫、游戏等行业的深度合作，开发基于热门IP的沉浸式主题乐园、角色扮演体验馆、互动剧本杀等新型文旅项目，让游客在现实与虚拟之间，享受跨界融合带来的文化体验。

五是知识服务产品。出版的未来就是知识服务和文化服务。推动"读者·新语文"阅读与写作融媒体系列产品、服务向纵深发展，不断拓展读者品牌知识服务的维度和深度，围绕青少年综合人文素养提升、科学教育、阅读服务、劳动技能竞赛等，推出形式新颖、体验良好的知识服务产品和场景。针对职场人士职业技能提升、美好生活的需要，研发并提供知识服务产品和服务。

六是文化服务产品。利用企业在文化活动策划、组织等方面的经验和优势，整合各类文化机构资源，搭建综合文化服务平台，实现从文化活动组织、服务提供向综合文化服务平台运营商的角色转变。进一步拓展国际市场，推出适合海外消费者的各类文化体验产品。

读者品牌产业体系

为了全面提升品牌的影响力，吸引更广泛的潜在消费者与合作伙伴，读者品牌正积极采取多维度战略，致力于构建一个深度融合、协同增效的品牌产业生态体系。这一体系将超越传统产业聚集的概念，围绕"选择'读者'，就是选择优秀文化"的品牌理念，形成一个共生共荣、相互促进的生态系统。

在核心层，聚焦主业升维发展，涵盖了从图书期刊的高质量内容集聚与出版模式创新，到新媒体产品的自主研发与全渠道推广；从古籍档案的文化挖掘与数字化传承，到非物质文化遗产的保护性开发与创新利用；同时，深化教育出版领域改革，结合现代技术推动教育资源的数字化转型。此外，通过智库建设为文化产业提供策略支持与智识滋养，进一步强化品牌的文化底蕴与创新能力。

次核心层则着眼于文化的多元化表达与体验，涉足文化服务、创意设计、文化旅游等多个领域，旨在通过艺术展览、广告设计等形式，让文化以更加生动、直观的方式触达大众，拓宽文化的传播边界。

延展层则进一步拓展至休闲娱乐、区域文化资源整合及文化产业园区建设等方面，通过游乐园区、金融保险、艺术品拍卖、众创空间等多元化业务，实现文化与经济、科技、旅游的深度融合，为品牌注入新的活力与增长点。

而外围层则聚焦于提供全面的文化产业链服务，包括版权运营、文化中介、会展服务等，以及利用智能技术推动文化消费设备制造与智慧城市乡村的互联互通，构建起一个全方位、多层次的文化服务网络。

读者品牌正通过这一精心设计的产业体系，强化其在出版领域的领先地位，更在文化产业的广阔天地中开辟了新的增长点，实现从内容创作到文化传播，再到文化消费的全链条覆盖，为品牌的可持续发展奠定坚实的基础。

读者品牌架构体系

品牌架构体系是企业在品牌管理中对主品牌、子品牌和次主品牌等品牌元素进行组织、协调和规划的过程，旨在提升品牌管理效率、增强品牌竞争力和促进品牌持续发展。

一、品牌层级

"读者"作为公司主品牌，直接沿用核心产品《读者》杂志的名称，《读者》杂志的母公司及读者杂志社是这一品牌的主要使用者。"读者"品牌的拼音、英文、小蜜蜂图标及蜂巢图标等，属于次主品牌层。

1. 高关联度子品牌：在核心业务期刊领域，衍生出《读者（校园版）》、《读者（海外版）》等系列刊物，以及"读者小站""读者·中国阅读行动"等文化空间和阅读活动品牌，这些均紧密围绕"读者"品牌，形成高度关联的子品牌群。

2. 低关联度子品牌：图书出版、教材教辅等业务虽与"读者"品牌直接联想较弱，但通过"蓝色小蜜蜂"与"蜂巢"标识的相似性，保持与母公司的微弱联系，构成低关联度子品牌。

二、品牌模式

企业的品牌架构一般包括：单一品牌模式、主副品牌模式、多品牌模式三种。根据集团目前的机构设置及产品情况来看，"读者"的品牌模式是主副品牌与多品牌模式的混合，既有以"读者"为主的，"读者原创""读者海外""读者大会""读者小站"等副品牌，又有日知录、长尾巴阅读社、敦煌书坊等看似毫无关联的其他品牌。

经过市场检验，当前混合品牌模式面临的主要问题包括：产品同质化严重，导致消费者选择困难，以及无关联品牌间的孤立作战，增加了品牌塑造和管理难度。为解决这些问题，我们提出以下策略：

一是限制读者品牌的使用权限：除母公司及核心产品外，原则上不建议下属单位使用"读者"主品牌，以减少同质化竞争。

二是考量潜在风险：避免将"读者"品牌用于高风险、衰退期或社会争议行业，以保护品牌形象。

三是强化品牌形象的关联性：对于与"读者"主营业务紧密相关的活动或产品，鼓励使用"读者"品牌，比如阅读服务活动可以加挂"读者·中国阅读行动"（全民阅读工程）品牌，以强化品牌影响力和协同效应，因为这是获得2019年中宣部表彰的20个全国全民阅读优秀项目品牌。

四是进一步增强市场反应灵敏度：对于高度依赖读者品牌知名度的分公司，建议作为下属产品部门垂直管理，同时兼顾资产、人员等实际情况灵活处理。

读者品牌资产体系

品牌资产，正如莱利·莱特所言，是企业最为宝贵的财富，它不仅是市场活动的成本节约器，产品溢价的驱动力，更是赢得市场竞争的关键。构建读者品牌资产体系，需从以下六大方面着手：

一、品牌知名度

品牌知名度是品牌被消费者识别与记忆的程度，高知名度能让品牌轻松进入消费者购买决策圈。读者品牌在国内外期刊市场具有很高的知名度和影响力，这主要得益于其长久以来坚持的高品质内容、独特的编辑风格、深受读者喜爱的栏目设置以及读者文化精神。可以说，读者品牌以其卓越的口碑和广泛的影响力，成为期刊出版界的一面旗帜。同时，读者品牌也积极利用新媒体渠道进行品牌推广，进一步提升了其在年轻读者中的知名度。

二、品牌忠诚度

品牌忠诚度是品牌资产的核心，反映了消费者对品牌的偏爱、选择、尝试购买、重复购买以及承诺购买的水平。对于一个企业来说，培育新客户、开拓新市场固然重要，但维持现有客户的忠诚度意义更为重大，因为品牌忠诚能直接转化为未来的销售额。对于"读者"而言，连续多年发行量领先证明了其忠诚度基础。但随着读者品牌从期刊品牌向综合类文化品牌转变，以及纸媒式微的现实，"读者"亟须深度挖掘消费者对于品牌忠诚的根源，不断研究消费者的需求和意愿，以新产品和新服务来强化消费者的偏好，不断加持消费者的品牌忠诚度。

三、品牌认知度

品牌认知度是消费者评判一个品牌优劣的基本标准，是对品牌属性的基础认知。高认知度意味着品牌深入人心，易于被信赖与接受。同时，在品牌延伸上具备更大潜力，利于品牌赋能的新产品实现市场的快速渗透。读者品牌在大众心目中具备一定的认知度，不仅表现在《读者》杂志的封面设计深入人心，在众多期刊产品中具备较高的辨识度；而且表现在其内容深受肯定，与"真善美"的产品理念和高品质的产品质量紧密相连。鉴于《读者》杂志长期以来所塑造的正面形象，读者品牌旗下各类产品和服务的品质认知度也是较高的，在消费者心中经常是被信赖和认可的。

四、品牌美誉度

品牌美誉度反映了消费者对品牌的好感与信任，是品牌价值的重要体现。品牌美誉度的积累没有捷径可走，需要长期细心的品牌经营，以及数十年如一日的品牌形象的良好保持才能建立起来。读者品牌的核心《读者》杂志以高雅、清新、隽永的真善美的传播与人文关怀，以高品质高品位的价值追求，成就了作为"中国人的心灵读本"和中国期刊第一品牌的美誉。人们常说"选择了'读者'就是选择了优秀文化"，这是对读者品牌最真诚的肯定。

五、品牌联想度

品牌联想度是消费者在提及品牌时能联想到的信息丰富程度，它赋予品牌独特个性与情感连接。提起读者品牌，人们首先会想到《读者》杂志，想到"真善美"，想到"人文关怀"，想到"心灵抚慰"，用作家叶舟的一段话来概括更为贴切："当我们谈论《读者》时，我们是在谈论自己的青春、奋斗、爱情和美好的年代，也是在谈论共和国的燃情岁月，以及这片土地上的壮美风景。"[1]读者品牌与个人经历、时代历程的强相关性，使得读者品牌不仅仅代表着产品和服务，更代表一种文化印记和时代印记。

---

[1] 宋喜群、王冰雅《〈读者〉长盛不衰的密码》，载《光明日报》，2022年7月1日。

六、品牌溢价能力

品牌溢价能力是企业获得更高售价、更高利润率、更好赢利的有力武器，体现了品牌能够带来的额外价值，是品牌实力的直接体现。"读者"作为中国知名的杂志品牌，其溢价能力源于深厚的文化底蕴、高质量的内容与创新精神，以及精准的品牌形象塑造。在长期发展中，"读者"始终秉持高标准的编辑要求，不断拓展内容领域，保持与读者的紧密互动。同时，积极开拓多元化产品与服务，如数字版、有声读物、社交平台和线下活动等，不断扩大品牌影响力。"读者"还善于利用各种媒体资源，增强品牌知名度和美誉度。鉴于此，读者品牌在市场竞争中实现了品牌价值的最大化，体现出了强大的品牌溢价能力。

读者品牌管理体系

集团公司是集团总部及各直属单位品牌的主管单位，对集团各类品牌实行统一管理。各直属经营单位设立品牌管理的相关部门或岗位，在各自职责范围内，做好自有品牌的管理工作。

为了确保集团品牌战略的有效实施，统筹解决集团在品牌管理工作中的重大事项和重要问题，优化配置集团品牌建设相关资源，实现集团内部在品牌工作方面的沟通协调，集团成立了品牌管理协调推进领导小组，并设立办公室，具体负责集团品牌管理相关工作。

集团品牌协调推进领导小组：统筹指导品牌管理工作，研究决定品牌管理工作中的重大事项和重要问题，督促指导品牌管理，协调推进领导小组办公室的相关工作。

集团品牌协调推进领导小组办公室：落实集团品牌管理协调

推进领导小组的决策、决定；负责《读者出版集团有限公司品牌管理办法》等文件的制定完善，承担相应职责，并督促各部门、单位做好相关工作；负责品牌管理工作的具体组织、联络、沟通、协调与实施等；向品牌管理协调推进领导小组汇报工作，并提出工作建议；完成品牌管理协调推进领导小组交办的其他事项。

子公司品牌管理部门：建立和完善自有品牌管理制度和流程，确保品牌管理工作的高效执行；确立品牌的差异化竞争优势，制定符合品牌定位的商业战略；塑造并维护品牌形象，包括设计品牌标识、品牌名称以及制定品牌推广计划等，扩大品牌知名度和影响力；保护品牌的知识产权，防止盗版和侵权行为，及时应对品牌危机和声誉风险。定期评估品牌价值，包括品牌资产、声誉和忠诚度等方面，根据评估结果调整品牌战略，优化品牌管理和市场策略。寻求与其他品牌或合作伙伴的推广机会，策划和执行品牌活动，提升品牌关注度。

品牌管理专员：制定品牌管理策略，按照品牌管理制度和流程，对自有品牌的日常工作进行全方位管理。

品牌营销专员：承担公司自有品牌的营销推广等相关工作。

品牌运营专员：负责公司所有品牌的对外拓展、品牌扩张、品牌延伸、品牌授权、外部合作、品牌冠名等相关工作。

品牌维护专员：负责公司品牌的自我维护、经营维护、社会关系维护、法律维护等相关工作。

读者品牌营销（传播）体系

"品牌营销是以品牌为核心的企业战略营销，旨在打造以品牌为主导的营销系统。"①品牌营销是现代企业营销活动的重要组成部分，不仅关注产品的销售，更注重通过建立和传播品牌价值，来赢得消费者的认同和忠诚。读者品牌营销（传播）体系，是指围绕读者品牌价值和产业结构，通过多种营销传播手段，对读者品牌进行立体化推广的行为的集合。

读者品牌营销（传播）体系，主要由以下方面构成。

一、营销策略

1. 事件营销。通过策划、组织和利用具有名人效应、新闻价值以及社会影响的人物或事件，引起媒体、社会团体和消费者的兴趣与关注，来提高品牌知名度、美誉度等。读者出版集团与兰州市合作共建"读者之城·书香兰州"，对于读者品牌而言就是比较成功的事件营销。通过读者文化创意与兰州城市创新深度融合，不仅创新建构兰州新的城市IP，而且通过读者品牌与城市发展的双向赋能，进一步扩大了读者品牌的社会影响力。

2. 口碑营销。利用消费者之间的正面交流传播品牌，具备可信度强、成功率高、成本低及具有二次扩散性等优点，是品牌发展的重要动力。在互联网时代，消费者以文字、视频等表达方式通过社交媒体传递品牌或产品信息，也属于口碑营销。对于读者品牌而言，《读者》杂志初期的井喷式增长就离不开读者之间的口口相传。当下，为了品牌的发展，不可寄希望于被动式的口碑营销，而是应该主动出击，通过各类情绪价值的主动给予，影响更多的消费者成为读者品牌口碑营销的参与者。

---

① 薛斌鹏《品牌营销——新流量时代品牌打造与运营方法论》，北京：电子工业出版社，2020年。

3.借势营销。 结合热点事件或节日，巧妙地将品牌融入其中，实现高效传播。借势营销可以以小博大，容易取得四两拨千斤的传播效果。"天水麻辣烫"爆火后，"读者"旗下抖音号、微信视频号等，第一时间与该热点事件结合，拍摄视频、现场直播，对读者品牌及主要产品进行了营销，这就是一次借势营销。需要注意的是，借势营销要求紧密关联热点，捕捉公众情绪。

4.体验营销。 以消费者为导向，为消费者提供可感、可触、可视、可及等感官乃至情感体验的营销方式。体验营销能全方位、立体式地激发消费者的购买欲，利用消费者的真实感受与其建立信任感。如"读者·新语文"阅读与写作教育平台可以通过音视频课程试听，让消费者直接体验产品功能，进而实现长期订阅。

5.场景营销。 充分利用"读者大会""读者·领读者大会""读者诗文朗诵会"等场景，利用读者博物馆、读者插图艺术馆等场景，利用各种进机关、进企业、进学校、进社区的阅读分享活动场景，实现多维度多层次的场景营销。

6.社群营销。 社群是基于共同的爱好、需求和价值观建立的组织形态，目前已成为连接消费者与品牌的最重要的路径之一。读者品牌所提供的更多是文化服务，这是需要强信任背书的行业，比较适合通过社群营销的方式进行产品和服务的推广。比如读者读书会、读者直播、读者小站阅读成长俱乐部等社群营销模式。

7.跨界营销。 两个或两个以上的品牌，通过渗透和联合的营销方式，相互赋能，共享和引流用户群，为消费者提供更深刻的品牌印象，并提升品牌的知名度。跨界营销是品牌形象变道超车的加速器。比如，读者品牌与知名综艺节目《奔跑吧，兄弟》合作，让观众群体对读者品牌有更加深入了解的同时，也会让"读者"成功走近年轻消费群体，带来了话题度和口碑传播。

8. 新媒体营销。由于新媒体的媒介属性，所以这种营销方式对于内容和社交有偏好。一要在内容风格和表达形式上既有品牌的调性，又符合消费者的需求；二要具备社交属性，让人有分享和传播的行为。需要说明的是，建立自媒体是品牌营销传播成本最低的手段，读者品牌需立足品牌定位，结合目标消费者的触媒习惯，根据不同平台的特点挑选合适的平台，建立具有读者品牌特色的新媒体矩阵，发挥出自媒体在品牌营销方面的强劲作用。

二、营销体系保障

实施这些营销策略需要有坚实的执行框架：

1. 策划与预算制定。深入市场调研，对目标市场进行详尽分析，包括消费者行为、竞争对手策略及行业动态，为营销策划提供数据支持。制定营销方案，基于市场调研，结合品牌定位，设计具有针对性和创新性的营销方案。根据营销方案的具体内容，编制详细的预算计划，并提交至集团品牌协调推进领导小组进行审批，确保资金使用的合理性和有效性。

2. 营销活动的执行与监督。年度营销方案的推进，按照既定的时间表和步骤，有条不紊地执行，确保各项任务按时、高质量完成。持续深化品牌形象，优化产品线，以满足市场的不断变化和消费者的新需求。根据实际情况及时对营销活动进行灵活调整，并设立监督机制，以确保执行效果与预期目标一致。

3. 专项营销的精准实施。针对特定市场机会或挑战，制定专项营销方案，明确目标、策略和执行路径。公司整体形象推广方面，通过多元化的渠道和媒体，全面提升公司的品牌知名度和影响力。实施大型活动管理，精心安排公司领导在大型活动中的演讲，充分展示公司的专业性、前瞻性和品牌形象。同时在各类会议和活动中，严格监督和维护公司形象。

4. 服务与协作的强化。建立高效的内部协作机制，确保各单位在品牌推广上形成合力，共同推动品牌发展。对外形象推广与维护方面，要通过专业的团队和策略，持续对外进行品牌形象的推广和维护，不断提升市场认可度和客户满意度。建立敏锐的市场反馈机制，及时调整品牌战略和信息传播策略，以适应市场的快速变化。

读者品牌运营体系

品牌运营在现代商业中占据着举足轻重的地位，它不仅是企业标识的体现，更是消费者信任与忠诚的基石，对于塑造企业形象、提升消费者信任、增强顾客忠诚度及创造高附加值具有不可估量的作用。因此，企业应将品牌运营视为核心竞争力的关键要素，精心打造与维护。

在读者品牌运营体系的构建中，除了确立品牌核心价值、塑造品牌形象和完善品牌产品、产业、架构、资产、管理体系、营销策略外，品牌延伸与品牌授权的管理同样至关重要，它们是实现品牌价值最大化、拓展市场版图的有效途径。

一、品牌延伸

承前所述，读者品牌在过去的发展过程中，根据业务需要进行过一系列的品牌延伸，但这种延伸由于整体性规划的欠缺，随意性比较强。当下的读者品牌形象提升与品牌战略相融合，可以采用以下品牌延伸策略。

1.延伸类型选择。采用专业化和多样化相结合的延伸方式。一方面立足出版领域，充分利用现有资源推动"内容+技术+服务"的全媒体传播，不断延伸出版的产业链和价值链；另一方面，借助品牌美誉度，实施"出版+"的跨界"破圈"出版深度融合发展，向文化旅游、文化创意等产业领域拓展，以满足消费者多元化需求。

2.延伸策略部署。首先，加强品牌延伸管理，从全局和长远角度规划，建立科学完整的品牌管理系统。其次，确保延伸产品与原有产品核心价值一致，围绕"优秀文化""人文关怀""美好生活"等核心价值进行延伸。第三，根据市场环境的变化，灵活调整延伸策略。

3.延伸利弊考量。在追求品牌认知深度、拓展细分市场、提供多样化产品的同时，警惕过度延伸导致的品牌个性稀释和形象淡化，以及不合理延伸引发的消费者心理冲突。严格控制延伸产品质量，避免损害品牌声誉。

二、品牌授权

品牌授权作为一种低风险、低成本的品牌扩张方式，能够借助外部资源快速扩大业务、提升品牌影响力。然而，品牌授权也伴随着风险，需建立严格的管理体系和监督机制。

读者品牌已有多起成功的品牌授权案例，但仍须谨慎行事。当前，读者品牌授权采取许可审批与企业资格认证相结合的方式，确保授权过程的严谨性。申请单位需通过资格认证，提交包括品牌授权申请表、营业执照复印件、法人授权函及公信力财务报表等必要资料。通过认证后，双方签订详尽的品牌授权使用协议，明确授权范围、期限、性质、费用支付、双方权责、续约选择权、违约责任及终止条款等关键要素，以规范授权行为，预防潜在纠纷，保障品牌价值的合理利用与维护。

品牌延伸与品牌授权是读者品牌运营中的重要环节，它既为品牌带来了新的增长点，也要求企业具备高度的管理智慧和风险意识。通过科学规划、严格管理，以及灵活的市场策略，确保读者品牌在新时代的商业环境中持续焕发光彩，为企业创造更大的价值。

读者品牌维护体系

品牌维护是确保品牌资产保值增值、推动品牌可持续发展的关键。它要求企业整合内外资源，对品牌进行全面的管理和保护。缺乏有力的品牌维护，品牌可能停滞不前，甚至面临危机。因此，品牌维护对于品牌的长期健康成长至关重要。读者品牌维护体系的构建主要从以下四个维度进行：

一、自我维护

自我维护是品牌管理的基础，涵盖品牌VI使用规范、商标管理、专利及知识产权保护，以及品质提升与品牌完善。

1. 品牌VI使用规范。 集团品牌管理部门负责VI系统的更新、维护和监督，确保所有对外宣传材料严格遵循VI手册。内部审查机制确保各部门和子公司严格执行VI规范，要对违规行为及时进行纠正和培训。

2. 商标管理。 各品牌专员建立商标管理档案，记录商标注册、使用状态、续展等信息。定期检查并提前办理续展手续，避免商标失效。遇到商标争议时，积极应对，以保护企业合法权益。

3. 专利及知识产权保护。建立完善的专利申请、审查、维护流程，设立专门的知识产权管理部门。定期进行外部市场侵权监测，发现侵权行为及时采取措施。

4. 品质提升与品牌完善。建立严格的质量管理体系，确保产品质量符合或超过行业标准。定期收集用户反馈，进行产品改进，提升用户体验。加大研发投入，推动产品创新，增强品牌竞争力。

二、经营维护

经营维护重在保持品牌在市场运营中的稳定性和良好形象。

1. 产品质量检查与监督。设立质量检测部门，对每批出厂产品进行严格的质量把关。定期对生产线进行质量抽查，确保生产过程的稳定性和产品的一致性。建立质量反馈机制，对市场上出现的产品质量问题进行追踪和改进。

2. 经营活动中对品牌的维护。定期对经营活动进行审查，防止出现损害品牌形象的行为。对服务流程进行标准化管理，提升服务质量，增强客户满意度。加强员工培训，不断提升员工对品牌价值的认知和维护意识。

3. 消费者投诉处理。设立客户服务部门，专门负责处理消费者投诉；建立快速响应机制，确保在接到投诉后能够迅速采取措施；对投诉进行跟踪处理，确保问题得到彻底解决，并及时向客户反馈处理结果。

4. 品牌形象管理。对所有广告、招牌、标识指示牌、海报、宣传印刷品进行统一管理，确保品牌形象的一致性；定期对各类宣传材料进行检查，对存在问题的广告及时提出整改建议并督促改进。

三、市场维护及危机处理

市场维护及危机处理，是品牌管理中不可或缺的重要环节。

1. 与媒体的关系。建立良好的媒体关系，确保品牌信息的准确传播；定期组织新闻发布会，及时沟通品牌动态；遇到品牌危机时，及时与媒体沟通，防止不实信息扩散。

2. 与政府部门的关系。保持与政府有关部门的积极沟通，及时了解政策动态，争取政策支持；严格遵守法律法规，确保企业经营活动的合规性；积极参与政府组织的各项活动，不断提升企业在政府和社会公众中的美誉度和影响力。

3. 品牌危机处理及公关。建立完善的品牌危机管理预警机制，制定详细的危机处理预案，确保在危机发生时能够迅速响应。加强与公关公司的合作，提升危机公关能力，尽可能消除或减小突发事件对品牌形象的影响。

四、法律维护

法律维护是品牌管理的最后一道防线。

1. 公司VI使用规范的法律监督。确保公司VI使用规范符合相关法律法规要求，避免因违规使用而引发的法律风险；对违反VI使用规范的行为进行法律追责，维护企业合法权益。

2. 商标的日常监督及侵权处理。定期对商标使用情况进行法律审查，确保商标的合法性和规范性；发现商标侵权行为时，及时采取法律手段进行维权。

3.专利及知识产权的日常监督及侵权处理。建立专利及知识产权侵权监测机制，及时发现并处理侵权行为；加强与知识产权律师团队的合作，提升企业在知识产权方面的法律应对能力。

读者品牌战略体系的建构，是企业发展顶层设计中的关键环节，旨在将深厚的文化影响力转化为强劲的文化生产力，构筑起"读者影响力经济"的坚固基石和"一主多元"的文化产业新生态。这一战略不仅明确了企业的发展方向，更是实现内部综合实力向外部市场竞争力的有效转化，为企业的高质量发展奠定了坚实基础。

演进的逻辑

中国现代报业的萌芽 [①]

中国虽然曾产生过世界上最早的报纸——"邸报"，但现代意义上的报业萌芽却是近代的事。

戈公振在《中国报学史》中指出，"邸报"二字的首次出现始自唐代。唐代宗大历（公元766—779年）年间，诗人王建曾作《赠华州郑大夫诗》，其中"报状拆开知足雨，敕书宣过喜无冤"中的"报状"，就是朝廷发行的官报，主要用于朝廷的事务发布，这是有关中国古代报纸的最早记载。唐人孙樵在其所著的《经纬集》卷三载有《读开元杂报》一文，对唐代朝廷官报有比较详尽的介绍。尽管历代朝廷对报纸管理甚严，禁止民间私自办报，但宋代却出现了一种"小报"，时隐时现，屡禁不止。吴廷俊认为，"小报"的"编发者以谋利为目的"，"是中国最早具备商品性格的报纸" [②]。所以，在试图打破官方对新闻传播的垄断、封锁方面，"小报"有值得肯定的积极意义。此外，还有一种报纸必须一提，这就是自明末开始出现的《京报》，这是朝廷为了加强对报纸的管

---

① 原刊于《档案》2002 年第 2 期。
② 吴廷俊《中国新闻传播史稿》，武汉：华中科技大学出版社，1999 年，第22—24 页。

理，禁止小报流行而主动采取的一项对策。《京报》内容主要以朝廷允许翻印的"邸报"内容为主，另外也刊载一些社会新闻，通过民间报房公开发行、出售。它在内容上与官报相似，但编报、发行上却与小报相同。因为这样的关系，一度"邸报"与"京报"被后来的人们混同，其实并不是一回事。

在漫长的封建社会，文化传播媒介一直被朝廷垄断和掌握，官报占主导地位，"小报"和民间报房处于禁止和被压抑的潜流状态，因而造成了中国封建社会文化传播的滞后和缓慢。中国古代的报纸发源很早，但内容单一，读者面极其有限，主要靠传抄，一定程度上限制了它的传播速度、传播范围。虽然在古代曾有过类似近代报刊的萌芽，但很快又被强大的皇权话语淹没。

真正意义上的中国现代报业是由外国传教士带动发展起来的，这期间经历了外国人办报—国人学习办报—国人报刊勃兴这样一个艰难历程，这是一个不争的事实。尽管这一过程伴随着入侵者的枪炮带给了中国一系列不平等的屈辱条约，可我依然认为传教士在这一点上的功绩是不能抹杀的，人为地缩小、回避其在现代报刊史上的地位，极不利于对文化传播史的梳理、考察。

1815年8月5日，转道美国历尽周折到达中国的英国传教士马礼逊，在马六甲创办了第一份中文期刊《察世俗每月统记传》。许多著作中把"记传"写成"计传"和"纪传"，这显然是错的，因为我在有关旧档案中曾亲眼看到此杂志的封面是"记传"。1833年，传教士麦都思与郭士力先在广州，后迁至新加坡出版有《东西洋考每月统记传》，这是曾在中国境内出版的第一种中文期刊。戈公振在《中国报纸进化之概观》中说："据《时事新报》记载，由嘉庆廿年至咸丰十年之四十六年中，计有报纸八种，均教会发行。"叶继元在《核心期刊概论》中把中国期刊的发展分为六个时期，其中萌芽时期（1815—1890年）的期刊大都为外国传教士所办，1860年以前，只有8种宗教性期刊，这与前面戈公振文章中提到的数字一致。叶继元在书中还转载了美国传教士范约翰于1890年提出的一份中文报刊目录，其中提及76种报刊的名称，40种是宗教性质的，36种是世俗性的。需要指出的是，仅以1860年为限计算，中文报刊数不止8种，加上外文报刊就更多。范约翰的中文报刊目录列有9种，第一个是《京报》。另有资料也列举了9种，不过没有了《京报》却多了份1828年创办于澳门的《依泾杂说》，其他报刊名称与范的目录基本相同。

下面是1860年以前传教士创办的中文报刊统计：《察世俗每月统记传》（1815年）、《特选撮要每月统记传》（1823年）、《依泾杂说》、《天下新闻》（1828年）、《东西洋考每月统记传》（1833年）、《各国消息》（1838年）、《遐迩贯珍》（1853年）、《六合丛谈》（1857年）、《中外新报》（1858年玛高温创办于宁波）。如果再加上中国官方办的《京报》，那就是10种。

9种由传教士创办的中文报刊，1840年以前以宣扬宗教教义为主；1840年以后世俗内容多于宗教教义的宣扬，几乎全是各国近事、商业消息和文化类的报道。报刊内容的变化，增强了它对中国读者的吸引力。办报地区也由新加坡等南洋各地和中国广州扩大至中国上海、宁波、香港等地。

列举以上这一系列数字旨在说明一个问题，尽管外国传教士在此间所办报刊的数目无法准确统计，但其在华创办报刊的大致轨迹还是可以清楚看出的，绝非文化侵略一语可以盖过。传教士作为文化人士的互动带来了文化的交流，从宗教传布到自然科学知识、域外时事新闻、经济活动、文化习俗的报道，均在客观上影响了中国社会，推动了中国近代报刊业的兴起。此后，一直到19世纪末叶的甲午战争，中国近代报业市场基本为外报所占有，传教士报刊逐渐占据主流，国人办报则在学习、模仿中蹒跚起步，传教士、外商、国人办报三分天下。据统计，到1886年有报刊78种，而十之有六是教会报。

既然如此，那么这一时期的外报究竟对中国社会产生了哪些影响呢？

首先，传教士报刊试图影响国人的文化心理结构。中国传统的文化心理和习惯根深蒂固，越是急切地想改变和征服就越会引起对抗，近代史上民教冲突、教案不断就是例证。因此，传教士在19世纪80年代初起就开始改变对策，回避敏感的宗教问题，转而宣扬起实用之学。这带有极大的欺骗性，目的和骨子里仍然是以西学来改变中国人。值得一提的是1868年创办于上海的《中国教会新报》，主办者是美国传教士林乐知。这份刊物早期只是一份教会刊物，主要是"传播福音""联络信徒"，发行量有限，读者也局限于教会。但重要的是它的两次更名和一次停刊后的变化，却代表了传教士报刊在这一时期的变化轨迹。1872年从201卷开始更名《教会新报》，办刊宗旨依然，但世俗内容明显开始增多。1874年从301卷起改名为《万国公报》，英文名为"Globe Magazine"，直译"环球杂志"。从此，这份教会刊物对于教务的宣传越来越少，"政事"篇幅逐渐增大，开始面向中国的公众。1883年该刊停刊，1889年复刊。其中较大的变化是英文刊名改为"The Review of the Time"，直译是"时代评论"，重点放在论学论政。复刊首期便明确提出了它的办刊主旨在于"敦政本""志异闻""端学术"。一个纯粹的宗教刊物，几经变易倒关注起俗世的政治学术诸问题，这不能不让人深思其中隐含的原因。复刊后的《万国公报》虽然主编还是林乐知，但它实际已经成了上海欧美各界人士联合组成的同文书会（1894年后改名为广学会）的刊物，因此，刊物开始以学会的整体意志为办刊宗旨。也可以说，传教士办报的真正目的到现在才提上议事日程，他们并不满足于福音、教义的传布，他们想要影响的是整个中国的灵魂。1891年，广学会拟定的一个发行计划书曾列举了《万国公报》的发行对象：各级文武官员5946人，专科以上学校的教授2000人，全国各省会候补官员2000人，文人士子3000人，官吏及士大夫子女4000人。因为这些人是"满清帝国的灵魂和实际的统治者，所以很显然，如果要影响中国整个国家"，"就必须从这些人开始"（《创办广学会计划书》）。这一点，实际上在19世纪末的戊戌变法中得到了印证，维新派的变法思想深受《万国公报》宣传的影响，甚至连其早期所办报刊都借用《万国公报》的名字。

其次，外人创办的商业报刊和科技报刊影响和引导了国人的办刊思想。如：1872年英商美查等在上海创办了综合性日报《申报》，这是中国近代影响最大、寿命最长的民营商业报刊之一；传教士傅兰雅1867年主办专门的科技刊物《格致汇编》。这都对19世纪末国人创办此类报刊起到了一定的示范作用。

外报为国人办报提供了范式和样板，影响、刺激了国人办报的萌芽以及国人现代文化传播观念的形成。中国人自己开始办报滥觞于林则徐。林在广州禁烟之初就组织人员根据外国人的报纸编译了《澳门新闻纸》，并摘录汇编《澳门月报》呈送朝廷。作为在近代史上有所作为的清廷官员，林已悉知报纸在传递信息、了解域外方面的作用。但是，《澳门新闻纸》只供林则徐、广东巡抚怡良、道光皇帝几个特定的人参阅，不公开传播和发行，所以，只能算官办的情报汇集。那么，中国人自己创办的第一份近代化的中文报纸是哪一家呢？据说是1858年伍廷芳在香港创办的《中外新报》。然而伍廷芳生于1842年，时年16岁，由他创办并主持该报事务，在年龄上说似乎站不住脚。另据其他材料，伍廷芳"13岁入香港圣保罗书院，1861年毕业，在香港高等审判庭当翻译，接着与友人创办《中外新报》"（戈公振《中国报学史》）。传教士李提摩太的《中国各报馆始末》中也提到"教外第一次报，自咸丰十一年（1861年）出版，名《中外新报》，开设香港，中国人为主笔"。这里未说明究竟谁开设谁主笔，但时间与上面提到的吻合，可见，第一份中国人自己办的报刊当属《中外新报》无疑，时间在1861年可能性较大。《中外新报》首次采用外国报纸形式编排，不再采用书本形式，这是国人报刊学习外报后的一大创新。1872年，广州有国人创办的《采新实录》，以新闻为主。第二年，艾小梅主编的《昭文新报》在汉口创刊，初为日刊后改为五日刊，装订如册状，文学色彩较浓，但不到一年便停刊。此间，一则因为经济原因，二则是朝廷针对国人的报禁未开；所以国人所办报刊大都寿命较短，影响不大。如1874年由容闳发起在上海创办的《汇报》，两月后更名《彙报》，虽然是一帮洋务官员在背后操纵，但还得请外国人葛理作发行以掩人耳目。第二年，该报又改名《益报》，转载《万国公报》文章较多，不久宣布停刊。1876年，热心并主办洋务的上海道台冯焌光创办《新报》，于头版刊登一二篇中国新闻的英文翻译稿，目的在于沟通中西，这实是新闻史上的一大创举。1882年，随着冯焌光的离职，《新报》停办。《广报》1886年创刊于广州，五年后因一则消息而被查封。唯有王韬1874年于香港创办《循环日报》，以宣传改良主张的政论风靡一时，在社会上产生了较大影响，存在时间也较长。

与早期国人所办报刊还处在模仿、学习阶段相比，这一时期的文化传播理念却似乎要成熟得多。魏源在《海国图志》中提出"夷情备采"，是为了"师夷之长技以制夷"。太平天国干王洪仁玕在给天王洪秀全进呈的《资政新篇》中提出一系列有关新闻传播的设想，这在19世纪中叶的中国可谓空谷足音。洪仁玕在香港生活数年，西方文化对他的熏陶、影响使他意识到新闻事业在营造社会舆论、沟通信息、解除壅塞方面具有重要的作用。他提出"设新闻馆以收民心公议"，新闻"只须实写，勿着一字浮文"，新闻官要有相对独立性，"官职不受众官节制，也不节制众官"，才能保证新闻的公正和言路的畅通。这已透露出了一丝新闻独立和新闻自由的信息。一生未进入仕途的王韬，创办《循环日报》宣扬他的"变法"图强思想。该报首开国内日报的"政论"，每日发表一篇论说，评说国内外政务大事，其报刊政论文体直接开启了之后梁启超的"时务文体"。著名政论思想家陈炽、郑观应两人对当时的报业现状极为不满，撰文批评清政府放任外人垄断国人办报，呼吁国人办报时代的来临。

以上是19世纪中国现代报业萌芽的真实历程，国人办报高潮的到来是在甲午战争之后和维新变法时期，这是国人思想觉醒和文化自觉的开始。

中国早期的文学报刊 ①

19世纪末，中国现代报刊的发展出现了一个新的趋势，这就是文艺副刊的成型和纯文学刊物、文艺小报的大量出现，形成了专门刊载文学作品、传播文学思潮的文学"公共舆论"，开始影响现代文学发展的走向。

类似副刊的形式，早在现代报刊兴起之初就已出现了，但"副刊"这一名称的定型却是在20世纪20年代。1922年，鲁迅受《晨报》编辑孙伏园之约为其主编的副刊题写刊名"附镌"，但由于字体原因，"附镌"在印刷时被改成了"副镌"。在徐志摩主编时代，《晨报副镌》被改为《晨报副刊》。后来，随着《京报》《世界日报》的群起仿效，这一称呼便流行了起来，戈公振的《中国报学史》中"附刊"与"副张"同时提到，内容和意思基本一样。20世纪30年代中期，胡道静的《论副刊》对副刊给予了较详尽的论述，尽管存在不少讹误。

关于副刊文字的出现，最早可追溯到19世纪50年代以降的《中外新报》《上海新报》《华字日报》《循环日报》等，不过

---

① 原文刊发于《档案》2002 年第 5 期。

那时候的副刊文字只是局限于新闻、文选之外的随感、杂谈、诗词短文、野语稗史之类，不定期刊出，类似于报刊补白，不是专门意义上的副刊。1872年创刊的《申报》可以说是最早开设副刊的报纸。其创刊时的《本馆条例》鼓励文士投稿，欢迎记述时事的文学作品："如有骚人韵士有愿以短什长篇惠教者，如天下各名区竹枝词，及长歌纪事之类，概不取值。"一则短短的告白，本来没有什么特别的，但因为在此之前，文人发表、出版自己的著作都是自己掏钱印刷，所以，《申报》在此刊出免费发表作品的启示，就有着特殊的意义。这标志着一种新型媒介开始参与文学的生产、传播。

之后许多报纸欢迎文学作品，这自然为文人发表、传播作品提供了一个很好的机会，同时，现代报纸也因此增添了趣味和文化色彩，这其实就包含报纸副刊和文艺小报的影子。1897年，英商在上海创办的中文报纸《字林沪报》设"附张"《消闲报》，后改名《同文消闲报》《消闲录》，专门刊登诗词、小品、乐府、传奇之类带有消闲、娱乐性质的文字。《中国日报》附设的子报《中国旬报》开辟了一个文艺栏目《杂俎》，后《旬报》停刊，1900年，《杂俎》移入日报，改名《鼓吹录》。这一切都标志着报纸文学副刊开始成型。副刊的迅速发展是在民国成立以后，最有影响的有《申报》的《自由谈》、《太平洋报》的《文艺》、《新闻报》的《快活林》、《时报》的《余兴》，以及五四时期名重一时的"四大副刊"——《晨报副镌》、《京报》《副刊》、《民国日报》的《觉悟》、《时事新报》的《学灯》等。

《申报》《自由谈》副刊自1911年8月创刊，一直存在了38年之久，可见副刊在当时的兴盛。胡适在回忆《时报》副刊对他的影响时说过，在上海求学的六年里，他几乎没有一天不看《时报》，他的现代诗的知识几乎都是从《时报》获得的。记得有一次《时报》征求报上登的一部小说的全份，似乎是《火里罪人》，他也是送去应征的许多人中的一个。《时报》为中国日报界开辟一种带文学兴趣的"附张"。

副刊尽管是随主报发行的附页、附张，但它的出现却是"一种文学现象"。之所以这样说，有以下几个方面的原因：副刊具有"相对独立的编辑形态，包括自身独特的文体、作家群、读者和相对稳定的编辑特色"，它还具有"整体上的文化或文艺的色彩"[①]，由此形成了独具特色的文体，如与传统小说在结构上不同的报纸连载，在笔记文基础上发展起来的各类小品文字和由报刊政论、时评演变而来的杂文，等等。

最早的文艺刊物是报馆的附设杂志，是随着刊载报纸副刊的编余作品而出现的，"类似后来的报纸文艺增刊"[②]，与副刊的关系十分密切。但它一经产生，就朝独立的方向发展，不但开了创办文艺杂志之先河，发表文学作品，刊载域外译作，而且贯穿着对旧文学观念的变革以及新的艺术技巧、文艺观的传播。1872年11月11日，申报馆附设的月刊杂志《瀛寰琐记》创刊，这是我国近代第一份以刊载文学为主的文艺杂志。该刊书册为24开线装，每册24页，每页1155字，每期字数不到3万。从第一期目录来看，通俗性小说、散文、笔记、诗词、政论占主要篇幅，其余是一些天文、地理方面的知识介绍。《申报》当年10月15日刊载的《刊行瀛寰琐记自叙》对刊物的缘起说得非常明白，可以进一步诠释上面的观点。《申报》创刊第一年（1872年）就刊有"洋

---

① 潘树广主编《中国文学史料学》上册，合肥：黄山书社，1992年，第285页。
② 冯并《中国文艺副刊史》，北京：华文出版社，2001年，第58页。

场竹枝词""沪城感子诗""申江行"等诗词和《谈瀛小录》《一睡七十年》等小说。但这使篇幅不多的《申报》一时无法容纳，又因为报纸"仅悦一时之目"，所以便出版《瀛寰琐记》杂志，"愿文坛健者""惠赠瑶章""搜神志怪""街议巷谈""琐闻兼述""碎事同登"。难能可贵的是该杂志既考虑到了文艺的"济世安民之务"，又未摈弃"弄月吟风之趣"，还兼及"致知格物"（蠡勺居士作《瀛寰琐记叙》，载《瀛寰琐记》创刊号），将传播知识、载道教化与文艺的趣味性相提并论。从以上的特征可以看出，《瀛寰琐记》已经奠定了此后文学杂志的基本形态。首先，从其刊载的内容来说已经具有了一定的涵盖性，文学杂志的内容主要有小说、笔记、散文、诗词、政论及其他，既发表创作，也刊载翻译。其次，从杂志的办刊宗旨上看，《瀛寰琐记》提倡风格多样的作品，既充分尊重文艺的基本内在规律，即文艺作品的艺术性和趣味性，又注意文艺的现实性和潜移默化的教化功能，同时，它更是传播文明的媒介。此外，《瀛寰琐记》还"向传统的小说观念挑战，实现了现代小说理论的先声"[1]。关于这一点，主要体现在蠡勺居士的翻译作品《昕夕闲谈》和《瀛寰琐记》第四期刊出的《〈昕夕床谈〉小叙》中，译者认为该小说有"怡神悦魄"的审美和教育双重作用，在阅读快感和深入人心方面远胜过"圣经贤传""诸子百家之书"。在传统的中国社会，敢这样大胆地挑战经典和权威，确实是需要一番勇气的。由此，《瀛寰琐记》办刊思想之成熟可见一斑。然而，该刊存世时间却有限，1875年2月易名《四溟琐记》，1876年2月又更名《寰宇琐记》，最终于1877年十分遗憾地停刊。

---

① 周葱秀，涂明《中国近现代文化期刊史》，太原：山西教育出版社，1999 年，第 5 页。

严格意义上我国最早的文学期刊是花也怜侬（韩邦庆，字子云，1856—1894年）于1892年2月在上海创办的《海上奇书》。该刊只出版了15期，主要刊载韩邦庆的小说作品，但却有几个首创：首创图文并茂和章回连载，开杂志发表方言小说之先河。韩邦庆以章回形式连载他创作的吴语方言小说《海上花列传》，这种体例和创作形式影响了《绣像小说》等刊物和孙玉声、李宝嘉、张春帆等作家的创作。

　　从第一份文艺杂志问世到19世纪末只有五六种文艺杂志出现。但自从1902年《新小说》问世以后，情况就大大不同了。据统计，1902年至1916年共创刊文艺期刊57种，至1918年又多了11种，1919年至1924年共创办了79种①。阿英在《晚清文艺报刊述略》中著录了1910年以前文艺期刊29种，上海图书馆祝均宙在阿英收录的基础上，将时限下延到1918年，共得文艺杂志132种②。陈平原在《二十世纪中国小说史》第一卷中统计了1902年—1917年以"小说"命名的杂志，达29种（其中含报纸2种），它们是《新小说》、《绣像小说》、《新新小说》、《小说世界日报》、《小说世界》、《月月小说》、《新世界小说社报》、《小说七日报》、《小说林》、《小说世界》、《中外小说林》、《广东戒烟新小说》、《竞立社小说月报》、《新小说丛》、《白话小说》、《扬子江小说报》、《扬子江小说日报》、《十日小说》、《小说时报》、《小说月报》、《小说画报》（1910）、《中华小说界》《小说丛报》、《小说旬报》、《小说海》、《小说大观》、《小说新报》、《小说画

---

① 鲁深《晚清以来文学期刊目录简编》，载张静庐辑注《中国现代出版史料（丁编）》，北京：中华书局，1956年，第510页。
② 潘树广主编《中国文学史料学》上册，第290页。

报》（1917）、《小说革命军》。但我以为还遗漏了至少五六种，它们是：《粤东新小说林》（1906）、《宁波小说七日报》（1909）、《摩尼》（又名《最新小说旬刊》，1915）、《小说杂志》（1914）、《眉语》（又名《眉小说杂志》，1914）、《秋星》（又名《秋星小说报》，1915）。以上前两本杂志，陈平原曾提到其名字。李默的《辛亥革命时期广东报刊录》提及的《粤东小说林》是否就是这里的《粤东新小说林》，尚待用档案史料证实。以上列举了以小说命名的刊物，只是为了勾勒出一个清末民初"新小说"繁盛的局面，还有一大批文学刊物在左右着当时的文学创作。据《中国通俗小说总目提要》统计：从1840年至1900年60年间，一共出版小说133部；而从1901至1911年10年中，却产生了通俗小说529部。由此可见。文学报刊的勃兴和飞速发展已经开始影响文学的生产、传播。

此外，文艺小报的兴旺也是清末民初文学繁荣的另一个重要原因。

何谓"小报"呢？戈公振的《中国报学史》认为，小报是"与大报副张颉颃者，以其篇幅小故名"，但同时又说小报"亦自有其精彩，未可以其小而忽之也"，"其优点乃在能记大报所不记，能言大报所不言，以流利与滑稽之笔，写可奇可喜之事，当然使读者易获兴趣"。如此看来，小报并非仅仅因为小才有这样的称谓，而是指它有不同于其他报刊的办报旨趣。也就是说小报追求趣味性，以从容、悠闲、游戏的笔调从侧面透视、观察社会人生，是一种以刊载趣味性、消遣性内容（包括新闻、轶事、随笔小品、文艺小说等）为主的报纸，充满着浓郁的文学色彩。这一时期的小报繁荣与沿海商埠的都市化和半殖民地半封建的社会现状密切相关。市民生活和十里洋场的需要，是小报产生的社会基础。在茶榭、烟寮、书楼、戏馆等林立如云的都市，小报已经成了都市纸醉金迷生活的一部分。所以，阿英才说这些报纸"几乎每一种都是谈风月，说勾栏"，"同时揭露了当时的社会黑暗，抨击了买办、官僚以及帝国主义，奠定了晚清谴责小说发展的基础"，从阿英的这番话来看李伯元创办的《游戏报》《世界繁华报》，就能从更深层次理解其办刊宗旨了。其实，"《游戏报》之命名仿自泰西，岂真好为游戏哉？盖有不得已之深意存焉者也"，那么，到底是什么不能说出的深意呢？"国日贫矣，民日疾矣，士风日下，而商务日亟矣。"（《游戏报》第63号，1897年7月28日）原来如此，所以，"游戏"之下至少有两个方面的潜台词：游戏笔墨的趣味追求以及批判讥讽的醒世，是劝惩和警世。

《游戏报》其后，一大批小报接踵而来，跟风模仿。据统计，至辛亥前，上海一共出版过大约40多种小说①。李伯元在《上海已佚各报表》中列举了66种，阿英认为，其中一大半是有关时事报道的新闻纸，他认定当时属于小报的只有32种②。1901年创刊的《世界繁华报》，先后连载了李伯元的《官场现形记》《庚子国变弹词》及吴趼人的《糊涂世界》等清末谴责小说，由此代表了小报的主要趣味和追求。

随着都市游乐方式的变化，小报也出现新的转向，这就是随着大型游乐场、剧场的产生而出现的游戏场报、剧场报。但是，进一步的市场化使不少小报沦落，充满了捧妓玩妓的文字，鼓吹享乐主义，沉迷于风花雪月，走到了另一极端，这是必须指出的。在五四新文化运动之前，由文学杂志、副刊、文艺小报形

---

① 秦绍德《上海近代报刊史论》，上海：复旦大学出版社，1993年，第141页。
② 阿英《晚清文艺报刊速略》，上海：古典文学出版社，1958年，第49—89页。

成的文学"公共舆论"，曾掀起了两大股文学思潮。一股是占据清末文坛统治地位的"小说界革命""诗界革命""戏剧界革命""文界革命"，文学在此间表现出的最大特点是"文学救国论"思潮下掀起的关注人生、社会的"求新""求变"，以及由于域外文化传播带来的文学观念、技巧的变革；另一股作为对前者政治化意味太浓的反拨，遂走了一条与此截然不同的路，这就是以《礼拜六》为核心的鸳鸯蝴蝶—礼拜六派的崛起和持久不衰，此派作品风格多样，以言情、哀情、艳情、侦探、武侠、社会等市民趣味为时尚，影响颇大。文艺小报一直贯穿着这一左一右的两极，调适着文学生态。比如：当梁启超掀起的"新小说"潮流导引文学成为政治宣传的工具，而将文学逼入"载道"的胡同时，是同一时期的文艺小报以消闲、娱乐、游戏等特点满足了读者的阅读需求，从而使文学生态系统得以平衡；当民初的言情泛滥，风花雪月充斥文坛的时候，又是文艺小报给予了及时的拨正，发出了知识分子感时忧国的呻吟，批判、讽刺了丑恶的社会现实。

综上所述，报刊与文学建立起的血肉联系由此可见一斑。现代文学报刊的登场和参与，不但彻底改变了中国传统文学的传播通道，使文学从生产、传播、接受等诸多方面发生了现代性的变革，而且，现代报刊参与现代文明的传播，哺育了中国现代文学，是当之无愧的新文学的摇篮。所以，才有学者说，一部中国现代新闻传播史从侧面看去又是一部中国现代文学史。

文化传播与新文学的萌芽 [①]

　　论及新文学的渊源，要么远祧明末，被认为是"童心说""性灵说"的张扬[②]；要么被说成是新文化运动干将努力为之的结果[③]。而对距此不到10年的维新派的作用言而慎之，认识不够，即使有人谈及，也多从文学改良与挽救清政府衰亡之命运方面入手。不仅如此，更少有学者对辛亥革命时期的文学革新主张与新文学的形成关系作出恰当的历史评价。这一切都影响了对新文学源流、成因及其特质的准确把握和认识。为此，本文立足清末民初域外文化与中国传统文化碰撞和对话的历史背景，从文化传播和文化参与的视角来探讨新文学萌芽的要素。新文学的发生，不是20世纪初一帮留学生振臂一呼，于一朝一夕发动起来的，它在客观上经历了传教士——维新派士大夫——辛亥志士这一文化传播的三级跳过程，是域外文明的进入与绵延不断的传统

---

① 原刊于《西北师范大学学报》1999 年第 5 期，人大复印资料《中国现代、当代文学研究》1999 年第 12 期全文转载。
② 周作人《中国新文学的源流》，上海：华东师范大学出版社，1995 年，第 30 页。
③ 胡适《五十年来中国之文学》，载《胡适学术文集》，北京：中华书局，1993 年，第 150 页。

文化碰撞的结果。晚清"十字军东征"带来的剑与火在刺伤国民自尊的同时点燃了域外文化与传统文化碰撞的导火索，士大夫们从拒斥、犹豫中开始反思，开启民智、文学救国的烽烟四起。之后的辛亥革命中，一股激进的文化革新思想几乎与如火如荼的革命同时成长，势如破竹。这一切都使得域外文化与中国传统文化发生激烈的面对面的冲突和碰撞，从而激活、重构、刷新着传统文化，引入了令民族震惊和自省的世界文化的参照系和坐标。由文化传播而导致的"中国传统的创造性转化"这一趋势，催生了新文学，并不断支配、影响着其变革的流向，这是20世纪初新文学发生、演变的基本形态。

一、传媒与文学传播通道的变革

曹聚仁先生曾说，"中国的文坛和报坛是表姊妹，血缘是很密切的"，"一部近代中国文学史，从侧面看去，又正是一部新闻事业发展史"[①]，此话一语中的。新文学从萌芽、发生以及之后的演变都是与报刊息息相关的，报刊是新文学得以广泛传播的载体，也可以说，近代报刊的崛起催生并哺育了新文学。所以，为论述文化传播与新文学的关系，首先得廓清这一文化传播媒介的发展轨迹。

中国曾产生过世界上最早的报纸——邸报，一种传达君臣间消息、官员迁谪信息的政府机关报。但是，近代以来的现代报业却是由外国传教士带动发展起来的，这是一个不争的事实，尽管这一过程伴随着入侵的枪炮带给了中国一系列不平等条约的屈

---

① 曹聚仁《文坛五十年》，上海：东方出版中心，1997年，第8页，第83页。

辱，可笔者还是认为传教士在这一点上的功绩是不能抹杀的，人为地缩小、回避其在报刊史上的地位，极不利于对新文学渊源的考察。

1815年8月5日，转道美国历尽周折到达中国的英国传教士马礼逊，在马六甲创办了第一份中文期刊《察世俗每月统记传》。1833年，传教士麦都士与郭力士先在广州，后迁至新加坡出版有《东西洋考每月统记传》，这是曾在中国境内出版的第一种中文期刊。戈公振在《中国报纸进化之概观》中称："据《时事新报》记载，由嘉庆廿年至咸丰十一年之四十六年中，计有报纸八种，均教会发行。"[①] 叶继元在《核心期刊概论》中把中国期刊的发展分为六个时期，其中萌芽时期（1815—1890）的期刊大都为外国传教士所办。1860年以前，只有8种宗教性期刊（这与戈公振文章中提到的数字一致），至1890年，共有127种。书中还转载了美国传教士范约翰于1890年提出的一份中文报刊目录，其中提及76种报刊的名称，40种是宗教性质的，36种是世俗性的[②]。列举这一系列数字旨在说明一个问题，尽管外国传教士所办报刊数目无法准确统计，但其在华创办报刊的大致轨迹还是可以清楚看出的，非文化侵略一语可以盖过。传教士作为文化人士的互动带来了文化的交流，从宗教传布到自然科学知识、域外时事新闻、经济活动、文化习俗的报道，均在客观上推动了中国近代报刊业的兴起。它不但是维新前中国士大夫借以了解域外文化的窗口，而且直接影响了维新变法的发生及又一个办报热潮的来临，尽管它在早期曾受到官方和士大夫的排斥与抵制。

---

① 戈公振《中国报纸进化之概观》，载《国闻周报》1927年第4卷第5期。
② 叶继元《核心期刊概论》，南京：南京大学出版社，1995年，第27页。

中国人自己主办的报纸，滥觞于林则徐。林在广州组织人员根据外国人的报纸编译了《澳门新闻纸》，并摘录汇编《澳门月报》。作为在近代史上有所作为的清廷官员，他已悉知报纸在传递信息、了解世情方面的作用。随着维新运动的深入，报刊如雨后春笋般产生。1897—1898年两年内，创办的报刊达104家[1]。从1896年《时务报》创办至1911年，中国各地创办的报刊（包括海外华文报刊）多达1600多家[2]。近代报刊业的发展之所以如此神速，有如下几个方面的原因。一是国势衰微，面对列强瓜分中国的危急形势，力图救国于危难之中的封建士大夫从传教士及外商办的报纸中窥见了报刊在政治活动中的功用，从反对、敌视进而走向参与报刊的创办，以此传播思想，介绍域外文明，开启民智，实现政治图谋。甲午战败，洋务派的强国梦破灭。亡国灭种的沉痛反思使士大夫们再次对域外文明产生深层关注，而不再把对域外文化的学习限于技术移植，报刊的功用因此得到重新审视。之后，无论是维新派还是革命派，都把报刊当作实现政治图谋的工具加以重视、倡导。柳亚子的一段话颇有代表性："波尔克谓报馆为第四种族。拿破仑曰：'有一反对之报章，胜于十万毛瑟枪。'"[3]梁启超认为"思想自由、言论自由、出版自由，此三大自由者，实维一切文明之母"，他主张"报馆者国家之耳目也，喉舌也"[4]。视报刊为治国之利器，认为一个国家的强弱，可以从报刊的数量看出。清廷也在"庚子事变"后，科举改

---

① 史和等编《中国近代报刊名录》，福州：福建人民出版社，1991年。
② 袁进《中国文学观念的近代变革》，上海：上海社会科学出版社，1996年。
③ 柳亚子《二十世纪大舞台·发刊辞》，载《二十世纪大舞台》1904年第1期。
④ 梁启超《本馆第100册祝辞并论报馆之责任及本馆之经历》，载《清议报》，第100期，1901年12月21日。

试"策论"，糅合了"报章体"——一种新兴的报刊文体。这一切都是报刊业蓬勃兴盛的主要原因。其二，传教士与外商所办报刊为维新派、革命派倡导的报刊业勃兴提供了办报经验，甚至说培养了办报人才。"中国近代的报刊大多经历了这样的发展阶段：先是外国人在中国办外文报刊给外国人看，然后是外国人创办中文报刊给中国人看，最后是中国人自己办中文报刊给中国人看。"① 从此可以看出，近代中国报刊师法传教士们所办报刊是一个自然的过程。维新派倡导变法，深受《万国公报》刊发的李提摩太撰《新政策》、林乐知的《中西关系略论》和《文学兴国策序》、李佳白的《改政急便条议》等文章的影响。1895年维新人士在北京创办的刊物定名为《万国公报》，不但名字与传教士所办报名相同，而且多数文章取材于前者，有人认为这是因为他们的变法主张是以域外文明邦国的历史和现状为参照系，这很有见地。在中国近现代出版史上有着举足轻重作用的商务印书馆，其主持人夏瑞芳幼年入教会学校学习，18岁入教会报馆习英文排字，先后在《字林西报》《捷报》做排字工头，后与妻兄鲍咸恩合资创办商务印书馆。商务大股东沈伯芬为天主教徒，商务内部有相当数量的人是教徒，人称"教会派"，他们所受国外报刊的影响可见一斑。1861年，伍廷芳在香港创办《中外新报》，首次采用外国报纸形式编排，不再采用书本形式。因此，早期的报人多是传教士、外商所办报刊的职员、主笔，后来才独立办报。可以说，在中国文学向外国文学学习之前，报刊早就先行一步，其文体的简洁、通俗、立体化就是向外报学习的结果，从而迫使中国传统文体首先在报刊中失去市场。第三，印刷技术的现代化是

---

① 袁进《中国文学观念的近代变革》，上海：上海社会科学院出版社，1996年。

报刊、出版业勃兴的又一主要原因。上海开埠的翌年，传教士麦都士在上海创办了中国第一个近代印刷所"墨海书馆"，采用机器印刷。据载，书馆拥有一架铁制印刷机，用一头牛拉转机轴，日印四万余张（估计这是夸张说法）①。1861年11月，英国商人匹克乌得创办《上海新报》，铅字排印，机器印刷，在外观上摆脱了线装书的形式。1897年，《申报》用了华府台单滚筒机，用电气马达拖转，每小时可出一千张，报纸销数大增。1900年商务印书馆首次在国内采用纸型技术。印刷技术的近代变革和与世界的接轨，既可以降低书刊成本，又可以加快传播速度，促进文化普及。例如一部《通鉴辑览》木刻本，老书坊售价非一二十元不可，商务的铅印本，用有光纸印刷，售价不过二元几角，因便宜而畅销一时，普通老百姓也可以接受。

不难看出，报刊在晚清民初的勃兴是域外文化强行登陆与传统文化碰撞、对话的结果。它不仅仅体现了对政治变革的参与，而且还表现在与近代出版机构一起彻底打破了传统文学的生产、传播通道，使文学从创作—传播过程—受众，皆与以前发生了很大的不同。这主要表现在文本创造者身份的普泛化、传播机制的市场化、接受者的大众化。

晚清以前，文本的创作者主要是士大夫，他们渴望以文学藏之名山于后世，带有浓厚的功利性。有的文本创造者就是用文学参政、议政的，如韩愈、白居易等。这种"文以载道"的遗绪可以说直到科举废除才在客观上稍稍得以遏制。真正导致文本创造者从士大夫范围奔突而出的是近代报刊的兴起及出版业印刷术的近代化。新兴的报纸为了吸引读者，广设副刊，于是出现主笔与

---

① 王韬《瀛海杂志》，第6卷。

连载作品；专门的文学性期刊问世，职业作家以笔墨为生，从而使文本创作者普泛化为落魄文人、士大夫、新式知识分子等各阶层人物。1892年，韩子云创办的第一份小说期刊《海上奇书》登载他自己创作的《海上花列传》《太仙漫稿》。1897年，《字林沪报》设副刊《消闲报》。三年后，《中国日报》辟副刊《鼓吹录》。1902年至1916年有57种文艺期刊问世。中国第一代职业作家随之产生。辛亥革命前一年，清政府颁布了中国历史上第一部《著作权律》，使职业作家的存在有了保障。众多作者为挣稿费而加入小说创作队伍，使文本制作者成分日益复杂。不仅如此，报刊作为"维新""革命"的工具之一，引起社会各层面的关注，一种新兴的报章文体就是在这一过程中产生的，这是报刊作者与报刊结合共同作用的结晶。文本制作者的这一变化是前所未有的。

鸦片战争前的传教士报刊，作为教会的宣传品是非卖品，由传教士向社会散发。但19世纪40年代之后，不论传教士还是外商所办的报刊都采用营业方式出售，报刊的商业化使之与读者的需要更加紧密起来，使报刊发展受市场支配而非某一集团的行政干预。1872年创办的《申报》直至1949年5月方才停办，长达77年，不仅是近代历史最久的报纸，而且是商业性报纸的典型。它作为商业活动的一部分而诞生，其目的是赢利，当然是受市场规律的支配，而市场的一个方面就是各阶层的受众。《申报》创始人安纳斯脱·美查原为茶叶、棉布商人，后转而经营报业。其创办的《申报》在创刊号上便提出：传统的记事文"维其事而荒诞无稽，其文皆典瞻有则，是仅能助儒者之清谈，未必为雅俗所共赏。"报刊文章则"求其纪述当今时事，文则质而不俚，事则简而能详，上而学士大夫，下及农工商贾，皆能通晓者，则莫如新闻纸之善矣"。因服务对象的不同，宗旨也必然不同，因此，每张铜钱8文的报纸以其低廉的价格吸引了众多的消费者，不久便将获利甚丰的有10年历史的《上海新报》挤垮。一批职业作家主持的报纸副刊和文艺期刊，更是要以其作品的传奇性、娱乐性、艺术性符合大众化的消费心理而求生存。因此，报刊鲜明的"读者意识"和市场意识决定了报刊迎合公众的平民意识。因此，市场规律像只看不见的手操作、制约、支配着近代报刊、出版事业这一文化传播的重要载体，使之与社会变革的关系日益紧密，也日益世俗化，而不再局限于某一阶层。从以上的讨论还可以看出，文化传播如此迅速地拓展，一个极为重要的方面还来自接受对象。传统文化的接受者是士大夫、读书人，与老百姓无缘。而晚清以降，由于社会变革的需要，为数众多的落魄文人、新式学生、职员、商贩以及逐渐形成的市民阶层、准市民阶层不仅分布在都市，而且也延伸到城市周围的城镇，这样一个大众化的受众体对文化传播的需要是多方面的。据1903—1905年初南京、武汉、杭州等11座城镇的调查，当时这些地方共订购报刊62种，20227份，除《南洋官报》由江宁各级官府分摊外，其余11000余份为民间私人订阅，其中白话报刊14种，订数达12531份，普通市民也加入了订报行列①。这一数字本身就说明文化传播的受众已突破了特定阶层而走向了大众，大众的多层次需求又促使文化传播的立体化。此时，在"维新""革命"派倡导的文学之外，纯娱乐、趣味性的鸳鸯蝴蝶—礼拜六派文学也因公众需要兴起，并在相当长的时间经久不衰。因为读者的大众化，白话文作为传统文言文的对立面被大力倡导，这一阶段出现白话报刊一百多种就是

---

① 章开沅、罗福惠《比较中的审视：中国早期现代化研究》，杭州：浙江人民出版社，1993年。

例证。

到此为止，晚清民初的报刊、出版业的兴盛，在当时条件下所产生的作用已显而易见，如果没有现代报刊业的兴起，如果没有《新青年》《每周评论》《新潮》等杂志作为阵地，很难想象之后发生的新文化运动会是怎样的情景？这一阶段文化传播的世俗化、大众化、市场化，直接触及的是传统文化及其体制，它反映、张扬的是各种绳索束缚下的人的要求，它参与了维新变法、辛亥革命、新文化运动，使士大夫之外的各阶层都享有接受文化传播的权利并被文化传播所影响，它将文学创作—传播—受众这个原本来自大众后被统治者据为己有的权利还给了大众。所以说，这是域外文化与传统文化的一次有效的碰撞和对话。如果我们不将目光、思维仅局限在"维新变法"的成功、"辛亥革命"的理想是否全面实现；如果我们的民族自尊不是病态、神经质的，那么就会清楚地看到这近百年域外文化与中国传统文化互动的结果，是域外文化与传统文化得以沟通，并且使中国文化汇入世界文化长河，形成了一个民族文化急遽变革的过程，直至新文化运动才达到了一个新的提升。这一次文化大众化的普及性尽管有限，但是毕竟是成功而且卓有成效的，况且这是在民族灾难深重的危机中全方位完成的。

二、文化传播与新知识群体的形成

传教士除了引入域外报刊和出版印刷技术，他们带给晚清中国的还有科学和自由主义文化思潮。这是因为，面对盲目自大的中国士大夫的本位文化心态，传教士为了自己的目的得以实现，不得不用报刊的浅显文字介绍域外文化，并且开办学校培养人才，使他们首先成为沟通中外文化的桥梁。这一切旨在打破清朝帝国锁国排外的自尊自大，引入世界文明的宏阔背景使病入骨髓的晚清加快与世界接轨，方便域外文化的流布及市场的开拓。尽管这一举措的实施与枪炮加辱中华是同步的，但却在客观上培养、造就了一批新式知识分子群体和文学创作队伍。他们睁眼看世界，身上汇聚了在当时条件下所能接触到的先进文化和思想，努力变革旧体制，改变民族被异族侵略、凌辱的命运。他们不但成为晚清封建专制的掘墓人，而且也在努力"复兴"民族文化，使日益自强的民族取得与域外民族平等对抗与交流的资格。当然，这一行程才刚刚开始。

晚清民初的这一新知识群体的形成是从文化传播的另一形式——教育的推广而开始的。1859年以前，教会已在各地设立学堂50所，学生达1000人，主要是贫家子弟为学习谋生资本。时隔7年，教会学校、书院又增加了24所，不但深入京师及偏远的云、贵、甘、陕等地，并且将招生目标逐渐投向士林子弟、富豪人家，因为他们在社会影响中占举足轻重的地位。只有改造、影响了他们，才能加快这一文化传播的进程，减少干涉和阻挠。

"李提摩太任广学会总干事时，便计划将10000名正式候补官员和34000名士子童生作为经常施加影响、进行系统教育的对象"①。足可见传教士办学的目的和改造、影响中国的决心之大。到1889年，新教学生已达16863人，1895年增至21353人。1892年，天主教有学校633所，学生10917人②。上海圣约翰学校于1891年正式开设大学课程。

---

① 章开沅、罗福惠《比较中的审视：中国早期现代化研究》。
② 徐雪筠、阵曾年、许维雍等译编《上海近代社会经济发展概况（1882—1931）——〈海关十年报告〉译编》，上海：上海社会科学院出版社，1985年，第115页。

迫于传教士办学的高涨之势，以及外交人才中匮乏懂外语者，晚清官僚层的有识之士才纷纷建议开办学馆，广采西学，至1895年甲午战争前，中国共自办学堂25所，在校学生约2000人，主要是适应洋务需要而办的一些水师、武备、造船学校。由于时势和民意，19世纪最后5年，新式学堂有了长足发展，1895—1899年，全国共兴办学堂约150所，其中仅百日维新期间就有106所，学生总数达到1万人。到1916年，不包括四川、贵州、广西省和未经立案的私立学校，全国已有学校121119所。至辛亥革命前，还向美、日及欧洲国家派遣了数以万计的留学生[①]。

　　清楚地认识到晚清民初这一由新式学堂和留学教育培养起来的知识分子群体，在科学、民主、自由的思潮影响下逐渐成熟，并对近代社会变革及新文学产生给予很大影响和作用，这一点是十分重要的。因为他们不仅是文化传播的结果，而且是文化传播的活性载体。

　　西方"天赋人权"的思想，传教士早就零零星星地介绍过。1875年6月12日，基督教会在上海的《万国公报》登载的一篇《译民主国与各国章程及公议堂解》云："其治国之权属之民。"谓民主国，不论君、臣、民应人人平等，因为"均是人也"。这是一篇较早向中国介绍国外民主、自由思想的文章，比较系统地论述了各民主国的章程等。但真正注意到民主、自由对于中国民族发展的重要性，并在这一方面有独到见地的是经过系统域外学习的严复等人以及维新、革命派人士。严复早年留学英国，精通英文，翻译《天演论》介绍了"物竞天择，适者生存"的进化理论，影响深广。因为他能较深入地考察中外文化，所以才提出：

---

① 章开沅、罗福惠《比较中的审视：中国早期现代化研究》。

"夫自由者，各尽其天赋之能事……故言自由，则不可以不明平等，平等而后有民主之权。"[1] 因此，"今日之治，莫贵乎崇尚自由"[2]。梁启超受域外文化浸染较深，主要是因了报刊及翻译的影响，并加之流亡日本的亲身体会。所以，他不仅使严复提出的"鼓民力""开民智""新民德"的国民性思想研究走向深化，而且指出了中国国民积弱的根本原因。他认为，专制（政）体造成国人奴隶性之中最可怕者为"心奴"，如此下去，国无国格，人无人格，国岂不亡乎？对"自由"的理解比严复更进一层，直指"自我""个人"。要自由，就必须打碎束缚人性的枷锁，不然，"有专制则无我辈"[3]。尽管严复、梁启超后来曾出现与此矛盾的言辞，使"自由"学说陷入困境，但这是历史形势所迫的缘故。因为民族危机日重，他们作为智者不得不考虑国家之于民族的重要性，所以试图找出个人自由与国家的中间物。但由于历史局限，他们摇摆于传统与域外文明之间而找不到出路，又不得不将目光从现实转向过去。学贯中西的王国维试图打通中西艺术沟通的渠道，并在此方面作出了不朽的建树，但由于现实的局限，他的思想也不能为世人理解，使他不得不陷入痛苦的思考中。但这一切恰恰是后来的思想先驱者要解决的难题：域外文明与传统文明只有碰撞、激活，才能使民族文化复兴，产生强大的生命力，简单地移植或者想以此文化改造、取代彼文化，都是不实际的，也是不可能的。因此，严复、梁启超由于历史和时势的局限，陷入了两者的矛盾之中是必然的。

晚清的这一自由、民主思潮的矛盾也深深地印在辛亥志士

---

[1] 严复《主客平议》。
[2] 严复《老子评点》。
[3] 梁启超《拟讨专制政体檄》，载《梁启超文集》，上海：上海人民出版社，1984年。

身上，革命者反对传统文化其实是出于颠覆旧政权、旧体制的一种需要，而不是说明他们果真已彻底割断传统。尽管他们中大多数人留学海外或接受新学，接受过域外文明的洗礼，但他们的意识仍深埋在传统的土壤中，这一点就是连他们自己也不能否认。这就是为什么辛亥革命爆发了，但国民依然愚弱，复辟帝制者十分猖狂，革命的阵营也出现南辕北辙的分化，根本原因便是文化的局限及制约性。但与此同时，随着辛亥革命的深入和发展，却有一种文化反思的言论十分引人注目，其基础是进化、竞争、自由、民主、科学、平等等近代资本主义的文化价值观。尽管他们所占的位置非主流角色，但其激进的锋芒却显示了这一股文化革命思潮是五四新文化运动的先驱[1]。

1903年起，陈独秀先后参与创办了《国民日日报》《甲寅杂志》等，"开风气，倡革命"，批判传统文化的毒害。由此可见，新文化运动的主将之一陈独秀在晚清以降就一直反思传统文化，致力于开启民众、宣传革新的思想活动。此外，还有两个人物值得一提，那就是蔡元培和鲁迅。蔡元培是五四新文化运动的实际发动者之一，他以兼容并包、学术自由的主张广纳贤才，使他主持下的北京大学成为自由、民主思想萌芽、成长的土壤，可以说，新文化运动的发生与他的支持、默许有很大关系。蔡氏早年中第，但不为名利所累，追求新知。戊戌政变后，他在绍兴中西学堂任监督，提倡"西学"，与传统思想发生激烈冲突。其后，于1906年、1913年两次前往欧洲学习，并主持《外交报》《警钟日报》，宣传新思想，实行文化启蒙。他认为开发民智，不仅要传播现代科学，还要建立一套新的社会伦理观念。他接受

---

① 陈万雄《五四新文化的源流》，北京：生活·读书·新知三联书店，1997年，第122页。

了自由、平等、博爱的观念，但在传播过程中却用深厚的旧学（国学）根底加以"消化"，使它在深受封建旧伦理浸淫的黄土地上生根结果①。正如他在《北京大学月刊》发刊词中说的那样，"研究也者，非徒输入欧化，而与欧化之中为更进之发明；非徒保存国粹，而必以科学方法，揭国粹之真相"（欧化即欧洲文明），向"欧洲文明"撷取精英。留学日本，弃医从文，一心想疗救愚弱国民性的鲁迅是用实绩为新文学奠基的作家，他早在辛亥前的1906年前后，就著《摩罗诗力说》《科学史教篇》《文化偏至论》，力倡"摩罗诗人"的反抗一切束缚、冲决罗网的精神，对传统文化提出反思。与此同时，他与周作人合作《域外文学集》，对域外文学表现出了独到的认识和见解。正是基于对传统文化和域外文明的深刻体悟，鲁迅才立足较高的角度推出代表新文学精神的《阿Q正传》《狂人日记》等作品，对国民性给予深刻、冷静的剖析。

尽管这里列举的只是几位可以联结晚清、辛亥革命、新文化运动的代表人物，但他们发展的轨迹，却有其一致性。他们生于晚清，深受中国传统文化的熏陶和滋养，可他们心灵中跃动着追求新知的渴望；他们不但受到来自本土的域外文化传播的影响，而且走出国门接受了域外文明。陈独秀、鲁迅留日，蔡元培两次留学欧洲，他们都深受域外先进文化的洗礼，他们身上体现了中国传统文化和域外文化碰撞的张力，不是排斥和消灭异己文化，而是激活一种更生文化的因子。这就是他们深受传统和域外文化的影响，却未在守旧与崇洋之间独尊一种的原因。他们三人都致力于晚清文化启蒙，在革命失败后失落过，经历了沉闷期的

① 陈原《书和人和我》，北京：生活·读书·新知三联书店，1994年，第197页。

反省与新生。因此，五四新文化运动在他们倡导下被发动并引向深入，自有其历史的必然性。新文化运动的反传统文化、全面传播域外文明并不是割裂传统，而是以域外文明激活、复兴传统，改变文化的发展走向，使之更有利于文化启蒙和科学、自由、民主的传播，使民族富强。发生在这一文化运动激流中的新文学，其基本精神是反对封建专制对人性的戕害，使文学中有了人的声音，这便是五四——人的文学艰难发生的历程。它付出了文化传播者的无数努力和心血，经历了漫长的实践历程，而不是一种理论和模式的仿效与照搬。它是民族文学在世界先进文化的激活下的一种"复兴"和"再生"。在这一个过程中，日渐壮大的新知识群体则起了十分重要的作用，可以说，晚清民初的文化传播为新文学萌芽贮备、培养了人才。

三、文学观与文化传播符号的变革

文化传播影响在文学观念、文体方面，主要是翻译热及白话文倡议带来的。1840—1896年发表（出版）的域外小说译作，只有《意拾寓言》、《谈瀛小录》、《一睡七十年》、《听夕闲谈》、《安乐家》、《海国妙喻》（《伊索寓言》）、《百年一觉》（《回头看》）七部。早期文学作品的引入，比起科学、政治类书籍来说尽管比较少，但也有传教士的功劳。其中个别作品曾极大地震动了像梁启超一类维新、革命人士。如《百年一觉》，原名《回头看》，1891年底至1892年4月由上海《万国公报》连载了其节译本，1894年广学会出版单行本，在士大夫中引起较大反响。从一些著述看，康有为、梁启超、谭嗣同等明显受其影响。因此可以说，传教士们的翻译为"小说界革命"的倡导者提供了"政治小说"最早的蓝本。1895年6月,传教士傅兰雅在《万国公报》上发表《求著时新小说启》云:"窃以感动人心,变易风俗,莫如小说,推行广速,传之不久,辄能家喻户晓,气习不难为之一变。今中华积弊最重大者有三端,一鸦片,一时文,一缠足。若不设法变更,终非富强之道。"其文论述了小说的社会功能和传播文化的作用,比起1897年严复、夏曾佑作《本馆附印说部缘起》,1898年梁启超作《译印政治小说序》不但早,而且可以说在提及小说功用方面有一脉相承之关系。以此为契机,翻译域外文学作品在晚清学术界得到了重视。这一时期风行于国内的外国小说主要包括侦探小说、政治小说、言情小说、科学小说等类型,尤以林译小说最受欢迎,时人有诗称赞林译《巴黎茶花女遗事》曰:"可怜一卷茶花女,断尽支那荡子肠。"1902年之后创刊的《新小说》《绣像小说》《新新小说》都宣称"著译参半",一时翻译小说备受青睐。据粗略统计:1906年至1908年三年的翻译小说共334种,超过了创作小说许多。翻译热之所以迭起,盖因国人从域外小说中窥出了其改良群治、唤醒国民魂的作用,"故今日欲改良群治,必自小说界革命始;欲新民,必自新小说始"[1]。"彼美、英、德、法、奥、意、日本各国政界之日进,则政治小说为功最焉。""今特采外国名儒所撰述,而有关切于今日中国时局者,次第译之,附于报末,爱国之士,或庶览焉。"[2]把翻译域外文学当作宣教启蒙的工具,是此间翻译热的一大特点。由于一些翻译者用心操之过急,往往使翻译者在所译作品中加进对时局的大段批判、讥讽,这一点尽管使域外作品进入中国时发生了人为的"变形",但对传统的文学观

① 梁启超《论小说与群治之关系》,载《新小说》,1902年,第1页。
② 梁启超《译印政治小说序》,载《清议报》,1898年,第1页。

冲击较大，扭转了士大夫文人的思维定势。梁启超为"新民"的需要，竭力鼓吹，使小说、戏曲这一被放逐到文坛正统地位之外的文学门类登上文坛，占据了主流地位。仅这一点，他与其他诸公的努力，可谓功绩大矣。

从梁启超等人翻译域外文学改良群治，到鲁迅的《域外小说集》介绍西洋小说的现代思想和技巧，翻译水平明显提高，从而形成了一个中外文学对照、比较的参照系。这一点对改变国人的文学观念起了重要的作用，促进了对域外文化的学习。作为历史的延续，新文化运动一开始，全面译介域外文学因此有了积极准备，其发展势头比十多年前明显成熟、稳健，更多的是艺术性与新思想方面的输入与借鉴。

除文学观念的变革之外，晚清民初文化传播对新文学的影响还表现在语言——白话文这一文化传播符号的变革上。

白话文历史悠久，一直存在于民间文学（俗文学）中而居于文坛的边缘。从唐传奇、宋元话本到明清小说，白话文以市井文学的角色而得以在市井社会流传，但其价值与意义长时期未能引起更多的注意。只有在晚清民初，由于社会发生巨大的变革，作为文化传播媒介之一的报刊业兴起，白话文才逐渐得到文坛接纳、提倡，小说、戏曲从文坛边缘走向中心，逐渐占据一席之地。胡适的"白话文学史"就是对这一文学实绩的历史考察和勾勒，尽管该书仅写了半部，但其对白话文学的倾心和推崇，可见一斑。作为文化传播的阵地、媒介，报刊文体自晚清日渐从文言走向白话。出于宣传新知识的时代需要，文言已无法承载思想和文化传播的功能，越来越显得不适应形势发展，因此迫切要求变革。所以从报章古文化—古文报章化—新的报章文体（时务文体等），报刊文体日益走向大众化、通俗化，逐渐摆脱文言的束缚。与此同时，报刊文学与前面提到的传统的白话文学结合，加之维新派对小说、戏曲的提倡和推崇，使各种言情、市井小说随着域外小说的翻译、评介，一时得到空前的发展。时人称之为鸳鸯蝴蝶—礼拜六派的言志、言情小说在晚清民初兴盛，就是这一时代要求使之然。社会的需要代表了读者的心理需求，维新革命、辛亥风云带来人性解放的渴望，不仅体现在对新潮知识的追求，而且体现在情感趣味的满足上。社会的多层次、立体化，需要文学的多层次。白话文学不但乘机登上文坛，而且发展之势锐不可当，这是无法逆转的历史大趋势。

因此，无论是报章文体还是重新勃起的白话文学，其传播符号都与传统旧文学不同，文学的历史和现实，都要求文学的语言从文言走向白话。尽管晚清还存在言文分离、文白并峙的弊端，但白话文的重要性已被社会各阶层公认。清末的最后十年，出现过约140份白话报纸和杂志，这是五四新文化运动的前驱和渊源。有了这一运动的发生，才使五四白话文运动得以在更广泛的社会空间普及和推行。1876年创刊的《民报》称其"专为民间所设，故字句俱如常谈"。1897年创刊的《演义白话报》称"中国人要想发愤立志，不吃人亏，必须讲求外洋情形，天下大势。要想讲求外洋情形，天下大势，必须看报。要想看报，必须从白话起头，方才明明白白"。1906年创刊的《兢业白话报》，其宗旨为"振兴教育""提倡民气""改良社会""主张自治"。这些报刊的倾向把白话文兴起的原因说得明明白白，皆是因为文化传播的需要。配合着白话报刊的兴起，白话出版物的大量印行也是不容忽视的。近代中国小学教科书的创始人陈荣衮，在澳门创办蒙学书塾，编白话书刊36种。钱塘人施崇恩主持上海彪蒙书室编印教科书，所编书籍，都有插图。该室1903年出版的《绘图识字易》，包括白话解说和文言解说两部分。1905年，书室又编《绘画蒙学造句实在易》，分十六法，每法都冠以白话解说。在施氏手中还出版了中国第一部最通俗的白话字典《绘图白话字汇》，以及《绘图中国白话史》《绘图幼学白话句解》。白话教科书之外还有1500种以上白话小说在清末出版。晚清的政治小说中梁启超的《新中国未来记》、岭南女士的《东欧女豪杰》、陈天华的《警世钟》《猛回头》等都是以白话形式出现的。据《大公报》记载，1902年已有白话历史书。

这一阶段，晚清白话文运动的提倡者中有一部分人就是新文化运动的提倡者，由此也可以看出晚清白话文运动与五四新文化运动的内在关系和观念上的关联。

综上所述，传教士—维新士大夫—辛亥志士这一文化传播的三级跳是新文学萌芽的背景和渊源。文化传播媒介在近代的兴起，既是域外文化作用的产物，也是中国社会的现实要求。由于文化传播媒介的平民化特质，文学首先从特权阶层解放了出来，从创作到传播再到接受这一过程与传统文学的传播通道出现了很大的不同，这就是文学创作者身份的普泛化、文学传播的市场化、文学接受的大众化，这是前所未有的变革。文化传播这一过程，为新文学萌芽造就了一个新知识群体，他们将民主、科学的文化思潮带给了新文学；与此同时的翻译带来了中国文学观念的变革，使小说、戏曲由传统文学的婢女地位登上文坛的霸主宝座；自晚清开始的白话文运动一直到新文学萌芽，是一个有机的发展过程。这一切都说明：20世纪初萌芽的新文学是文化传播的产物，这个传播既包含域外文化的引入，也包含中国传统文化潜移默化地承传，它的实绩、局限皆与文化传播的性质有关，是两种文化遭遇后碰撞、作用的结果。这一点是决定新文学品质的关键所在。

近代报刊文体的演变与新文学 ①

　　五四新文化运动的意义之一在于使民主、科学的思想借新的传播媒介得以普及，彻底打破文化专制。具体到文学来说，就是全面推行白话文，废除文言文，扫除文化传播的语言障碍，缔造新的白话文学，使之真正关注现实的人。如果从文化传播的历史看，"五四"新文学的创造与近代报刊文体的演变有着不可分割的联系。一方面，域外文化的传播直接催生了面向大众的现代传播媒介；另一方面，传媒本身又成了传播文化的载体。为了适应大众的需要，报刊文体不断向通俗化方向演变，并带动了白话文运动的深入，这一切在客观上使域外文化得以比较快速地传播并与传统文化发生全面碰撞，从而激活、刷新了传统文化，孕育了以新的精神内涵和语言外壳（白话）为特征的新文学。本文就传媒的兴起与报刊文体的演变来考察它与新文学的关系。

一、报刊政论解放了文体

　　清末，由于西方列强的枪炮入侵与域外文化的传播，国人开

---

① 原刊于《晋阳学刊》，2000 年第 2 期。

始意识到长期闭关锁国带来的危机，于是有识之士提出"师夷之长技以制夷"。在向域外学习、借鉴的过程中，传统、封闭的文明古国受到了异质文明的冲击。尽管这种震撼产生了正负两种效应，但不管怎么说，中华民族这艘古老的航船在生死存亡关头还是驶向了世界的坐标系中。此间，不能忽视文化传播媒介为国人展示的一个全新背景的域外文化所带来的时代意义，作为文化传播的符号——语言文字所存在的问题被历史地提了出来。

1861年，太平天国干王洪仁玕会同幼赞王蒙时雍等联名发布《戒浮文巧言谕》，对当时盛行的文风提出了变革的要求，"文以纪实，浮文所在必删；言贵从心，巧言由来当禁"，要"实叙其事""切实明透"，"使人人共知虚文之不足尚，而真理自在人心也"，批判了空话连篇的虚浮、阿谀之文风。与此同时，冯桂芬的《校邠庐抗议》新体政论散文问世，其文风一反桐城派古文的程式化和晦涩难懂，直抒胸臆，自然流畅。也许是巧合吧，洪仁玕、冯桂芬不约而同地注意到了清末文体的陈式化，并首先从文化传播符号——语言的变革着手了，努力使之直白、通俗。1887年，黄遵宪在《日本国志·学术志》中指出，"盖语言与文字离，则通文者少；语言与文字合，则通文者多"，传统的言文不一所带来的传播、教育障碍被一语击中。他认为，要创造一种"明白晓畅，务期达意"，"适用于今，通行于俗"，使"天下之农工商贸，妇女幼稚皆能通文字之用"的新文体。《时务报》时期的梁启超也注意到中国言文不一长期以来所造成的弊端，他认为："古人文字与语言合，今人文字与语言离，其利病既屡言之矣。今人出话，皆用今语，而下笔必效古言，故妇孺农氓，靡不以读书为难事……今宜专用俚语。"[①] 洪仁玕、黄遵宪、梁

---

① 梁启超《论学校·幼学》，载《时务报》，第18册。

启超对当时的文化传播符号——语言的批评可谓看到了问题的要害。之所以有这样一针见血的批评，主要是域外文化为他们提供了一个参照系。于是，改革"言文不一"的实践首先从作为大众传媒的报刊开始。这样就出现了旨在求新求变的早期报刊政论式报章文体。

从域外而来的传教士所办报刊一开始就十分注意报刊的通俗化，《东西洋考每月统记传》"报道新闻，犹如说书，娓娓道来"，[①] 就很能说明这个趋向。1872年4月创刊于上海的《申报》是一份纯商业性报纸，它为满足各方面读者的需要，第一期的《本馆告白》称其办报宗旨，"务求其真实无妄，使观者明白晓畅"，上至"学士大夫"，"下及农工商贾"。[②] 该报除了同年创办文学杂志《瀛环琐记》外，还于1876年3月创办了便利"稍识字者"阅读的白话报《民报》，"专为民间所设，故字句俱如常谈"[③]。由此看来，早期的报刊无论是宗教性的还是商业性的，它们的共同点是传播信息、知识以吸引读者，所以在文体选择上尽量向白话靠拢或直接采用白话。此外，一个更重要的原因就是对报刊的功能、特征的认识日益深化，从早期的"察世俗"、传播新知到梁启超对报刊缔造"新国民"的阐释，报刊的"监督政府""向导国民"（梁启超语）的喉舌功能被维新派、革命派认同并牢牢地掌握在手中，当成救国新民之"利器"。所以，就出现了两种办报的倾向。一方面专门针对粗识文字的妇孺及中下层劳动者实施文化普及和启蒙，报章文体口语化特征较明显，追求通俗化；另一方面以士林、官僚群体为影响对象，由于受传统文

---

① 熊月之《西学东渐与晚清社会》，上海：上海人民出版社，1994年，第111页。
② 《申报》，第1号，1872年4月30日。
③ 上海通社编《上海研究资料（续集）》，上海：上海书店，1984年，第321页。

体的影响仍然采用文言，但出现了吸纳白话、引入域外新名词以及俗语入文的趋向。这些报刊结合时事，阐发议论，言之有据，颇具鼓动性，于是，报刊政论就出现了。

被誉为中国报刊政论时代开创者的王韬，1874年在香港创办《循环日报》，每期头版刊发一篇宣扬改良主义思潮的政论文章。他说，文章贵在"纪事述情，直抒胸臆，俾使人人知其命意之所在而一如我怀之所欲吐，斯即佳文"①。有学者认为王韬在报刊史上的地位与他此间倡导的报刊政论有很大关系，这是有一定道理的。王韬笔下的政论涉及国内外发生的时政大事，加之行文境界开阔，深入浅出，所以令读者耳目一新。从《时务报》开始，梁启超一跃成为报刊政论的旗手，"时务文体"就是王韬报刊政论的继续和发展，其文"平易畅达，时杂以俚语、韵语，及外国语法，纵笔所至不检束。学者竞效之，号新文体。老辈则痛恨，诋为野狐。然其文条理明晰，笔锋常带情感，对于读者，别有一种魔力焉"②。胡适说，梁启超的文章"最不合'古文之法'，但他的应用的魔力也最大"③。原因是："文体的解放"，打破了一切陈式；"条理的分明"，最容易让人读下去，"辞句的浅显，既容易懂得，又容易模仿"。胡适的评价概括了"时务文体"的特点。可以清楚地看出，产生于大众传媒的报刊政论具有极强的现实性，它既摆脱了八股的僵化、空洞，也较之桐城派的义理、考据、辞章的陈式化鲜活、生动。《清议报》时期，政论文体有了突破，"国闻短评"的写法将新闻与评论紧密结合，之后的《新民丛报》，代表性的政论《新民说》洋洋十万余言，

---

① 王韬《弢园文录外编·自序》，北京：中华书局，1959年。
② 梁启超《清代学术概论》，上海：上海古籍出版社，1998年，第85页。
③ 胡适《胡适学术文集》，北京：中华书局，1993年，第94页，第116页。

无论构思还是语言都比此前成熟。1904年6月12日创刊于上海的《时报》，在报刊政论上作出了重大改革和创新。它首开《时评》专栏，密切配合当日重大新闻，应时而发，篇幅短小，尖锐泼辣。报刊政论的发展轨迹标明了一个指向。即报刊政论的即时性、针对性。由于是针对时事、配合新闻而发的评论，因而在语言上不断地追求通俗化，在写法上更加灵活。

报刊政论从"时务文体"到"时评"大大解放了文体、文风，因为其易于传播，长于鼓动、说理，遂被维新派、革命派广泛采用，一时风行天下。可以说大众传媒对时事的关注与批评直接参与了启蒙与救国，具有重要的历史意义。此间，除梁启超作有名篇《变法通议》《新民说》等外，章太炎在《苏报》上发表《驳康有为政见书》，《大江报》《时评》栏的《大乱者救中国之妙药也》等也十分有名。此后出现的诸如朱执信、汪精卫、胡汉民、陈天华、宋教仁等报刊政论家，也作了大量的报刊政论，从而在宣扬革命思想的同时，使报章文体成为大众传媒参与文体变革的实践。

二、白话报刊与早期的"白话文运动"

报刊政论文体、"时评"追求现实性、通俗化，扭转的是清末文坛陈式化的文风，以利于文化传播与开启发智，宣扬维新、革命主张，而未从根本上使报刊文体走向白话。提倡和对白话文改革起了巨大促进作用的是白话报刊的兴起。1876年3月30日《申报》馆创办《民报》，5月19日所刊《劝看〈民报〉》告白有这样一段文字，"此原非为文人雅士起见，只为妇孺、佣工、粗涉文理者设也"，因此，文字一定要通俗。这是白话报刊的最早萌芽。从这段告白中可以看出，语言是直白、通俗，但与真正的白话仍然存在差距。倒是作为商业性报纸的《申报》此间新闻中的白话味甚浓，如1876年6月30日《申报》对淞沪铁路建成通车的报道："上海新造铁路火轮车，可以先行抵江湾，故于今日礼拜五，西商公司董事发帖，请本埠领事眷属以及各巨商前往试坐，于五点半钟开行一次。"直至1897年11月，《演义白话报》创刊才使报刊真正走向白话。这是"一种用白话文编写的文艺性小报"，"内容有新闻、笔记、小说等"，[①] 目的是"把各种有用的书籍报册演做白话，总期看了有益"[②]。该报第一号《白话报小引》中说："中国人要想发奋立志，不吃人亏，必须讲究外洋情形，天下大势，必须看报。要想看报，必须从白话起头，方才明明白白。"1898年5月11日，《无锡白话报》创刊，裘廷梁在该报发刊词中称白话报"以话代文，俾商者农者工者，及童塾子弟，力足以购报者，略能通知中外古今，今广开智之助"。《无锡白话报》之所以引起世人超乎寻常的关注，其原因还在于裘廷梁发表在该报第十九、二十期上的《论白话为维新之本》。这是对黄遵宪提出的言文合一观点的弘扬和发展。作者不但在此主张言文合一，批判文言文的弊端，而且首次明确提出"崇白话废文言"的口号。倡导理论与实践相结合的白话文运动，在当时十分不易。随后的1900年1月11日，陈子褒在《知新报》第111期发表了《报章宜用浅说》，明确提出报纸应改用白话，"开民智莫如改革文言"。在裘廷梁、陈子褒的影响下，一时白话报刊风行。陈万雄根据资料统计认为："清末最后约10年时间，出现过约140份

---

① 蔡乐苏《清末民初的一百七十余种白话报刊》，载《辛亥革命时期期刊介绍》，北京：人民出版社，1987年，第5册，第494页。
② 阿英《晚清文艺报刊述略》，北京：古典文学出版社，1958年。

白话报和杂志。"①蔡乐苏辑出了1897年到1918年所出白话报刊名称170多种。尽管这两组数字所统计的同一时段的白话报刊数有点出入，但仍然可以看出清末民初白话报刊的影响以及白话文运动的声势。

1903年12月19日在上海创刊的《中国白话报》第一册刊有白话道人撰写的发刊词，文章这样写道："天气冷啊！你看西北风乌乌的响，挟着一大片黑云在那天空上飞来飞去，把太阳都遮住了。""我们中国人，向来是很有良心的，很爱国家的，为什么到这时候，动也不动，响都不响呢？这个原因，都是为着大家不识字罢了！不识字便不会看报，不会看报便不晓得外头的事情，就是大家都有爱国心。也无从发泄出来了。"这是极地道、极优美的白话。《杭州白话报》的《简明章程》中说，该刊用白话就是为了开通人的智慧。《白话》是秋瑾女士于1904年秋在日本创办的，"体裁采用白话，文字力求简明，目的是要群众容易理解和接受"②。陈独秀等也于同年在芜湖创办《安徽俗话报》，用白话形式传播浅近的学问，让穷人长见识。为的是开通风气，倡导革命。胡适多次在回忆文章中谈起他创办《竞业白话报》（旬刊）的经历。1906年，在中国公学的胡适与同学创办了一个定期刊物《竞业旬报》，"其主旨在以新思想灌输于未受教育的民众，系以白话刊行，"胡适说，这启发他"运用现行口语为一种文艺工具的才能"③，从此，白话文成了他的工具。

以上所举几种白话报的情况，足以代表白话报刊的整体精神

---

① 陈万雄《五四新文化的源流》，第134页。
② 田桂琴《白话》，载《辛亥革命时期期刊介绍（第二册）》，北京：人民出版社，1982年，第220页。
③ 胡适《胡适往来书信选（下）》，北京：中华书局，1979年，第56页。

与倾向。清末民初的白话报刊一时云起与当时的社会变革紧密相关，从维新启蒙到革命救国，域外的新思潮新学理通过几十年的输入、传播，终于与传统文化发生正面的碰撞。首先，报刊作为文化传播工具的作用被广泛认同并加以充分利用。文化传播的大众化要求改革报刊语言，出现了白话取代文言的呼声，各种启蒙民众的思想通过浅白的白话走向大众，使思想文化的传布更加具有广泛性。其次，白话报刊引导了一场广泛的白话文运动，使报刊文体从早期的简洁明了、通俗易懂走向白话，通过言文合一的实践证明了改革语言的可能性。第三，白话报刊种类繁多，包括社会、自然等各个方面的内容，不光新闻、时评、广告、官方告示用白话，文学作品也以白话为主。既推动了白话文改革，也对清末民初白话小说创作的繁荣和传播有巨大的推动作用。清末民初的小说杂志和报刊副刊多是兼刊文言小说和白话小说。

现在再将目光投向五四新文化运动。1915年《新青年》的创刊，这是现代文化传播史和思想史上的一个重要的转折点。陈独秀、李大钊、胡适等人先后提出了反对旧文学、提倡新文学的主张。作为新文化运动的标志，1917年是值得牢记的一年。1917年1月，《新青年》二卷五号上，胡适发表《文学改良刍议》提出文学改良应从"八事"入手，推崇并要求以白话文学为中国文学之正宗。同年2月，陈独秀在《新青年》二卷6号上发表了《文学革命论》，明确举起文学革命的大旗。然而，作为一本首倡文学革命、主张白话文运动的刊物，在长达一年多的时间里，所刊文章除陈独秀、胡适等人的以外，多数仍然是文言文。这是此前妄图恢复帝制的袁氏政权掀起的文化专制主义思潮压制白话文改革所造成的后遗症，极大削弱了白话文改革的力度和效果。理论与实践的脱节引起了钱玄同等人的注意。1917年8月1日，钱玄同在给陈独秀的信中对此提出改正意见："我们既然绝对主张用白话体做文章，则自己在'新青年'里面做的，便应该渐渐地改用白话。我从这次通信起，以后或撰文，或通信，一概用白话，就和适之先生做'尝试集'一样的意思……"于是，《新青年》的主持人便决定改正这一弊病，从1918年1月15日的四卷一号起，完全改为刊登白话文，并使用新式标点。一时间白话诗文纷纷在各种报刊上登场，一时又形成了一股白话报刊风行的潮流。随着五四学生运动的发生和深入，仿照《新青年》《每周评论》的白话报刊与白话传单数量骤增。"有人估计，这一年（1919）之中，至少出了四百张白话报"，其中，《星期评论》《建设》《解放与改造》《少年中国》都有很好的贡献，一年之后，"北京的《晨刊》副刊，上海《民国日报》的《觉悟》，《时事新报》的《学灯》，可算是三个最重要的白话文的机关"，"民国九年以后，国内几个持重的大杂志，如《东方杂志》《小说月报》……也都渐渐的白话化了"。[1]白话报刊在文化传播中的威力又一次得到了张扬。从此，一个以白话取代文言的时代开始了，新的白话文学也从此产生。这就是胡适白话诗的"尝试"，周作人的"人的文学"，鲁迅的"呐喊"……活的白话文学不仅在文体形式上解放了自己，而且赋予了新文学关注人生社会的现实情怀。

如果说早期报刊的政论、"时评"文体以贴近时事，追求通俗化来实现它的启蒙、批判的功能，努力改革清末文坛盛行的浮文套语。那么，白话报刊的兴起、繁荣使白话文得以广泛传播并被公众接受、掌握，文化传播工具、符号的变革，可以说对新文

---

[1] 胡适《胡适学术文集》，第94页，第116页。

学的产生起了很巨大的促进作用。

三、报告文学等新的报刊文体诞生

有一点还应值得注意，从民初开始，报刊进入了一个新的发展阶段。突破传统论说文体，关注时事的"时务文体""时评"不断演变，白话小说借报纸副刊的连载及纯文学杂志的刊载得以广泛传播并登上了文学殿堂。不仅如此，随着文化传播的进一步深化，报刊的发展更趋成熟、完善，报刊的其他功能日益具备，新的报刊文体相继产生。这就是"时务文体""时评"的发展，新闻通讯与旅行记的结合，催生了报刊"杂文"（也叫文艺性评论）和报告文学，这两种文体是继报刊"时务文体""时评"之后的报刊文体的新形式，推动、催生了新文学，丰富了新文学的样式。

随着思想解放和报刊文体的不断变革，五四初期，出现了一种"文艺性评论"，也叫杂文，它的特点是短小精悍，针砭时弊，"以随感形式对现实做敏锐的反应。"[①] "作为一种报刊文体"，它与现代传播有着血肉般的联系，"是现代作家（知识分子）通过现代传播媒介与他所处的时代、中国（以及世界）的社会、思想、文化、现实发生有机联系的一个重要、有效的方式"[②]。从它的特点看，无疑是早期报刊"时评"的一种发展演变，关注时事，阐发议论，既有文艺性，又具有强烈的批判性、战斗性。1918年4月，《新青年》第4卷第4号开始设置《随感录》栏目，之后，《每周评论》《新生活》《新社会》《民国日

---

① 钱理群，温儒敏，吴福辉《中国现代文学三十年（修订本）》，北京：北京大学出版社，1998年，第148、374、375页。
② 同上注。

报·觉悟》副刊都开设了《随感录》一栏，其他报刊也开设了类似的栏目如《杂感》《评坛》《乱谈》等。这种"无体之文"[1]具有极大的灵活性，可以调动一切艺术手法，进行社会的或艺术的批评，矛头直指传统文化的糟粕以及丑恶的人性，对封建思想和时事给予强烈的批判。陈独秀、鲁迅、刘半农、钱玄同等在这一时期写下了大量的杂文，对解放思想和新文化运动的展开起了有力的推动作用。

说到报告文学的起源，T·巴克在《基希及其报告文学》中说，"报告文学的物质基础是报纸，""它的存在是为了给读者以新闻"。1932年1月《北斗》第二卷第一期刊登了沈端先翻译的川口浩的《报告文学论》。该文指出，报告文学"这种文学形式"，"是近代的工业社会的产物。印刷发达以后，一切文书都用活版印刷的形态传播，在此，才产生了近代的散文——即一般叫作Feuilleton（通俗文艺、小品文——引者注）的形式，Reportage（报告文学，德语——引者注）是这种形式的兄弟"。杨江柱对"Reportage"一词进行了研究，指出，《简明牛津词典》1964年版1054页将"Reportage"（报告文学）解释为："Typical style of reporting events for the press（给报刊报道事件的典型文体）"。[2]蒋孔阳认为，报告文学源于近代，"是一种新兴的文学样式，它是随着近代的报纸和交通设备而一同出现的"[3]。既然如此，这种随近代传媒产生的报刊文体在我国又是如何诞生的。

1876年6月7日，《申报》开始连载宁波海关职员李圭的《东行日记》，"编者按"说，李圭"平时崇论宏议，往往托邮筒交

① 钱理群、温儒敏，吴福辉《中国现代文学三十年（修订本）》，第148、374、375页。
② 杨江柱《为报告文学正名》，载《武汉师范学院学报》（哲社版），1979年第3期。
③ 蒋孔阳《文学的基本知识》，北京：中国青年出版社，1957年。

本馆登诸日报……为今时之有心人也"。作为前往美国参加世博会的非外交官员，他用笔记体的方式实录、报告了他出洋的经历见闻，为国人了解域外提供了一个很好的范本。随后，郭嵩焘等4位驻英法的外交官也写出了他们出使的所见所闻，这是清末中国外交官对域外的第一次正面认识，也是中西文化传统在官僚层面的最真切的碰撞。这些游记的共同点是：用笔记体或日记体实录、报告了域外见闻，带有浓烈的纪实性、文学性，具备了早期报告文学的雏形。尽管其中只有李圭的《东行日记》借传媒问世，其他以书本形式与读者见面，但这一新式文风却使人耳目顿新。康有为1904年欧洲11国之游，写下的《意大利游记》《法兰西游记》已超越普通的旅外纪行文章，带有政治考察的意味，不但文采飞扬，而且充溢着很强的使命感。20世纪初十年，随着域外官员和留学人员的增多，各种纪游文章发表、出版，这是我国报告文学萌生期的其中一类作品。而另一类就是详尽披露突发事件的通讯。阿英收集"当时报纸书刊"上的纪实性散文、战记，编辑了《鸦片战争文学集》《庚子事变文学集》，其中《英人广州入城始末》《粤民义师记》《三元里平夷录》就是对英军入侵和人民奋起抗击的实录。1884年中法战争期间，《循环日报》刊发的《黑旗军战捷纪事》，既具有新闻性，又有文学性，区别于过去的人物传记，更像人物通讯。

与此同时，一批报刊记者的新闻通讯也在报道事件、人物的同时，采用夹叙夹议的手法，文字生动，十分吸引读者。著名记者黄远生1912年在北京创办、主编《少年中国》并先后担任《时报》《申报》《东方日报》的特约记者，他写下了一批通讯，并因之在新闻界名声斐然。他的通讯多以政坛要事为主，不仅视野开阔，而且真实生动，庄谐并生，具有极强的现场感。如俄国侵入蒙古、英国出兵西藏、宋教仁遇刺等重大事件，他都给予了及时、详尽的报告。代表作《外交部的厨子》用漫画手法揭露官场腐败，入木三分，痛快淋漓。1912年初他在《申报》刊登的"北京通讯"，使这一文体的名称定格下来。另外，还有徐凌霄1916年后的通讯《复辟十日之官场现形》《又一个——劫杀案——之结束》，语言风趣、幽默，并有生动的细节描写，对官场的腐败披露得一览无余。

这些通讯以现实性事件为题材，不但有新闻性而且运用文学手法，这本身就是一大突破，报刊文体之一的报告文学就这样悄悄地孕育着。

五四运动爆发后第7天，1919年5月11日的《每周评论》就刊载亿万（笔名）的《一周中北京的公民大活动》，以直白的语言和强烈的现场感报道了五四运动爆发的经过。同年8月25日《晨报》发表谢婉莹写的《二十一日听审的感想》，作者通过切身感受，真实生动地报告了五四运动中被捕学生在法庭上的斗争。1920年《劳动音》《劳动界》发表了《唐山煤矿葬送工人大惨案》《最近劳动界罢工运动一斑》，不但实录事件经过而且构思亦十分精巧。同年末开始，周恩来写作《旅欧通信》在天津《益世报》发表，瞿秋白以《晨报》记者身份赴苏联采访、考察，其《旅俄通讯》后收入《俄乡纪程》《赤都心史》两书，这些作品的出现，标志着早期报告文学无论在取材、构思，还是在语言上都已达到了一定的高度，报告并传播了社会变革及重大事件、历史风云，推动了五四新文化的传播。

从报告文学的诞生、形成可以看出，它是报纸的产物，有史传笔法，也有报刊政论、随感录的印痕，结合了旅行纪游与新闻通讯的特点，是报刊文体在新形式下的演变、发展，新闻性使它具有了强烈的现实性和传播功能。

结束以上讨论，我们不难看出，作为文化传播的载体和承担者，近代报刊文体不仅在有力纠正清末文坛的陈腐风气，而且使语言改革变得现实可行并直接面向大众。从"时务文体""时评"到杂文，从游记、通讯到报告文学，随着思想解放和域外新知的传布，报刊文体努力挣脱文言日益走向通俗化，加之白话报刊掀起的白话文运动的促进、倡导，终于孕育了以白话文彻底取代文言文的五四新文化运动，"五四"新文学也就在这样一个背景中诞生。

"公共舆论"的形成与文学变革 ①

  清末民初，伴随着开启民智的文化传播而登场的报刊、出版、学校等现代传播媒介，不但本身带有解构体制的意味，而且，它在为公众提供一种新的价值判断的同时，日益改变着人们的交往方式，为公众参与文化再生产和社会整合提供了一个"公共"的舆论空间。传媒带来的这一交往渠道的变革是前所未有的，它产生了一种新的影响范畴——传媒力量。由此，大众深入其中，参与自由讨论，干预、监督、批判、推进并改变着社会变革的走向。无论是维新变法、辛亥革命，还是晚清的文学革新运动、五四新文化运动，传媒的这一左右力量都得到了证实，它不但进行舆论鼓噪，而且参与其中。

  据此，有不少论者乐观地认为，清末民初的中国社会出现了哈贝马斯眼中的"公共领域"，并以此为出发点来讨论近代中国的社会变革，而我认为这是不妥当的。尽管这一时期出现的传媒力量和"公共"的舆论空间与哈贝马斯的"公共领域"十分相似，但绝对不具有同一社会背景。

---

① 原刊于《山西大学师范学院学报》，2002 年第 1 期。

那么，近代中国是否出现过"公共领域"呢？这是必须解决的问题。

首先，哈贝马斯的"公共领域"概念是一个具有划时代意义的范畴。"不能把它和源自欧洲中世纪的'市民社会'（bürgerliche Gesellschaft）的独特发展历史隔离开来，使之成为一种理想类型（Ideal-Typ），随意应用到具有相似形态的历史语境当中。"①哈贝马斯的这一警告是十分重要的。进入20世纪90年代，学术界掀起了一股哈贝马斯热，有人套用"公共领域"这一概念来讨论近代以来的中国问题，忽视了"公共领域"与"市民社会"之间的关系，所以在应用这一理论范畴时就出了偏差。黄宗智一针见血地指出，"资产阶级公共领域"和"市民社会"这两个概念用于中国时，"经常预设了国家与社会之间的二元对立……"而这个二元对立"是从西方近代历史中高度抽象出的一种理想"，"它并不适用于中国"。②因此，没有必要把这一模式硬套在中国社会。

其次，近代中国有着不同于近代西方的特殊的社会背景，无法套入"公共领域"的模子。中国封建社会在皇权与民众之间一直有一个阶层在做谐调器，这就是士绅阶层。他们是中国封建社会依附于官僚体制但又游离于体制之外的一种力量。专制统治是通过士绅向普通民众辐射，而民众的意愿也是通过士绅反馈给统治集团，尽管这个意愿表面似乎与普通民众无关。所以，不能忽视士绅层在中国近代变革中的特殊性和重要作用，由他们觉醒而担负起的启蒙变革，可以直接动摇封建体制的根基。

---

① ［德］哈贝马斯《公共领域的结构转型》，曹卫东等译，上海：学林出版社，1999年，第1页。
② 汪晖《死火重温》，北京：人民文学出版社，2000年，第92页。

另外，近代中国在一些沿海城市如上海、广州、香港等地出现过市民社会的雏形，但发育并不成熟。从1840年第一次鸦片战争到甲午海战、八国联军入侵，中国一步步沦为半殖民地半封建社会。殖民主义的侵略和封建专制的压迫，使中国没有形成产生市民社会的经济基础和社会土壤。因此，才有学者说，近现代以来的中国，"市民社会没有出现过，连中国本有的很微弱的民间社会也被铲除掉了"[①]。

所以，我认为没有必要照搬"公共领域"这一概念。

既然如此，又如何理解由现代传播媒介所形成的传媒力量呢？

考察近代中国社会变革的历程，尽管市民社会的形态不存在，"公共领域"的社会基础不具备，但是，从一言堂的君权神授到公共合理讨论的飞跃，"独断型话语让位给了平等对话"[②]。存在特定的批评空间，这就是"公共舆论"。它既是批判封建专制、启蒙民众的公共舆论空间，又是酝酿社会变革、文学发展的策源地。基于上面的讨论，我们将清末民初由传媒的文化和政治批评所形成的体制外"声音"——"公共舆论"和"公共"空间作为讨论对象，从而考察其对社会变革和文学创作的影响。历史地看，清末民初的资本主义萌芽和兴起既是半殖民地化的产物，也是民族工商业挣脱封建势力的压制在沿海商埠、都市发展的结果。伴随工商业发展，最初用来传递信息的新兴传媒就得以迅速发展，各种保护本行业利益的行会随之兴起，资产阶级"公共舆论"终于在这块封建专制禁锢的土壤上生根、发芽。所以，中国近代的"公共舆论"和"公共"空间就具有特殊的土壤和形成历

[①] 石元康《从中国文化到现代性：典范转移》，北京：生活·读书·新知三联书店，2000年，第189页。

[②] 曹卫东《交往理性与诗学话语》，载《文学评论》，1998年第4期。

史，其主要的表现形式是文化传播媒介和会社团体。前者形成了广泛的"公共舆论"的阵地和媒介，后者的结社为公众批判和自由发表言论提供了一定的空间，正是这二者的有力推动，才使域外文明得以广泛传播，形成了与专制文化抗衡的新生力量，启蒙民众，推动了近代中国社会包括文学在内的变革。

那么，现代传媒是如何实现"公共"空间和"公共舆论"的功能的呢？

首先，从信息传递到"公共舆论"是大众传媒在近代发展的基本形态。

1860年以前出现的9种中文报刊主要由传教士创办，以宣传宗教教义为主，少数刊有商业消息和科学知识。1860年以后的情况稍有变化，外人办报逐渐增多。由字林洋行1861年创办的《上海新报》主要为外商在中国的商业贸易服务，一大半内容是登载市场行情和船期消息。这一点同欧洲远程贸易时代的"书写的报纸"类似，这种"定期公开发送"的"信息"，面对的是大众。之后的《申报》纯粹目的在于赢利，但在与《上海新报》的竞争中它的"公共舆论"的特点日益凸现：它每期都设有言论栏目，这与以前报纸忽视言论大为不同，并且每篇言论都与现实生活相关，如对日英商人修建铁路发表的一系列的言论；它重视新闻，增加了新闻的报道面和深度。可以说，甲午战前的传媒，在传递信息之余已开始构架它的民间舆论的功能。

在这一方面，老牌的《申报》在长达77年的办报历程中表现得尤为突出，看它早期的新闻和言论所构筑的民间舆论就足以说明问题。"杨乃武冤狱"，民间传闻、传说和戏曲提供了不同的版本和说法，该案之所以在民间广为人知主要是因为近代传媒的广泛传播。而该案的最终昭雪，也与《申报》等传媒所形成的民间舆论的干预有关。《申报》在继1874年1月6日的长篇报道《记禹航某生因奸谋命事细情》之后，于13日、14日、15日连续跟踪报道了此案的疑点：县府的刑讯逼供、省审时的翻供，对官府的草菅人命给予指斥，"余独怪夫为邑尊者，既不能保全书生，又不能证明疑案，徒听一面之词，非刑拷打，致令虎榜蒙羞，枭徒漏网。噫，岂曰能吏哉！"[①] 由于该报的追踪报道，冤案震动朝野，民间议论哗然。于是，迫于舆论，朝廷不得不派钦差复审，"天下人之引颈而望，倾耳而听，以待此案之得成信"[②]。然而，钦差胡瑞澜却在秉公断案与回护同僚之间选择了后者。此事揭诸报端，江浙地区绅民群情激愤，一些京官、言官也纷纷上奏为杨乃武呼冤，《申报》不时发表评论和来稿，公开申明代表民间舆论，指责官员之间的互相包庇。于是"形成了以在野士绅为主要代表的社会舆论，与承审官员之间的抗衡"[③]，清廷不得不令刑部直接复审此案，一场历时3年的冤狱终于大白于天下。《申报》在这一事件的报道方面，公开指责官方的不公，利用和代表了民间舆论，标志着一种以报刊为代表的独立于官方的社会舆论势力开始走向成熟。

从此，民间人士也逐渐看到了报刊的力量，希望借助报刊的影响参与政治，此类言论在1890年前后颇为强烈。一些文章针对西方报刊的监督功能，对中国报刊一味粉饰太平、歌功颂德给予批评。提出应振兴日报，使其发挥督政辅政的功能，"今苟欲振兴日报，……第一要在敢言。文自宰相，以迄州县丞卒；武自提

---

① 《申报》，1874 年 1 月 13 日。

② 《申报》，1875 年 7 月 16 日。

③ 刘志琴主编《近代中国社会文化变迁录》(第 1 卷)，杭州：浙江人民出版社，1998 年，第 380-382 页。

镇，以迄千把外委，苟有过失，务必侃侃而谈，格其非心，咸归于正。……其次在守正。执笔之士，务求品学兼优，一秉至公，毫无私曲。……惟澄观当世之得失是非，自抒伟议"①。如果以《申报》为例是近代传媒从信息传递到形成"公共舆论"的多元化的飞跃，那么，"公共舆论"第一次参与政治的演习便是对戊戌维新运动的策动。从《中外纪闻》《强学报》《直报》《湘报》《时务报》当时的情形来看，维新人士通过报刊努力制造舆论，对变革科举、改变官制、提倡民权等一系列变革封建专制政体的核心问题进行广泛宣传和评论，康有为、梁启超、谭嗣同、严复、汪康年等人的变法思想与开明绅士、官员的呼声几乎遍布此间的报刊，形成了有利于变法维新的"舆论空间"。正如闾小波博士概括的那样，以《时务报》为核心的维新报刊，"成功制造了以变法自强为核心的社会舆论"，使"变法自强成为一种共识"，并促进了"变法力量的整合"，已超越了派别、团体，是"一个有着不同程度联系的松散的社会群体"，而这一联系的建立"主要依赖于《时务报》及同期的其他传播媒介"②。闾小波还认为，《时务报》与同期的其他传媒，"增进了社会各阶层间的互相理解与沟通"，"拓宽了国人的言路"，"向广大受众敞开大门，提供发表政见的阵地"，使自由思想、言论"得以公共发表"。

由此不难看出，"公共领域"是一种游离于体制之外的批判力量。尽管，戊戌变法以形式上的失败告终，但是，"公共舆论"没有委顿、消失，而是在空间、地域上实现了一次位移，以

---

① 《中国振兴日报论》，载《申报》，1890年11月15日。
② 闾小波《中国早期现代化中的传播媒介》，上海：上海三联书店，1995年，第206-208页。

留日学生和流亡海外的维新人士、新兴的革命党人掀起的传媒热又担当起了"公共舆论"的职责，他们创办了近80种报刊，并向国内渗透，批判力度比此前更大。无论是代表立宪的《新民丛报》，还是代表革命的《民报》，抑或游离、独立于这二者之外的其它倾向的报刊，都对现存体制给予了批判和反思，为辛亥革命的到来做了酝酿和准备。

梁启超有关戊戌政变后的报刊思想，对理解这一时期的初步形成的"公共"空间和"公共舆论"非常有概括意义。他说"英国前大臣波尔克，尝在下议院指报馆、记者之席而叹曰'此殆于贵族、教会、平民三大种族之外，而更为一绝大势力之第四种族也'"①，报刊的职能，"对于政府而为其监督者，对于国民而为其向导者"②，这也就是哈贝马斯的作为公众舆论的批判和启蒙。

其次，新式传媒推动下的文学副刊和专门的文学刊物形成了文学"公共舆论"，除大量刊载文学创作外还承担了输入域外文学的重任，而且贯穿着对旧文学观念的变革以及新的艺术技巧、文艺观的传播，已开始影响、改变文学的生产方式，左右文学的发展走向。

关于副刊文字的出现，最早可追溯至1861年创刊的《中外新报》，此后的《申报》在其创刊时的《本馆条例》中鼓励中国文士投稿，欢迎记述时事的文学作品。1897年，上海英商创办的中文报纸《字林沪报》设"附张"《消闲报》，专门刊登诗词、小品、乐府、传奇之类带有消闲、娱乐性质的文字。《中国日报》附设的子报《中国旬报》开辟了一个文艺栏目《杂俎》，

① 梁启超《本馆第一百册祝辞并论报馆之责任及本馆之经历》，载《清议报》，第100册，1901年12月21日。
② 梁启超《新民丛报》，第17期，1902年10月2日。

《旬报》停刊之后，1900年《杂俎》移入《日报》，改名《鼓吹录》，报纸的文学副刊开始成型。民国成立以后副刊有了进一步发展。最有影响的是《民权报》《神州日报》的副刊版，以及《申报》的《自由谈》、《太平洋报》的《文艺》、《新闻报》的《快活林》、《时报》的《余兴》等。副刊是文学与大众传媒结合的产物，大众传媒的世俗化倾向必然影响报纸副刊的文体向大众化、通俗化靠拢，因而，在副刊兴起以后，随着副刊发展的报刊文体就不断由古文化向白话、通俗化发生演变，并由此演变出了报告文学、杂文、小品文等新文体。这是副刊对文学发展的最大贡献。

1872年，申报馆附设的月刊杂志《瀛寰琐记》创刊，这是我国近代第一份以文学为主的文艺杂志。从第一份文艺杂志问世到19世纪末只有五六种文艺杂志出现。但自从1902年《新小说》问世以后，情况就大大不同了。据统计，1902年至1916年共创刊文艺期刊57种，至1918年又多了11种，1919年至1924年共创办了79种。[①] 阿英在《晚清文艺报刊述略》中著录1910年以前文艺期刊29种，上海图书馆祝均宙在阿英收录的基础上，将时限下延到1918年，共得文艺杂志132种。[②] 由此可见，文艺杂志的飞速发展之势。

由文学杂志和副刊掀起"小说界革命""诗界革命""文界革命""戏剧界革命"等在清末占据了文坛的统治地位。140多张白话报刊参与启蒙，倡导白话文，这是何等壮观的局面。文学在此间表现出的最大特点便是在"文学救国论"思潮下掀起的关注人生、社会的求新求变，以及由于域外文化传播带来的观念、技

---

① 鲁深《晚清以来文学期刊目录简编》。
② 潘树广主编《中国文学史料学（上）》，安徽：黄山书社，1992年，第290页。

巧的变革。之后的五四新文化运动，是洋溢着民主、科学精神的资产阶级文化对封建文化的一次大交锋，而这一文化启蒙运动就是由《新青年》《新潮》等现代传媒与充满自由思想的北京大学所策动和导引的，对摧毁封建专制文化，创造新文学起到了重要的作用。在这一时期，传媒与大学、传媒与社团的有力结合，使构成"公共舆论"的要素发生了变化。传媒的发展"一日千里"，《新青年》的发行量由原来的1000份猛增至1917年的16000份。《每周评论》仅在北京一个地方就发行50000多份。据载，1919年"至少出了400种白话报"[①]，"1921—1923年，全国出现大小文学社团40余个，出版文艺刊物50多种"[②]。除《新青年》《新潮》等杂志专门刊登新文学作品外，对新文学运动起着推动作用的还有"四大副刊"，即北京的《晨报副镌》《京报副刊》和上海的《时事新报·学灯》副刊、《民国日报·觉悟》副刊等。

此外，传媒不仅改变了传统文学的传播方式，而且使清末民初的文学从生产、流通、消费诸方面发生了质的变革。这就是文本创作者身份的普泛化、生产复制的机器化、传播机制的市场化、接受群体的大众化。现代传媒使文学由封建士大夫特权阶层的专利品，变成了普通民众参与共享的精神资源，解放了文学，加速了文学艺术的平民化过程。这既适应了开启民智的思想启蒙运动，又为文学的进一步繁荣提供了可能。

在这一变革过程中，传统文学的封闭形态被打破，旧的文学观念随之崩解。域外文化的宏阔视野，不但使传统文化的创造性

---

① 胡适《五十年来中国之文学》，见《胡适文存二集》，上海：亚东图书馆，1929年。
② 钱理群，温儒敏，吴福辉《中国现代文学三十年》，北京：北京大学出版社，1998年，第16页。

转化有了参照系，而且，大量摄入的域外文学新观念、新思潮、新风格，使清末民初的文学产生了"求新""求变""求实"的实验和冲动。传统文学的话语形式已再也无法"旧瓶装新酒了"，所以，文化传播符号——语言文字的变革十分紧迫，这就是由"公共舆论"直接导引并参与的清末民初的两次白话文运动。"文学的国语，国语的文学"（胡适语），就是在这种变革中诞生的。

第三，除了传媒是形成清末民初的"公共"空间和"公共舆论"的重要因素之外，我们在讨论这一论题时不能忽视学会、社团的作用。

近代学会、社团的兴起，始于戊戌变法，辛亥革命和五四时期达到高潮，它明显地受到中国传统文人以文会友、结社成党的传统以及外国人在此之前就已在中国创立的益智会、广学会的影响，并且带有鲜明的时代色彩。由于外强的入侵，中国士绅知识分子纷纷反思中国积弱的根源，而找到的原因之一便是民心离散。如果要强国保种，必须从合群开始。翻译《天演论》的严复最早倡导群体观念，这是人群进化不被淘汰的关键。康有为、梁启超也注意到合群对于变革社会的重要性，于是力倡合群观念。梁启超1897年曾撰文《说群》，他在此关心的是如何将中国人集合或整合为一个有凝聚力的组织良好的政治实体（张灏语）。梁还指出，要将中国人结合为统一国家，"除报纸和法律之外，还有各种自愿的社团"。"国群曰议院，商群曰公司，士群曰学会……学会者，又二者之母也"，"今欲振中国，在广人才；欲广人才，在兴学会"。[1] 由此，戊戌变法时期学会兴起的主要原

---

① 梁启超《论学会》，载《时务报》，第10册，1896年11月5日。

因不言自明。

　　具有启蒙意识的士绅知识分子想通过合群的方式，达到自强保国，所以，传媒和社群作为士绅自身启蒙和思想交流的公共空间就显得十分重要。戊戌时期，虽然强学会刚一成立就被封禁，但之后四年（1895—1898年）却有68个学会成立，分布在12个省的30个城市。这些学会多为官绅组建，都会聚了不同层面的士绅知识分子，目的都是强国保种，对于域外文化的传播起了极大的推动作用，有的学会干脆就是专门从事译书译报的，因此学会成了这一时期社会变革的主要力量和中心。变法失败后，学会遭查封，社会一片死寂和恐怖。但随着1901年清政府推行新政，"短短几年间，各地以新知识界进步人士为主体的社团纷纷建立"，并且这一势力直接引起了"士绅官民关系调适重构的社会变动"。[1] 明显的变化是，以1900年为界，前后社团的组建者身份发生了变化。前者是维新士绅、官员；后者是青年学生包括留学归来的知识分子和国内学堂培养的学生与开明士绅。据有关资料统计，清末仅商会（含总会和分会）就多达900多个[2]，到1909年，各地共建成教育会723个，农学会到1911年至少有总会19处，分会276处。这样一来，仅这三项，已有2000多个，学者桑兵认为这些大都组建于1906年之后。根据《苏报》《申报》等数十家报纸报道，各地先后大约有各种新式社团271个（不含分会）。这标志着"中国正在经历社会关系重新分化组合的大变动"。

　　社团发展在五四以降达到高潮，出现了报刊、大学与社团、学会紧密结合的趋势。有的以报刊社为基础办学会、社团，有的

---

① 桑兵《清末新知识界的社团与活动》，上海：上海三联书店，1995年，第273—275页。
② 徐鼎新《旧中国商会溯源》，载《中国社会经济史研究》，1983年第1期。

在社团、学会下面创办报刊。不仅大学有社团、学会，而且遍布国内的中学也组建了各种新式社团、学会。茅盾在《中国新文学大系·小说一集》（1935年8月）导言中说，五四时期是青年团体和文艺期刊蓬勃滋生的时代，仅1922年到1925年3年时间，就有不下100种文学团体和刊物成立出版。另外，从清末民初发展起来的教育会、商会、农会等社会机构、团体，组织更加完善，构成了足以辐射全国的网络。无论是从事文学创作、学术研究，还是对政治理想的探求，抑或其他，"公共舆论"发挥了极其重要的作用。

总之，清末民初的报刊、出版、学校、社团所形成的"公共舆论"和空间，不但是传播异域文化并使之与传统文化碰撞的媒介，而且是影响近代社会变革和文学发展的主要载体和力量。域外文明的广泛传播引入了全新的价值体系，从而激发了公众对传统文化和体制的反思、怀疑、批判以及改造。各种形式阅报社、集会演说、戏剧舞台等扩大了"公共舆论"的空间，对广泛传播文明、鼓动民众起到了积极作用。如火如荼的文学革新运动，与民族救亡相结合的反专制、反外侮的社会变革贯穿着整个20世纪中国社会的近代化历程，中国的社会结构由此发生了急遽的变革。由"公共空间"和"公共舆论"操纵的这一传媒力量解构着传统，从而带动了包括文学艺术在内的一次次变革和创新。因此，把"公共空间"和"公共舆论"理解为近代文学变革的策源地一点也不过分，20世纪初的文学革新运动和"五四"新文学的发生都证明了这一点。

杜重远：从实业家到爱国报人 [1]

今天的人们对杜重远印象最深的大概有两点。一是新闻史上讲到邹韬奋时一定要提到他，发行十几万份的《生活》周刊因坚持社会批判而被国民政府于1933年底封禁，是他——杜重远挺身而出，在高压和白色恐怖中创办了《新生》周刊，从而延续了这一社会"公器"的生命，并为此坐牢一年多。杜重远的另一个印象与一个恶魔般的人物相关，他的《盛世才与新新疆》使一大批热心抗日的进步青年奔赴新疆，参与西部开发与大后方的建设，而他自己却连同他所鼓动的许多人一起遭受了他所信赖的盛世才的毒手。一个以爱国、救国为己任的现代自由知识分子，没有死于强寇而死于国贼之手，这大概是他最大的遗恨。

但是，仅凭这两点是无法认识杜重远这个人的全貌的，他在20世纪初的中国历史上的影响远远大于人们所了解的。这正如1983年胡愈之先生在他的纪念大会上所说的："杜重远被反动军阀盛世才残酷地杀害了，四十年来这场悲剧很少为年轻人所知道。杜重远烈士不是偶然牺牲的。""他为抗日战争和第二次国共统一战线做出

---

① 此文原刊于《档案》，2003 年第 1 期。

了积极的贡献。这又是许多人所不知道的，知道最多的，恐怕就只有周恩来……不错，从'新生事件'到'西安事变'，从'西安事变'到'新疆事件'——盛世才的叛变，这一段复杂的历史被浓雾掩盖着。但是历史终究有一天会弄明白的。"

那么，杜重远到底是一个怎样的人物呢？

吉林怀德县人杜重远，出生于戊戌变法的1898年，抗战胜利前夜的1944年在新疆遇害。辛亥革命那年，他考入了奉天（今沈阳）省立师范附属中学。从此，他不平静的人生与灾难深重的民族命运息息相关。先是奔走呼号，反对袁世凯与日本签订的卖国"二十一条"，寝食俱废地参与"抵制日货"的运动，悲愤于日本对中国的侵略。继而为了探寻民族自强的道路，于1918年官费留日学习陶瓷业。20世纪初的中国留日生大多选择文科，想从政治入手救国，不同的是杜重远却毅然决然地选择了实业救国，因为他深感中国的贫弱和工商业的落后。

在杜重远1923年学成回国之前，对募股创业的艰难他并没有深刻的体会。按当时的风气和时尚，亲朋好友总希望"海归派"（留学生）能去做官，对于办公司实在是没有丝毫兴趣的。所以，"国人一听'募股'二字，往往如过鲍鱼之肆，闭目掩鼻的躲避唯恐不及"。政府呢？对此不闻不问。在这种情形下，"要创办实业抵抗外国的侵略，实有些近于痴人说梦"（杜重远《自述》）。但是，杜重远没有灰心，用同学筹集的6000元为资本，从办砖瓦厂做起，开始了艰难的创业。三年时间，竟从日本人手中争回了20万元的砖瓦市场份额。1928年，中国第一个机器制陶工厂——肇新窑业公司终于创办成功，到1931年为止，该公司年出产品多达1000万件，取代了日货一统市场的局面。远在上海的《生活》周刊以《最切实的贡献》为题，对杜重远的这一艰辛努力给予了高度赞扬，其意义在当时十分深远，可以说，他的努力极大地鼓舞了国人实业救国的信心。杜重远也因此声名鹊起，成为奉天总商会会长、工会会长及张学良"东北边防军司令长官公署"秘书，襄助处理对日外交。在此期间，他利用自己的影响，积极发动和参与规模宏大的排日运动，遂成为日本人的眼中钉。

九一八事变，东北沦陷。亡国之民，真不如治世之犬，随意任人宰杀。杜重远的《虎口余生自述》对当时的情形有这样的描写："满街杀气"，"除得意洋洋往来之倭奴倭官外只有杀毙之华警与惨死之商民，横卧道中，伤心惨目，为之挥泪"。就这样，杜重远实业救国的梦想被击得粉碎，他痛苦彷徨，流亡关内。从刊发于《生活》周刊的20篇《旅行通讯》来看，1931年12月到1933年3月，杜重远奔走于平津、上海及川、鄂、湘、赣、皖、粤、闽等地，与沈钧儒、邹韬奋、高崇民等人组织了救国会，于抗日一事四处呼号，声援东北义勇军抗战以及"1.28"十九路军上海抗击日军。更重要的是，杜重远此间的思想发生了很大的变化，实现了从一个实业救国论者到爱国报人、启蒙思想家和社会活动家的位移。最能说明这一点的是，为了启蒙民众的抗日宣传，他冒着巨大的风险创办了《新生》周刊；为了"大西北大联合"的抗日大业，他远走条件艰苦的新疆，并为此付出了生命的代价。这一切，都充分体现了他为公众牺牲的精神。当时势不允许实业救国的理想得以实现时，爱国的知识分子便不得不走上另一条救亡之路，这是特定时代的唯一选择。

1933年底，发行量超过15万份、全国销量最广的杂志——《生活》周刊，因坚持"言论上的独立精神"，积极宣传抗日救亡，揭露国民党统治的腐败，遂被国民政府查封，主编邹韬奋被迫流亡国外。眼见数十万读者的精神食粮被中断，杜重远不顾个人安危，冒着被暗杀、被绑架的危险，以中华国货全国产销合作协会总干事的名义，向国民政府注册了《新生》周刊，从而延续了《生活》的精神。《新生》的发刊宗旨提出，刊物"站在一般民众的立场"，"无偏无党"，"为求民族生存而奋斗"。邹韬奋的一句话很形象地道出了这两份周刊的关系，他说：《新生》的创办"好像我手上撑着的火炬被迫放下，同时即有一位好友不畏环境的艰苦而抢前一步，重新把这火炬撑着继续在黑暗中燃烧着向前迈进"。还能体现二者关联的是，《新生》不但留用了《生活》的原班人马，而且在版式、风格上继承了它的理念、精神，如杜重远设立个人署名的言论栏目《老实话》与邹韬奋的《小言论》就有一样的内涵。杜重远主笔的《老实话》，共刊发了73篇杂文，针砭时弊，不留情面，上至党国政要、军界权贵，下至民间疾苦，莫不诉诸报端。总之，该刊独立持论，全方位揭露了日本的侵略阴谋，极大地鼓舞了民众的抗日热情。

就杂文的批判精神和言论的激烈程度而言，《生活》和《新生》周刊的杂文批判是不亚于同一时期的《申报》《自由谈》的，文学史上所指称的"杂文时代"，就是指20世纪30年代前期以《申报》《自由谈》和《生活》《新生》等公共舆论所掀起的社会批判思潮。所以，才有论者说《自由谈》等报刊"把《新青年》所开创的现代报刊杂文推向了至今难以企及的高峰"（《中国大实话：申报·自由谈》编者前言），就是这个意思。1935年5月4日，第二卷第15期的《新生》刊发的《闲话皇帝》一文，因其中提及日本天皇，遭日本人嫉恨并武力挑衅，日本军舰逼进吴淞口。国民政府为平息事端，封禁了《新生》周刊，并按日方要求判处了发行人杜重远有期徒刑一年两个月。可以说，"新生事件"激起了巨大的民愤并教育了公众，因为这是侵略者对中国内政和法律的公然干涉和践踏。

身陷囹圄，杜重远依然心系救亡，他的"大西北大联合"的抗日主张也就是在这一时期思考成熟的。作为一个丧失家园的流亡者，他反对退却在关内的东北子弟兵参与围剿陕北红军的内战，所以，不失时机地对张学良施加影响，促使其思想发生转变，从而形成东北军、西北军（杨虎城部）与红军的三方联合抗日。虽然，"西安事变"的名单中没有提到杜重远，但他的影响和实际作用却是不能忽视的。一些史料证明，杜重远在"西安事变"前夕与张学良、杨虎城有过多次秘密的接触，共同的话题是如何摆脱内战，谋求共同抗日。张、杨思想的转变与杜的影响显然是分不开的。胡愈之、史良、王震等人的怀念文章也都充分肯定了他对"西安事变"的贡献。据载，"西安事变"后曾商谈成立一个民主联合政府，中共方面推荐的政府负责人名单中，就有宋庆龄、杜重远、沈钧儒等五人，由此可见，杜在当时的影响和地位是不一般的。

1937年7月，全面抗战爆发。随着沿海口岸的相继沦陷，大陆主战场与外界的海路交通全部被切断。国际援助和进出口贸易不得不另寻他途，这是打败日寇经济封锁的唯一办法。于是，这一时刻的西南、西北便具有了特殊的战略地位。一直坚持"大西北大联合"的杜重远将目标投向了遥远的新疆。1937年9月的第一次赴新考察，决定了他的后半生，也同时影响了一大批人的命运。时任新疆督办的盛世才，是1933年在复杂的派系争斗中通过政变上台的。新疆地广人稀，但民族众多，成分复杂，又加之近代以来英、俄等外国势力的干预和插手，所以，政局十分混乱。盛世才为了稳定新疆时局，得到苏联的援助，遂与苏共和中共联合，走上了"亲苏联共"的新政道路，大力推行"反帝，亲苏，民平，清廉，和平，建设"的六大政策，使一个充满生机、活力、进步的"新新疆"展现在了杜重远的眼前，而这正是杜重远一直追求的梦想。于是，兴奋不已的杜重远一连写下了《到新疆去》的系列通讯20篇，刊登在《抗战》三日刊和《全民抗战》上，向公众全面介绍了"新新疆"的风貌，这就是名震一时的《盛世才与新新疆》（单行本书名）出台的背景。新疆由此成为延安之外又一个充满希望的地方，所以，"到西北去""到新疆去"成为当时有志之士的共同心声。一大批热心抗战、追求进步的知识分子奔赴延安和新疆，寻找和平、光明和民族的希望。翌年9月，杜重远受盛世才的邀请三赴新疆，又撰写了《三渡天山》通讯28篇，介绍了新疆的繁荣和进步景象。所以，1939年1月，杜重远携家小到新疆工作绝不是心血来潮的决定，而是"新新疆"与他长期坚持的救国理想产生了某种吸引。在他的邀请下，茅盾、张仲实、萨空了、赵丹等一批内地的文化名人来到了由他担任院长的新疆学院（全疆唯一的大学）执教，为发展新疆的文化教育和抗战大后方的形成做出了巨大的贡献。此外，他还创办《新芒》杂志，讨论学术，传播文化。

1941年，希特勒德国入侵苏联，盛世才认定苏联在这场战争中必败无疑，另一方面，苏联对他的援助也因苏德战争而中断，用处已不大，所以，决定倒戈投向国民党。和平、进步的外衣一旦剥下，整个新疆便笼罩在专制和恐怖中。血腥屠杀中首先倒下的是来自延安的共产党人毛泽民、陈潭秋、林基路等人。随后，杜重远也遭毒手，在历经酷刑之后于1944年被秘密处决。

在后来的评价中，多认为盛世才生性阴险毒辣，用假相欺骗了延安和杜重远，而杜重远和延安也因轻信了盛世才而上当受骗，以至酿成后来的悲剧。我以为，这是一种不全面的说法。盛世才早年也是一个热血青年，出洋求学，立志救国，并从内地来到新疆。他的"六大"政策和廉洁高效的新政改革是卓有成效的，大批国际援华物资也是通过新疆送到抗日前线的，这都是事实。但是，政治的风云变幻，政客的魔性——两面性决定了他必然会做出翻手为雨、覆手为云的选择。所以，如果没有制度保障，任何雄心壮志最终都会成为吞噬人性的野心，任何个人特权都会导致专制和独裁。寄希望并迷信于某种个人强力意志必然会导致权力的泛滥。两面性中的"人性"使盛世才有爱国的诉求和追求民族自强的愿望；而专制、独裁、被权力彻底异化的"魔性"，使他背信弃义，最终成为杀人不眨眼的魔王。这就是历史的局限以及特定历史背景下人的无法超越性。类似例子，在历史上屡见不鲜，实际上，人类社会迈向民主的每一步都沾满了独裁者暴政留下的鲜血。

就在杜重远被软禁后，他也是用人性的标尺去揣度他的老同学盛世才的。另外，为了"大西北大联合"的抗日大业，他对盛不是没有幻想，所以，他才写了那则刊登在《全民抗战》上的《杜先生来函辟谣》，对外界关于他在新疆失去自由的传闻给予辟谣。其目的仍然在于维护抗战大业，这是显而易见的。不然的话，其中何有"弟个人不过沧海一粟，生死早已置之度外"之语？而魔性大发的盛世才彻底走向了变态，他深知杜重远是不能活着的，所以注射毒药将其杀害并毁尸灭迹。为了铲除异己，盛世才大开杀戒，不仅残杀了自己的胞弟——新军旅长盛世麒，而且斩草除根，毒杀了自己的弟媳和侄儿，又用煤油烧死了自己的庶母，所以，被人称为"食父母之野兽"。

一心追求民族自强的自由知识分子杜重远，就这样"壮志未酬身先死"，留下了令人悲叹不已的思考和追怀。这是专制时代的必然悲剧，也是知识分子的悲剧。

近代出版的文化自觉与民间立场 [①]

　　追溯人类历史的进程，我们发现，出版的发展一直伴随着对皇权、贵族文化的挣脱，这一点，中外历史，概莫能外。皇权文化的核心就是对文化典籍的占据和拥有，它具有对文化典籍的绝对、权威的解释权，因为这是皇权的象征。所以说，殷商和周王朝的前期，还是"学在官府"的时代，当时藏书、读书乃至于编书、著书的权利，都只能属于这些史官及其所服务的少数统治阶级贵族 [②]，一般人是无权涉猎的。随着春秋、战国时期诸子百家的争鸣，于是出现了"天子失官，学在四夷"（孔子语）的局面。出版、读书被少数人垄断的状态被逐渐打破，才有孔子删订"六艺"，也就是后来的《六经》（《易》《书》《诗》《仪礼》《乐》《春秋》），知识的占有和传播突破了皇权和贵族文化的桎梏。因此，可以说这一时期的思想活跃是对出版和思想禁锢的一次大解放。至汉末，竹简、缣帛取代了甲骨、铜鼎，书写材料的进步，使出版变得方便、快捷并便于普及。从此至北宋，

---

① 此文原刊于《西北师范大学学报》，2002 年第 2 期。
② 李致忠《中国古代书籍史话》，北京：商务印书馆，1996 年，第 42 页。

出版业的皇权垄断意识，一次次受到严厉的撞击和挑战。先是东汉时纸张的发明，书籍从出版到运输、保存变得极为方便，书籍的大量生产遂成为可能。平民也开始有能力购买书籍，这一点极为重要，因为此时书籍的出版、流传已突破了宫廷、贵族阶层的控制。还必须注意的是，尽管在唐代已有雕版印刷术，然而大规模的书籍生产仍然沿用手抄。重要的典籍整理是官方临时组建的编辑机构完成的。以手工作坊形式生产的民间出版机构汇集编校、刻印、发行，一直异常活跃。

伴随着雕版印刷业的普及，从北宋至清末，城市中的私人出版商和出版业成了书籍生产的主要承担者之一，它们与官办印书机构一起承担着文化传播的作用。尽管皇权文化无法取缔和消灭民间书肆、书坊的书写、出版，同时也需要这种书写、出版的补充，但是，民间书写、出版受抑制和压迫的情形一直未能改变。历朝帝王还禁毁一批对自己统治不利的书籍，如清廷1834年、1844年两次发布禁毁传奇、演义版书的通谕，大规模查禁小说，这一切都在压抑民间出版。

近代出版的觉醒及登场

19世纪中叶开始，中国传统的出版业在东西文化的剧烈碰撞中脱胎换骨，并在这场文化冲突中起到了桥梁作用。"清末进入中国的宗教文化的传播者——西方传教士们首先想到的便是书籍和出版"，他们"想利用这项简易、最广泛、最能改变人们灵魂的工具来征服中国人根深蒂固的传统思想意识"①。随着洋教士传

① 宋原放，李白坚《中国出版史》，北京：中国书籍出版社，1991年，第170页。

入的现代机器印刷，彻底改变了传统书籍的生产方式。日益觉醒的文化自觉，迫使这种书籍生产的变革十分迫切。

最早出现在中国土地上的铅印出版机构是传教士于1843年在上海设立的墨海书馆，它除备有大小英文铅字外，还刻有中文铅字大小两种。翻译人员既有西方传教士，还有王韬、李善兰等中国学人，他们合作翻译。至1860年，墨海书馆共出版各种书刊171种，科学知识只占19.3%，其他的全是宗教类的。以新式印刷为标志的墨海书馆的出现，预示着现代出版的萌芽，这是出版业的一次质的变革。

随后，取代墨海书馆在上海印刷行业地位的是美华书馆，这是当时规模最大的印刷厂，不但印刷外文、满、汉文《圣经》，还印刷商业表册、教科书。尽管美华书馆垄断上海的印刷出版业近半个世纪，但在这一时期，西人创办的翻译出版机构对中国影响最大的还是广学会。

由号称"中国通"的传教士林乐知、李提摩太主其事的广学会，其组成人员已不仅仅是传教士，它是在华外籍官员、商人、传教士共同组成的一个出版新书的机构。由于其力图影响中国的士大夫阶层，所以出版的书籍也是当时中国所急需的。大部头译著主要有林乐知的《中东战纪本末》《文学兴国策》《五大洲女俗通考》，李提摩太译著的《七国新学备要》《泰西新史揽要》，以及《自西徂东》《万国通史》等也在中国知识分子中产生普遍的影响，可以说这些书籍对晚清的维新变法产生了重要影响。广学会出版的书籍不仅限于这些，还涉及国际公法、世界史地、教育制度、西洋哲学以及自然科学的各个门类。这些靠国内外捐款出版的书籍，早期并不以出售为目的，主要用来赠送达官贵人以及参加科举的考生。科举废除后，又改向各地新学和地方官员分送。显然，这种方法具有极大的渗透力和普及性，比起洋务运动时期官方出版的科技书籍只供政府以及专业机构来说，其流传是非常广泛的。它使得"西学从书斋走向社会，影响空前扩大"，"据不完全统计，自1888年至1900年，广学会赠送各类书籍、刊物累计302141册，其中最多的是1897年，为121950册"①。可以说，只要有传教士的地方就有广学会的书刊，湖北兴国山区、四川内地、云南东北部、陕甘等偏远山区也有广学会书刊，甚至在传教士未到达的江苏北部，几乎所有村庄都有几本广学会的书刊。广学会在清末的作用，读者最有发言权，浙江一位乡下书生曾给广学会写过这样一封信："我住在一个乡村里，但我读过你会出版的一些书，它们确实有助于提高我国的水平。我可以代表极大多数士人的意见，诚恳地要求你们能继续为唤醒我们的民众而提供新书。"②广学会对于中国社会的影响之广，由此可见一斑。

和此间传教士的翻译出版机构相比，国人业已被唤醒的现代出版意识和对域外文明的思考仍然有很大的局限。从林则徐、魏源的"睁眼看世界"（范文澜语）到洋务运动之前，对域外文明的认识，士大夫中不乏清醒者，但是，客观的效果并不十分显著。1844年，魏源在林则徐主持编纂的《四洲志》《华事夷言》基础上出版了划时代的世界史地巨著《海国图志》。虽然在1861年前有五个版本，但仅印1000部左右，和中国当时绅士、童生350万人的比例相差悬殊③，其传播面就可想而知。尽管1848年还有两部重要的世界知识著作，梁廷枏著《海国四说》、徐继畬著《瀛

① 熊月之《西学东渐与晚清社会》，上海：上海人民出版社，1994年，第556页。
② 《广学会年报（第10次）》，1897年；《出版史料》，1991年，第2期。
③ 闾小波《中国早期现代化中的传播媒介》，第5页。

环志略》出版，但未能引起官方重视。冯桂芬1861年著成的《校邠庐抗议》已有系统的变法自强的思考，但在1874年去世之前秘而不播，其子在刊刻其遗稿时遵父意特删去了"采西学议""制洋器议""制科举议"等篇目，恐遭人讥议。一个早期现代化的思想家竟然使其著作在22年后才全貌见人，他究竟担心什么？类似现象在郑观应、黄遵宪身上都不同程度地发生过。甲午战前，真正有分量的主张变法的著作，普遍存在传播不畅的状况。然而，在同样被西方大炮轰开国门的日本，《海国图志》的命运却大为不同。在1854年后的4年之内竟有翻刻本20多种，对明治维新产生了不小影响。1867年，清政府下令撤职的徐继畬复出，任总理同文馆事务大臣，《瀛环志略》官印出版并作为同文馆教材，这一事件标志着清政府对西学态度有了一些转变，然而20年时光却失之交臂。

1862年开馆的京师同文馆是一个专门培养外语人才的学校，设有印刷局，据载，出版的书籍大致有《万国公法》《自然哲学》《外交指南》《俄国史》《世界史纲》《数学物理学》《生理学》等25种，涉及自然科学、法学、历史、地理、天文等门类。洋务派官僚创办的翻译、出版机构，首推江南制造局翻译馆。该馆先后有译员59人，其中外国学者9人，中国学者50人。从1871年开始正式出书至1899年，共出版各类书160种[①]。从内容上来看，应用科学与工程技术、自然科学为多，社会科学较少。因为翻译双方都只精通一国语言，故而采取"西述中译"的方法，加之翻译内容的确定由官方拍板，以解决急用为宗旨，这显然在一定程度限制了翻译者的自主性。但是，这一时期出版对西方文

---

① 熊月之《西学东渐与晚清社会》，第556页。

明的介绍配合着重商重工的洋务实践，对抑商重农的传统观念所给予的冲击是显而易见的。尽管如此，这一时期的出版却受通信、铁路的限制，"远处不便购买"，"又未分传寄售，则内地无由闻知"[①]，传播面不广。另外，在以科举为正途的时代，由于价值取向的局限，国人对西学的接受和兴趣中间，还夹杂着对与切身利益有很大关系的科举正途的考虑，从而未能达到其预期的效果，这是可以想见的。

所以说近代出版只有到甲午战后才开始自觉，它是建立在整个民族觉醒的基础上的，配合着开启民智、图存强国的努力，肩负着反帝、反封建的双重责任，努力改变着中国的现实。这一方面表现在民营出版业和民族资本的崛起，使民族出版摆脱了外人的把持，立足于民族救亡和启蒙；另一方面是出版观念的变革，从单纯的工艺科技的翻译、出版转向社会科学、自然科学兼重，翻译机构也日益完善。从文化传播角度来说，这一变革是从片面、被动的传输到全面、主动的传播的一次转移，是一种文化自觉。

正如梁启超在《戊戌政变记》的"上谕恭跋"中写的，甲午以前，我国士大夫言变法者，"以为西人之长不过在船坚炮利，机器精奇，故学者亦不过炮械船舰而已。此实我国致败之由也。乙未（光绪二十一年）和议成，士大夫渐知泰西之强由于学术"。

从甲午战败到戊戌新政，无论是京师大学堂编译局的创办还是南洋公学译书院的实际操作，翻译转向政治类书籍已十分明

---

① 傅兰雅《江南制造局翻译西书事略》，载张静庐辑注《中国近代出版史料（初编）》，北京：中华书局，1957年，第24页。

显，因为这是一个酝酿政治变革的时代。不但政府在各省设立官书局以出版新学书籍及教育用书，而且民间翻译机构十分活跃。都把翻译西书作为首要任务倡导。不仅学会如此，报刊社也广泛刊载、出版、翻译，介绍域外的政治经济学说。对明治维新的向往，从而掀起了一股学习日本的热潮，一大批青年学子赴日留学，翻译、出版从欧美著述转向日本，一时译自日文的域外社科著作在出版界占绝对数量，其中包括日译欧美著作的转口翻译，还有日本明治维新以来的新思想、新学理的介绍。据统计，"光绪末年所译书合计533种，其中译自日文为321种，占60%强"^①。

维新变法的结果，促使日益觉醒的中国知识分子纷纷著书立说，开启民智，唤醒公众。随着商务印书馆的出现，勃起的民族资产阶级出版企业逐渐开始取代官办书局和教会印书局的地位。

李泽彰在《三十五年中国之出版业》一文中写道："据光绪三十三年（1907年）六月上海书业商会出版的图书月报第一期，仅就入会的出版业来说的已有下列二十二家。商务印书馆、启文社、彪蒙书室、开明书店、新智社、时中书局、点石斋书局、会文学社、有正书局、文明书局、通社、小说林、广智书局、新民支店、乐群书局、昌明公司、群学会、普及书局、中国教育器械馆、东亚公司新书店、鸿文书局、新世界小说社。"^②

光绪三十二年（1906年），大清学部首次审定初等小学教科书，审定的教科书共计102册，由民营出版业发行的有85册，占到全部的4/5以上。其中商务印书馆出版了54册，其次是文明书局出

---

① 宋原放，李白坚《中国出版史》，北京：中国书籍出版社，1991年，第211页。
② 李泽彰《三十五年来中国之出版业》，载张静庐辑注《中国现代出版史料（丁编）》，第381页。

版了30册，时中书局出版了1册，从中可以看出民营出版业的发展势头。

李文同时指出，自西学东渐以来，不但印刷方法改用新式机器，而且以洋纸的输入量大幅增加为标志，中国的出版产业发展飞速。据1929年真善美书店的统计，仅就印行汉译东西洋文学名著的出版家来说，当时已多达48家。出版产业的繁荣可见一斑。

近代出版的民间立场

商务印书馆在近代的崛起具有一定的代表性，下面就以其为例，谈一谈近代民族出版业的自觉意识与民间立场。

商务印书馆1897年在上海创办时只是一个印书机构，以招揽洋行的印刷业务勉力维持。创始人夏瑞芳、鲍咸恩、鲍咸昌三人原来在传教士范约翰创办的清心中学堂读书。清心除四处筹资外，还让学生半工半读。从有关资料得知，清心的学生当时做的工作之一就是印刷[1]。夏瑞芳先后入文汇报馆、捷报馆从事英文排字，因为不能忍受《捷报》经理的歧视、污辱，遂与同事和同学的鲍咸恩一同创办印刷所。加之应和者鲍咸昌又供职于美华书馆，几个人都熟悉印刷、排字业务，可算志同道合，于是，就有了商务印书馆。从商务创始人当时所受教育和掌握的印刷技能这一点来说，不应忽视传教士、外报印刷机构的影响，然而，他们毕竟冲破了这一桎梏，自立了门户，这一意义非常重大。尽管当时它无法与外商经营的《申报》馆以及中国官商结合的同文书局

---

[1] 王中忱《新式印刷、租界都市与近代出版资本的形成》，载《中国现代文学研究丛刊》1999年第1期。

抗衡，但却标志着民族现代印刷业的崛起。

最初的商务，设备极其简陋。只有摇架、脚蹬架、自来墨手扳架各三部，手揿架一部，还有一些中英文铅字，资本只有3750元。商务是从零做起的，承印教会的圣书会、圣经会、广学会的一些印刷品及表册，在夹缝中求生存。而真正实现资本积累还是从单纯印刷到出版的飞跃。其最早的出版物《华英初级》《华英进阶》，尽管只是翻译教会学校的英文课本，并用白话注释出版而已，但却适逢都市学习英文热的机缘，"行销极广，利市三倍"①，为商务奠定了最初的物质基础。这一时期，商务还出版了不少科举应试用书。印刷技术与世界的接轨和近代变革，既降低了书刊成本，又加快了传播速度。例如一部《通鉴辑览》的木刻本，老书坊售价一二十元，商务的铅印本，用有光纸印刷，售价仅二元几角，所以畅销一时。1902年前后，举国学新知，兴学堂，但适用的教材极缺，只有南洋公学出版的《蒙学课本》三册，无锡三等学堂的《蒙学读本》八册。其中《蒙学读本》第一册第一课是"大清皇帝治天下，保我国民万万岁，国民爱国呼皇帝，万岁万岁声若雷"。这些教材内容陈旧，已无法适应开启民智的文化传播的需要。新任编译所长张元济加盟商务，首先看到了这一点。于是，以日本明治三十七年教科书为蓝本，编辑出版了国文、历史、地理等小学教科书，不到数月，便行销10万多册，使得商务位居全国教科书出版之冠。在打破外人垄断文化传播媒介和皇权文化对文化传播的控制方面，商务此功可谓大矣，可以说起了开路先锋的作用，有力地传播了新学，启蒙了民众。

---

① 蒋维乔《创办初期之商务印书馆与中华书局》，载张静庐辑注《中国现代出版史料（丁编）》，第395页。

如果要探究清末民初民族出版业的民间立场和文化追求，夏瑞芳和张元济二人不能不提。夏氏等人创办商务，最初纯粹是为了摆脱寄外人篱下的困境，并非一开始就想成为一个杰出的出版家。然而，贯穿在夏瑞芳身上的创业精神、开放的眼光和不同凡响的魄力，却使商务脱颖而出。张元济是晚清进士，被授予翰林院庶吉士，至戊戌变法，官至总理各国事务衙门章京。他积极参与维新变法，并于黑云压城的1898年9月5日上《痛陈本病统筹全局以救危亡折》，痛陈变法的必要，其总的精神贯穿着变官制、废科举、去发辫、除拜跪、消除满汉界限、许满汉通婚①，可谓针针见血。变法失败，他被"革职永不叙用"②。1898年9月，张元济南下上海，开始了他立身民间的文化传播事业，他的一生从此与商务紧密相连。张元济将未竟的理想全部倾注在商务的事业中，有人认为，他对"商务印书馆最大的改变是将文化生产与文化规划结合起来进行，具体地说，商务印书馆不再只是满足于一般的印刷文字物品，而是根据当时人们的文化需要来生产文化产品"③。张元济带给商务的是一种文化理念。维新变法的失败，使张元济认识到只有广泛开启民智，才会实现社会的变革，因此，他从此埋身文化事业。也因为这个原因，长期以来有人误以为他是一个在政治上不太激进的人，是一个渐进的改良主义者，其实，张元济身上有很强的民主精神。作为封建士大夫文人，他看到了大众的力量并终身投入启迪民智的事业，他实现了从封建文人向现代知识分子的蜕变。尽管他不像梁启超、胡适那样振臂一呼，导引时代潮流，在表达政治主张方面，他又比同科好友蔡元

---

① 国家档案局明清档案馆编《戊戌变法档案史料》，1958年，第42—49页。
② 中国史学会编《戊戌变法》（第二册），北京：神州国光社，1953年，第108页。
③ 杨杨《商务印书馆与中国现代文学》，载《中国现代文学研究丛刊》，1999年第1期。

培更为隐晦，然而，他却始终以唤醒民众、改造社会为己任，实行着新的社会伦理观念的导入和建立。他将出版和文化传承、思想传播紧密地结合起来，使商务在特定时期表现出了超越时代的风范和创造精神。无论是在出版书籍还是在技术更新上，商务和张元济抱定"以文化为本"，"延续和发展中国文化的生命"①，这无疑是在引领时代潮流。无论是对域外新学的传布还是对传统的继承，张元济几乎都是从文化创造和建设方面做着最基础的工作。陈原先生认为，1904年至1912年，张元济、蔡元培、高梦旦（凤谦）共同编纂的一套初小、高小、中学用的修身教科书，尽管是商务当时出版的各科教科书中的一种，但却有着不同寻常的意义。因为这套书实践了张元济、蔡元培的救国理想，即从重建社会伦理入手以文化传播启迪民智，最终挽救危亡中的民族。他们在此"不但'消化'了'欧洲文明'的核心思想——自由，平等，博爱，而且针对当时的局势，再三致意'于爱国和合群'的内容"②。这一点，笔者认为概括得很准确。一生致力于传播文化，"扶助教育"③的张元济以开明、务实著称。在主政商务期间，他大量翻译出版域外各种新思潮、新思想著作，输入域外文明，同时，大规模整理出版中国典籍，如《百衲本二十四史》等，使文化传播与文化传承同时得以继续，并创办各类刊物多达19种。他在商务所做的一切，"对西方科学和民主思想的传播"④，加速了中国现代化的进程，这么说，一点也不过分。

---

① 杨杨《商务印书馆与中国现代文学》。
②陈原《书和人和我》，第199页。
③ 张元济《涵芬楼书目序》，载项士元《中国书目考》卷五（下），载王绍曾《近代出版家张元济》，北京：商务印书馆，1984年，第23页。
④王绍曾《近代出版家张元济》（增订版），北京：商务印书馆，1995年，第217页。

张元济这一代人的心路历程其实很有代表意义，生在封建制的土壤中却开出了民主、自由之花，这本身就是一种革命和反叛。近代出版业的文化自觉正是这一民族觉醒的折射，具体来说就是对传统秩序的怀疑与批判并赋予实践，传播域外文明以解构皇权文化的桎梏，肩负反帝、反封建的双重责任，实现民族的救亡图存。

随着商务印书馆的日益壮大，文明书局、中华书局等民族出版机构纷纷出现，外人把持中国传媒、出版的局面彻底改变。商务等民族出版社相对于官方出版机构，有着鲜明的平民立场，这就是对大众文化消费的关注和对开启民智的追求，充满着浓厚的启蒙意识。具体到商务，作为一家民间出版社，其始终坚持以传播先进文化和启蒙教育民众为己任，不曾依附于任何政治势力。比如，在1902年前后，商务曾大量收拢因戊戌变法失败而南下避难的知识分子，使他们在编译所找到实现价值的机会，这种包容精神的背后就是一种民间立场。1903年，创设之初的商务，"鉴于中国印刷技术非常幼稚"，且商务"所有印刷能力，只是凸板，相差很远，万难与日人敌对竞争。权宜轻重，只是暂时利用合作的方法，慢慢的再求本身发展，可以独立……"[①] 于是吸收日资，但经理、董事长都为中国人，主权仍在国人手中。随着民族矛盾的加剧，商务决定收回日股，夏瑞芳亲自赴日本谈判，最终于1914年谈判成功。在退股时，商务尽管在经济上吃了很多亏，但却有力配合了国内日益高涨的民族斗争。可以说，无论是起初合资还是后来坚意收回日股，都是为了发展民族出版业的需要和民族利益。

---

① 高凤池《本馆创业史》，载《商务印书馆九十年》，北京：商务印书馆，1991年，第8页。

坚持民间立场的商务走过的艰辛之路就是中国民族出版业迈向现代化的缩影。它从蹒跚学步到文化自觉，身上烙满了时代的印痕，这就是半殖民地半封建的中国社会留给民族出版业的记忆，但最终觉醒壮大的民族出版业还是走向了独立，有力地配合了近代社会的变革和启蒙运动。

文化产业创新发展必须处理好五个关系 [1]

　　作为对文化工业化的批判，"文化产业"这一概念于1947年始正式出现在法兰克福学派代表人物阿多诺和霍克海默所著的《启蒙辩证法》一书中。不到半个世纪，被批判学派提出并命名的"文化产业"不但成为当今世界文化发展、传播的一种重要形态，而且成为一个重要的产业门类，被纳入许多国家的发展战略。20世纪80年代，文化产业这一概念传入中国，由于我国文化体制的高度行政化和特殊意识形态的需要，文化产业成为国家文化政策经过了长期的努力。2001年3月，发展文化产业的相关政策写入国家"十五"规划纲要，从而使得"文化产业作为中国当代文化建设的重要形态，获得合法性身份" [2]。但是，此间文化部关于文化产业是"从事文化产品生产和提供文化服务的经营性行业"，主要包括文化艺术、文化出版、广播影视、文化旅游等四个领域的界定，却存在明显的缺陷，因为这一定义限制了文化产业的外延，而且也缺少市场这一重要的环节。相比较而言，联

---

[1] 此文原刊于《甘肃理论学刊》，2009 年 3 期。
[2] 胡惠林《关于文化产业研究在当代的发生》，载《文艺报》，2003 年 8 月 7 日。

合国教科文组织关于"文化产业就是按照工业标准，生产、再生产、储存以及再分配文化产品和服务的一系列活动"的定义，更加突出了文化产业的批量、规模与大工业化生产的特征。著名经济学家施罗斯比（Throsby）在其《经济学与文化》一书中关于文化产业的定义可以说是从内容上对文化产业的特征作了比较到位的阐释，他认为：文化产业是以创造性思想为核心，向外延伸与扩大，是以"创造"为核心并与其他各种投入相结合而组成各类文化产品的经济集合[①]。与施罗斯比的观点相近的还有一种解释认为，文化产业是以"文化创意"为核心，通过技术的介入和产业化的方式制造、营销不同形态的文化产品的行业。由此，文化产业的"同心圆"和"创意核"结构逐渐清晰，其"同心圆"的"核心"是"文化内容的生产，边缘才是它的价值实现和扩散"[②]。核心层的内容生产包括内容的创意活动、内容信息、产品的复制，外围层是文化产品的发行零售和服务业，延伸圈也即相关层是文化用品、设备及相关文化产品的生产与销售，包括多媒体产业、展览业、广告业、咨询业、旅游业、职业培训等"亚文化产业"。从这一"核心"的内容生产到"外围""边缘"的"同心圆"架构，基本上展示了文化产业的内涵结构。

由此不难看出，文化产业是以内容创意和文本生产为核心的内容产业，它的价值实现主要是通过这一"创意核"以及由此延伸的产业链、价值链来完成的。同时，它的发展前景又与经济发展程度有一定的关联度，是一个"后温饱产业"，极大地受社会消费水平的制约。因为按照经济学上的恩格尔定理，消费者的总

---

① 孙安民《文化理论与实践》，北京：北京出版社，2005 年，第 8 页。
② 花建《文化产业离我们多远》，载《北大文化产业报告》，北京：群言出版社，2004 年，第 23 页。

收入越高，其用于食品等生活资料的消费支出比例就越小，而用于文化消费等其他消费的支出就越多。这与中国古人说的"饱暖思淫欲"（此处的"淫欲"指的是精神需求，也可以理解为文化需求）和美国科学家亚伯拉罕·马斯洛的人的"基本需求层次理论"同理。在文化产业的发展中，尽管社会的文化消费水平是大致可以估量的，但具体的"受众对文化商品的使用方式具有高度的不稳定性与不可预测性"，因为他们常"借此来表明自己的独树一帜"，因而这一"文本消费的高度主观性与非理性"[1]，给文化产业带来了潜在的风险。不仅如此，大部分文化商品还具有高固定成本即原创文本的高投入及"复制"的低可变成本，这进一步加剧了文化产业对知识产权保护的高度依赖，对无所不在的盗版等侵犯知识产权行为的高度警觉和担忧。以上文化产业的特性分析旨在说明一个问题：文化产业是一个创新创意型产业，创新是它取胜之根本和生命。这也就是为什么人们说文化产业是知识经济、是高智力经济、是品牌产业。

既然如此，那么怎样才能实现我国文化产业的创新发展呢?笔者以为，须把握和处理好五个关系，这就是：在制度创新中要处理好融入国际文化产业格局的国家文化产业战略与特殊意识形态的关系，制定具有全球视域的文化立国和文化输出方略；在观念创新中要处理好地域经济社会发展与文化产业发展的关系；在技术创新中要处理好技术创新与文化产业核心的关系；在资本创新中要处理好发展文化产业集群与中小型文化产业主体之间的关系；在内容创新上要处理好授权产业的内容创意与产业伦理的关系。

---

[1]［英］大卫·赫斯蒙德夫《文化产业》，张菲娜译，北京：中国人民大学出版社，2007年，第20—21页。

一、正确处理融入国际文化产业格局的国家文化产业战略与意识形态的关系。

制定具有全球视域的文化立国和文化输出方略，这是当下我国文化产业制度创新中一个重要问题。

制度创新不仅仅限于文化产业的体制机制创新，还有政策法规的安排、发展战略的制定、知识产权的保护、意识形态因素等。当下我国文化产业发展正面临着从文化行政化向国际化的现代文化产业制度结构的蜕变。由于"文化产业已经成为现代国家利益构成中的重要组成部分，成为国际利益均衡的一个重要变数和力量"，"影响和决定着全球文化秩序的走向和国际文化力量格局的重组"，所以，文化产业的国家战略要把"对中国文化产业的战略性调整与重组纳入到国际文化产业结构的战略性调整里去"[①]。而另一方面，中国特色社会主义的文化发展观要求文化战略、法规政策的制定必须弘扬中华文明和国家的意识形态，文化的市场化不能偏离这条主线。社会主义核心价值体系等意识形态是文化产业政策的基本方向。不仅如此，还有长期的文化行政带来的文化产业制度结构、运行结构的障碍，使得融入国际化的现代文化生产力结构的重塑和探索显得十分艰难。因此，在这一文化产业的战略性调整和重组中，既要把握和处理好与国际文化产业格局的协调，使国内外文化产业间的资本融合成为可能，又要满足中国意识形态和国家文化安全的需要，这是当前我国文化产业制度创新的基本点。针对世界上"妖魔化"中国的各种话语以及世界对中国的误读，学者王岳川在《价值重建时代的大国文化战略》中一针见血地指出：当前中国文化发展对全球化下的文

[①] 胡惠林《文化产业学》，上海：上海文艺出版社，2006年，第24页。

化争端和文化冲突准备不足，是由于"中国对西方文化大规模地'文化拿来'以致出现'文化透支'，而西方对中国文化极端忽略，进而无知、无识，最终导致了西方对中国的任意'妖魔化'。因此，我国亟待制定"旨在维护世界文化生态和促进东西方文化互动的文化立国和文化输出的大国文化战略"，"把国家战略的建构和文化外交方略的制定联系起来"，"在中国文化的世界化进程中，使中国文化的整体创新成果世界化，成为人类不可或缺的精神元素"。[1] 这样才会逐渐消除对中国的误读，打破一些国家的"去中国化"图谋，重构世界视域中的中国形象，真正确立中国在世界上的影响力，这是大力发展文化产业的题中之意。此外，虽然当下从中央到地方都为文化产业的发展制定了一系列政策，但由于缺乏政策的法律化，以及长期以来的部门分割、行业垄断等因素，文化产业的发展依然受到影响和制约。因此，一些学者呼吁尽快制定推动我国文化产业战略调整的《文化产业促进法》，从而使得我国现行文化产业领域的各种政策和措施得以整合并通过"法律形式予以固定化、制度化"，统一制定适用于整个文化产业优惠措施，以"避免各个领域的各自为政"[2]，尽快破除文化产业主要行业之间的壁垒、破除文化产业和其他相关产业的壁垒，最大限度地促进文化产业又好又快发展。

---

[1] 王岳川《价值重建时代的大国文化战略》，载《西北师大学报（社科版）》2008年第5期。

[2] 李友根，肖冰《论文化产业的法律调整》，载《文化产业研究》（第1辑），南京：南京大学出版社，2006年。

二、在地域经济社会发展的布局中要正确处理文化产业发展与地域经济社会发展的关系

国家文化产业发展战略落实到特定地域，就需要具体的与地域经济社会相和谐的文化产业发展规划和社会发展规划，这是地域文化产业发展的关键。对于经济发达地区来说，文化产业进入地域社会发展规划并占到相当重要的位置，似乎是一件比较容易的事情，因为文化产业对于地域社会经济发展的推动作用和"软实力"影响已经显现并为决策者自觉；但对于经济欠发达地区来说，文化产业受重视程度目前效果不是很理想，因为经济欠发达而对文化产业发展的前景无法预期，故而文化产业在整个地域经济社会发展的布局中所占地位很小或者很有限，从而极大地抑制了这些地区文化产业的发展。因此，正确认识和处理文化产业发展与地域经济社会发展的关系，对于地域文化产业的发展显得十分重要。

长期以来，人们普遍对经济欠发达地区文化产业的突破性发展缺乏信心，认为经济基础决定上层建筑，物质决定意识，这是马克思主义经典早已论述过的，所以，"经济基础决定论"成为经济欠发达地区文化产业发展观念创新的障碍。笔者以为，产生这样的想法主要有以下原因：一是有些人把马克思主义哲学中有关"经济基础决定上层建筑"的论断狭隘化、概念化；二是没有充分认识文化自身的传承性，以及经济欠发达但历史悠久的多民族省份的文化多样性的价值；三是没有从科学发展观和构建和谐社会的高度认识文化产业的突破性发展对于促进经济与社会整体发展的重要性。一方面，马克思的历史唯物主义论认为，物质决定意识，经济基础决定上层建筑，这是社会意识发展的根源问题；另一方面，马克思在《〈政治经济学批判〉导言》中指出，

"在物质生产和精神生产之间有时会出现发展不平衡的现象"。恩格斯也在《致康·施米特》（1890年10月27日）的信中阐发了同样的意思，他指出，"经济上落后的国家在哲学上仍然能够演奏第一提琴"。表面看起来，这两个方面似乎是矛盾的，但是，从深层次剖析，第一个观点着眼的是人类社会意识发展的根源问题，后两个观点阐述了人类社会物质生产和特定的经济结构决定远离经济基础的社会意识的过程和途径中必然出现的现象。两者不是矛盾的，而是统一的。在《致符·博尔吉乌斯》（1894年1月25日）一信中，恩格斯还这样写道：上层建筑中的政治、法律、哲学、宗教、文学、艺术等发展是以经济发展为基础的。但是，它们又都互相影响并对经济基础发生影响。并不是只有经济状况才是原因，才是积极的，而其余一切都不过是消极的结果。这是在归根到底不断为自己开辟道路的经济必然性的基础上的相互作用①。经济基础对于上层建筑诸因素的决定作用，是在"归根到底"的"经济必然性"这个层面上来说的。经济基础不直接对哲学、宗教、文学、艺术等社会意识产生决定作用，而是必须通过政治、法律等中介。真正对哲学、宗教、文学、艺术产生直接作用的是一个社会的政治状况。所以，考察一个时代、一个地区的哲学、文学、艺术等社会意识形式的繁荣与否，不能直接套用经济关系。那种仅仅以经济状况的好与坏、富裕和贫穷来理解经济基础的决定作用是狭隘的、庸俗的历史唯物主义观，是需要摒除的。所以说，在经济欠发达地区，文化产业的突破性发展是现实的，也是可能的，这完全符合马克思主义。其次，文化的历史传承性和文化发展自身的规律，也使经济欠发达地区文化产业

---

① 马克思，恩格斯《马克思恩格斯选集》第4卷，北京：人民出版社，1972年，第506页。

的突破性和超越性发展成为可能。一方面，特定的自然条件、地理环境、地域人种、生产与生活方式、民族变迁与交融等各种要素共同作用而形成的地域文化，既有属于人类的普泛性，又有鲜明的地域性、民族性和时代性。同时，作为上层建筑的一部分，它一经形成，又具有相对的独立性以及自身运行的规律和传统，是地域人种的独特标记和灵魂。另一方面，文化还具有顽强的传承性，因为每个民族、每个时代的思想和精神资源都来源于它自身的文化传统，并不断汲取、融汇新的养分和血液，以实现创新、突破和提升。文化的这一历史传承性和自身的运行规律是造成经济与文化发展不平衡的另一个主要因素。因此，在经济欠发达地区，精品文化和文化产业的突破性发展的能力相对于经济来讲，更具有现实性和可能性。作为经济欠发达地区文化产业发展的成功范例，甘肃创办的知名品牌《读者》被誉为"中国人的心灵读本""中国期刊第一品牌"，位居中国期刊第一、世界综合类期刊第四，一个重要的原因就是得益于甘肃悠久厚重的历史文化和多姿多彩的民族文化所积淀的丰厚文化资源，以及在这片肥沃的文化土壤上生长的文化精神。这足以说明经济欠发达地区的精品文化和文化产业是可以超越发展的。

此外，人类社会在经历了农业文明、工业文明之后正进入生态文明时代，文化产业作为新的文明转型时代的一个产业类型，它的发展需要一定的经济基础，但是，不一定非得有雄厚的经济实力才能发展文化产业，关于这一点，在前面的文化与经济的关系中已经得到了阐释。正如没有发达的农业文明的英国会成为工业文明的摇篮一样，文化产业也可在工业文明未必高度发达的背景下获得越发展，文明转型期是巨大的机遇期，应该牢牢把握产业发展的这种跨越性。这对于经济欠发达地区的文化产业发展，是一个突破口和新的历史契机。

三、在技术创新中要处理好技术创新与文化产业核心的关系

文化产业被誉为科技前导型产业，这主要是指技术创新与新技术的应用不断为文化产业的升级、发展提供新的技术支撑，并不断拓展着文化产业的领域和边界，延伸着文化产业的产业链，使其盈利水平不断攀升。最典型的例子如电报电话技术和机器印刷术的普及带动了现代出版业的诞生和繁荣，影像技术带动了电影业的发展，数字化等现代信息技术催生了信息传播业的升级换代等。《哈利·波特》在十年间形成了一个超过60亿美元的产业链，除书籍这一文本形式外，还通过电影、VCD、网络、电子游戏等手段传播。此外，技术创新还在不断推进文化形态的融合、公司产权的融合、传播系统的融合，前者最典型的例子是多媒体技术将文化表达的各种主要成分集于一身，包括音乐、声音、文字、图像等；后两者的典型例证是2001年世界上最大的互联网服务公司——美国在线和世界上最大的传媒公司——时代华纳的合并，这是电信、出版、广播电视的产业融合和传播系统的融合。关于这一点，国家"十五"规划中也予以明确，这就是大力"推动信息产业和文化产业的融合"。尽管如此，在文化产业的发展中，技术的作用仍然是有限的，永远是载体和产业形态的多态化而已，正如电视频道的数目剧增无法掩盖观众对电视播放内容的苛刻追求一样，内容的创意性仍然是文化产业附加值的核心要素。所以，不能仅仅依赖技术创新来发展文化产业，要科学估价技术创新的价值并处理好与文化产业核心——内容创意的关系，这是至为关键的。

四、在资本创新中要处理好发展文化产业集群与中小型文化产业主体之间的关系

制度创新、技术创新是文化产业发展的前提条件，文化产业的主体是企业，只有资本创新推动企业成长才是产业发展的内源性因子。这里的资本创新包含货币资本、技术资本、人力资本、资产产权的有效配置与整合，以及市场潜力的挖掘和占有等。因为文化产业是原创成本高、产业化复制成本低的高风险产业，所以，正如英国学者大卫·赫斯蒙德夫说的，文化产业"不得不通过人为手段来限制其他人进入文化生产和服务领域，以此创造商品的稀缺性，使物品增值"[①]。为了确保受众的"最大化"，文化产业公司通常会利用垄断的手段：一方面采用买断同一产业部门其他公司的"横向一体化"策略，以减少竞争目标对受众的争夺；另一方面，通过收购生产流通领域链条上不同环节的其他公司实行"纵向一体化"策略（也即收购产业的上中下游企业）[②]；此外，还采用多媒体和多部门整合，收购和兼并其他文化产业相关领域，从而形成对消费市场的垄断，以扩大其影响和渗透力。这就是文化产业集群——集团化对于文化产业发展的重要性。当下我国文化体制改革中出现的集团化趋势，既有尽快缔造产业集团来抵御域外文化产业集团大肆进入我国文化产业市场的战略考虑，也是一种塑造市场主体的产业发展策略。但是，从现实情况来看，一些从"官本位"出发合并而成的"集团"，就其主体构成来说属性不一，既有企业也有事业，既有效益佳者也有效益极差者。简单捆绑式的"集团化"只是实现了外在形式上的"合

---

① ［英］大卫·赫斯蒙德夫《文化产业》，第22页。
② ［英］大卫·赫斯蒙德夫《文化产业》，第23页。

并"，并没有实现集团化本来的意图——资源共享和盘活资源，反而形成了新的资源浪费。所以，集团化依然只是发展文化产业的手段而并非目的。文化产业的资本创新不仅仅是打造若干庞大的产业集群，还应发展并培育好"小而精""小而特""精而尖"的中小型文化产业公司，比如一些独立制作产业、设计公司、文化工作室、独立广告公司等因为便于创新、实验性强，而成为大的产业集团的业务承包商，并不断获得壮大的空间。所以，资本创新不要把"产业集群"看成唯一的制胜之道，还要培育和发展好"特""精""尖"的中小型文化产业公司，并处理、协调好两者的关系。

五、在内容创新上要处理好授权产业的内容创意与产业伦理的关系

对于文化产业来说，无论是"纵向一体化"还是"横向一体化"抑或别的中小型产业公司，其核心价值的载体是内容，也就是产业链上的"创意核"的发散必须是围绕新的创意来展开的。可以说，内容的创新或者创意内涵是产业链延伸的关键之所在。比如迪士尼产业，从沃尔特·迪士尼的米老鼠、唐老鸭、皮特狗的动画创意（创意核）—动画片制作公司（产业基地）—卡通形象的多种特许经营开发（品牌授权）—1949年成立迪士尼唱片公司—1955年创立迪士尼乐园这一主题公园文化旅游业（亚文化产业）—1996年将科幻电影与主题公园结合从而建立"侏罗纪公园"—主题公园连锁企业的全球扩张。从迪士尼产业的扩张和延伸来看，一直有"新的创意"伴随着"内容"向外扩散。在这一"纵向"价值链中，内容像"菜"，按不同口味形成的不同吃法构成了产业链条上的每一环。与"纵向"的价值链相比，"横向"价值链就是对同一内容的不同角度的开发，比如《哈利·波特》的多种形式的传播、扩散。就迪士尼来说，品牌授权贯穿产业化的始终，由此可以看出，文化产业还是以品牌授权为主要特征的授权产业，对版权（著作权）的尊重，不光是《知识产权法》《中华人民共和国著作权法》等对授权产业上、中、下游的法律约束，它还在一定程度上考量着产业公司对文化产业的产业伦理的坚守。正如有的学者说的那样，文化产业的企业从本质上说是以内容提供为主的，属于知识经济，而"知识经济""应该等于能力加伦理，只有能力加伦理才能造就知识经济"[①]。这里的"伦理"就是这一特殊产业门类所应该坚守的"道"，即产业链条上的企业协作精神、协作规则与企业诚信，对文化创造权益的自觉尊重和维护，对文化传承、传播的责任，对社会道义、责任感的担当，对于民族国家的文化主权和尊严的维护，等等。因为文化产业的"内容"包含着特定民族的审美情趣、价值观、思想意识等，所以只要打上文化产业的烙印就必然要承担这样的使命，这是文化产业的文化属性、民族属性、政治属性等对于文化产业内容创意的要求，也是文化产业的产业伦理的内在规定性使然。对文化企业来说，这还是一个关乎企业本质的问题：即企业的本质在于追求其价值的最大化而不仅仅是财富。同样，以高品质的品牌架构、美誉度、认知度这一品质和文化相结合的"品牌"概念，也从另外一个角度诠释了文化产业伦理的内涵：那些以品质和价值最大化为追求的文化企业，其坚守产业伦理的历程也是"品牌"塑造的历程。关于这一点，在被誉为"中国人的心

[①] 陈少峰《文化产业的趋势与商机》，载《北大文化产业报告》，北京：群言出版社，2004年，第67页。

灵读本"——《读者》品牌建设的历程中也得到了充分的证明：《读者》作为责任媒体对知识产权的尊重，为秩序的建构做出的牺牲（为尊重知识产权而忍痛改换刊名）。《读者》坚持真善美的传播和人文关怀、平民化的风格，以高质量、高品位的追求，最终在赢得了市场的同时也赢得了一个知名文化品牌应该具有的受众认同。她用独立的思想和自己的声音丰富了品牌的内涵并使其具有了恒久的魅力。不仅如此，《读者》的公民意识和作为责任媒体对于社会责任的担当也一直是品牌内涵的延展，她不但用智力支持和精神动力来参与、推动社会发展，而且用大量公益活动等实际行动践行着对于读者和社会的承诺，用事实印证着生活中的真善美和崇高。《读者》品牌建构的历程就是对文化产业伦理的追求和坚守的历程。由此，文化产业内容创新与产业伦理之间的关系不言自明。

农家书屋的文化创新与出版业面临的挑战 [①]

在短短的两年时间里，由甘肃新闻出版局率先创设和试点、由国家新闻出版总署在全国推广的农家书屋建设工程，受到农民群众的普遍欢迎。农家书屋按照当初的预期和构想，不仅在逐步解决着农民群众"买书难、借书难、看书难"的问题，不断满足并丰富了广大农民的文化生活，而且在保障和实现农民公民文化权益方面也发挥了积极的作用。这一文化工程的实施，为农民科技致富提供了智力支持，成为农民致富的帮手、增强农村发展能力的孵化器；它"润物细无声"般地悄然改变着农民的生活方式，推进并引导着和谐文化风气的养成，改变着乡村的村风民俗，可以说是乡村文明的助推器；它润滑着干群关系、改善着村民关系，是乡村社会和谐的润滑剂。笔者认为，农家书屋的实践和探索至少实现了三大文化创新。

第一，探索建设了一个政府、社会服务新农村建设的新型载体，延伸和丰富了农村公共文化服务体系的形式和内涵。第

---

① 此文刊于《出版广角》，2008 年第 3 期，原文标题《农家书屋的文化创新与新闻出版业面临的挑战》。

二，为新的乡村文明形态的构建探索了一个新型的农村公共文化空间。农村缺少像农家书屋一样的公共文化空间，所以，它的意义已经超出了一个小小书屋本身的内涵，它不仅仅是一个读书、借书、学习的空间，而且还是农民群众进行聊天、聚会、娱乐、培训等活动的交往空间。它就像传统村庄里的"大槐树下"、场坝、戏台等公共文化空间一样形成并引导着村庄舆论，成为一个不断碰撞出文明火花的"文化磁场"；它就像学校、医疗站一样，日渐成为村庄和农民群众心目中的乡村文化地标。第三，农家书屋工程的全面实施标志着中国出版业面向农村的发展战略业已启动，为新闻出版业的繁荣、发展以及开发潜力巨大的农村文化消费市场探索了一条通道，也会进一步提速新闻出版业的体制、机制与出版理念的创新。所以，才有学者用"'蚂蚁兵团'强劲拉动出版业"来描述全国20万家农家书屋建设所形成的这股影响中国出版业发展走向的强大势力[1]。

但是，机遇与挑战是"孪生兄弟"，农家书屋这一国家公共文化工程的实施给新闻出版业带来巨大机遇的同时，也对作为文化产品的生产者、文化传播的物质承担者和服务者的新闻出版业提出了巨大的挑战。

挑战之一：作为内容提供商和文化传播者的新闻出版业，怎样真正了解乡村和农民的需要？怎样生产和提供真正满足乡村发展和农民多样化需求的精神文化产品？

首先，怎样认识乡村文化和农民文化的问题，实际上关涉的是精神产品的生产者和文化传播者的文化立场和文化价值观的问题。那种认为乡村文化是低俗的、粗鄙的，或者认为农民群众

---

[1] 徐升国《"蚂蚁兵团"强劲拉动出版业》，载《中国新闻出版报》，2007年8月22日。

没有文化的观点，是完全错误的。由这一观念出发的那种缺乏对农民文化尊重的"恩赐"和"教化"农民的立场和姿态，对农民来说是"殖民的"、不平等的，也是不符合文化传播的基本理念的，因而不会达到传播效果。因此，只有坚持科学的、人文的文化立场，新闻出版业提供的内容和文化传播才能真正做到"三贴近"。

历史地看，中华文化的根深深地扎在民间这块土壤上，广大乡村比较完整地蕴藏、沉淀着中国传统。这不但反映在大量物质和非物质文化遗产上面，还体现在乡土生活中的民俗、仪式、礼仪、生活习惯等方面。良莠并存的乡村文化有自己的价值系统，通过历史的因袭而不断巩固、完善和发展，成为一种特殊的意识形态。然而，工业时代对农村的边缘化影响却阻碍了它自身的文化张力和文化活力的发育，从而使其陷入一种封闭状态。当下，乡村面临着优秀文化遗产的流失、封建迷信等落后文化的复兴、文化交流和融合的缓慢、农村内部的文化组织的松散、农民文化自主创新力不强等现状，因此，新闻出版人要想在农村文化建设中有所作为，首先就要理性地认识乡村文化的价值与局限，树立正确的文化立场和文化价值观。

其次，我们要站在中华民族传统文化的弘扬、传承与现代文明的互相融合这一高度来认识当下农村文化建设的重要性和其性质；要站在乡村文化和乡村文明形态的重建这一高度来认识乡村和农民需求，这样才能真正了解乡村和农民的文化需要，才能生产和提供满足农村和农民发展需要的文化产品和服务。新农村建设视域下的农村文化建设是"现代"与"传统"的对话与互融，是民族的地域的文化与现代文化的对话与互融，是乡土文化内涵的重构与创新。具体地讲，就是挖掘、改造、继承传统的乡土文化，培育、引导现代的乡土文化，推动新的乡土文化形态和乡土文明形态的重构，从而建设具有现代意识、科学精神、人文理念和创新能力的乡村文化，使其成为提高农村发展能力、培育新式农民的孵化器。新农村建设中的农村文化建设不仅仅是对农村和农民提出的命题，还是全球化境遇中的中国传统文化与现代文化碰撞、交融、对话的命题，是现代社会如何接纳传统价值的命题，是如何弘扬中华文化、建设中华民族共有精神家园的命题。因此，从这个意义上看，乡村和农民既需要"看得懂、买得起、用得上"的各类实用新技术和法律类等指导生产的出版物；同时，农民也需要"看得懂、买得起"那些也许暂时还"用不上"的其他文化产品，比如消遣娱乐、开阔眼界以及增长知识的人文、社科类出版物，这是建构新的乡村文化形态和培育新式农民的需要，更是人的文化消费的需要。

目前，我们对提供"看得懂、买得起、用得上"的文化产品给农村和农民的问题，在认识上还存在一定的狭隘性和片面性，认为农村和农民需要的只是实用技术类和法律类出版物，因此，不但没有生产足够多的适合农村和农民需要的人文、社科等其他出版物，而且，对侵入乡村的都市消费文化缺少理性分析和足够的警惕，未能及时调整文化传播的策略。近十多年来，大量渲染城市消费时尚、感官刺激、欲望表达和情感放纵的消费文化产品流向农村，造成农民的文化迷失和对现代都市文化的误读，严重地影响了乡村文化价值观的构建。针对这一现象，有学者一语中的，指出目前"侵入农村领域的'城市文化'主要不是精神文化，不是制度文化，而更多的是物质文化。这种物质文化甚至与高品位的生活方式，开放、民主的思维方式等等深层次的'文化语码'没有关系，相反更多的是一种欲望的表达，一种感官的刺激，一种非理性的情感的放纵。它是文化工业粗制滥造的产物……这种文化殖民很难说是农村接受先进的城市文化的过程"①。

因此，作为文化产品的主要生产者的新闻出版业必须紧紧围绕社会主义核心价值体系的建设，进一步创新建构开放、多元的新闻出版和文化传播理念。要站在构建乡村大众文化（因为目前的大众文化是以都市文化立场为主的，并不适合乡村）和新的乡村文化的立场，为乡村和农民生产一大批优质的文化产品。一方面要在提供一大批实用农业科技出版物的基础上，选择适合农民阅读、内容健康、文化价值观符合和谐文化建设的人文、社科类图书，使其进入农家书屋图书目录；另一方面，吸纳各学科学者、精英，抓紧为"农家书屋文库""新农村建设文库"编选、撰写和出版一系列人文、社科类图书。"三农"出版物是一个宽泛的概念，只要是适合农村发展、适应农民阅读需求的、传播和谐文化与先进文化的图书，都属于"三农"图书的范畴。正如柳斌杰署长讲的，"书屋工程的图书建设要从出版环节上抓起"，要"把专家意见和农民需求结合起来，把图书的科学性、实用性和娱乐性结合起来，把生产劳动需要和生活消遣结合起来，有针对性地为农民选取看得懂、用得上的书，保证供需对路"②。可见，考量能否提供适合乡村和农民需要的、健康的、先进的文化产品和服务的最基本标准，是看新闻出版业是否能真正做到面向农村、深入乡村，是否能真正地站在乡村和农民的立场和角度。新闻出版人的心离农民的心有多近，这种实现的可能性就有多大。

---

① 刘继中等《农业新闻传播》，北京：中国传媒大学出版社，2006年，第259页。
② 柳斌杰《大力实施农家书屋工程不断提升全民阅读水平》，载《中华读书报》，
　2007年4月28日。

第三，新闻出版人承担的不仅仅是为"三农"生产精神产品和提供智力支持的责任，还承担着用文化来沟通和缓释城乡间巨大"鸿沟"所带来的文化冲突的责任，更重要的是，还承担着用文化来疗救时代遽变带给农民等弱势群体的心灵伤痕的重任。这是因为中国在半个世纪的时间里经历了欧洲用了四百年才完成的时代变革，乡村慷慨地用土地、资源、秀美的环境、精壮劳力等哺育了城市的繁荣，但城市浮华的挤压却使乡村最后的柔情和梦想支离破碎。为什么同样是儿童，但在描述"六·一"节梦想的礼物时会出现令人震撼的差距：北京的小男孩会狮子大张口要一架真正的波音飞机，一个西北的小女孩却羞怯地说她想要一双白球鞋，尽管他们的梦想同样真实。对此，作家余华在《我们生活在巨大的差距里》里这样写道："这就是我们今天的生活，不平衡的生活。区域之间的不平衡、经济发展的不平衡，个人生活的不平衡等等，然后就是心理的不平衡，最后连梦想都不平衡了。"[①] 历史的差距让一个中国人只需半个世纪就经历了欧洲四百年的动荡万变，而现实的差距又将同时代的中国人放置到不同的时代里去了，城乡二元结构造成了城乡文化的隔膜，历史和现实的巨大反差更加深了这一隔膜，使其变成了鸿沟。与此同时，近几年来大众传媒过分渲染商务精英价值观，边缘化了生活中的无数平民精英，边缘化了乡村和农民；对城市时尚和感官刺激等消费文化的过分渲染使农民形成了对城市的错觉，因而造成了一种文化导向和价值观导向的误区。长此以往，如果鸿沟是继续加深而不是弥合，如果部分地区的"这种贫困现状长期得不到

---

① 余华《我们生活在巨大的差距里》，2007 年 9 月 13 日，http://blog.sina.com.cn/yuhua，这是作者 2007 年 5 月 21 日在上海中德心理治疗大会上的演讲。

改善", 那么, "就有可能形成自己的消极的亚文化, 并通过代际影响成为一个长期的文化现象, 造成贫困行为的长期持续"①。并且会使贫困群体从贫困初期的能够认同主流文化、争取脱贫到最终放弃这一努力。还有一个例子, 上海志愿者组织农民工子女合唱班下乡巡演, 这些合唱班的孩子言语间蔑视农村, 抱怨乡村卫生差, 极力对农村的孩子掩饰自己的身份, 心态势利而狭隘、脾气暴躁, 等等。一位志愿者对此作了这样的理性解释:这些孩子的弱点来源于社会对他们的伤害, 他们太渴望平等, 而这些渴望正是来源于他们体会到的不平等;他们忍受了太多的外界歧视和刻薄, 虽然都选择了压抑, 但这些积累起来的情绪迟早是需要发泄出来的。这里举的两个例子, 主要是想说明目前的城乡差距和由此形成的人的心理裂变已经到了"焦灼期"。除了经济原因, 其中是否还隐含着农民和乡村下一代对乡土生活的失望呢?正如美国著名人类学家马歇尔·萨林斯说的那样:贫困既不是东西少, 也不仅仅是手段与结果之间的关系。更重要的是, 它是人之间的一种关系, 是一种社会地位。②

目前, 我国正在进行的新农村建设这一国家战略, 就是要按照科学发展观和构建和谐社会的要求提高社会发展的质量, 通过又好又快的发展, 来弥合这种不平衡和社会差距。而在新农村建设的实践中, 弥合人们心灵创伤和鸿沟的最好药方是文化和谐与和谐文化的培育、传播与构建, 因此新闻出版业不仅承担着沟通城乡文化冲突的文化传播、对话、交融的责任, 而且还承担着用先进、和谐的文化和人文关怀来疗救历史和现实的巨大反差带给

① 姚君喜《甘肃大众传播与社会发展报告》, 兰州:甘肃民族出版社, 2005年, 第11页。
② 转引自姚君喜《甘肃大众传播与社会发展报告》第9页。

人们的心灵创伤，抚慰人的灵魂的责任。比如，《读者》这个文化品牌，它成功的一个重要方面就是几十年来一直以隽永的品格和人文关怀抚慰着时代剧变中人的心灵，它也因此成为一些人的精神支柱和心灵伴侣。此外，文化传播的使命还在于肩负起乡村理想与乡村文化价值观的重构重任。因此，我们只有通过加大构建农家书屋等乡村公共文化空间的建设力度，凝聚和团结农民，消除由于农民生活的"原子化"和被现代生活的边缘化所带来的文化认同的缺失和人心散了的问题，才能有效解决乡村中"人和"的问题，唤起农民对乡村生活的认同感和幸福感，使农民重建人生的价值和生活的意义。

当下新闻出版业面临的首要任务是不断加快文化体制和机制的改革创新，以实现增长方式的转变，不断创新出版发行机制与传播方式。长期以来，新闻出版人的目光主要聚焦在城市，无心顾及寂寞的、边缘化的农村文化市场，对农村文化消费的前景没有信心，所以，对乡村的陌生造成了对乡村文化和农民文化需求的不了解。因此，面对未来农家书屋每年近20亿元的消费规模和4%的增长率所潜藏的商机和市场[1]，文化产品的生产者和传播者应尽快摆脱传统的思维定势，用心地"走下去"开拓农村市场，彻底融入乡村和农民生活，在实践中探索打造和培育农村文化市场的途径和方法。20万家农家书屋是一条很好的深入调查、获取"三农"选题的通道，这是由政府统一建设的20万个全国联网的"农民图书调查站"和"信息服务网点"。出版商和发行商要积极参与书屋工程的建设，利用农家书屋这个平台，组织编辑和专家与农民对话、谈心，在文化交流和心灵的互动中了解农民的阅

---

① 徐升国《"蚂蚁兵团"强劲拉动出版业》，载《中国新闻出版报》，2007年8月22日。

读趣味和文化需求。其次，要不断创新传播方式并使其多元化，选择农民喜闻乐见的艺术形式，将通俗性、知识性、科学性与人文理念融为一体，尊重并不断提升和培育农民的阅读水平与文化创新能力。在培育农村文化市场的初期，应该坚持面向农村的图书以微利出版为主，不仅农业科技类图书要低价格，社科、人文类图书也要低价格。

挑战之二：作为文化产品的生产者和公共文化服务的提供者，新闻出版人是否为农家书屋这一新型公共文化服务载体的可持续发展做好了未雨绸缪的准备？如何进一步拓展农家书屋的功能、创新服务与培育农村文化市场？

鉴于新中国成立几十年来国家先后多次投资建设的乡村文化站（室）和图书阅览室由于没有构建有效的管理、资金投入等可持续发展机制而最终"空壳化"的教训，基层干部和群众在欣喜之余又担忧书屋建设会不会重蹈覆辙，一哄而起、一哄而散。因此，农家书屋建设的长效机制和可持续发展问题也成为一个摆在新闻出版人面前的焦点话题。

首先，对可持续发展的各种机制的探索和完善，考验着新闻出版业的文化服务水平与文化创新能力。目前，由新闻出版界推动、社会各界参与的这一国家公共文化工程的统一的组织协调机构已经成立，《关于加强公共文化服务体系建设的若干意见》和农家书屋实施意见也已经出台，这是书屋健康、有序发展的组织和政策保障。在实践中，各地按照"建得起、见实效、受欢迎、可持续"的建设原则，探索因地制宜与多元化的发展之路，吸纳与整合各种社会资源共建书屋，不断完善农家书屋，使"管好、用好、活起来"这一使书屋生命力恒久的机制制度化。除以上四个方面的长效机制外，农家书屋的建设者还在实践中探索社会公益和市场相结合、"以文养文"的文化产业推动、出版物发行网点延伸与图书轮转、乡村集体经济后续支持、"公办民助"与"民办公助"相结合等多种形式的后续资金可持续投入的机制，这是书屋不竭的生命源泉。通过对农民文化意识与主体性的培育，使农家书屋等公共文化空间成为乡村文化精神、乡村公共舆论发育的摇篮，使农村文化建设从需要"输血""补血"到实现自身"造血"，使农民之间、农村社区内部通过农家书屋等公共文化空间形成一种互助合作的氛围，从而促进乡村社区人际关系的重建。这一休戚与共的关系将从根本上捍卫农家书屋等公共文化空间在乡村民众生活中的地位。但是，目前关于农家书屋可持续发展的法律保障机制还没有建立。不过，柳斌杰署长指出："'农家书屋'的产权一律归农民所有，不管是政府提供的还是社会捐助的，都是无偿送给村民的，属于全体村民所有。"[1]因此，如何确保农民对书屋的所有权，包括从书屋的资产管理、图书采购招投标的公正和透明、社会捐助资金与财物的监管到基金会的管理等，都急需在实践中探索和构建一系列符合法律的机制，而不仅仅是靠行政的手段、规章的约束和道德的考量来保证。

其次，随着文化体制改革的不断深化，新闻出版业在延伸服务、构建农村文化市场方面，将不断经受考验并发挥积极的作用。出版发行网络向乡村的延伸与农家书屋功能的拓展，有力地刺激并促进了新闻出版业的体制创新和服务职能的发挥，为农村出版物发行市场的日益多元化和农村文化市场的培育提供了良好的契机。一方面，因为农民是农村社会生活的主体和新农村建设

---

[1] 《柳斌杰做客中国政府网谈农家书屋工程》，这是 2007 年 4 月 5 日柳斌杰做客中国政府网在线访谈时与主持人的对话访谈，见中国政府网和国家新闻出版总署网（领导综述）。

的主体，所以要高度"重视调动农民的积极性，发挥农民的主体作用"，"大力培育和扶持农民自娱自乐的文化组织，支持农民自办文化"，不断"研究探索扶持农民自办文化的机制"①。充分利用农家书屋等公共文化空间，通过"书香农家"等一系列讲读图书、交流读书心得、科技文化讲座等活动，培养和促进农民的文化兴趣和文化自觉意识的养成，使之在农村文化市场的建构中发挥主体作用。另一方面，大力推进农村图书发行体系和网络的构建，使之与农家书屋等公共文化空间结合，实现出版物等文化产品的农村终端市场的多元化建设，最大程度方便和满足农民群众的多样化文化需求。不久的将来，随着乡村文化生态的逐步改善，乡村发展需要的多元化和农民文化消费习惯自觉的日益养成，以及文化生产力的解放，将会促进农村文化消费市场的开发。而农村文化市场的成熟和乡村文化生态的良性循环，会成为推动农家书屋恒久发展的又一动力。

总之，农家书屋的文化创新为新闻出版业的发展提供了机遇，成功应对两大挑战，不但会使新闻出版业保持蓬勃生机，而且也会有力地推进乡村文化和谐与乡村文明形态的构建。

---

① 励小捷《农村文化建设的几个问题》，载中共甘肃省委办公厅《工作通讯》，2006年第33期。

跋

问题意识、创新思维与学术自觉
——马永强学术历程述论

原彦平

一

1985年夏秋时节，高考恢复以来的第九个入学季，马永强从老家甘肃省灵台县出发，怀揣梦想，背着行囊，既欣喜又忐忑，来到著名的兰州大学报到，开始了大学求学生涯，也开始了一个学者、一个知识分子的形塑。

他考上的是兰州大学中文系。彼时的兰大中文系，名师云集，有着优良的学术传统和学术氛围。兰州更是新思想、新观念迸发汇聚、兼容并蓄的文化都市。马永强就在这样的氛围中，生活，读书，学习，思考，成长，过着内心激荡和充实的每一天。在完成课业的同时，他阅读了大量中外人文社科名著，并以敏锐和鲜活的神经，感知和体察着时代的脉动。大约在大学三年级的时候，他决定以报告文学作为研究主题，开始了大量的有针对性的阅读，写成《知识分子独立人格的象征》，并在差不多一年后的1989年春天，发表在《飞天》杂志，这对一个尚未毕业的大学生而言，是难能可贵的巨大成就。但当时的马永强或许还不知道，这篇文章对他之后人生的重大意义：这是他学术生涯的起点。

二

　　如果从1989年第一篇论文发表算起，在迄今三十六年的耕耘中，马永强的学术历程随着生活的迁转，大致经历了三次大的转型，而《知识分子独立人格的象征》是他学术理想的第一次实践和学术方向的第一次确立。

　　这篇出自一个22岁大学生之手的文章，有着20世纪80年代独特的气质，通篇气势磅礴，文辞绮丽，充满着一个年轻生命的充沛、敏锐的思辨意识和理论建构的勇敢。从这篇可以视作马永强文艺研究处女作的文章可以看出，他着意的已经不是某个文学现象表层，而是开始了对某个表象背后的本质的探求。

　　20世纪80年代，是报告文学异军突起的时代，有着"浩繁阵势"。但同时，对于报告文学的评论和研究却极为薄弱，是十足的"流行的寂寞"。这一热一冷的矛盾对应，一方面固然是因为某件新事物的横空出世，读者、评者尚未完成应对的心理准备，但另一方面也充分说明，这是一个有待垦掘的新领地，需要的不只是敏锐的问题意识和宽阔的人文视野，更重要的，是敢为人先的勇气和持之以恒的毅力。马永强在差不多22岁时，选择了这个领域，并在此后报纸编辑的十年生涯中，坚持不懈，耕之耘之，陆续撰写并发表了《浮躁·反思·寻找——近几年报告文学创作的嬗变与新走向》《报告文学的独立品格》《英雄主题的转换与升化——建国以来军事题材报告文学回顾》等论文，而最有代表性的成果，则是出版于1997年的专著——《报告文学探论》（与陈进波合著）①。这里提到的前两篇论文被《新华文摘》"论点摘

————————

① 陈进波，马永强《报告文学探论》，兰州：兰州大学出版社，1997年。

编"选摘了主要观点，后一篇论文被人大复印资料全文转载，并收入"中国新时期文学研究资料汇编（甲种）"《报告文学研究资料》（赵学勇主编）。

《报告文学探论》是他和大学老师陈进波先生合著的一部包括史论、本体论、作家论、作品论的集合式论著。前两章系统梳理了欧美报告文学、中国报告文学的产生及发展的历史脉络，具有探源浚流之功，尤其欧美报告文学史论部分，被有些论者评为"最有价值"且在当时"最为完备的成果"。另外，关于中国台湾报告文学发展历程的梳理，在当时更是填补空白之作。第三章第五节"报告文学的独立品格"曾以单篇形式同题发表，马永强对报告文学本体进行了高度凝练的建构，他认为，报告文学是独立的文学体裁，有着独立的品格，且这种独立品格，"在不同的时代、不同历史条件下呈现着不同的形态"，这种独立品格，总括而言有四："第一，紧贴现实的求真尚实品性；第二，参与生活的向善求美品性；第三，热情关注人生及社会的变革；第四，鲜明的时代精神与现代意识。"同时他强调："报告文学的独立品格是文学的现实主义精神在这一文体中的具体体现。我们强调报告文学的独立品格，也是对文学现实主义精神的张扬。"

因为这些成就，丁晓原在《20世纪中国报告文学理论批评史》中，将马永强列为"20世纪报告文学理论"的"第三代研究者"，并对其研究立场、研究方法和研究成果给予充分的肯定和期待。①

---

① 丁晓原《20世纪中国报告文学理论批评史》，合肥：安徽大学出版社，2004年。

三

　　然而，就在这部论著出版的一年后，马永强的人生迎来了新的转折，随之而来的，是他学术研究新的转型。

　　从1989年大学毕业到1998年的十年间，马永强生活在兰州，工作在兰州，报纸副刊编得有声有色、游刃有余，业余专注于报告文学研究和文艺评论，撰写了为数众多、篇幅长短不一的关于诗歌、小说、散文、艺术等的评论文字，并亲身经历和见证了甘肃文学艺术在20世纪90年代的发展和变化。然而，令所有人大吃一惊的是，这个已经步入生活和工作舒适区的小有声名和成就的记者、编辑、青年学者，似乎在一夜之间，勇敢地走出舒适区，开始了新的跋涉。1998年，在大学毕业且从事报纸编辑的第十个年头，经过长期而艰辛的准备，马永强考取南京大学中文系博士研究生，师从丁帆教授。他的生活场域也因之离开兰州，转移到了南京。

　　现在看来，这个转身是主动的，也是华丽的。但其间必然有面对一成不变、周而复始生活的荒芜感和不得已。寻求变化的想法或许在日复一日的琐碎甚至庸常中萌生，逐渐坚定而迫切，促使他最终做出改变的定然还有横亘于胸中的学术理想。而攻读博士学位，意味着他此前十年间积累的所有资源、已经习以为常的生活和心灵秩序统统失效，他必须从零开始。这个过程，从开始到结束，都是艰难的，但收获也是巨大的。

　　因为从事过新闻工作，所以入学不久，导师丁帆先生让他结合自己的工作经历思考确定博士论文的方向。在系统翻阅了大量"五四"时期的文学报刊后，马永强说："我终于明白了导师的用意，实际上现代传播从一开始就参与了现代中国文学的变革以及新文学的发生和演变。"最终，他提出了"文化传播与20世纪中国文学"的选题构想。这是一个极有学术价值的选题，但因为涵盖面是整个20世纪，而用于博士论文研究和写作的时间却只有三年，所以在丁帆先生的建议下，马永强将博士论文所涉及的时间调整至新文学发生的第一个阶段，即清末民初，题目为《清末民初的文化传播与新文学的发生》。此后的几年，他全力投入到论题的研究和论文的写作，"除了吃饭和睡觉，把全部的精力都投入到读书和学术研究上去了"。

2001年，在博士论文答辩会上，马永强的这部论文因严谨的学风和清晰的表达，以及选题视角的新颖和在文学环境研究中的独特洞见，受到一致好评，由北京大学孙玉石教授等人组成的答辩委员会给这部论文的总体评价是：马永强同学的博士论文《清末民初的文化传播与新文学的发生》，从文化传播的角度对新文学发生的背景做了富有创见的实证研究，论从史出，立论深稳，史料翔实，逻辑严密，在已有的研究成果基础上取得了较大的突破，显示了作者良好的理论素养和学术水平。这是一篇优秀的博士学位论文。

在博士毕业两年后，也就是2003年，以这部论文为基础，马永强修订并出版了《文化传播与现代中国文学》，丁帆先生为之作序，题目是《文学环境研究的重要性与格局的创新》，高度肯定了这部论文的学术创见与学术价值，并认为"作为文学环境的研究，发掘现代传播对新文学发生和发展的影响与内在的互动关系，不仅成为一个新的领域，而且在学科的交叉点上会有更多的学术生长点，乃至成为一个新兴的边缘学科"。丁帆先生写道，作为国内较早一批将现代传播媒介与现代文学研究相结合的学者之一，马永强"对于'前全球化'中的这些现象学、发生学的诸多问题"，

"都一一作出了严谨的论证……从点到面，从微观到宏观，在论者丝丝入扣的论述中，我仿佛看到了马永强孜孜以求、永不倦怠的学术面影。……凭着这股永不放弃的韧性和毅力，马永强跨越了许多学术上的关隘，真正进入了学术研究的自由王国。"

这部著作充分显示了马永强学术思想层面的升维，而这种升维，是持续的、递进的。如果说此前关于报告文学的研究，马永强的选择或出于面对"热点-难点"的认知应激反应，那么这部论文可以说是走向了更为深广的思考层面，他站在当下回望历史，并站在足可俯瞰那个时代的高度，以全球性的眼光和视野，寻求新文学发生发展的环境机制。在论及为什么以文化传播的视角探讨现代中国文学的变革及新文学的发生时，他曾说，"清末民初的文化传播史实际上就是中华民族在'前全球化'的驱使下走向现代化的艰难历程"，而"现代传媒不但是文学传播的载体和媒介，而且，它引进了一整套新的价值系统，它的现代理念、生产方式、公共性改变了传统文学的生产、传播方式。所以，从文化传播史入手可以更真实地触摸到现代中国文学发展的历史脉络"。而关于新文学的发生，他说，"我认为，新文学的发生，不是20世纪初叶一帮留学生振臂一呼于一朝一夕间发动起来的，它是'前全球化'下殖民文化与本土文化相抗争的必然结果"，"是域外文明的进入与绵延不断的传统文化碰撞的结晶……从而激活、重构、刷新着传统文化"。"中国文化的制导系统在此间发生了创造性转化，催生了新文学，并不断支配、影响着现代中国文学变革的流向。这就是20世纪初新文化运动和新文学发生的基本形态。"可以说，这是一个极为宏阔的学术格局。

博士毕业后，马永强进入苏州大学博士后流动站，继续从事文学研究，从他撰写的博士后研究报告的框架可以看出，接续的是博士论文的后续研究，进一步探索新文学发生后中国文学的发展脉络，从而完成他最初以文化传播视角呈现整个20世纪中国文学发展变化图景的宏大设想，然而令人遗憾的是，这一设想只完成了两个阶段。

四

苏州，那是江南的江南。西北人马永强在秀丽繁华的江南水乡生活学习，不觉有年，已经逐渐习惯了江南温润的气候，也习惯了吴侬软语和苏州评弹。

然而在2001年溽暑的一天，正在博士后公寓读书的马永强，忽然听到隔壁楼上传来细密悠长、浑厚激越的蒙古族音乐和西北民歌"花儿"。他驻足谛听，身心似乎受到重击，那是来自草原的音乐，那是迥异于江南袅娜婉转的雄强刚健的塞外之音，那声音来自故乡的方向。也就在那一刻，马永强开始对故乡、对西北、对西部的重新思考，而这一思考，则又迎来了马永强学术研究的第三次转型。

乡愁是可以丈量的。距离故乡越远，乡愁就越浓，离开故乡的时间越长，乡愁就越重。在江南的绿意葱茏、婉转悠扬和精巧雅致中，马永强似乎忽然发现，故乡的凛冽的风、飘扬的雪、豪迈的民风，有了新的意义。他站在江南回望西北、回望西部，站在一千多年来中国文化的腹地，开始回望被历史遮蔽、被核心文化圈忽略的文化边缘——西部独特的文明形态。马永强潮涌的西部情结被丁帆先生捕捉，先生提出撰写一部西部文学史。

这部由丁帆主编、马永强和管卫中副主编而成于众手的文学史，从开始构思到最终出版，前后历时四年。2004年仲秋，也就是马永强离开苏州大学到厦门大学任教差不多一年后，这部书稿由人民文学出版社出版，书名是《中国西部现代文学史》。

《中国西部现代文学史》是中国第一部西部文学史，第一次将西部这一地域作为一个文化整体，纳入现代文学的论述范畴，"从西部文学的特性出发，选择从西北地域文化精神这一角度来观照文学的发展"[1]，终于为中国现代文学版图填充了极为重要、丰富多彩的板块，其创新和创见，有论者将之与洪子诚和陈思和所著的两部杰出的《中国当代文学史》并论，认为这部著作"循从百年文学史之逻辑，从文化形态和其嬗变，来划分西部文学发展历程，把详实精当的史料纳入宏观的理论视角，以揭橥西部文学的总体特质，并希望确立相对稳定的价值理念，作为论衡一切西部文学的基点"[2]。还有论者认为，与以往的文学史论相比，这部著作"是研究方法的转型与文学史建构模式的突围"，因而"填补了中国现代文学写作上的一项学术空白，具有开创性意义"。[3]

在《中国西部现代文学史》出版的十多年后，马永强等又对其进行了全面修订与增补，首先是将论述的时间下限从原来的2003年延伸至2017年，增加了两章十五节十六万字，其次是对原来的四个章节进行了大幅度的修改、删减，最终形成涵盖自1900年至2017年共117年的历史时长、《绪论》加十一章、68.4万字的庞大规模。修订版更名为《中国西部新文学史》，于2019年由人民文学出版社出

---

① 朱晓进《评〈中国西部现代文学史〉》，载《文学评论》，2005年第6期。
② 胡广波《水积深者其流远——读丁帆主编〈中国西部现代文学史〉》，载《中国文学研究》2005年第3期。
③ 武善增《研究方法的转型与文学史建构模式的突围——评丁帆主编的〈中国西部现代文学史〉》，载《河北学刊》2005年第2期。

版，"是迄今为止最新、最详实、最细致的西部文学史"①。

五

从基础版的《中国西部现代文学史》到升级版的《中国西部新文学史》，其间经历了将近二十年，马永强为这两部书付出了巨大心力，尤其是，自从2004年作为博士后高层次人才被甘肃省委、省政府引进，他离开南方，又回到兰州，先后担任甘肃省新闻出版局（甘肃省版权局）局长助理，读者出版集团党委委员、读者出版传媒股份有限公司副总经理、董事，读者出版集团总编辑、集团党委副书记、监事会主席等职，2023年4月，出任集团党委副书记、总经理，其间他还于2012年到2013年初在国家新闻出版总署出版管理司副司长任上挂职一年，近年兼任甘肃省文艺评论家协会主席。如此多的职务和如此大的变化背后，是一件又一件极为繁重、琐细的工作，使他不能像大学时那样心无旁骛、专心著述，此期的很多成果，如《中国西部现代文学史》的修订，《"文明差序格局"与文化自觉下的"重新写作"》《农村文化建设的内涵与视域》《生命的"倏"与"忽"与存在之"思"》《身份识别与家族记忆的人类学阐释》等几十篇论文的撰写，都是他利用业余时间完成的，其中时间、精力的付出和纠结，都是常人难以想象的。但即便如此，在他内心中，那支学术心火依然光亮。

作为一位已经取得显著成就的文艺评论家，马永强的学术历

---

① 何霞《历史图景、生态图志与文化自觉》，载《兰州文理学院学报》（社会科学版），2021年第5期。

程随着生活的迁转而转型，其中有主动的求变，也不免被动的应变。但不管怎么转型，在迄今为止的三十六年的学术生涯中，有一条红线贯穿着始终，那就是问题意识、创新思维。支撑着这条红线的，是他内心深处的浓厚的学术情怀、坚定的学术自信和高度的学术自觉。

这三十六年中，他的生活轨迹迁转南北，但敏锐的问题意识和别开生面的创新思维，不唯体现在学术研究上，在工作中也有着充分且杰出的实践，有着高度的将工作实践学理化的自觉。

这三十六年中，他曾经站在当下回望历史，站在江南回望西部，站在城市回望乡野，每一次回望，都引发他学术思考和心路的巨大变革。他从未放弃自我的更新，依然敏锐地感知和体察着时代的脉搏，依然在向理想的美好人生不断迈进。他的转型尚未结束，相信在不久的将来，他将迎来新的爆发，取得更多高质量的学术成果。

后记

因为博士论文的选题是"清末民初的文化传播与新文学的发生",所以我才有机会对现代出版的萌芽和发展过程进行系统的学习和研究。说来也是奇怪,后来我竟然无意间从学术界进入出版界并以此谋生。2011年夏天,我到读者出版集团工作,翌年到原国家新闻出版总署出版管理司挂职。2012年9月,总署召开全国出版传媒集团主要负责人座谈会,研究加快科技与出版融合、推动出版传媒业转型升级,这一被业界称为"酝酿全国出版发行业二次改革"的座谈会,形成了"数字化是大趋势""构建以数字技术为基础的新的出版产业链""结合实际的特色化发展"等一系列推动出版融合发展的共识。在总署出版管理司挂职的我受派代表集团参会并作了题为"多维出版时代:传统出版企业面临的选择"的发言,有幸见证了这次高规格、意义重大的座谈会。至今座谈会现场研讨的情景,历历在目,记忆犹新。后来在这个发言的基础上,我又进行了丰富和完善,形成了"多维出版时代:传统出版业面临的挑战与选择"一文,于2014年1月集团在榆中县举行的为期4天的"集团中高层领导干部创新发展研讨班"上作了发言。

在这篇发言文章中,我首先解释了"多维出版"这个概念,如果说传统出版是纸质的平面的"一维出版",那么"多维出版"就是指用多种媒介生产、传播和营销内容的立体的、多维度的出版业态,包括传统的平面出版、数字出版的多种形式,以及未来将要出现的新的出版业态等,这是从"一维"到"多维"的内容生产业态、内容传播业态的创新。文章共分六个部分,一是当下出版业所处的历史方位——挑战与机遇并存;二是"模块经济"时代发展路径的选择——"专业化"与"一主多元"的文化产业格局;三是具有独特价值的内容和创意是核心竞争力之所在,版权会成为产业发展的关键;四是用户体验至上的价值导向和"文化服务提供商"的使命,直接催生了用户体验经济新模式;五是文化消费载体的体系性建构、新型文化消费空间的开拓、文化消费时尚流的营构与引领,应该成为品牌文化企业产业链延展的一个重要方向;六是企业价值指引——企业文化的意义,企业文化的关键就是做好"价值指引",最重要的是做好两件事,即文化和流程。

为什么要在这里提到这篇文章?因为这篇文章提出的"多维出版"理念,一直是我思考数字文明时代出版转型融合发展的理论原点。2012年9月参加座谈会的发言,作为一个历时性文本收录在了书中,而在集团中高层领导干部创新发展研讨班上的发言之所以没有全文收录,主要是因为这里面不少表述已散见在之后探讨出版的文章中了,这篇文章长达万字就没有必要再收录了。

写到这里,我还想起了一些往事。2011年我到读者出版集团工作后就提出了关于图书出版的八条特色生产线:敦煌文化、丝绸之路文化、民族文化(这几条生产线都是多个维度开发)、人文艺术、西部人文地理、教育成长、科技生活等,希望借此构筑集团图书出版的主要精品生产线和支撑生产线的特色板块,从而形成读者品牌的"专业化、特色化、精品化"的出版特色。

就敦煌文化这一主题的开发来说，存在三个出版维度：一是学术层面的敦煌学、敦煌文化出版，旨在不断引领并拓展敦煌学出版的学术维度；二是有关敦煌文化的全媒体、大众化传播；三是围绕敦煌莫高窟的历史、文化、风物的文旅融合的传奇故事、体验式探秘等创意传播和文旅研学的多向度开发。

就丝绸之路文化生产线的开发来说。完整意义上的"丝绸之路"包括西北丝绸之路、草原丝绸之路、海上丝绸之路、西南茶马古道四条大的对外交通、贸易的主要通道，同时，这也是自古以来中外文化交流、民族交往的主要通道。甘肃作为古代西北丝绸之路和现代欧亚大陆桥的必经之地与重要组成部分，历史上曾经是草原文明与农耕文明交汇的锋面，是多民族历史文化交融的历史舞台，世界古代几大文明（希腊文明、伊斯兰文明、印度文明、中华文明）在此交汇、碰撞，域内多民族文化在此融合，同时，这里也是现代内陆欧亚商贸流通、文化交流的主要通道。丝绸之路上激荡、流播着无数传奇故事和文化交流的佳话，充满着多姿多彩的民族风情，历史的回响与现实的交融更是充满奇诡，令人无比神往，所有这些都是现代出版和影视剧、纪录片、微电影、动漫、游戏创作的沃土。立体开发的丝绸之路文化出版生产线，包括历史考古、学术人文、文化民俗、探险旅游、传奇故事等多个类别。时任甘肃丝绸之路协会副会长的曹昌光先生也曾想推动《丝绸之路》杂志纳入读者刊群，我也曾努力推动和《丝绸之路》杂志合作，试图实现"丝绸之路历史文化的全媒体传播"开发，若能联合国内知名电视媒体，充分挖掘西北丝绸之路、草原丝绸之路、海上丝绸之路、西南茶马古道贯穿几大洲的历史文化影响、探险传奇、考古民俗、社会万象等资源，通过对丝绸之路历史文化的开掘和传播，实现杂志、图书、影像片、微电影、数字产品、丝绸之路资源数据库等多方位的立体开发和业态创新，应能取得很好的经济、社会效益和文化传播效应。十分遗憾的是，这些努力都没有实现，我们只在力所能及的范围内部署了丝绸之路图书生产线。

也是因为这个情结，我先后推动在集团设立了"藏学出版中心""敦煌学——丝绸之路学出版中心""简牍学出版中心""西夏学出版中心"等出版平台，着力推动地域特色文化资源的出版传播和价值生产。

非常感谢著名出版家佘江涛先生百忙之中为本书写序，并对我这些年关于出版的思考给予了高度评价。他的《走向未来的出版》是很多出版界同仁的案头之书，思想深刻，理论深邃。整理这部书稿时，我不止一次重读此书，内心时常涌动着同频共振的欣慰。他提出，出版业需要工业化突围，需要秉持人的价值回归，未来的出版业要坚定走平台化运营的道路，于我心有戚戚焉。我在书中提到的两个观点：当下的出版转型是从"一维出版"向"多维出版"转型；数字文明时代的出版，不仅仅是文化传播、知识服务，还是生活方式的引领，更重要的是价值的生产和传播。能与佘江涛先生的想法高度耦合，也算是我的学术生涯中对出版这个命题的最好交代。

感谢甘肃人民出版社社长原彦平先生用心撰写的跋，这是一篇给文史资料"文艺家评传"的约稿，记录了我的学术成长之路，正好拿来放在这里，算是对我出版之外工作学习的一个补白。

十分幸运的是，这部书稿能被以学术立社的三联书店看中，从而使拙作入列学术出版，顿感诚惶诚恐。好在这是自己从事出版工作的一点思考，且完全来自出版实践，希望能给融合转型中的出版界同仁提供一点参考。